国家社科基金项目（结项号20160799）资助

魏伟●著

近现代
西方思想家的
体育观

中国社会科学出版社

图书在版编目（CIP）数据

近现代西方思想家的体育观/魏伟著 . —北京：
中国社会科学出版社，2017.9
ISBN 978 - 7 - 5203 - 0925 - 7

Ⅰ.①近…　Ⅱ.①魏…　Ⅲ.①体育—观念—研究—西方国家—近代
Ⅳ.①G80

中国版本图书馆 CIP 数据核字（2017）第 221600 号

出 版 人	赵剑英
责任编辑	郭晓鸿
特约编辑	席建海
责任校对	王 龙
责任印制	戴 宽

出 　 版	中国社会科学出版社
社 　 址	北京鼓楼西大街甲 158 号
邮 　 编	100720
网 　 址	http://www.csspw.cn
发 行 部	010 - 84083685
门 市 部	010 - 84029450
经 　 销	新华书店及其他书店

印刷装订	北京君升印刷有限公司
版 　 次	2017 年 9 月第 1 版
印 　 次	2017 年 9 月第 1 次印刷

开 　 本	710 × 1000　1/16
印 　 张	29
插 　 页	2
字 　 数	363 千字
定 　 价	128.00 元

凡购买中国社会科学出版社图书，如有质量问题请与本社营销中心联系调换
电话：010 - 84083683

体育：在思想中奔跑

（序）

正如贝纳戴托·克罗奇所说，"一切历史都是当代史"，所谓"体育"其实是现代人的经验而不是古典概念。现代体育固然与古希腊竞技大相径庭，即使与 18 世纪德国所谓 physical education 或 19 世纪英国的户外运动及竞技相比亦有显著区别。现代话语体系的体育（sport）覆盖了包括个人健身、休闲、探险、娱乐等在内的大众体育及业余或职业的竞技比赛，还是培养青少年精神、道德与体质的教育手段之一。诚如欧盟委员会 2007 年 11 月发布的《体育白皮书》的定义，sport 系指：自发地或是有组织地参与，旨在改善体能或是促进心智健康、融洽社会关系或者在各级竞赛中夺标的所有形式的身体活动。

但这并不是说前现代没有体育。按照现代国际话语体系的通行解释，sport 的基本内涵有二：一是为了健身、休闲、娱乐等目的而进行的身体活动；二是有组织的竞技比赛。以此类推，体育普遍存在于一切人类的历史与族群文化之中，只是在不同时代和不同文化中呈现的样式与功能不同而已。例如，古希腊奥运会之于中国古代的射礼、蹴鞠与击鞠（马球），它们在形态上如此不同，却皆符合现今 sport 之符号意义。

关于体育，东、西方有一个共同现象是令人费解的：古代史家与哲人宁可赞颂艺术与文学却避谈体育，即使它是当时人们生活中最时尚的文化。例如，当古希腊奥运会如火如荼之际，当时的哲人如苏格拉底、柏拉图、亚里士多德、修昔底德、塔西陀等提及体育之语却似雪泥鸿爪，寥若晨星。而在东方，尽管射礼、投壶和蹴鞠等活动无论在贵族社会还是在乡野之民中均十分流行，但却并未进入先秦诸子百家的视野。

东、西方古典史家或哲人不谈体育并不等于他们在生活中不喜欢体育。据说柏拉图的名字就是体育教师取的，他还得过奥运会拳击比赛冠军。孔子出生于武士之家，据说其本人孔武有力，《淮南子》甚至说他"足蹑郊兔，力招城关"。但遗憾的是，人的身体文化与体育都难以进入他们的思考领域。其缘由，一如笛卡尔的名言"我思故我在"，古今哲人大多相信人的本质是精神而不是肉体物种的存在。西方基督教哲学永恒的主题是人的精神与灵魂。在上帝面前，人的肉体存在非但不是人的本质，更是欲望与罪恶的渊薮。在东方，佛教与伊斯兰教亦有类似的灵肉观。中国的儒家亦将人的生理存在（人欲）与道德理性（天理）相对立，其所谓"存天理，灭人欲"同样是将人的身体罪感化。在此语境下，体育不但难以进入哲学的殿堂，更受到古典宗教理性与道德理性的双重排斥与无情阻击。

难以理解的是，即便是近现代资本主义与工业文明勃兴之后，历经文艺复兴、宗教革命、启蒙运动甚至现代奥运会诞生直至第二次世界大战后很长一段日子，上述情况亦无根本转变。与古典哲学一样，近现代哲人也从未向人类的身体与体育低下高傲的头颅。无论是黑格尔、卢梭、马克思、尼采、弗洛伊德，还是萨特、海德格尔、马克斯·韦伯、福柯等，其浩繁深邃的著述里均罕见对体育的直接论述与关注（他们的思想理论对后人的体育研究产生影响另当别论）。而近现代历史上对体育贡献最大的如弗里德里希·扬、P.H.林、托马斯·阿诺德、皮埃尔·德·顾拜旦等与其说是思想家，倒不如说是体育实践家。

思想家和学者对体育态度的骤然改变发生在 20 世纪七八十年代。这一时期发生的一系列灾难性事件，使顾拜旦在《体育颂》中以极度浪漫的情调讴歌的神圣体育殿堂轰然崩塌。这些事件包括：1972 年慕尼黑奥运会的"黑九月"恐怖主义事件、1976 年蒙特利尔奥运会的"黑拳头"事件、1980 年西方抵制莫斯科奥运会、1985 年布鲁塞尔的海瑟尔球迷惨案、1988 年汉城奥运会加拿大短跑运动员本·约翰逊服用兴奋剂事件等。这些事件使一向被视为圣洁、光明、纯净、理想的体育顿时陷于恐怖主义、种族歧视、足球流氓、政治干预、兴奋剂、商业利益的阴云笼罩下。随着传媒技术的高度发展与体育日益走向商业化和全球化，这些发生在体育界的恶性事件震撼了欧洲社会与世界体坛。一向高傲的哲学、社会学界再也无法佯装对体育视而不见了。

于是从 20 世纪七八十年代开始，西方学者开始直接关注体育，并将其纳入自己的研究视野。其代表即是组织社会学鼻祖、德国社会学者诺贝特·埃利亚斯及其莱斯特学派。1971 年，在《体育：社会学视角解读》一书中，诺贝特·埃利亚斯开始从社会学角度对体育进行专题研究。1986 年，也就是布鲁塞尔球迷暴力事件后，埃利亚斯出版了《追寻愉悦：文明进程中的体育与休闲》一书，对这一事件的历史、社会原因进行了深入的分析探究。在埃利亚斯的影响下，莱斯特学派一直保持着对体育的高度关注，发表了很多研究成果并创立了体育社会学。如"足球流氓"这一概念，就是这一学派的代表人物邓宁、墨菲、威廉姆斯等人提出来的。从那以后，欧美一些大学的学者开始持续关注发生在体育运动中的各类问题，并催生了一系列新的体育学科和研究领域，如体育哲学、体育社会学、体育法学、体育管理学、体育经济学、体育新闻学、体育传播学等。

在中国，20世纪80年代中期以成都体育学院体育史研究所一批中青年学者为主体，开启了体育新学科和新领域的探索之路。他们以那个年代特有的激情与勇气，大胆质疑20世纪50年代以来受苏联影响形成的意识形态化的"体育理论"，在"体育文化研究"的旗帜下，促进了一系列体育新学科和新的研究领域的出现。如今，在"体育人文社会学"这一总名称下，在中国国内形成了很多新的学科与研究领域，如体育史学、体育社会学、体育法学、体育经济学、体育管理学、体育新闻学、体育传播学、体育美学、体育人类学等。其中有的经过多年积累，已形成较为稳定的学术群体和研究方向，产生了较多研究成果，成为较为成熟且受到认可的学科。更多的学科尚在发育或发展中，目前仅仅停留于某个研究领域、方向或问题，或只是运用某一母学科理论、方法及研究成果来研究某个体育问题。总体而言，由于中国现当代体育的特殊发展道路与背景，体育的产业化、职业化、大众化、信息化等相对欧美起步较晚，加之母学科介入程度低，因而中国的"体育人文社会学"下各学科的总体水平与欧美同行相比，差距还是相当明显的。

在这种情况下，中国的体育学者尤其需要以开放的心态加强与欧美同行的交流与沟通，以期把握世界体育发展的脉搏，了解世界体育科学研究的前沿与成果，推动与促进中国的体育人文社会学下诸学科的发展。令人欣慰的是，进入21世纪以来，在2008年北京奥运会的带动下，中国的体育人文社会学诸学科进入了一个快速发展的阶段。

一批具有良好母学科学术造诣的新秀加入了体育研究队伍。他们目标远大，眼界宽广，功底扎实，进取心强，很快成为本学科研究的中坚，并展示了良好的发展态势与前景，成为中国体育人文社会学诸学科未来发展的希望所在。

魏伟博士正是这一批体育学术新人中公认的佼佼者。他本科毕业于四川大学英语语言文学专业，具有良好的对外语言交流能力。此后在电视台任体育编辑、记者和体育解说员十余年，积累了深厚的专业经验。2003 年进入成都体育学院新闻系跟随我攻读体育新闻传播方向硕士研究生。其后在四川大学文学与新闻学院师从欧阳宏生教授并获得博士学位。博士毕业后回到成都体育学院新闻系任教，其间赴美国佛罗里达州立大学完成博士后研究，现为成都体育学院新闻系教授。

魏伟博士具有敏锐的学术触觉与坚实的研究功底，既有长期从事体育传媒业的经验，又受过良好的新闻学和传播学的学术训练，加之勤奋好学，因而发表和出版了很多有分量的科研成果。《近现代西方思想家的体育观》是他在相关研究课题基础上推出的又一力作。该书一方面为我们呈现了近现代欧美哲人的体育观以及他们对当今体育研究的影响，另一方面也总结了这些思想家及其理论与方法对中国的体育人文社会学发展的影响，是一部值得中国体育学界重视与推广的基础性读物与研究成果。

纳尔逊·曼德拉曾经说过："体育具有改变世界的力量。"他所说的"体育"显然并非技术层面的体育，而是一种至深至伟的人类文明推动力量与全球社会运动实践。就中国体育发展实践而言，学界的使命是用思想推动历史的前进。体育学术界有责任通过思想与学术来促使传统体育概念与意识的改变，建构新的体育观与认识论，从而使体育真正成为推动中国社会发展的动力，成为中华民族伟大复兴的内在力量。还望魏伟博士及所有体育学界同人共同努力！

郝　勤*
2016 年深秋于成都武侯祠侧不三不四斋

---

　　* 郝勤，成都体育学院博物馆馆长，享受国务院特殊专家津贴，国家社科基金评审专家，四川省学术技术带头人，国家体育总局学术技术带头人，北京体育大学和成都体育学院博士生导师。

目　　录

绪　　论

对于体育学而言，体育是什么？体育文化意味着什么？体育与社会的关系是怎样的？体育史的发展路径如何？这些基础性的问题一直困扰着这一学科的发展，但也恰恰是体育学最根本的问题。本书直面体育学理论中急需解决的基础理论部分，试图从近现代西方思想巨匠那里有所借鉴。

第一节　选题依据

在从体育大国迈向体育强国的过程中，中国体育学者目睹了东西方体育文化的差异导致的不少现实体育现象，但却难以给予理论观照。事实上，本书涉及的马克思、涂尔干、马克斯·韦伯、阿多诺、葛兰西、埃利亚斯、詹姆斯、戈夫曼、巴尔特、哈贝马斯、布尔迪厄、福柯、波德里亚、艾柯、费斯克和吉登斯等人多数是近现代西方思想史上的巨头，曾在社会学、人类学、哲学等领域取得过突出的研究成果。但他们的体育学或与体育相关的思想和观点却鲜为人知。事实上，他们中的不少人曾对体育有过精辟的阐释和解析，包括体育是什么、体育文化是什么、体育与社会的关系和体育史的发展等。因此，将这些思想家的体育观"洋为中用"，具有相当强的理论价值。由于我国体育学界之前的研究基础相对赢弱，因此也具有一定的迫切性。

鉴于体育在近现代西方社会中越来越重要的地位，这些思想家多数对体育有着相当精辟的洞见，这些观点绝大多数在当今中国有突出的现实意义，对探寻有中国特色的体育发展道路有着不可多得的指导意义，值得中国体育学术界借鉴和发扬。从某种意义上甚至可以说，本书的选题具有一定的必然性和迫切性。除此之外不难看出，本书的主要目的之一还在于抛砖引玉。通过这个研究，为这些近现代西方思想家的体育观在中国的传播和推广奠定基础，为可能出现的后续研究铺平道路。

第二节　关键词的界定

本书中的"近现代"沿袭学术界约定俗成的时代划分原则，指 18 世纪以降直到 20 世纪末，这种划分无论在国内还是在国际上都较为常见。若以"现代和后现代"来划分则可能滋生较多的学术争议，况且"后现代"一词的时间外延在学术界一直颇具争议。

本书中的"西方"概念不是一个文化和政治层面上的概念，更多的是一种地理层面上的概念。本书涉及的 16 位思想家来自德国、法国、英国、意大利、加拿大、西印度群岛等国家和地区。其中既有传统资本主义强国，也有拉丁美洲的欠发达地区。这里的"西方"主要相对于包括中国在内的亚洲国家和地区。

本书中的"思想家"包含了相当数量的社会科学家和一些人文科学家。但事实上，社会科学家的研究中也不乏人文色彩，人文科学家的研究中也充斥着社会学思想。更何况，16 位思想家中不少学者的研究领域横跨哲学、历史学、文学、艺术学甚至自然科学。因此，单纯用社会科学家和人文科学家来划分这些思想家显得武断而不科学。"思想家"一词的内涵较为丰富，因此本书使用了"思想家"这一概念。

本书中的"体育观"概念较为复杂。囿于时代发展的特性，在 16 位近现代西方思想家中，有相当一部分生活在职业体育尚未起步的 18 世纪到 19 世纪中后期，因此这部分西方思想家的理论自然无法对今天如火如荼的职业体育有多少观照，本书更多的是探讨他们的理论对于今天体育研究的影响。本书中有一部分思想家虽然生活在现代，目睹了奥林匹克运动的发展和职业体育的起步，但他们的理论着眼点并不在体育部分，可能只有少部分涉及体育。还有一部分思想家的理论中有大量涉及体育的内容，因此他们已经形成了较为独立和系统的体育观。

第三节　研究方法

本书主要运用文献资料法，对西方思想家的理论系统和有关体育观的研究展开系统分析。通过对大量思想家本人和相关研究者的论述，归纳出该思想家相对全面而客观的体育观和对体育研究的影响。

本书中 16 位思想家的顺序是按照他们出生时间的先后来排列的。由于这些思想家中不少人生活在同一时期。他们的观点互有借鉴与吸收，有的思想家早在青年时代就已经得到了学界的广泛认可，有的则是大器晚成，还有的直到身后才得到理论界的认同。因此如果依据重要性来排序几乎是不可能的，因此本书采用的方式是相对可行，符合实际的。

第四节　研究中西方思想家的谱系学

本书选取的是近现代西方思想史上比较有代表性的人物。这些人物的选取基本上遵从三个原则。首先，部分人物的确形成了较为完整而系统的体育思想，这些体育观对体育学研究产生了重大影响；其次，部分人物在体育方面的论述并不完整，但有些碎片式的体育思想仍然对体育学研究产生了重大意义；再次，部分人物囿于时间限制并没有提出明确的体育思想，但他们的理论体系在当代体育研究中发挥了重要作用。只要三者居其一，本书就选择其为研究对象。

不言而喻，这 16 位近现代西方思想家彼此之间有着较为明确的承继和关联。不少思想家的理论你中有我，我中有你。因此，对他们和他们代表的理论体系展开谱系研究是十分必要的，甚至比对他们本身的研究更为重要。

一　马克思与西方马克思主义学派

卡尔·马克思是近现代西方思想史的集大成者。他的研究涉及哲学、政治学、经济学、历史学，被公认为社会学的三大奠基人之一，同时也是中国学者最熟悉的西方思想家之一。按照年代划分，他也是本书选取的 16 位思想家中最具有影响力的一位。他的研究几乎影响了后面15 位思想家，受到最直接影响的是有"新马克思主义学派"之称的法兰克福学派的学者和意大利马克思主义者安东尼奥·葛兰西。新马克思主义学派，也被誉为西方马克思主义学派，简称西马，是目前批判学派中的代表流派，也是当代体育研究中最具影响力的流派之一。西马学派体育研究的主要观点是通过批判各种社会现象，来分析体育的价值和意义，在研究方法上质性和量化分析大体分庭抗礼。其实，法兰克福学派第一代领军人物霍克海默、阿多诺、马尔库塞和后期代表人物哈贝马斯、弗洛姆、本雅明等人物在体育研究领域都有相当多的思想建构。具体到体育文化研究领域，诺贝特·埃利亚斯、埃里克·邓宁、冈特·吕申等德国或德裔学者在对体育社会学做出卓越贡献的同时，也为体育研究提供了大量理论。①

新马克思主义体育研究在进入 20 世纪 80 年代后逐渐跨越了国家的界限，成为目前国际体育研究的一股中坚力量。尤其是大量北美学者扛起了新马克思主义体育研究的大旗。他们的学术观点迥异，有些甚至可能与马克思主义的原初观点相悖，但这些理论都具有左派理论传统的批判精神，对社会中出现的大量体育文化现象展开批判，他们的研究路径大多是传统的社会学研究方法。据不完全统计，在目前的国际体育文化研究领域，新马克思主义学派占据了大半壁江山，成为真正意义上的主流学派。美国体育文化学者摩根 1994 年出版的专著《左派分子体育理论：批判和重构》② 以及卡灵顿等 2009 年出版的论文集《马克思主义、文化研究与体育》③ 是新马克思主义学派的代表作品。

---

① 魏伟：《西方体育文化的流派辨析》，《成都体育学院学报》2014 年第 1 期。

② William Morgan, *Leftist Theories of Sport：A Critique and Reconstruction*, Urbana：University of Illinois Press，1994.

③ Ben Carrington and Ian McDonald, *Marxism，Cultural Studies and Sport*, London：Routledge，2009.

实际上，在西方体育研究中，葛兰西的霸权主义体育观和福柯的身体美学体育观都显著地继承了马克思主义体育观的观点，在理论上应当属于新马克思主义学派。但学者们一般还是按照思想家的出身将他们对号入座。这样，福柯就因为自己的法国学者身份被划入法国后现代主义学派的阵营中。

新马克思主义学派虽然在研究者数量上占据优势，但由于研究方法较为陈旧，理论体系相对保守，因此在近年来备受后现代主义学派的批评。即使是在社会批判这个老本行上，新马克思主义学派的力量也渐渐不敌英国文化研究学派。这与英语实际扮演起世界语功能和德国哲学在西方思想界的影响式微等大环境都有一定的关联。

二　爱弥儿·涂尔干与芝加哥学派

爱弥儿·涂尔干是社会学三大奠基人之一，也是法国现当代思想家中的先驱之一。绝大部分法国社会学家，相当比例的西方社会学家在对体育社会学的论述中都以涂尔干的学说为起点或重要支点。不过，他的理论对于北美社会学研究的影响更甚，结构功能主义理论在很大程度上影响了人类学功能主义学者拉德克里夫–布朗和布罗尼斯劳·马林诺夫斯基。二人又深刻影响了社会学结构主义学者塔尔科特·帕森斯和罗伯特·默顿，帕森斯和默顿是社会学领域芝加哥学派的核心人物。

值得一提的是，厄尔文·戈夫曼的符号互动理论也是在芝加哥学派代表人物赫伯特·布鲁默的研究基础上发展起来的，因此曾在芝加哥大学社会学系求学的戈夫曼也毫无疑问地受到涂尔干理论的直接影响。

芝加哥学派对于美国体育社会学研究的影响是深远的。甚至可以说，20世纪后半叶的美国体育社会学研究有相当比例是在芝加哥学派的理论影响下展开的。由于当代美国体育社会学研究在世界范围内占有重要地位，因此我们可以说，尽管涂尔干本人对体育没有什么直接论述，但他对于当代体育社会学的发展功不可没。

三 马克斯·韦伯与韦伯学派

马克斯·韦伯是社会学的三大奠基人之一。他的理论同时受到英法实证主义、德国浪漫主义和德国古典哲学三种思想体系的影响，马克思的理论也对他有一定的影响。他的理论没有激发什么韦伯主义，但却影响了数量非常庞大的社会学研究者，形成了所谓的"韦伯学派"。

韦伯的理论博大精深，他本人尤其擅长撰写谈判及其他正式文书。他曾代表德国参加凡尔赛会议的谈判，并且参与了魏玛共和国宪法的起草。他的理论甚至影响到20世纪中叶以后出现的许多体育宪章。从这个角度来说，韦伯对于体育研究的影响就是不可忽视的。

韦伯的"理想类型"学说是深刻影响当代体育发展的重要理论，尤其是今天职业体育的垄断化和卡特尔化都可以运用这一学说加以解析。体育学者阿伦·古特曼和理查德·朱里亚诺蒂分别利用韦伯的这一学说发现了当代体育的七大特征和七大缺陷。韦伯的社会行动理论和价值理性理论十分重要，尤其是后者，在国际奥委会和国际足联相继遭遇丑闻困扰时，这一理论几乎成为体育学者从事相关研究的共同起点。

韦伯学派的核心思想是解释社会学，解释社会学是日常生活的社会学，包含符号互动理论、戈夫曼的剧场社会学、标签理论、现象学、社会学、民族方法学、存在社会学和解释学。因此韦伯对于埃利亚斯、戈夫曼、阿多诺和哈贝马斯等法兰克福学派代表人物的学说都有直接影响。

四　安东尼奥·葛兰西与英国文化研究学派

如果说葛兰西的研究是源于马克思，那么葛兰西的文化霸权理论直接影响到的就是英国文化研究学派。中国学者惯用"伯明翰学派"来指称英国文化研究学派。事实上，业已消亡的伯明翰大学当代文化研究中心（CCCS）只不过是庞大的英国文化研究领域的一个代表流派而已。霍加特、斯图尔特·霍尔、雷蒙德·威廉斯、汤普逊等文化研究领域的翘楚在体育研究领域也留下了诸多笔墨，这些理论深刻影响了后续文化研究者。包括许多目前仍然活跃在体育文化研究领域的英国和澳大利亚高端学者如约翰·萨登、阿伦·汤姆林森、大卫·洛弗、加里·万内尔、雷蒙德·鲍耶、休·奥德内尔等。

今天，英国文化研究的体育流派实际上包括拉夫堡大学、德蒙福特大学、格拉斯哥大学、不列颠大学和爱尔兰科克大学等多所高等院校从事体育文化研究的学者。他们的基础理论可能千差万别，但作用在体育文化研究中却有趋同性。例如，他们研究的重点大都集中在种族主义、性别主义、后殖民主义等问题上，这与早期伯明翰学派的传统是一脉相承的。在观点上，虽然他们与新马克思主义学派都具有批判的性质，但在具体的分析路径上多采用的是更为典型的人文学方法而非社会学方法，重理论轻数据，重分析轻统计。英国学者格兰特·贾尔维的《体育、文化与社会》就是这类研究的代表作品之一。①

英国文化研究学派在地缘上受到英联邦国家式微的影响。因此，这

---

① Grant Jarvie, *Sport, Culture and Society: An Introduction*, 2nd edition, Abingdon: Routledge, 2012.

一学派的体育文化学说在英联邦国家以外的地区没有产生显著的影响。更重要的是，他们的理论在与美国体育研究的融合过程中仍然显得不够开放，尽管使用同一种语言，但显然已经被排除在主流体育研究流派之外。在当代西方的主流体育期刊中，英国文化研究学者的研究大都囿于自己的一片天地，跟其他国家的融合不多。

英国学者约翰·费斯克虽然后来长期在澳大利亚和美国任教，但他在剑桥求学，长期浸淫于文化研究学派氛围中，因此他的理论源于英国文化研究学派，是当代大众文化研究领域的代表人物。安东尼·吉登斯的理论体系复杂，但文化研究领域的部分也是不可或缺的。

五 法国后现代主义学派

20世纪中后期是法国的思想大发展时期，大批影响世界的思想家脱颖而出，从结构主义到后结构主义，从解构主义到后现代主义，不一而足。后现代主义迄今仍然是一个颇受争议的概念，尽管在学术界早已成为研究热点。毋庸置疑，法国学者在后现代主义的推演中贡献很大。事实上，在体育人文社会学科中，法国后现代主义学派的学者也是相当重要的组成部分。人文科学中的巴黎学派早已家喻户晓。大家熟知的米歇尔·福柯和皮埃尔·布尔迪厄当然是对体育科学研究做出过重要贡献的学者。事实上，20世纪不少著名的法国学者都曾在体育人文社会科学研究领域颇有建树。罗兰·巴尔特、让·波德里亚、让－佛朗索瓦·利奥塔、保罗·利科、雅克·德里达和克劳德·列维－斯特劳斯等结构主义和后现代主义学者的代表人物都在体育研究领域有过不少探索，有的甚至直接针对社会中的体育现象以及生成原因著书立说。因此，在今天的国际体育研究领域，法国后现代主义学派的影响是强大而深远的。

今天的法国体育文化研究依然兴盛。不少法国高等院校和科研机构的研究人员仍然对法国传统的结构主义、后结构主义、存在主义、解构主义等理论体系趋之若鹜。他们置其他学派业已摒弃这些传统理论的事实于不顾，坚持利用这些理论武器从事独立性很强的批判和实证研究。这使得法国学术界在今天的国际体育研究领域依然占有相当重要的地位。法国学者马西莫·特拉维和尼克拉·马克莱2011年出版的《体育文化》① 就对法国体育文化做了比较精练的梳理。但从另一个角度来讲，后现代主义体育文化理论给人的直观感受是虚无缥缈，玄之又玄，即使对其他国家和地区的研究者而言也是如此。加上法国和法语在当今世界的影响力不断下降，以及近十几年来法语国家缺乏具有国际影响力的大牌学者，因此法国后现代主义体育人文流派的前景不容乐观。

六 诺贝特·埃利亚斯与莱斯特学派

埃利亚斯的理论发端于韦伯，他师从马克斯·韦伯的胞弟阿尔弗雷德·韦伯，对韦伯学说有相当系统的研究。他曾经在法兰克福社会科学研究所工作，与法兰克福学派有着千丝万缕的联系。他后来前往英国莱斯特大学，将他的型构社会学加以传播，并一手创立了莱斯特学派。迄今为止，莱斯特学派已经有五代传承，成为体育社会学研究的重镇。

与其他学者不同的是，埃利亚斯的理论就是以体育研究见长，因此不少人将他誉为当代体育社会学集大成者。他对当代体育理论的贡献是其他思想家很难企及的。今天的体育学研究中的绝大多数领域都有埃利亚斯理论的影子（见图0-1、图0-2）。

---

① Maxime Travert, Nicolas Mascret, *La Culture Sportive*, Paris：Editions EP & S, 2011.

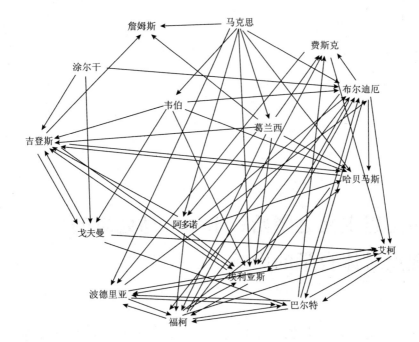

图 0 - 1　近现代西方思想家之间直接影响的谱系图

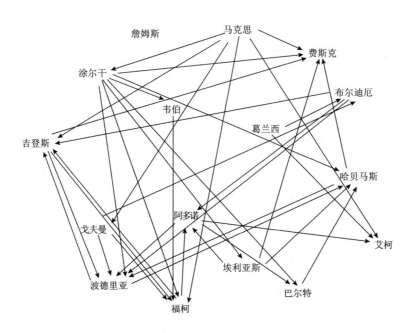

图 0 - 2　近现代西方思想家之间间接影响的谱系图

第一章

马克思主义之肇始：卡尔·马克思的
观点对体育学的影响

德国哲学家卡尔·海因里希·马克思（Karl Heinrich Marx，1818—1883）不仅是最为中国人熟知的西方思想家，同时也被公认为西方思想史和哲学史上的集大成者。研究马克思的体育观点必须要与他当时身处的时代背景相结合。由于时代的局限，马克思对体育的认知存在一定的局限性，他的著作中有关体育的直接论述不多。但他的一系列思想却对当今的体育学尤其是体育社会学和体育人文学科的发展起到了至关重要的作用。正如体育社会学家诺贝特·埃利亚斯所指出的，"马克思毫无疑问是创造出复杂而连贯的人类社会体系模型的先驱，这一系列模型是以社会中的弱势群体和贫穷群体为基础发展起来的。人们不可能用今天的方式去理解那个时代他的作品的杰出性和深远影响。除非人们理解了马克思社会综合性的全部特征，否则对他的理解永远只能是片面的"①。新马克思主义学派是西方体育社会学中

① Norbert Elias, "Adorno-RedeRespekt und Kritik", Norbert Elias, Wolf Lepenies（eds），*Zwei Reden Anläßlich der Verleihung des Theodor Adorno-Preises*, Frankfurt：Suhrkamp, 1977, p. 45.

的重要流派。在中国，马克思主义体育观已发展成为主流意识形态的体育观，但它与新马克思主义学派却有着很大的差异。因此，对西方思想家体育观的溯源，不得不从马克思这里开始。

第一节　马克思的思想体系

卡尔·马克思可能是近代西方最受人瞩目的思想家之一。他的身份相当复杂，除了哲学家以外，还有记者、编辑、政治活动家、独立学者等。有关他的研究不胜枚举，而且往往导向截然不同的结果。德国新马克思主义体育学派代表人物里高尔指出，马克思主义在不同的地区催生了完全不同的结果。例如苏联就先后有马克思列宁主义、托洛茨基主义和斯大林主义等思潮；在中国和古巴又有截然不同的毛泽东主义和卡斯特罗主义，几者之间共通的部分不多。[①] 马克思的哲学思想起点之一是黑格尔的唯心主义哲学，他对黑格尔展开批判的《政治经济学批判》是马克思主义思想发展历程的重要分水岭。除此之外，影响马克思理论的还有亚当·斯密、詹姆斯·密尔、让·塞和弗雷德里克·斯卡贝克等的理论。他亲历的英国现实状况与他对政治经济学敏锐的洞察力结合之下，马克思发展出了今天为人们所熟知的对资本主义展开全面批判的唯物主义观。这一思想也是今天新马克思主义体育研究的起点。

---

① Bero Rigauer, "Marxist Theories", Jay Coakley and Eric Dunning (eds), *Handbook of Sports Studies*, London：Sage Publications, 2000, p. 29.

一 人的"全面发展"理论

马克思本人对体育的直接论述稀少如凤毛麟角，这是时代背景使然。那时职业体育尚处萌芽状态，现代奥林匹克运动还未诞生。他很难预言一百多年后的职业体育和奥林匹克运动会发展到今天这样的局面。人们所熟知的马克思的"人的全面发展"理论其实也难免模糊，因为马克思并没有在任何一本著作中完整论述过这一理论，而是后人根据他在多本论述中的学说提炼出来的。1845 年至 1848 年，他在与恩格斯共同完成的《德意志意识形态》中提出了这一理论，他指出，"个人的全面发展是共产主义者所向往的，是个人的独创和自由的发展"[①]。马克思认为，"尽管工厂的教育条款整个说来是微不足道的，但这一条款的成就第一次证明了体力劳动同智育和同体育相结合的可能性"[②]。在这里，马克思明确提出为了培养全面发展的人，不能忽视体育的发展。

1866 年，马克思在《临时中央委员会就若干问题给代表的指示》中提出了教育的三个内涵，也是国内有关马克思体育观中被引用频率较高的。"我们把教育理解为三件事，其中第二是体育，即体育学校和军事训练所教授的那种东西……"由于没有职业体育和奥林匹克运动的背景，因此马克思对体育的认知在今天看来是比较狭隘的，还停留在身体教育的层面上。不过他对"人的全面发展"的认知的确是今天马克思主义体育观的重要理论构建基础。高强等认为，中国体育理论界把"人的全面发展"理论与马克思主义需要理论、马克思主义劳动观和马克思主义教育观分别结

[①] 《马克思恩格斯全集》第三卷，中共中央马克思恩格斯列宁斯大林著作编译局译，人民出版社 1974 年版，第 330、510 页。

[②] ［德］卡尔·马克思等：《资本论：政治经济学批判》，郭大力、王亚南译，读书生活出版社 1938 年版，第 529 页。

合组成了不同特色的马克思主义理论观，是将马克思主义理论应用于体育运动领域并取得发展的积极尝试。①

二 "完整的人"理论

很长一段时间里，国内体育理论领域对马克思主义体育观的研究停留在"全面发展理论"层面上，忽视了马克思主义全面发展的理论意义。在《1844 年经济学哲学手稿》这部很多学者认为并不成熟的作品中，其实有着对"完整的人"理论的清晰阐述。马克思对黑格尔辩证法的肯定体现在两个层面上：人是同时作为现实的存在和类的存在；劳动异化是实现人作为个体和作为类存在的必要条件。② 马克思认为，黑格尔《现象学》的最大成就及其最终结果是把辩证的否定看作运动和发展的原则，首次把人的自我创造看作一种过程。③ 认为，人一方面有自然力、生命力，是能动的自然存在物。这些力量是作为禀赋、能力、情欲在他身上存在的；另一方面作为自然的、有形体的、感性的、对象性的存在物，人和动植物一样，是受动的、受制约的和受限制的存在物，他的情欲对象是作为不依赖于他的对象而在他之外存在着的。④ 马克思特别强调了历史的意义，历史是人的"自己的生产过程"，是"人的真正的自然史"。⑤ 在此基础上，孙迎光总结出了"完整的人"是一种全面

---

① 高强、韩飞、季浏：《从"人的全面发展"到"完整的人"——重释马克思主义体育观的理论基础》，《体育学刊》2013 年第 1 期。

② 同上。

③ Karl Marx, "Economic and Philosophic Manuscripts of 1844", Karl Marx and Frederick Engles, *Karl Marx*, *Frederick Engels Collected Works Vol* 3, Translated by Martin Milligan, New York：International Publishers, 1975, pp. 332 – 333.

④ ［德］卡尔·马克思：《1844 年经济学哲学手稿》，刘丕坤译，人民出版社 1979 年版，第 120 页。

⑤ 同上书，第 122 页。

的方式，而不是片面的感受。作为一个完整的人，占有自己的全面本质。①

　　马克思在理解资本主义劳动过程时，运用政治经济学的批判方法，提出除了广泛存在于生产过程中的正面异化以外，一般创造性劳动过程还存在以下三个方面的异化：工人与他或她自己的产品分离；他或她与产品的生产方式分离；与人的潜能分离。他指出，劳动生产出的客体劳动产品把劳动产品看作异化物加以对抗，导致一种独立于生产者的力量。劳动产品就是潜入客体的劳动，已经变成物质的了，这是劳动的对象化。在这样的经济条件下，对工人来说，劳动的实现就是失去了发展。对象化既是客体的失去，又是对客体的束缚，占有就是疏远和异化。② 这个观点是当代体育和身体文化研究的一个范本模式。比莱什认为，由此可以推论，如果体育富有创造性潜能，身体强壮的个人就有机会去探索他们自身的局限和人类身体运动的限制因素；失去对体育的控制就会给身体运动的创造性潜能造成破坏性的后果。因此，"并不是运动员把从事体育看作自我表达和自我探索的一种方式，而是由市场塑造的体育运动是一种产品/客体，它对生产者来说有利有弊，这也不能充分发挥运动员的潜能。体育在限制运动员自身潜能发挥的同时，又赋予市场影响体育自身的权力"③。

---

　　① 孙迎光：《马克思"完整的人"的思想对当代教育的启示》，《南京社会科学》2011 年第 5 期。

　　② Karl Marx, "Economic and Philosophic Manuscripts of 1844", Karl Marx and Frederick Engles, *Karl Marx, Frederick Engels Collected Works Vol 3*, Translated by Martin Milligan, New York: International Publishers, 1975, p. 272.

　　③ ［加］罗布·比莱什：《卡尔·马克思留给体育社会学的不朽遗产》，［英］约瑟夫·马奎尔、凯文·扬编：《理解诠释：体育与社会》，陆小聪译，重庆大学出版社 2012 年版，第 26 页。

三 "剩余价值"理论

"剩余价值"理论是马克思主义中家喻户晓的基本理论之一。马克思认为，资本家在追寻使用价值的同时总是在寻求蜕变为交换价值的那一部分，通过剩余价值来实现盈利。这一理论现在成了西方马克思主义体育观分析当今西方社会职业化体育弊端的法宝。英格汉姆认为，"在体育界，所谓的'平衡'有赖于体育消费者市场的建构……资本主义体育生产模式是如何做到自然化、不留痕迹，并且成为霸权的，是体育研究的核心之一"①。今天，不少西方体育学者都把马克思的使用价值、交换价值和剩余价值跟职业体育相对应，分析出职业体育的实质无非是榨取职业运动员的剩余价值。在这个过程中，体育官员、教练员、体育迷等都参与了不同形式的交换。

从人的"全面发展"理论到"完整的人"理论，再到"剩余价值"理论，马克思主义体育观逐渐完整、清晰，成为体育社会理论中极为重要的理论体系，也成为西方体育社会学理论的根本。今天，马克思对资本主义的批判思想被大规模地运用到体育研究中来。"马克思的思想以及后来受马克思思想极大启发而形成的各种理论视角，都被运用到后期的体育研究中。直到今天，还在不断发展出新的分支。"②

---

① Alan Ingham, "The Sportification Process：A Biographical Analysis Framed by the Work of Marx, Weber, Durkheim and Freud", Richanrd Giulianotti（ed）, *Sport and Modern Social Theorists*, New York：Palgrave MacMillan, 2004, p. 14.

② ［加］罗布·比莱什：《卡尔·马克思留给体育社会学的不朽遗产》，［英］约瑟夫·马奎尔，凯文·扬编《理解诠释：体育与社会》，陆小聪译，重庆大学出版社 2012 年版，第 19 页。

第二节　马克思主义体育观对西方体育研究的重要影响

马克思主义体育观对于现当代体育研究来说具有重要的影响。甚至可以说，今天的体育社会学研究，或多或少都受到了马克思主义体育观的影响。1983 年，美国著名体育学者威廉姆·摩根在研究中指出里高尔和布罗姆是体育研究领域的新"左派"，也就是新马克思主义学派。[1] 这个学派就是利用马克思主义体育观来指导研究，具有鲜明的批判现实社会的特征。其中，贝罗·里高尔是体育社会学家诺贝特·埃利亚斯的同事，也是德国法兰克福学派的重要代表人物之一。奠定他的历史地位的作品是《体育与工作》[2]，他在该书中对体育进行了哲学化的解析，让受众以一种前所未有的角度来理解资本主义社会中体育的真谛。他在《体育研究手册》中撰写了"马克思主义理论"一章，对马克思主义体育理论进行了深入浅出的梳理，将马克思列宁主义理论与西方马克思主义理论进行了切割，提出西方马克思主义理论是所谓的"新马克思主义理论"[3]。这个研究也被认为是划分马克思主义体育观东、西学派的主要理论依据。但事实上，里高尔受到第一代法兰克福学派代表人物霍克海默、阿多诺、马尔库塞的影响远比马克思要大。因此，里高尔和一众法

---

[1]　William Morgan，"Toward a Critical Theory of Sport"，*Journal of Sport & Social Issues*，Vol7，No. 1，Februry 1983.

[2]　Bero Rigauer，*Sport and Work*，Translated by Allen Guttmann，New York：Columbia University Press，1981.

[3]　Bero Rigauer，"Marxist Theories"，Jay Coakley and Eric Dunning（eds），*Handbook of Sports Studies*，London：Sage Publications，2000，pp. 28 – 47.

兰克福学派学者被摩根称为"法兰克福马克思主义"学派。①

法国学者让－马利·布罗姆的观点可能没有里高尔那么激进。在他的那本著名的《体育：可测量时间的监狱》中，他借用了阿尔都塞的理论对新马克思主义体育观做了奠基式的诠释："体育在意识形态方面重构了资本主义的社会关系；再有，体育传播着一定体育机构的意识形态；最后，体育大范围地传播着占有统治地位的资产阶级的意识形态……"② 不仅如此，布罗姆还把马克思主义有关政治经济学方面的理论运用到了体育研究中，比如，他指出，"当今世界经济等级制度直接作用于体育竞技场上国家层面的竞争。只有经济上发达的国家才能成为类似奥运会这样的国际赛事的主办国。这种等级制度很自然地再现于奥运会举办城市的竞争中"③。可见，布罗姆对体育政治经济学方面的认知颇有前瞻性。

事实上，在20世纪70年代，除了里高尔和布罗姆之外，还有不少新马克思主义体育思想的奠基作品，这些作品的作者大都是德国人。比如，不莱梅学派的代表人物杰拉德·维奈的《足球意识形态》、柏林学派的雅克－奥拉夫·波梅等的《晚期资本主义的体育》、荣格·里希特的《右翼社会的瘦身国家和体育》以及美国学者保罗·霍希的《撕掉大比赛》等。这些著作的几乎同时诞生为新马克思主义体育思想注入了新鲜血液，让这种新兴的学术力量能够在短时间内成为体育社会学研究领域中的重要力量。

美国学者约翰·赫伯曼在探讨体育与政治意识形态时选取的理论就

---

① William John Morgan, *Leftist Theories of Sport*：*A Critique and Reconstruction*, Urbana：University of Illinois Press, 1994, p. 129.

② Jean-Marie Brohm, *Sport*, *A Prison of Measured Time*：Essays, Translated by Ian Fraser, London：Ink Links, 1978, p. 77.

③ Ibid. , p. 117.

是马克思和克尔凯郭尔的理论，① 这篇文章是 20 世纪 70 年代研究马克思主义体育观的重要作品之一。另一位美国学者 T. R. 杨把马克思主义体育理论分成了两个维度：政治经济学领域的结构主义维度和文化维度。他认为，这是从事马克思主义体育研究的两大路径。②

在体育社会学的经典论著中，马克思主义体育思想是无法绕开的基础理论。例如，美国学者蒂姆·德兰尼和蒂姆·麦迪甘就专门提到了马克思主义体育思想中的"冲突"理论。他们认为，这个理论虽然不是由马克思本人亲自提出的，但马克思主义思想中的人的潜能、历史观、阶级冲突、经济不平等、阶级意识等理论深刻地影响着冲突理论。③ 因此，冲突理论毫无疑问是马克思主义体育思想所提炼出的精髓。美国学者切里·库奇在构建体育社会学理论结构化的模板中，充分地借用了冲突理论。④ 英国学者理查德·朱利亚诺蒂在自己的体育社会学著作中专门辟出一章，来探讨马克思和新马克思主义体育学者的观点，其中异化理论和意识形态问题是他关注的重点。⑤

2009 年，美国学者本·卡灵顿和英国学者伊安·麦当劳组织了一批体育文化学者编纂了《马克思主义、文化研究与体育》一书。这本书的编纂，是西方体育文化研究中新马克思主义学派的代表作品。该书有针对马克思主义体育理论体系的研究，其中本·卡灵顿的研究是对文化研究中马

---

① John Hoberman, "Sport and Political Ideology: Relating Sport and Ideology", *Journal of Sport & Social Issues*, Vol. 1, No. 2, June 1977.

② T. R. Young, "The Sociology of Sporta: Structural Marxist and Cultural Marxist Approaches", *Sociological Perspectives*, Vol. 29, No. 1, January 1986.

③ Tim Delaney, Tim Madigan, *The Sociology of Sports: An Introduction*, Jefferson: McFarland & Company, 2009, p. 26.

④ Cheryl Cooky, "Getting Girls in the Game: Negotiation of Structure and Agency in a Girl's Recreational Sport Program", Earl Smith (ed), *Sociology of Sport and Social Theory*, Champaign: Human Kinetics, 2010, pp. 154 – 155.

⑤ Richard Giulianotti, *Sport: A Critical Sociology*, Cambridge: Polity Press, 2005, pp. 29 – 42.

克思主义理论的一个综述，对之前的相关研究做了系统的梳理。① 伊安·麦当劳从批判理论的角度对马克思主义在体育学领域中的地位进行了研究。② 这两篇文章不啻有关马克思主义体育文化研究的理论奠基作品。在这本著作中，作者还选编了西方体育学者和文化学者运用政治经济学和商品化理论展开的研究。加拿大文化学者安努·贝朗日从体育的政治经济学批判视角论述了城市体育景观。③ 英国文化学者加里·万内尔从文化和政治视角来解读体育媒介的政治意义。④ 鲍勃·比米什从马克思主义异化理论来论述顾拜旦的奥林匹克项目。⑤ 除此之外，在这本著作中，还有运用阶级、种族和性别等理论展开的研究。英国文化研究学者布莱特·路易斯从种族主义的视角研究黑人与体育政治之间的关系，他把自己的方法称为"后马克思主义"⑥。美国学者杰恩·伊夫万尼格维从网球界的大小威姐妹现象来探讨了体育名流、截击和女性主义等多个话题，可谓一石三鸟。⑦

---

① Ben Carrington, "Sport Without Final Guarantees: Cultural Studies/Marxism/Sport", Ben Carrington and Ian McDonald (eds), *Marxism*, *Cultural Studies and Sport*, London: Routledge, 2009, pp. 15 – 31.

② Ian McDonald, "One-Dimensional Sport: Revolutionary Marxism and the Critique of Sport", Ben Carrington and Ian McDonald (eds), *Marxism*, *Cultural Studies and Sport*, London: Routledge, 2009, pp. 32 – 47.

③ Anouk Bélanger, "The Urban Sport Spectacle: Towards a Critical Political Economy of Sports", Ben Carrington and Ian McDonald (eds), *Marxism*, *Cultural Studies and Sport*, London: Routledge, 2009, pp. 51 – 67.

④ Garry Whannel, "Between Culture and Economy: Understanding the Politics of Media Sport", Ben Carrington and Ian McDonald (eds), *Marxism*, *Cultural Studies and Sport*, London: Routledge, 2009, pp. 68 – 87.

⑤ Rob Beamish, "Marxism, Alienation and Coubertin's Olympic Project", Ben Carrington and Ian McDonald (eds), *Marxism*, *Cultural Studies and Sport*, London: Routledge, 2009, pp. 88 – 105.

⑥ Brett StLouis, "Post-Marxism, Black Marxism and the Politics of Sport", Ben Carrington and Ian McDonald (eds), *Marxism*, *Cultural Studies and Sport*, London: Routledge, 2009, pp. 109 – 129.

⑦ Jayne Ifekwunigwe, "Venus and Serena are 'doing it' for Themselves: Theorizing Sporting Celebrity, Class and Black Feminism for the Hip-Hop Generation", Ben Carrington and Ian McDonald (eds), *Marxism*, *Cultural Studies and Sport*, London: Routledge, 2009, pp. 130 – 153.

美国非裔学者格兰特·法雷德探讨了利物浦足球俱乐部的认同问题。[1]
除此之外，在这本著作中还有关于米歇尔·福柯和葛兰西与新马克思主
义体育文化的联系的研究。新马克思主义体育文化学派的诞生标志着马
克思主义体育研究进入了一个崭新的阶段，从过往单纯的体育社会研究
开始向体育人文研究过渡。如果说这本著作是之前一系列相关研究的集
大成作品的话，那么在近 30 年中，马克思主义体育社会和文化研究可
谓重新绽放光芒，成为体育社会人文研究领域中异军突起的一支。

　　国际体育社会学学会第一代发起人之一、美国德裔体育社会学家冈
特·吕申在研究中经常应用马克思主义宏观经济学。他在研究国际体育
社会学发展的走向中将马克思主义体育观的多层次理论加以运用。[2] 美
国学者大卫·罗斯在探讨美国体育社会发展的过程中提出了马克思主义
体育观的影响，这些研究方法在那一时期对美国体育研究的影响基本上
是负面的。[3] 美国学者约翰·西瓦特在论述体育的商品化时对之前的马
克思主义体育观进行了及时的梳理，并从中得到重要的理论依据，这
一研究是体育商品化研究的早期代表之一。[4] 美国学者理查德·利普
斯基在解析体育象征主义的政治内涵时运用了马克思主义体育观的异
化理论，[5] 这一研究在当时是具有前沿色彩的。

　　加拿大学者罗布·比米什是新马克思主义学派的代表人物之一。20 世

---

① Grant Farred, "Socratic Solitude: The Scouser Two-as-one", Ben Carrington and Ian McDonald (eds), *Marxism*, *Cultural Studies and Sport*, London: Routledge, 2009, pp. 154 – 177.

② Günther Lüschen, "Towards a new Structural Analysis: The Present State and the Prospects of the International Sociology of Sport", *International Review for the Sociology of Sport*, Vol. 23, No. 4, December 1988.

③ David Rose, "A Critique of Non-normative Sport Sociology in the United States", *International Review for the Sociology of Sport*, Vol. 17, No. 4, December 1982.

④ John Sewart, "The Commodification of Sport", *International Review for the Sociology of Sport*, Vol. 22, No. 3, September 1987.

⑤ Richard Lipsky, "The Athleticization of Politics: the Political Implication of Sports Symbolism", *Journal of Sport & Social Issues*, Vol. 3, No. 2, September 1979.

纪80年代，他在论述体育研究中"劳动力"的问题时借用了马克思的劳动力理论，同时他对体育社会学家威廉姆·摩根的理论提出了抨击，认为摩根对马克思主义体育思想的认知是庸俗的，[①] 这是他早期研究马克思主义体育观的一篇核心作品。很快摩根教授对比米什的观点予以了激烈的回应。他认为比米什对劳动力问题的观点是片面的，存在比较严重的误读。[②] 其实早在20世纪70年代末，日本学者森川贞夫就已经就业余体育的劳动力问题进行过研究，[③] 他的研究起点也是马克思主义体育观。

东欧学者有着传统的马克思主义研究的习惯。苏联体育学者波诺马雷夫对游戏和体育的社会现象进行了宏观研究，他直接引述了马克思在资本论中的相关观点。[④] 后来他又在体育的系统研究中把马克思主义体育观引介给当时并不熟悉这一体育观的西方主流体育研究领域。[⑤] 因此，在很多新马克思主义体育研究中，波诺马雷夫观点的影响不容忽视。波兰体育文化学者克拉夫切克在论述体育社会科学研究中的理论和批判主义时也把马克思主义体育观作为重要的理论基础之一，同时他还把黑格尔哲学、列宁主义体育观作为研究的基础。[⑥] 此后他在回顾体育研究的发展时也多次运用了马克思主义体育思想。[⑦]

[①] Rob Beamish, "Understanding Labor as a Concept for the Study of Sport", *Sociology of Sport Journal*, Vol. 2, No. 4, December 1985.

[②] William Morgan, "Labor, Sport and Critical Theory: A Response to Beamish", *Sociology of Sport Journal*, Vol. 3, No. 1, March 1986.

[③] Sadao Morikawa, "Fundamental Problems in Studies on Amateur Sport: Introduction to Theories on 'Sport Labour'", *International Review for the Sociology of Sport*, Vol. 14, No. 1, March 1979.

[④] I. N. Ponomarev, "The Social Phenomenon of Game and Sports", *International Review for the Sociology of Sport*, Vol. 9, No. 1, March 1974.

[⑤] I. N. Ponomarev, "About System Analysis of Sport", *International Review for the Sociology of Sport*, Vol. 13, No. 1, March 1978.

[⑥] Zbigniew Krawczyk, "Theory and Empiricism in the Social Sciences Regarding Physical Culture", *International Review for the Sociology of Sport*, Vol. 12, No. 1, March 1977.

[⑦] Zbigniew Krawczyk, "Physical Culture: Past and Present", *International Review for the Sociology of Sport*, Vol. 13, No. 2, June 1978.

与东欧体育学者早期对马克思主义体育观的正面推介不同的是，西方体育学者当时对马克思主义体育思想多持扬弃的态度。美国学者威廉姆·摩根是较早从事体育批判研究的西方学者，他把方兴未艾的新马克思主义体育思想用作研究工具，这给他的批判研究带来了意想不到的创新意义。① 澳大利亚体育文化学者吉姆·马凯在探讨体育研究的批判路径时运用了马克思主义理论，他指出了马克思主义与新马克思主义体育观存在不可调和的矛盾，从根本上是对立的。但他本人的批判理论源自马克思主义体育观。② 美国体育学者斯坦利·艾特森在论述体育研究中的冲突理论和越轨行为时也不可避免地运用了马克思主义体育思想。③ 英国学者杰西卡·李等对年轻人的体育活动选择展开研究，在这一过程中他们运用了马克思主义体育观中的资本理论。④ 加拿大学者德怀特·扎库斯在论述女性精英体育的身体消费时，几乎运用了绝大部分马克思主义体育思想，尤其是生产力和剩余价值理论。⑤ 这在西方学术界是比较罕见的。美国学者哈尼斯－马丁在论述职业女子篮球的劳动力问题时，运用了马克思主义资本理论中的剩余价值理论。⑥ 美国学者卡斯林·叶在论述体育中的不公平现象时，采访了多位体育研究领域的专家

---

① William Morgan, "Toward a Critical Theory of Sport", *Journal of Sport & Social Issues*, Vol. 7, No. 1, March 1983.

② Jim MaKay, "Marxism as a Way of Seeing: Beyond the Limits of 'Critical' Approaches to Sport", *Sociology of Sport Journal*, Vol. 3, No. 3, September 1986.

③ Stanley Eitzen, "Conflict Theory and Deviance in Sport", *International Review for the Sociology of Sport*, Vol. 23, No. 3, September 1988.

④ Jessica Lee, Doune Macdonald, and Jan Wright, "Young Men's Physical Activity Choices: The Impact of Capital, Masculinities, and Location", *Journal of Sport & Social Issues*, Vol. 33, No. 1, February 2009.

⑤ Dwight Zakus, "Production, Consumption, and Sport: Use of the Body in Women's Elite Sport", *International Review for the Sociology of Sport*, Vol. 30, No. 1, March 1995.

⑥ Jennifer Hanis-Martin, "Embodying Contradictions: The Case of Professional Women's Basketball", *Journal of Sport & Social Issues*, Vol. 30, No. 3, August 2006.

学者，运用了三种理论，其中最重要的就是马克思主义体育观。① 英国学者阿伦·拜尔纳在对体育与阶级和社会理论的论述中激烈地抨击了马克思主义体育观，认为方兴未艾的新马克思主义体育社会学者对阶级和社会理论产生了误读，应该向学界道歉。② 美国学者大卫·安德鲁斯在谈及体育文化的关键词时把英国文化学者斯图亚特·霍尔对马克思主义的解构作为自己的理论出发点。③ 安德鲁斯在一系列的研究中都运用了马克思主义体育思想，包括他对拜尔纳有关体育与阶级、社会理论文章的批评。④ 他们俩的这场笔战成了当年国际体育社会学界的一大盛事。英国学者约翰·休森把马克思主义体育思想作为文化历史与体育研究的重要流派，在接受的基础上进行扬弃。⑤ 在论及英国的殖民主义和阶级与体育的关系时，同样把新马克思主义体育观作为自己的研究范式。⑥ 澳大利亚体育学者理查德·普林格是研究福柯与体育关系的专家，他在研究中直接找到了马克思主义体育观与葛兰西和福柯体育观一脉相承的理论体系，并进行了充分的论证。⑦ 美国学者阿伦·克莱恩在研究健身运动的隐喻史时先后引用了《资本论》和《德意志意识形态》中马克思

---

①　Kathleen Yep，"Intellectual Praxes and the Politics of Analyzing Sport"，*Sociology of Sport Journal*，Vol. 24，No. 1，March 2007.

②　Alan Bairner，"Back to Basics：Class，Social Theory，and Sport"，*Sociology of Sport Journal*，Vol. 24，No. 1，March 2007.

③　David Andrews，"Coming to Terms with Cultural Studies"，*Journal of Sport & Social Issues*，Vol. 26，No. 1，February 2002.

④　David Andrews，"Response to Bairner's 'Back to Basics：Class，Social Theory，and Sport'"，*Sociology of Sport Journal*，Vol. 24，No. 1，March 2007.

⑤　John Hughson，"Cultural History and the Study of Sport"，*Sport in Society：Cultures，Commerce，Media，Politics*，Vol. 12，No. 1，January 2009.

⑥　John Hughson，"The Middle Class，Colonialism，and the Making of Sport"，*Sport in Society：Cultures，Commerce，Media，Politics*，Vol. 12，No. 1，January 2009.

⑦　Richard Pringle，"Masculinities，Sport，and Power：A Critical Comparison of Gramscian and Foucauldian Inspired Theoretical Tools"，*Journal of Sport & Social Issues*，Vol. 29，No. 3，August 2005.

的相关理论,① 这个研究出人意料地带有相当浓郁的形而上学的色彩。澳大利亚学者丹尼斯·海菲尔在论及体育、政治意识形态和自由时,把马克思主义体育观和新马克思主义体育观的观点作为自己研究的起点,在此基础上对传统的体育政治意识形态展开批判性的研究。在研究中,马克思主义的异化理论和劳动力理论得到了颇有新意的论述。②

第三节　马克思主义体育观的中国发展沿革

正如里高尔所说,马克思主义在不同的国家和社会体制下有截然不同的解读方式。马克思主义体育观在不同历史时期的中国也有不一样的解读方式。20 世纪 80 年代之前,指导国内体育教育和科研发展的都是毛泽东思想体育观。直到 20 世纪 80 年代初期,国内部分体育学者开始尝试把马克思主义体育观同中国的实际情况相结合。胡晓风的《以马克思主义为指导进一步提高对体育的认识》拉开了这一思潮的序幕。③ 卓汉容、何文洪开始对《资本论》和一系列马列著作中的原文进行释读,奠定了国内马克思主义体育研究的基调。④ 在接下来很长一段时间里,国内马克思主义体育观的解读都是按照这一思路展开的拓展研究。比如,陈桂生的《马克思关于体育的见解》就是在之前研究的基础上进行

---

① Alan Klein, "Muscle Manor: The Use of Sport Metaphor and History in Sport Sociology", *Journal of Sport & Social Issues*, Vol. 9, No. 1, March 1985.

② Dennis Hemphill, "Sport, Political Ideology and Freedom", *Journal of Sport & Social Issues*, Vol. 16, No. 1, March 1992.

③ 胡晓风:《以马克思主义为指导进一步提高对体育的认识》,《体育科学》1982 年第 4 期。

④ 卓汉容、何文洪:《马克思恩格斯体育思想初探》,《华南师范大学学报》(社会科学版) 1984 年第 3 期。

的补充说明。① 唐建的《马克思关于人的全面发展学说中的体育思想初探》则把之后的研究进一步引向相对狭窄的区域，② 他的研究较之前的研究没有明显的突破。

进入 20 世纪 90 年代之后，国内关于马克思主义体育观的研究乏善可陈。杨霆的《初论马克思体育思想的形成》开始探讨马克思体育思想形成之前的理论体系，③ 这在以往研究的基础上有一定的突破。杨楠的研究虽然没有实质性的突破，但他对马克思、恩格斯全集的精读也是在之前研究基础上的一种完善。④ 董众鸣的《马克思的体育观》是对以往研究的梳理和总结，并未产生明显的理论突破。⑤

进入 21 世纪以后，国内有关马克思主义体育观的研究开始向多元化和纵深方向发展。高丽、方艳的研究与新时期体育专业大学生的思想特点和素质培养密切结合起来。⑥ 曾宪刚的《体育美学思考》把马克思主义的哲学观点"人的本质力量对象化"引入了体育美学的探讨，结合体育运动实践，这是在以往研究之上的一种突破。⑦ 龚发超、王晓东的研究从马克思主义科学技术观出发，阐释了科学技术对现代竞技体育的影响和中国竞技体育的发展走向，也是一个全新的研究视角。⑧ 黄滨、杨巍的《马克思休闲思想与现代休闲体育》运用了马克思关于休闲问题

---

① 陈桂生：《马克思关于体育的见解》，《体育文史》1986 年第 6 期。

② 唐建：《马克思关于人的全面发展学说中的体育思想初探》，《淮阴师专学报》（哲学社会科学版）1988 年第 3 期。

③ 杨霆：《初论马克思体育思想的形成》，《体育文史》1990 年第 1 期。

④ 杨楠：《试论马克思主义的体育观——从个人全面发展学说看马克思体育思想的若干问题》，《体育文史》1994 年第 2 期。

⑤ 董众鸣：《马克思的体育观》，《理论探索》1997 年第 2 期。

⑥ 高丽、方艳：《马克思主义哲学与体育大学生素质培养》，《哈尔滨体育学院学报》2001 年第 1 期。

⑦ 曾宪刚：《体育美学思考——关于马克思"人的本质力量对象化"哲学思辨》，《湖北美术学院学报》2002 年第 4 期。

⑧ 龚发超、王晓东：《论马克思主义科学技术观对现代中国竞技体育的影响》，《河北体育学院学报》2007 年第 4 期。

的理论，揭示了休闲研究的必要性，还对现代休闲体育的发展沿革进行了回顾，① 这也是一个全新的研究视角。王程、王治东从马克思的生存论出发，对竞技体育的技术化与功利化展开了分析，对竞技体育运动中出现的各种不端行为展开人性探讨，这个研究在内容和材料上都具有一定的创新价值。② 高强的《西方体育社会学新马克思主义流派述评》对新马克思主义体育观的观点及其与布尔迪厄体育思想的联系等问题做了比较深入的探讨，并结合中国研究的特点展开论述，具有较强的学术价值。③ 高强等的研究在马克思主义体育观的基础理论研究上终于取得了突破，在以往关注"人的全面发展"的基础上完善了"完整的人"的理论，对马克思主义体育观进行了重新阐释，④ 这是马克思主义体育观在中国发展的又一个里程碑式的研究成果。

纵观马克思主义体育观在中国的发展，研究领域和成果较之西方的新马克思主义体育观以及东欧的马克思主义体育观都有相当的差距。尤其是应用领域，运用马克思主义原理来进行体育现象阐释的研究屈指可数，而且研究水平有待提高。这是中国体育学术界在体育文化大发展的过程当中必须全力推进的研究领域。引进、借鉴、发展、创新，是马克思主义体育观在中国发展的必由之路。

---

① 黄滨、杨巍:《马克思休闲思想与现代休闲体育》,《体育科技文献通报》2008 年第 7 期。

② 王程、王治东:《竞技体育不端行为的人性探究——以马克思生存论解读竞技体育技术化与功利化》,《南京体育学院学报》（社会科学版）2010 年第 6 期。

③ 高强:《西方体育社会学新马克思主义流派述评》,《体育学刊》2011 年第 1 期。

④ 高强、韩飞、季浏:《从"人的全面发展"到"完整的人"——重释马克思主义体育观的理论基础》,《体育学刊》2013 年第 1 期。

第二章

结构功能主义社会学之根源：爱弥儿·涂尔干的思想对体育研究的影响

爱弥儿·涂尔干（Emile Durkheim，1858—1917），也译为迪尔凯姆、杜尔凯姆、杜尔克姆、杜克海默、杜尔干等，是近代法国著名的思想家，社会学的三大奠基人之一。1858 年，他出生于埃皮纳尔镇，年轻时代在巴黎高等师范学校接受教育，随后开始了自己的学术生涯。虽然他在波尔多大学和巴黎大学任教时是以教育学为主业，但他却凭借自己在社会学研究领域的开拓性进展获得了法国社会科学历史上的第一个教授职位。事实上，他在社会学历史上的地位是在他去世之后才逐渐确立的。涂尔干经历的时代是法国历史上政权更替最为频繁的时代，共和国与君主制频繁更替。法国从 18 世纪末到 20 世纪初相继经历了君主立宪制、第一共和国、第一帝国、波旁复辟王朝、七月王朝、第二共和国、第二帝国和第三共和国等政权，其间还有极为短暂的巴黎公社时期。这一系列的政权更替让身处这一时期的法国学者比其他国家的学者多了一些思考。正是这样的思考让涂尔干在对社会的宏观考察上较之前人有了更多理性的成分。

事实上，西方学者历来在对涂尔干的评价上存在较大分歧。学者马里昂·米切尔认为涂尔干的思想体现了实证主义者从人道主义转向 19 世纪的沙文主义，把社会置于个人之上。① 学者斯文德·拉努夫在他与莫斯的通信中，指责涂尔干为法西斯主义的先驱，认为社会、国家是对个人自由的压制。② 学者罗伯特·尼斯比特认为涂尔干是一个保守主义者，他甚至列出了涂尔干的 11 条保守"罪状"。③ 学者刘易斯·科塞认为涂尔干的保守主义限制了他看待问题的深度和广度，他指出涂尔干的研究忽视了阶级斗争。④ 学者斯文奇伍德提出，"涂尔干对公共机构研究的功能路径倾向于强调限于一时的结构维度，却忽视探求现象变化的、起源的和历史的路径"⑤。然而也有不少学者站在涂尔干一边，认为他是一个真正的共和主义者，比如学者马克·克拉迪斯就认为涂尔干是一位自由主义者，他放弃了从自然理性出发的普遍原则，而是基于实在和历史。⑥ 法国学者克劳德·列维－斯特劳斯认为，涂尔干被误认为是保守主义者，这是因为他把社会事务看成了"物"。⑦ 学者约塞普·里奥贝拉和史蒂文·卢克斯

---

① Marion Mitchell, "Emile Durkheim and the Philosophy of Nationalism", *Political Science Quarterly*, Vol. 46, No. 1, March 1931.

② Svend Ranulf, "Scholarly Forerunners of Facism", *Ethics*, Vol. 50, No. 1, October 1939.

③ Robert Nisbet, "Conservatism and Sociology", *The American Journal of Sociology*, Vol. 58, No. 2, September 1952.

④ Lewis Coser, "Durkheim's Conservatism and its Implication for His Sociological Theory", Kurt Wolff (ed), *Emile Durkheim*, 1858 – 1917, *a Collection of Essays*, New York: Arno Press, 1979, p. 211.

⑤ Alan Swingewood, *A Short History of Sociological Thought*, New York: St. Martin's Press, 1984, p. 228.

⑥ Mark Cladis, "Durkheim's Communitarian Defense of Liberalism", Peter Hamilton (ed), *Emile Durkheim Critical Assessments Volume Six*, Lodon: Routledge, 1995, pp. 185 – 200.

⑦ Claude Levi-Strauss, "French Sociology", Peter Hamilton (ed), *Emile Durkheim Critical Assessments Volume Six*, Lodon: Routledge, 1995, pp. 31 – 56.

认为涂尔干是一个真正的共和主义者。① 学者特奥多尔·阿贝尔指出，涂尔干"为社会学成为一门有独特研究对象和研究方法的理论科学提供了可能性"②。学者汤姆·坎贝尔认为涂尔干实证主义的特点是努力把社会当作一个独立的有自身规律、自身发展和自身生命的事实来研究。③英国当代社会学家安东尼·吉登斯认为，涂尔干的著作"对现代社会思想的发展有着巨大的影响"④。学者约翰·雷克斯认为，"作为一位一般理论家和实证研究特殊领域中的贡献者，涂尔干的影响力是持久的"⑤。

涂尔干一生著作等身，成果丰厚。他的绝大部分作品已经被译为英文、德文等几十种文字。目前国内已出版涂尔干的著作十余本，几乎囊括了他在教育学和社会学中的主要研究成果。涂尔干曾研究过哲学，他在法国桑斯中学讲授的哲学课被整理为《哲学讲稿》出版，⑥ 书中除了论及哲学的基本问题以外，还谈到了心理学、逻辑学、伦理学和形而上学。他早期的主要论著是《社会学方法的规则》和《自杀论：社会学研究》。他于1902年出版的《社会分工论》和1912年出版的《宗教生活的基本形式》使他的社会学研究体系显得比较完整。此外，他与学生马塞尔·莫斯合著的《原始分类》也是研究社会学的重要文献之一。⑦ 他的一系列讲座和论文后来被辑录为著作先后出版。例如他于1913年到1914年在法国索邦大学的演讲就被辑录为《实用主义与社会学》出版。⑧

---

① 转引自魏文一《涂尔干社会理论中的国家观》，渠敬东编《涂尔干：社会与国家》，商务印书馆2014年版，第8页。

② Theodore Abel, *The Foundation of Sociological Theory*, New York：Random House，1970，p. 15.

③ Tom Campbell, *Seven Theories of Human Society*, Oxford：Clarendon Press，1984，p. 144.

④ ［英］安东尼·吉登斯：《杜尔凯姆》，李俊青译，昆仑出版社1999年版，序言第1页。

⑤ John Rex, "Emile Durkheim", Timothy Ralson, Paul Barker（eds）*The Founding Fathers of Social Science：A Series from New Society*, Harmondsworth：Penguin Books，1969，p. 133.

⑥ ［法］爱弥尔·涂尔干：《哲学讲稿》，渠敬东、杜月译，商务印书馆2012年版。

⑦ ［法］爱弥尔·涂尔干、马塞尔·莫斯：《原始分类》，汲喆译，商务印书馆2012年版。

⑧ ［法］爱弥尔·涂尔干：《实用主义与社会学》，渠敬东译，上海人民出版社2000年版。

他从 1898 年到 1912 年的多篇学术论文被辑录为《社会学与哲学》出版。此外，他在教育学领域的著作《教育思想的演进》《孟德斯鸠与卢梭》《乱伦禁忌及其起源》《道德教育》和《职业伦理与公民道德》等都已被译介为中文。除此之外，涂尔干从 1898 年开始创办《社会学年鉴》，这项工作一直持续到 1919 年。《社会学年鉴》为后人留下了大量珍贵的早期社会学理论。通过这个期刊，涂尔干与他的朋友和学生们集合起来，不仅对法国社会学的发展，而且也对法国的知识历史施加了有力的影响。①

囿于时代特征，涂尔干本人的研究中基本未涉及体育，但他的结构功能主义理论却对当代体育社会学有直接的影响。绝大部分法国社会学家，相当比例的西方社会学家在对体育社会学的论述中都以涂尔干的学说为起点或重要支点。这也使涂尔干成为在当代体育社会学研究领域被引用最多的西方思想家之一。根据学者约翰·洛伊和道格拉斯·布斯的谱系学研究，涂尔干的结构功能主义理论在很大程度上影响了人类学功能主义学者拉德克里夫－布朗和布罗尼斯劳·马林诺夫斯基。此二人又转而深刻影响了社会学结构主义学者塔尔科特·帕森斯和罗伯特·默顿。②

第一节　涂尔干的结构功能主义理论

功能主义与冲突论是当代社会学中的两种基础理论。功能主义是由孔德提出，并由斯宾塞和涂尔干发扬光大的。涂尔干的理论在很大程度

---

① Robert Bierstedt, *Emile Durkheim*, London: Weidenfeld and Nicolson, 1966, p. 21.
② John Loy, Douglas Booth, "Functionalism, Sport and Society", Jay Coakley, Eric Dunning (eds), *Handbook of Sport Studies*, London: Sage, 2000, p. 9.

上受到了孔德和斯宾塞的影响。他对社会现象有自己的定义。他认为，社会现象是"一种普遍存在于团体中，不仅有它独立于个人固有的存在性，而且作用于个人，使个人感受到的一种强制力的现象"①。

涂尔干认为，在对社会展开分析时，应当厘清各个组成部分的整合程度，并确定各个组成部分分别对社会整体的功能。"各种社会现象的不同及其变化程度不仅取决于它们的组成部分的性质，而且取决于这些部分结合的方式，取决于各个部分是否保持个性以及保持个性程度的差异，即它们与社会整体的联系密切与否。"②

涂尔干进一步提出，"当我们解释社会现象时，必须分别研究产生社会现象的真实原因和社会现象所实现的功能"③。这两者之间的逻辑顺序是不能替换的，先有原因后有功能。除此之外，涂尔干提出的社会学理论还包括"一种社会现象只能通过其他社会现象去解释""个人心理现象不能解释社会现象""只能通过社会去解释社会现象""社会环境对社会现象产生重要作用"，等等。④ 这一系列论述是人们认识社会学的根本性规则。涂尔干通过这一研究得出的三个结论影响深远："首先，社会学是独立于哲学的；其次，社会学研究方法具有客观性；最后，必须把社会现象当作社会的事物。"⑤ 这三个结论是社会学研究方法的纲要，主导了涂尔干身后近百年的社会学发展方向，可以视为社会学研究的基本规则。涂尔干的学说使得他被后世誉为现代结构功能主义最重要的奠

---

① ［法］埃米尔·迪尔凯姆：《社会学方法的规则》，胡伟译，华夏出版社1999年版，第12页。

② 同上书，第68—69页。

③ 同上书，第77页。

④ 同上书，第79—95页。

⑤ 同上书，第116—120页。

基人，为使美国社会学从经验主义理论化的泥潭中解脱出来做出了贡献。[①] 在涂尔干的努力下，"社会学没有着手建构理想，反而把理想接纳成为既定的事实和研究的对象，并试图分析和解释它们……社会是自然在其发展过程中达到的一个更高点，汇聚了所有自然的能量，在某种程度上超出了自然本身之外"[②]。因此，涂尔干对于社会学的发展功不可没。

涂尔干在对社会结构的分析中带着一种强烈的进化论色彩。他分析了几个原始的和古老的社会来尝试解读个人与社会的关系。在这个进程中，他沿着发展的连续统一体给社会做了分类，即从简单到复杂，并由社会团结的水平所决定。[③] 有关这一领域的研究在社会分工理论中有更加细致的阐述。

涂尔干的功能主义理论跟人类学功能主义有着显著的差异。用特纳和马尔延斯基的话来说就是："（涂尔干）是首位倡导一套明确功能假设的人。他的假设包括：一个社会系统必须揭示其组成部分的内部整合度；重要的理论任务是决定一个构成部分对整体系统的整合造成的结果或功能；一个部分的'缘由'必须从其对社会整合的'功能'入手分别加以分析；社会整合需要作为一个选择机制来运作，以维持那些提高社会整合的部分。"[④] 这个梳理贴切地总结了涂尔干功能主义理论的实质。

当然，涂尔干的结构功能主义主要是针对社会领域而言的，他的研

① ［美］科瑟：《社会学思想名家：历史背景和社会背景下的思想》，石人译，中国社会科学出版社 1990 年版，第 636 页。

② ［法］爱弥尔·涂尔干：《社会学与哲学》，梁栋译，上海人民出版社 2002 年版，第105 页。

③ Kenneth Thompson, *Emile Durkheim*, London：Tavistock Publications, 1982, p. 74.

④ Jonathan Turner, Alexandra Maryanski, *Functionalism*, Menlo Park：Benjamin Cummings, 1979, pp. 96 – 97.

究几乎都带有宏观的色彩。他被誉为"社会结构主义领域的首位支持者"[1]，他也因为自己的这一研究被美国学者特纳和比格雷称为"因果模型的先驱"[2]。他认为劳动分工、宗教、自杀、乱伦禁忌和认知分类是自主和独立的，他寻找社会事实之间互为因果的关系。这些关系形成了因果模型的基础。此外，他用因果模型阐释了早期的宗教。原始人通过迁移集中到一起生活时，互动逐渐频繁，从而产生了集体情感。这种集体情感催生了外在于个人并对个人具有强制作用的感觉。这种强制作用的本质就是一种图腾的神圣力量。[3] 涂尔干的结构功能主义理论后来在美国得到了传承和发展，芝加哥学派的一众学者都是沿着涂尔干的道路不断前行的。

第二节　涂尔干的社会分工理论

涂尔干的社会分工理论也是他社会学理论的重要组成部分。在以他的博士论文为基础出版的著作《社会分工论》中，他探讨了现代劳动分工与社会秩序的问题。他认为，原始社会通过一种机械的社会团结的方式来实现社会融合，其中各个团体成员分享类似的角色、工作、信仰和理想。他们拥有一种共同的道德秩序或集体良知。这种机械的团结行为需要简单的劳动力分工和强有力的社会化力量，以及少量的个人主义和

[1]　John Loy, Douglas Booth, "Functionalism, Sport and Society", Jay Coakley, Eric Dunning (eds), *Handbook of Sport Studies*, London: Sage, 2000, p. 9.

[2]　Jonathan Turner, Leonard Beeghle, *The Emergence of Sociological Theory*, Homewood: Dorsey Press, 1981, p. 371

[3]　Ibid., pp. 371 – 378.

社会角色的简单复制。① 涂尔干在谈到机械团结时，特意提到了大型活动中的狂热情绪。他指出，"在大型集会中，特别容易产生狂热的情绪，因为单个人的意识已经与所有人的意识共通在一起了。要想获得这种强烈的情感，我们已经不必通过自己的个性来体会集体感情了，因为我们所添加的感情实在是微乎其微的"②。他进而提出，"社会团结是存在的，因为同一社会的所有成员共同具有某些同样的意识……意识越是能够使行为感受到各种不同的关系，它就越是能够把个人紧紧地系属到群体中去，继而社会凝聚力也会由此产生出来，并带上它的标记"③。这一论点对于体育迷群体研究具有相当重要的意义，在体育社会学研究中经常被应用。

到了工业社会阶段，整个社会需要一种"有机团结"的力量。"有机团结"的特征是更高、更细的专业分工和横跨劳动力分工的功能性相互依存的关系。"有机团结"有时不得不与契约团结联合起来成为当代社会的主导形式。④ 涂尔干意识到机械团结与"有机团结"之间的差距，进而提出团结产生的社会关系的紧密程度取决于三个条件：第一，共同意识与个人意识之间的关系。共同意识越能够全面地覆盖个人意识，社会关系就越紧密；第二，集体意识的平均强度。个人意识和共同意识是相互对等的，那么共同意识越有活力，它对个人的作用就越强；第三，集体意识的确定程度。信仰和行动越是界线分明，就越不会给个人留有背离这些规定的余地。⑤

但工业社会中社会分工经常会出现病态，涂尔干把反常形式具体划

① ［法］埃米尔·涂尔干：《社会分工论》，渠东译，生活·读书·新知三联书店 2013 年版，第 33—72 页。

② 同上书，第 62 页。

③ 同上书，第 71 页。

④ 同上书，第 159—162 页。

⑤ 同上书，第 113 页。

分为失范的分工、强制的分工和不能激发个人活力的分工。① 这种"相反的规范不仅能够使人们朝着专业化的方向发展，而且也具备了同样的功能。当社会进化到特定阶段以后，这些规范也成了社会凝聚的必要条件。它所带来的团结不同于前一种团结，但如果这种团结确实是一种不同的团结，那也是必不可少的"②。

因此，涂尔干得出的结论是"分工产生了团结……它在人与人之间构建了一个能够永久地把人们联系起来的权利和责任体系……分工产生各种规范，可以保证相互分化的各种功能进行稳定和正常的协作……在规范之外还必须要有公平……"③ 涂尔干的社会分工理论在体育研究中是占据特殊地位的，值得学者们高度重视。

第三节　涂尔干的自杀理论

涂尔干的代表作之一《自杀论》是他生活的时代对于自杀研究的集大成作品。不少后来的学者对于他在导论部分提供的来自欧洲多个国家和城市的自杀统计大感兴趣，认为这种统计资料的新颖性和达到的效果是该书的重要成就。但事实上，在涂尔干之前的几十年中，类似的统计研究就已经出现，涂尔干的研究并没有多少新意。

但名著毕竟有过人之处。《自杀论》是率先使用社会学方法来分析自杀现象的著作。自杀本来是一种个人行为，但涂尔干却把这种个人行

---

① ［法］埃米尔·涂尔干：《社会分工论》，渠东译，生活·读书·新知三联书店2013年版，第313—350页。
② 同上书，第355页。
③ 同上书，第364—365页。

为视为最能够解释社会现象的形式。用学者琼斯的话来讲，涂尔干的自杀理论相当复杂而且晦涩。① 在确定了社会原因和社会类型的方法后，涂尔干把自杀分为利己主义的自杀、利他主义的自杀和反常的自杀。② 没有一种非社会因素能解释自杀率的不同，因此必须找寻一种社会学特有的阐释方式。

接下来，涂尔干探讨了自杀的社会因素和自杀与其他社会现象的关系，这就是社会学所独有的解释方式。如果把某一个特定时期内特定社会的自杀行为作为一个整体来看，这个总数并不简单地呈现为一些独立的单位、一个集合总数，而是其本身就是自成一类的新事实，有自己的统一性、个性，并且必然有其自身的本质。③

涂尔干在《自杀论》里的一个重要发现是自杀率与宗教信仰之间的关系。自杀率在天主教国家比例较低，而在新教国家里偏高。宗教群体自杀率的高低是与该群体的社会融合程度成反比的：融合程度越高，自杀率就越低。数据似乎支持受教育程度越高，自杀率越高的趋势。但犹太教信徒的低自杀率并不支持这一假说。涂尔干用社会学方法对假说一一进行了相应的解释，这是自杀理论的一个重点。

但自杀理论的欠缺也是显而易见的，它完全照搬《社会学方法规则》中的理论。学者斯梅尔瑟和华纳却认为这个理论远远无法达到今天的经验标准。"涂尔干参考的是官方的自杀率，官方数据的错误和偏见是显著的。他使用的社会生态学是存在疑问的，他的回应避开了多种原

---

① Robert Jones, *Emile Durkheim: An Introduction to Four Major Works*, London: Sage, 1981, pp. 82—114.

② ［法］埃米尔·迪尔凯姆：《自杀论：社会学研究》，冯韵文译，商务印书馆1996年版，第144—256页。

③ 同上书，第322—393页。

因的可能性。"① 因此，用一百多年前涂尔干的自杀理论来解释今天的自杀现象显然是不现实的。

第四节　涂尔干的宗教理论

涂尔干的宗教理论贯穿他学术生涯的始终，也是他的理论体系中至关重要的一环。尽管他本人并没有宗教信仰，但他对宗教的细致把握令人惊叹。这部分论述集中在他的后期作品《宗教生活的基本形式》中。在涂尔干看来，宗教与社会结构一样，存在着机械与有机的二元对立。他认为，宗教仪式能够功能性地重塑集体良知。在传统社区，宗教活动有助于建立共同的敬拜行为，通过社会化和道德教化的努力达到社区成员团结协作的目的。

在有了近 10 本著作和数十篇论文的研究基础上，涂尔干才给宗教下了一个定义"那些被认为属于宗教的现象存在于强制性信仰和明确定义的实践之中，这种实践与这些信仰的特定对象有关"②。宗教的繁文缛节规定的行为规范成为人们日常生活中需要遵守的标准。涂尔干认为，就个体层面而言，身体是亵渎的，灵魂是神圣的。因此，泛灵论和自然崇拜就成了基本宗教的主导概念。③

涂尔干对图腾的考察细致入微。通过对澳洲部落的图腾考察，涂尔

---

① Neil Smelser, Robert Warner, *Sociological Theory: Historical and Formal*, Morristown: General Learning Press, 1976, p. 82.

② ［法］埃米尔·迪尔凯姆：《迪尔凯姆论宗教》，周秋良等译，华夏出版社 2000 年版，第 85 页。

③ ［法］爱弥尔·涂尔干：《宗教生活的基本形式》，渠东、汲喆译，商务印书馆 2011 年版，第 64—78 页。

干认为，图腾是一个群体的徽标，族群在与外族人达成契约时，图腾也会被附加在契约书上。除此之外，图腾还出现在人的身体上，成为他们身体的一部分，这是图腾更为重要的表现领域。① 当图腾被赋予一种象征意义时，它就成为神圣的标志。

涂尔干对于宗教中的仪式态度也有独特的研究。他把仪式态度分为消极膜拜和积极膜拜两种类型。消极膜拜呈现为一种禁忌体系，这种体系主张一个人如果不去掉自己凡俗的东西，就不能同神圣的事物建立起亲密的关系。因此消极膜拜是实现目标的一种手段，是达到积极膜拜的条件。② 积极膜拜呈现为周期性循环的祭祀制度，仪式多呈现出模仿样态，仪式感尤其重要。涂尔干对于宗教仪式的研究是以经验性材料作为基础的，其显著的特点是人们对待它们的态度，与日常生活中的目的性活动完全区分开来。用涂尔干的话来说，就是"最简单的宗教形式必定存在于最简单的社会类型中"③。

综上所述，涂尔干对于宗教的态度不极端也不保守，趋于中立。他在书中得出的结论是：宗教力就是人类的力量和道德的力量。集体情感只有把自身和外界对象结合起来，才能意识到自身的存在，它们不可能不汲取其他事物的某些特征。由此，集体情感获得了某种物质性，并以这种方式同物质世界的生活混合起来，认为自己有能力解释物质世界所发生的事情。④ 由于涂尔干在《宗教生活的基本形式》中着力呈现宗教信仰和仪式的原始形态，而没有考察社会层面的发展，因此他并没有区

---

① ［法］爱弥尔·涂尔干：《宗教生活的基本形式》，渠东、汲喆译，商务印书馆2011年版，第148—150页。
② 同上书，第423页。
③ 转引自［英］安东尼·吉登斯《杜尔凯姆》，李俊青译，昆仑出版社1999年版，第62页。
④ ［法］爱弥尔·涂尔干：《宗教生活的基本形式》，渠东、汲喆译，商务印书馆2011年版，第579页。

分社会和国家两级层面下的宗教差异，这不能不说是他的宗教理论中比较令人遗憾的部分。

第五节　涂尔干理论对社会科学的影响

上述涂尔干的结构功能主义理论、社会分工理论、自杀理论和宗教理论、道德教育理论对社会科学研究带来了深远的影响。法国的结构主义理论、英国的社会人类学和美国社会学中的结构功能主义都不约而同地将涂尔干视为研究的逻辑开创者。[①]

涂尔干和学生莫斯撰写的《原始分类》直接影响了莫斯的学生——列维–斯特劳斯的结构主义理论。列维–斯特劳斯"发现了血缘关系系统以及他们如何操作的钥匙"[②]。结构主义是 20 世纪法国思想领域的重要基础，它先后引发了之后几十年的后结构主义、解构主义、后现代主义，并影响了雅克·拉康、罗兰·巴尔特、路易·皮埃尔·阿尔都塞和米歇尔·福柯。[③]

英国人类学研究同样受到了涂尔干诸理论的影响。根据里奇在《社会人类学》中的表述，英国社会人类学家拉德克里夫·布朗的理论是建立在涂尔干的《社会分工论》的基础之上的。[④] 布朗的理论又直接影响了功能主义人类学者埃文斯–普理查德、梅耶尔·福特斯、马克斯·格

---

① ［美］约翰·洛伊、道格拉斯·布斯：《埃米尔·涂尔干，结构功能主义和体育社会学》，［英］约瑟夫·马奎尔、凯文·扬编《理论诠释：体育与社会》，重庆大学出版社 2012 年版，第 35 页。

② Boris Wiseman, Judy Groves, Richard Appignanesi, *Lévi-Strauss for Beginners*, Cambridge：Icon, 1997, p. 19.

③ Ibid. , p. 171.

④ Edmund Leach, *Social Anthropology*, Oxford：Oxford University Press, 1982, p. 31.

鲁克曼等。

美国社会学研究受涂尔干理论的影响更大。帕森斯和莫顿这两位美国结构功能主义社会学的领军人物都是在涂尔干社会学理论的基础上直接加以发展。布朗在美国社会学研究的大本营芝加哥大学的演讲也拓展了涂尔干理论的影响力。戈夫曼在20世纪50年代之后的几十年中也不断地将涂尔干的社会学理论加以延伸。正如戈夫曼所言，"涂尔干关于原始宗教的理论可以被解读为遵从和举止。这些概念有助于解读市井生活"[①]。

第六节 涂尔干理论对西方体育研究的影响

虽然囿于时代发展，涂尔干的诸理论中并没有直接提及体育。但涂尔干的理论体系却对当代体育学，特别是体育社会学产生了巨大的影响。尤其在体育社会学发展的重要时期——20世纪80年代，那是有关涂尔干的理论能否支撑起庞大的体育社会学体系的争鸣时期，体育社会学家们曾经有过激烈的讨论。学者们最后逐渐达成共识，即体育社会学理论的建立要对"社会建构的可能性和人类能动性之间的关系"保持敏感。体育理论需要避免单向度地将运动员认知为志愿行为者，不受结构的限制。[②]法国思想家皮埃尔·布尔迪厄在论述体育与国家和经济的关系时也多次运用了涂尔干的理论，[③]足见涂尔干在社会学界的影响力。

---

① Erving Goffman, "The Nature of Deference and Demeanor", *American Anthropologist*, Vol. 58, No. 3, June 1958.

② Richard Gruneau, *Class*, *Sports*, *and Social Development*, Champaign: Human Kinetics, 1999, pp. 27 – 28.

③ Pierre Bourdieu, "The State, Economics and Sport", Translated by Hugh Dauncey, Geoff Hare, *Culture*, *Sport*, *Society*, Vol. 1, No. 2, December 1998.

一 自杀理论对体育研究的影响

涂尔干的自杀理论对体育社会学研究中的自杀行为有直接的影响。美国学者卡尔尼罗维茨在自己的硕士学位论文中就探讨了重大体育赛事举行日前后与自杀率的关联研究。[①] 结果证实了在 MLB 世界系列赛和 NFL 超级碗举行日前后，美国全国的自杀率显著降低。后来他与科尔蒂斯和罗伊合作将这一研究深入下去，[②] 得出的结论与涂尔干的自杀理论大致吻合。

美国学者唐·萨博等也借用了涂尔干的自杀理论，在对美国 15—24 岁的 16000 名青年进行了样本调查后，将年龄、种族、家庭教育背景和所住区域等变量引入参与运动者自杀问题的考量，发现受伤的男性运动者自杀比例显著高于其他人群。[③] 德国体育社会学者冈特·吕申也运用了涂尔干在《自杀论》当中的研究方法，发现新教徒比其他宗教信徒更愿意参加有组织的体育运动，特别是以个人为基础的运动。他认为这个社会事实也许与现代体育强调的价值观以及新教所倡导的清苦生活和个人主义有重合之处。[④] 当然，宗教不是影响参与体育运动的唯一要素。

荷兰学者马腾·范·波腾伯格的研究显示，欧洲范围内参与体育运动的人群与宗教信仰并没有直接联系，斯堪的纳维亚半岛的北欧人就比

---

① Wally Karnilowicz, *An Analysis of the Effects of Ceremonial Occasions on Frequency of Suicides in the United States, 1972—1978*, Master's Thesis of University of Illinois, Urbama Champaign, 1982.

② James Curtis, John Loy, Wally Karnilowicz, "A Comparison of Suicide-dip Effects of Major Sports Events and Civil Holidays", *Sociology of Sport Journal*, Vol. 3, No. 1, March 1986.

③ Don Sabo, Kathleen Miller, Merrill Melnick, Michael Farrell, Grace Barnes, "High School Athletic Participation and Adolescent Suicide: A Nationwide US Study", *International Review of Sport Sociology*, Vol. 40, No. 1, March 2005.

④ Günther Lüschen, "The Independence of Sport and Culture", *International Review of Sport Sociology*, Vol. 2, No. 1, March 1967.

西班牙人更愿意加入体育俱乐部中。① 英国学者克里斯·罗杰克在阐释体育名流的文明进程时，借用了涂尔干《自杀论》中的利己主义概念探讨了体育名流在商品化大潮的冲击下面临的种种问题。② 英国学者克里斯·西灵和菲利普·梅洛在对体育神秘现象的再概念化过程中，对涂尔干和韦伯的理论展开了对比研究。③ 研究中不仅涉及自杀理论，还有宗教理论、道德理论、结构功能理论等，研究既有深度又不乏广度，是近期的一项重要研究成果。

二 宗教理论对体育研究的影响

涂尔干的宗教理论对体育社会学研究的影响也是不可低估的。古老的体育运动是古代宗教仪式的一部分。各个社区和个体通过共同的信仰被连接在一起。在涂尔干这里，体育活动也许就是宗教仪式的载体。法国学者克里斯蒂安·布罗姆博格在对足球比赛和宗教仪式进行对比研究后发现了二者的多重相关性。现代足球比赛在很多环节都有宗教仪式的痕迹。足球的这种宗教特性在实质上对保持社会团结的秩序贡献良多。④ 更早之前的研究来自于罗伯特·科尔斯，他在研究英国足球与宗教之间的关系时就充分运用了涂尔干的宗教理论。⑤ 科尔斯的研究也成为后来研究足球与宗教关系的重要文献。

---

① Maarten van Bottenborg, *Global Games*, Translated by Beverley Jackson, Urbana: University of Illinois Press, 2001, pp. 33 – 34.

② Chris Rojek, "Sports Celebrity and the Civilizing Process", *Sport in Society*, Vol. 9, No. 4, September 2006.

③ Chris Shilling, Philip Mellor, "Re-conceptualizing Sport as a Sacred Phenomenon", *Sociology of Sport Journal*, Vol. 31, No. 3, September 2014.

④ Christian Bromberger, "Football as World-view and as Ritual", *French Cultural Studies*, Vol. 6, No. 18, October 1995.

⑤ Robert Coles, "Football as a Surrogate Religion?" Michael Hill (ed), *A Sociological Yearbook of Religion in Britain*, London: SCM Press, 1974, pp. 61 – 77.

英国学者理查德·朱里亚诺蒂认为，体育明星具备图腾化的特质。他们在体育氛围中会被符号化为人们敬拜的对象。这与动物祭品的神圣意义是类似的。只有那些成功的、富有感染力和冲击力的俱乐部和运动员才能成为具有代表性的敬拜对象。[1] 事实上，在几乎所有重大体育比赛中，体育的宗教仪式化都有呈现。较为典型的是夏季奥运会的开幕式，几乎沿袭了几千年前古希腊奥林匹克运动会上的绝大部分仪式，这些仪式在起初大都是宗教祭祀仪式，例如火炬接力、释放和平鸽、宣誓等。还有不少运动队和运动员将宗教祭祀仪式直接搬到了体育场里。例如不少新西兰运动队在比赛前都会完整地模拟毛利民族的出征仪式。在棒球比赛前，运动员会围在一起举行具有迷信色彩的"魔法"仪式，希望能够为球队带来胜利。[2] 澳大利亚学者理查德·莱特在考察日本高中橄榄球比赛的赛前仪式时，也运用了涂尔干的宗教理论。[3] 这种赛前仪式具有神秘感，但却能为比赛带来意想不到的作用。

美国学者迈克尔·赛拉齐奥在论述体育迷群体的初级形式时，也几乎完整使用了涂尔干的宗教理论。[4] 尤其是在论述体育迷的图腾仪式时，特别强调了涂尔干理论对于这一研究的极端重要性和特殊性。这一研究在过往对体育迷群体的研究基础上有不少新意。

英国学者吉姆·里奥丹在研究苏联的体育体制和意识形态时，几乎

---

① Richard Giulianotti, *Sport*：*A Critical Sociology*, Cambridge：Polity, 2005, p. 5.

② George Gmelsh, "Magic in Professional Baseball", George Stone（ed）, *Games*, *Sports and Power*, New Brunswick：Dutton, 1971, pp. 129 – 131.

③ Richard Light, "From the Profane to the Sacred：Pre-game Ritual in Japanese High School Rugby", *International Review for the Sociology of Sport*, Vol. 35, No. 4, December 2000.

④ Michael Serazio, "The Elementary Forms of Sports Fandom：A Durkheimian Exploration of Team Myths, Kinship, and Totemic Rituals", *Communication & Sport*, Vol. 1, No. 4, November 2013.

照搬了涂尔干的宗教理论。① 当然，他的研究带有较为强烈的西方色彩，对苏联体育机制的批判近乎苛刻。美国学者迈克尔·诺瓦克对涂尔干的宗教理论有全新的认识。他认为，"体育有一个宗教式的功能，宗教的核心仪式揭示了文明的无意识需求"②。英国学者安东尼·金在研究自行车女运动员丽贝卡·罗梅罗的裸体呈现时，也运用了涂尔干的宗教理论和原始分工理论。③ 特别是图腾出现在人身体上时被赋予的特殊含义。瑞典学者凯尔·格兰斯特罗姆在研究瑞典冰球球迷群体时，运用了涂尔干宗教理论中的集体沸腾和图腾的观念，研究的结论是对球迷采取自行管理而非控制的方式更有利于形成认同感。④ 无独有偶，加拿大学者加里·史密斯在研究体育迷问题时也运用了涂尔干的集体沸腾概念，⑤ 他的研究着重探讨体育迷的群体意识问题。

加拿大学者兰德尔·史密斯在探讨运动队的主场优势时，大量运用涂尔干宗教理论中的团结和仪式概念。⑥ 他的研究既有量化部分，也有质性部分，整个研究显得比较丰满。事实上，在他之前，美国学者拉塞尔·沃德已经率先探讨了体育赛事的仪式和在比赛日的主场优势问题。⑦ 沃德的研究起点之一也是涂尔干的仪式理论。美国学者皮特·考夫曼和

---

① Jim Riordan, "Soviet Muscular Socialism: A Durkheimian Analysis", *Sociology of Sport Journal*, Vol. 4, No. 4, December 1987.

② Micheal Novak, *The Joy of Sports: end Zones, Bases, Baskets, Balls, and the Consecration of the American Spirit*, New York: Basic Books, 1976, pp. 20 – 29.

③ Anthony King, "The Naked Female Athlete: The Case of Rebecca Romero", *International Review for the Sociology of Sport*, Vol. 48, No. 5, October 2013.

④ Kjell Granström, "Cheering as an Indicator of Social Identity and Self-regulation in Swedish Ice Hockey Supporter Group", *International Review for the Sociology of Sport*, Vol. 47, No. 2, April 2012.

⑤ Garry Smith, "The Noble Sports Fan Redux", *Journal of Sport & Social Issues*, Vol. 13, No. 2, September 1989.

⑥ Randall Smith, "The Home Advantage Revisited: Winning and Crowd Support in an Era of National Publics", *Journal of Sport & Social Issues*, Vol. 27, No. 4, November 2003.

⑦ Russell Ward Jr., "First Impressions, and the Opening Day Home Advantage", *Sociology of Sport Journal*, Vol. 15, No. 3, September 1998.

埃里·沃尔夫在研究作为文化变迁的体育时，也将涂尔干的团结观念作为重要的理论起点。[1] 法国学者菲力佩·拉康比在谈到身体文化与宗教的关系时多次引用涂尔干在《宗教生活的基本形式》中的论述，他认为涂尔干的宗教理论在今天仍然有现实意义。[2]

三 社会分工理论对体育研究的影响

英国学者古德格在探讨战后英国柔道的文化变迁时，运用了涂尔干社会分工理论中的基于相似性的机械团结的概念和宗教理论。[3] 这些理论的铺垫让古德格的研究显得更加厚重。美国学者奥马尔·布姆运用了涂尔干的集体沸腾和宗教仪式理论，对后殖民主义语境下摩洛哥和阿尔及利亚两个北非国家之间的足球和外交展开了探讨。[4] 这是一个颇有新意的选题，对涂尔干理论的应用也相对忠实。英国学者肖恩·贝斯特有关体育迷属于新部落的研究看似是对鲍曼理论的批判和对米歇尔·法菲索利新部落理论的回应，但事实上他大量地运用了涂尔干社会分工理论中的团结概念，[5] 而且在这个概念的基础上向前推进，做出了有益的尝试。牛津学者毕原在探讨英国足球大量引入外国资本的问题时，也运用了涂尔干社会分工理论中有机团结的概念。[6] 尽管这个理论并非论文的

---

① Peter Kayfman, Eli Wolff, "Playing and Protesting: Sport as a Vehicle for Social Change", *Journal of Sport & Social Issues*, Vol. 34, No. 2, May 2010.

② Philippe Lacombe, "The Breton Body in Culture and Religion", *Culture, Sport, Society*, Vol. 4, No. 3, September 2001.

③ B. C. Goodger, J. M. Goodger, "Organisational and Cultural Change in Post-war British Judo", *International Review for the Sociology of Sport*, Vol. 15, No. 1, March 1980.

④ Aomar Boum, "Shoot-outs for the Nation: Football and Politics in Post-colonial Moroccan-Algerian Relations", *Soccer & Society*, Vol. 14, No. 4, August 2013.

⑤ Shaun Best, "Liquid Fandom: Neo-tribes and Fandom in the Context of Liquid Modernity", *Soccer & Society*, Vol. 14, No. 1, February 2013.

⑥ Bi Yuan, "Integration or Resistance: The Influx of Foreign Capital in British Football in the Transnational Age", *Soccer & Society*, Vol. 16, No. 1, February 2015.

核心，但却为以阿布拉莫维奇为代表的外国资本侵入英国足球市场这个深刻改变英国足球历史的事件提供了理论支撑。事实上，在他引入这个概念之前，英国学者理查德·朱里亚诺蒂已经在自己的著作《足球：环球游戏的社会学》当中借用过这一概念。他认为足球为人们卷入有机团结提供了空间，并且通过唤起阶级意识来抵抗后资本主义时代人们"物化和异化"的感觉。①

四　涂尔干的理论对凯鲁瓦经典研究的影响

法国社会学家罗杰·凯鲁瓦的著作《男人、运动和比赛》是对体育和竞赛而言格外重要的一部作品。作为莫斯的学生，凯鲁瓦的理论对于涂尔干的继承关系也是显而易见的。这部写就于 1958 年的著作提倡建立体育社会学并且为从体育中发展社会学打下基础。② 凯鲁瓦开创性地提出了比赛形式类型学的四个层面，即竞赛、机会、模仿和眩晕。他指出不同的选择揭示了社会的特性、模式和价值。③ 凯鲁瓦的这一著作后来成为研究竞赛、游戏与社会关系的必读书目。1967 年，凯鲁瓦主编了一本名为《游戏与体育》的论文集，④ 其中绝大多数论文也是在涂尔干和他本人的研究基础之上完成的。

---

① Richard Giulianotti, *Football：The Sociology of the Global Game*, Cambridge：Blackwell Publishers, 1999, p. 87.

② Roger Caillois, *Man, Play, and Games*, Translated by Meyer Barash, Urbana：University of Illinois Press, 2001, p. 67.

③ Ibid., p. 66.

④ Roger Caillois, *Jeux et Sports (Encyclopédie de la Pléiade)*, Paris：Gallimard, 1967.

第七节　涂尔干理论对中国体育研究的影响

　　尽管涂尔干的诸理论对西方体育社会学研究产生了巨大的影响，且涂尔干的几乎所有重要著作都已经被译介为中文，但中国体育学研究领域还没有开始重视涂尔干，涂尔干的理论还没有对中国体育研究产生影响力。张劲松对体育与宗教关系的文化阐释只是蜻蜓点水般地提到了涂尔干的宗教理论对于体育的影响，[①] 并没有对二者之间的关系进行深入论述。黄聚云的研究涉及竞技体育领域迷信现象的发生机制，涂尔干式的解释是四种解释中的一种，但也语焉不详。[②] 因此，涂尔干的诸理论对中国体育研究的影响仍有巨大发挥空间。无论是结构功能主义理论，还是社会分工理论、自杀理论和宗教理论，都可望诞生大量的研究成果。这需要对涂尔干的著作进行更为细致的研读和理解。从目前的情况来看，这是完全有可能在短时间内实现的。

---

　　① 　张劲松：《娱神与竞技：体育与宗教关系的文化阐释》，《中国宗教》2014 年第 9 期。
　　② 　黄聚云：《竞技体育领域迷信现象的社会学探析》，《第九届全国体育科学大会论文摘要汇编3》，2011 年，第 43—44 页。

第三章

理想类型与解释社会学：马克斯·韦伯的思想对体育研究的影响

马克斯·韦伯（Max Weber，1864—1920）是 19 世纪末 20 世纪初德国著名的思想家，举世公认的社会学三大奠基人之一。他的研究所涉足的领域包括法学、经济学、人类学、哲学和历史学。当然，使他跻身"知识分子领域"精英地位的还是他的社会学家的身份。他开创了解释社会学，他的因果多元论打破了以往因果一元论的格局，他提出了价值中立的概念，圈定了社会学的界限。[①] 他指出，社会学是致力于解释性地理解社会行动并且通过理解社会行动过程和影响因素做出因果说明的学科。[②] 在德国近现代思想家中，他可能不是思维最为缜密严谨的，但绝对是足以令历代思想家惊叹的人物。他的学术思想深受康德主义的影响，又吸收了欧洲理性主义的传统，同时也体现着 19 世纪理性主义危

---

① ［法］朱利安·弗洛因德：《导论三：韦伯的学术》，载马克斯·韦伯《学术与政治》，钱永祥等译，广西师范大学出版社 2010 年版，第 68—99 页。

② Peter Donnelly，"Interpretive Approaches to the Sociology of Sport"，Jay Coakley，Eric Dunning（eds），*Handbook of Sport Studies*，London：Sage，2000，p. 78.

机的新精神思潮。所以，韦伯的世界观是由自然主义、自由主义和主观主义三者复杂地交织而成的矛盾综合体，他的社会学方法论揭示了他同时受到英法实证主义、德国浪漫主义和德国古典哲学三种思想体系的影响。美国社会学家塔尔科特·帕森斯将韦伯的译著最早引介到了英语世界，他称韦伯是具有"百科全书式头脑的杂家"①。与卡尔·马克思不同的是，马克斯·韦伯并没有创造出所谓的"韦伯主义"，也没有个性十足鲜明的方法论和政治学说，但他对西方思想界的贡献依然令人肃然起敬。② 他的学说影响了后期一大批社会学家，形成了所谓的"韦伯学派"。

马克斯·韦伯1864年出生于德国图林根埃尔福特城的一个富裕家庭。他先后在海德堡大学、柏林大学和哥廷根大学求学，也曾先后在弗莱堡大学和海德堡大学获得经济学教授职位，后来又在维也纳大学和慕尼黑大学讲授社会学。③ 他曾代表德国前往凡尔赛会议谈判，并且参与了魏玛共和国宪法的起草设计。④ 马克斯·韦伯的理论深受早前和同时代欧洲学者的影响。包括狄尔泰、马克思、克罗齐和里克特等思想家的学说都能在韦伯的思想中找到。韦伯一生笔耕不辍，著作等身。他的绝大部分作品都已被翻译为英语、法语和中文等语言，他的社会学思想成为至今仍然深刻影响社会学发展的重要思想。专门研究韦伯理论的德国学者德克·卡斯勒将其誉为"社会科学学科的奠基人之一"⑤。他的头像

---

① Talcott Parsons, *The Structure of Social Action*: *A Study in Social Theory with Special Reference to a Group of Recent European Writers*, *Vol* 2, New York: McGraw-Hill Book Company, 1968, p. 500.

② Guenther Roth, "Introduction to the new Edition", Reinhard Bendix, *Max Weber*: *An Intellectual Portrait*, Berkeley: University of California Press, 1977, p. xiv.

③ Stuart Hughes, *Consciousness and Society*: *The Reorientation of European Social Thought*, *1890—1930*, New York: Alfred Knopf, 1958, p. 292

④ ［德］马克斯·韦伯：《新教伦理与资本主义精神》，马奇炎、陈婧译，北京大学出版社2012年版，第1页。

⑤ Dirt Käsler, *Max Weber*: *An Introduction to his Life and Work*, Translated by Philippa Hurd, Chicago: The University of Chicago Press, 1988, p. ix.

甚至出现在很多国家《社会学》的教材封面上，俨然成为社会学的代言人。①

马克斯·韦伯的学说对于体育研究，尤其是体育社会学研究有着巨大的贡献。与马克思和涂尔干一样，囿于时代发展，韦伯本人并没有提出多少与体育相关的理论。但英国学者理查德·朱里亚诺蒂认为，人们对当代体育总能提出诸多诟病：运动员被过分训练，球队缺乏灵魂，比赛太过职业化，等等，这些问题都能够通过韦伯的理论得到学理上的观照。② 此外，当代体育发展过程中相继出现的理性化思潮、官僚化思潮和"麦当劳化"等思潮也可以在韦伯的理论中一探究竟。20 世纪后半叶，体育社会学在世界范围内的大发展时代，有很多研究都深受韦伯社会学思想的影响。对韦伯学说有深刻研究的美国学者阿伦·英格汉姆的导师查尔斯·佩奇甚至认为，对从事社会学，尤其是体育社会学研究的博士研究生来说，如果没有读过韦伯的著作，就相当于没有受过教育。③

第一节　马克斯·韦伯的"理想类型"与体育研究

马克斯·韦伯认为，社会学所研究的人类行为是他人与社会有关的社会性行为，即社会行动。但之前有关社会学的著作大都无法清晰地描述社会行动。因此，韦伯认为需要建构一种理想化的模型，就是"理想

① Alan Sica, *Max Weber: A Comprehensive Bibliography*, New Brunswick: Transaction Publishers, 2004, p. 2.

② Richard Giulianotti, *Sport: A Critical Sociology*, Cambridge: Polity, 2005, p. 15.

③ Hart Cantelon, Alan Ingham, "Max Weber and the Sociology of Sport", Joseph Maguire, Kevin Young, *Theory, Sport & Society*, Amsterdam: Elsevier Science, 2002, p. 64.

类型"。他认为，这种理想类型是用来描述文化事件的过程的，但是它不是对实际发生的事情的叙述，而是关于某种设想出来的联系的表象。因此韦伯将它称为"理想图像"。这种图像"将历史活动的某些关系和事件连接到一个自身无矛盾的世界之上，这个世界是由设想出来的各种联系组成的，这种构想在内容上包含着乌托邦的特征，这种乌托邦是通过在思想中强化实在中的某些因素而获得的"①。理想类型并不是恒定不变的。韩水法认为，"它具有相对性和暂时性的特点。一方面它表明自身是从某一个或一些观点出发而形成的一种理想构想，绝不代表唯一可能的观点和见解；另一方面随着实际认识的获得，原有的理想类型就不再有效。为了达到更深入的认识，就需要构造更新的理想类型"②。对此韦伯的观点是，"一旦历史学家想要超越表面上建立起来的固态关系，确定哪怕是最简单的个体事件的文化重要性来表现其特征，那么他（她）必须运用概念。这些概念只有在理想类型中才能被精准地锚定"③。

值得注意的是，韦伯的这一论断具有令人拍案叫绝的预见性。在今天绝大多数职业化程度较高的体育项目中，运用马克斯·韦伯的"理想类型"来阐释运动本质的研究都显得恰如其分，尤其是职业足球。21世纪初期，在欧洲足球冠军联赛的传统强队中建立了一个超级豪门联盟，包括大家熟悉的意大利米兰双雄、尤文图斯，西班牙巴塞罗那、皇家马德里，英格兰曼联，德国拜仁慕尼黑等俱乐部。他们甚至想自己组建一个超越欧洲冠军联赛的组织。虽然未能获得成功，但他们却诠释了"理想类型"下垄断地位的俱乐部对于优秀球员的吸引力。这恰好印证了

---

① ［德］马克斯·韦伯：《社会科学方法论》（修订译本），韩水法、莫茜译，商务印书馆2013年版，第45页。

② 韩水法：《韦伯社会科学方法论概论》，［德］马克斯·韦伯《社会科学方法论》（修订译本），韩水法、莫茜译，商务印书馆2013年版，第xxiv页。

③ Max Weber, *Methodology of Social Sciences. New Edition*, Translated by Edward Shils, Henry Finch, New Brunswick：Transaction Publishers，2011，p. 92.

阿伦·英格汉姆等针对美国职棒联盟展开的研究。① 英格汉姆等的研究认为，由威廉姆·胡尔伯特主导的联盟"卡特尔化"（就是为了建立一个有声望的联盟组织，只有几个经济实力强大的俱乐部才能获得会员资格）将导致职棒俱乐部的垄断化。观众会因此成为为俱乐部买单的顾客而不再是传统意义上主动的会员。为了取得垄断化的成绩，俱乐部会鼓励消费者出资购买更具竞争力的运动员，导致大牌运动队和普通运动队成绩的反差越来越大。

显然，运用韦伯的"理想类型"学说来论证当今国际体坛的很多职业项目都是可行的。俱乐部的实力越强大，投入越高，吸引越多的体育迷，"卡特尔化"就会越发严重。事实上，英格汉姆等早在 20 世纪 80 年代中期的研究中就预言了欧洲足球，尤其是英格兰足球的"卡特尔化"②。近 30 年英格兰足球的发展完全验证了这一论断。

此外，还有不少学者运用"理想类型"来分析当代体育与古代体育的不同之处，向人们展示体育专业化的理性化过程，从而体现出当代体育的理性化特征。美国体育学者阿伦·古特曼在他的《从仪式到纪录：现代体育的本质》中就运用了所谓的"韦伯式的解释"。他认为，韦伯模式的优势在于，它能够使人"从微观世界（现代体育）中看出宏观世界（现代社会）的特征——世俗主义、平等性、专业化、理性化、科层化（官僚制）和量化。这六大特征，再加上与其他社会秩序相比，在体育中显得尤其鲜明的追求纪录这一特征，这七大特征相互依存，是现代

① Alan Ingham, Jeremy Howard, Todd Schilperoot, "Professional Sports and Community: A Review and Exegesis", *Exercises & Sport Sciences Reviews*, Vol. 15, No. 1, February 1987.

② Alan Ingham, Jeremy Howard, Todd Schilperoot, "*A Rickety Bridge Between Abstract and Social Space: The American Sport Franchise*", Keynote Speak on the 8th Commonwealth and International Conference on Sport, Physical Education, Dance, Recreation, and Health, Glasgow, 1986.

社会理想形式系统上不可分割的部分"①。古特曼在自己之后的多个研究中具体阐释了这七大特征的关联。例如他在对日本体育的探讨中就比对着这七大特征进行了阐释。② 他的代表作品《游戏与帝国：当代体育与文化帝国主义》更是淋漓尽致地运用这一理论阐述了足球、棒球和篮球等运动在不同国家的文明进程中的发展。③

但古特曼总结出的这七大特征也都并非无懈可击。朱里亚诺蒂就分别指出了这七大特征的缺陷：（1）世俗化：宗教仍然对体育有重大影响，许多运动队在赛前还有宗教仪式和祷告；（2）精英体制：社会阶层仍然在很大程度上决定着能否参与体育竞赛和取得胜利；（3）专业化：教练的执教策略越发专业化，但有些运动员仍然可以一个人在多项不同赛事中称霸，例如卡尔·刘易斯；（4）理性化：体育赛事中一些非理性化的因素经常发挥作用，办公室政治或官僚化职业训练可能损害理性的体育比赛组织或全球体育比赛日程安排；（5）官僚制：体育管理机构的企业化瘦身的趋势已经令体育界的白领数量减少。强而有力、富有人格魅力等特点继续主导体育管理机构；（6）量化：体育文化除了关注数据统计，还花费更多精力关注社会心理和体育审美等；（7）纪录设定：尽管关注破纪录的趋势仍在，但参与和赢得比赛仍然是运动员和观众的关注点所在。④ 这七点反驳都有一定的理据，代表着相当一批体育学者的观点。

与古特曼和朱里亚诺蒂类似的有关"理想类型"的体育研究还有不

① ［美］阿伦·古特曼：《从仪式到纪录：现代体育的本质》，花勇民等译，北京体育大学出版社 2012 年版，第 87—88 页。

② Allen Guttmann, Lee Thompson, *Japanese Sports：A History*, Honolulu：University of Hawaii Press, 2001, pp. 3 – 4.

③ Allen Guttmann, *Games and Empires：Modern Sports and Cultural Imperialism*, New York：Columbia University Press, 1994.

④ Richard Giulianotti, *Sport：A Critical Sociology*, Cambridge：Polity, 2005, pp. 16 – 18.

少。埃里克·邓宁对于民间游戏和现代体育的比较也运用了理想类型理论。① 此外，他与谢尔德的经典研究《野蛮人、绅士和运动员：一个橄榄球足球发展的社会学研究》在建构"足球分支"时再一次使用了这一理论。② 英国学者查尔斯·科尔在《西汉姆联队：一支足球俱乐部的建立》一书中，也在历史沿革的构建中使用了理想类型理论。③ 日本学者森川贞夫和约翰·罗杰斯在研究日本的体育社会学时运用了马克斯·韦伯的"理想类型"理论。④

第二节　马克斯·韦伯的社会行动理论与体育研究

马克斯·韦伯的研究是从经济学走向社会学的。韦伯的学说与马克思主义学说的差别在于韦伯的学说并不认为经济决定论是唯一的解释途径。古特曼在提出韦伯式解释的优势时就指出，韦伯没有将解释归纳为经济决定论，经济决定论的缺陷在于工业化这种单一维度的观点并不能够清楚地对议题做出解释。⑤ 事实上，马克斯·韦伯在《经济与社会》中阐释了自己对诸多社会学概念的理解。不少概念直到今天依然对社会学发展起着重要的作用。其中，韦伯的社会行动理论是社会学发展史上

---

① Eric Dunning, Industrialisation and the Incipient Modernisation of Football, *Stadion*, Vol. 1, No. 1, March 1975.

② Eric Dunning, Kenneth Sheard, *Barbarians, Gentlemen and Players：A Sociological Study of the Development of Rugby Football*, Oxford：Martin Robertson, 1979.

③ Charles Korr, *West Ham United：The Making of a Football Club*, Urbana：University of Illinois Press, 1986.

④ Sadao Morikawa, John Rogers, "Sports Sociology in Japan", *International Review for the Sociology of Sport*, Vol. 22, No. 1, March 1987.

⑤ ［美］阿伦·古特曼：《从仪式到纪录：现代体育的本质》，花勇民等译，北京体育大学出版社 2012 年版，第 88 页。

对人类行为进行系统性研究的重要理论。

韦伯认为，社会学研究的人类行为是与他人和社会有关的社会性行动。社会行动的核心概念是理性化。"理性化"是指在社会行动以及社会形成物中，行动者赋予其的主观意向。韦伯指出，社会行动有四个方面的取向，分别是工具理性的、价值理性的、情绪的和传统的行动。工具理性决定于对客体在环境中的表现和他人表现的语气，行动者会把这些预期用作"条件"或者"手段"，以实现自身的理性追求和特定目标；价值理性决定于对某种包含在特定行为方式中的无条件的内在价值的自觉信仰，无论该价值是伦理的、美学的、宗教的还是其他的，只追求这种行为本身，不管其成败与否；情绪决定于行动者的具体情感和情绪状态；传统的决定于根深蒂固的习惯。[①] 韦伯提出的这四个方面的取向中，后两种都不能算作严格意义上的社会行动，因为其中没有包含行动者的主观意图。这种分类实质上不过是一种理想化的工具。更何况，现实中的行动或多或少的只是接近这四种取向，或者是这些类型的混合。

韦伯的社会行动理论中，合理化是一个中心概念，是分析人类社会行为的重要工具。传统社会中，人类行动主要是情绪的和传统的行动。现代社会中的人类行动则主要是理性行动。也就是说，人类社会的发展就是人类行动从情感向理性过渡的过程，目的合理性行动是人类社会行动发展的运动方向，是现代社会的本质特征。近代理性资本主义之所以发生，就在于人类行为的理性化。也就是说，目的合理性和价值合理性行为越来越成为人类行为的主要类型。[②]

《新教伦理与资本主义精神》是韦伯社会学理论中的重要部分。这

---

① ［德］马克斯·韦伯：《经济与社会》（第一卷），阎克文译，上海人民出版社2010年版，第114页。

② Richard Giulianotti, *Sport：A Critical Sociology*, Cambridge：Polity, 2005, pp. 16 – 18.

本书被塔尔科特·帕森斯誉为"达到了最高境界"的研究，安东尼·吉登斯指出该书"无疑是最为声名卓著，也最受争议的现代社会科学作品之一"①。在该书中，韦伯提出，价值合理的要素主要体现为欧洲理性主义传统，这种传统又突出表现于作为市民宗教的基督教的合理化方面，是推动欧洲社会合理化趋势的革命性元素，是促使近代资本主义成长的重要动力。目的合理的要素是理性主义传统在欧洲社会理性化形式之上的展开，是近代资本主义的核心问题。它包含了合理的法律、官僚制、组织合理化的资本主义经济。以韦伯的观点，现代性是以理性化或合理化为基本特征的，理性化已经渗透在人类社会生活的方方面面。例如行政的理性化、法制的理性化、经济的理性化、文化的理性化和个人的理性化等。②

马克斯·韦伯的社会行动理论扩展了社会学的视野。因此，在举世公认的三位社会学奠基人中，尽管他被世人所知的时间最晚，但其在当今社会学界的影响力并不逊色于卡尔·马克思和爱弥儿·涂尔干。

除了社会行动理论之外，韦伯还提出了一系列社会学的基本概念。他指出，社会学研究涉及的是典型的行动模式。如果一种社会行动的取向在有规律地出现，就可以叫作习惯，但前提是它在一个群体中的存在概率仅仅是基于事实上的实践。如果这种实践持之以恒，一种习惯就可以叫作习俗。如果并且只要行动者们的行为对于相同的预期有着工具理性的取向，这样一种取向的一致性就可以说是受自我利益决定的。③

韦伯在斐迪南·滕尼斯《共同体与社会》一书的基础上提出了共同

---

① ［德］马克斯·韦伯：《新教伦理与资本主义精神》，马奇炎、陈婧译，北京大学出版社 2012 年版，第 3 页。

② 同上书，第 39—72 页。

③ ［德］马克斯·韦伯：《经济与社会》（第一卷），阎克文译，上海人民出版社 2010 年版，第 119 页。

体关系和结合体关系。他指出，共同体关系就是社会行动的指向——不论是在个例、平均或纯粹类型中——建立在参与者主观感受到的互相隶属性上，不论是情感性的还是传统性的；结合体关系是指社会行动本身的指向是基于理性利益的动机（不论是目的理性或价值理性的）以寻求利益平衡或利益结合。① 在共同体关系和结合体关系的基础上，韦伯提出的开放和封闭关系的概念同样重要。他提出，一种社会关系，不管在性质上是共同体或结合体的，只要其秩序体系不排斥任何想加入者的参与（通常这些人实际上也有能力就此加入）就可称作对外"开放的"。根据行动者主观意义和具有约束力的规则，使特定人的参与被排除、限制或限定于某些条件，对于局外人而言是一种封闭的关系。② 对于体育研究而言，在资本主义社会中，精英阶层如何维系自己在体育组织和机构中的利益和地位，被统治阶层如何与之协商并谋得自己在这些组织和机构中的利益和地位。精英阶层如何排斥后者，被统治阶层和群体如何与之展开斗争，都是值得研究的课题。

韦伯的价值合理性理论在体育研究中也有广泛的应用。格鲁诺和坎特伦在 1987 年发表的论文中提出，时任国际奥委会主席的萨马兰奇推行的一系列商业化举措背弃了顾拜旦和布伦戴奇的奥林匹克理想化。1984 年洛杉矶奥运会是史上第一次使用工具理性的市场战略将体育私有化并且赢利。③ 到盐湖城冬奥会丑闻事件发生时，这一理论又被体育学者多次使用，屡试不爽。

---

① ［德］马克斯·韦伯：《社会学的基本概念》，顾忠华译，广西师范大学出版社 2011 年版，第 76 页。

② 同上书，第 80 页。

③ Richard Gruneau, Hart Cantelon, "Capitalism, Commercialism and the Olympics", Jeffery Segrave, Donald Chu（eds）, *The Olympic Games in Transition*, Urbana：Human Kinetics, 1987, pp. 345 – 364.

第三节　马克斯·韦伯的其他社会学基础理论与体育研究

马克斯·韦伯的社会学理论博大精深，涉猎广泛。如果要论对当代体育社会学的影响，那么他的阶层和地位理论、支配社会学理论无疑是影响力较大的两种基础理论。这两种基础理论也是研究体育社会学的学者不得不研习的。

一　阶层、地位理论

马克斯·韦伯与马克思相比，他们同样重视经济动力在社会秩序中的重要地位。但韦伯的理论更加多元化。他认为经济因素固然是社会分层中的重要变量，但还有一些其他社会因素同样具有重要作用。他把社会阶级的重要性置于社会地位之上。他提出，"受制于经济条件的权力不等同于权力。相反，经济权力的出现有可能是其他领域权力存在的结果。人们追逐权力不仅为获得经济上的财富。权力，包含经济权力，是由它自身的价值来决定的"[1]。

处于不同社会地位的群体不仅在经济方面类似，而且具有相同的生活方式，这种生活方式通过社会互动将他们紧密连接起来，同时也通过群体内成员享有的特权将其与处于其他地位的群体成员区分开来。[2] 因此，韦伯指出，"这种具有荣耀的优先权也许包含着特殊服装、享用特

---

① Max Weber, "Class, Status and Power", Kenneth Thompson, Jeremy Tunstall (eds) *Sociological Perspectives: Selected Readings*, Harmondsworth: Penguin, 1971, p. 250.

② John Sudgen, Alan Tomlinson, "Theorizing Sport, Social Class and Status", Jay Coakley, Eric Dunning, *Handbook of Sport Studies*, London: Sage, 2000, p. 317.

别食品、对他人禁忌并占有权力"①。韦伯的阶层、地位观念在布尔迪厄的《区分：判断力的社会批判》中得到了进一步阐述。布尔迪厄甚至提出，他的《区分》可以被视为"重新思考马克斯·韦伯有关阶级和立场的努力"②。事实上，布尔迪厄后来的不少体育社会学观点都源于韦伯的阶层和地位理论。荷兰学者鲁德·斯托克维斯在研究 20 世纪阿姆斯特丹的体育社会分层时，运用了韦伯的阶层和地位理论，③ 他的研究在以往相关研究的基础上大大提升了一步。

二 支配社会学理论

韦伯的支配理论已经发展为支配社会学。就一般性意义而言，支配是共同体行动中最重要的环节之一。④ 根据韦伯的定义，支配就是某项包含了特定明确内容的命令将会得到某个特定群体服从的概率。⑤ 但并不是任何支配都会利用经济手段，更不是任何支配始终都有经济目的。统治一个数量可观的人员群体，通常需要一个班子，这是一个通常能够受托执行总体政策和具体命令的特定群体。这个行政班子的成员必定会出于习俗、情感纽带、纯粹物质上的利益情结、观念动机而服从他们的上司。⑥ 这就决定了支配的类型。

韦伯进而提出，正当支配可以分为三种纯粹类型。第一种基于理性

①　Max Weber, "Class, Status and Power", Kenneth Thompson, Jeremy Tunstall（eds）*Sociological Perspectives: Selected Readings*, Harmondsworth: Penguin, 1971, p. 260.

②　Pierre Bourdieu, *Distinction: A Social Critique of the Judgement of Taste*, Translated by Richard Nice, Tony Bennett, London: Routledge, 2010, p. xi.

③　Ruud Stokvis, "Social Stratification and Sports in Amsterdam in the 20th Century", *International Review for the Sociology of Sport*, Vol. 47, No. 4, August 2012.

④　［德］马克斯·韦伯：《支配社会学》，康乐、简惠美译，广西师范大学出版社 2010 年版，第 1 页。

⑤　［德］马克斯·韦伯：《经济与社会》（第一卷），阎克文译，上海人民出版社 2010 年版，第 147 页。

⑥　同上书，第 318—319 页。

基础，基于对已制定的规则之合法性的信仰，以及对享有根据这些规则发号施令者之权利（合法权威）的信仰；第二种基于传统基础，基于对悠久传统的神圣性以及根据这些传统行使权威者的正当性（传统权威）的牢固信仰；第三种基于超凡魅力，基于对某个个人的罕见神性、英雄品质或者典范特性以及对他所启示或创立的规范模式或秩序（超凡魅力型权威）的忠诚。①

建立在理性基础上的理想类型就是官僚制。这一制度深受资本主义的欢迎，它雇用了一批官僚行政人员来维持统治。它具有几个特征：首先，官僚治理结构所需的常规活动被确定为官职义务；其次，以某种稳定的方式对保证这些义务得到履行所需的下达命令的权威进行分配，并由与强制手段有关的规则严格划定界限，这些强制手段包括物理的、司铎的或者其他的强制手段，以供官员利用；最后，为正式而持续地履行这些义务以及为行使相应的权利进行条理化的准备：只有具备普遍规则所要求的资格者才是可用的。②

马克斯·韦伯认为，官僚制具有民主化的假象。民主化的趋势越明显，臣民可能会越来越积极地分享治理。被治理者同具有明确表现出官僚制性质的治理者群体平起平坐了，前者可能接着就会在事实上和形式上占据一种绝对的独裁地位。官僚制具有恒定的性质，一旦得到确立就会成为最难以摧毁的社会结构。③官僚制在当今西方体育世界中占据着统治地位。几乎所有的体育组织（尤以商业利益为主的体育组织）都采用这种机制。韦伯认为，这种强制协调是西方文明独一无二的特征，尤

---

① ［德］马克斯·韦伯：《经济与社会》（第一卷），阎克文译，上海人民出版社2010年版，第322页。

② ［德］马克斯·韦伯：《马克斯·韦伯社会学文集》，阎克文译，人民出版社2010年版，第188页。

③ 同上书，第214—216页。

其是在国家资本主义阶段。坎特伦和英格拉姆甚至认为，在全球化的经济环境中，这种机制几乎是可接受的唯一类型。①

根据悠久规则与权力谱系的神圣性而要求得到正当性和信仰的是传统型权威。老父长制和家产制支配都是传统型权威的代表类型。这种支配本质上并非奠基于官员对某一即事化、非人格性之目的的认同，也非奠基于对抽象规范的服从，而是基于一种严格的、个人性的恭顺关系。②在前工业时代，贵族和上流社会的人们依靠他们的侍者和随从，热衷于掠夺性的体育运动。由于被赋予传统型权威，在农业商业化以后，有组织的掠夺性体育运动在长时间内被留存下来，因为农业的商业化提供的空间有利于这种传统的延续。③

超凡魅力（有音译为卡里斯马）的天然领袖既不是被任命的官员，也不是现代意义上的职业人，而是肉体与灵魂都具有特殊天赋、被认为是"超自然"的人，意指这些天赋并非人人可以企及。④ 显然，体育界里类似"神"的巨星都具有这样的超凡魅力。不管是"篮球之神"迈克尔·乔丹，还是球王迭戈·马拉多纳都具备这种统治力，但体育明星似乎还没有政治英雄的影响力（在某些小国除外，例如利比里亚的足球明星乔治·维阿）。但是，这种当代理想类型却在媒体的助推下，具有了所谓的"伪超凡魅力"的能力。⑤ "媒体制造"的声誉催生出了无数消

---

① Hart Cantelon, Alan Ingham, "Max Weber and the Sociology of Sport", Joseph Maguire, Kevin Young, *Theory, Sport & Society*, Amsterdam: Elsevier Science, 2002, p. 72.

② ［德］马克斯·韦伯：《支配社会学》，康乐、简惠美译，广西师范大学出版社 2010 年版，第 87 页。

③ Hart Cantelon, Alan Ingham, "Max Weber and the Sociology of Sport", Joseph Maguire, Kevin Young, *Theory, Sport & Society*, Amsterdam: Elsevier Science, 2002, p. 71.

④ ［德］马克斯·韦伯：《马克斯·韦伯社会学文集》，阎克文译，人民出版社 2010 年版，第 231 页。

⑤ Hart Cantelon, Alan Ingham, "Max Weber and the Sociology of Sport", Joseph Maguire, Kevin Young, *Theory, Sport & Society*, Amsterdam: Elsevier Science, 2002, p. 71.

费者的购买欲望和习惯。其表现形式是：篮球世界里"超凡魅力者"的统治与商场里运动服和运动鞋的销量是成正比的；李娜可以同时为十几种顶级商品代言，从而成为华人世界里商业价值最高的运动员。当然，"超凡魅力型"还有另一种亚型，即"制度超凡魅力型"。[1] 通过制度上的天然"优势"获得领导权的人，无论是萨马兰奇、大卫·斯特恩还是布拉特，都值得利用这一理论加以研究。

韦伯的支配社会学得到了体育研究的持续传承，大量体育社会学者运用这一理论对日渐突出的体育专业化问题展开批判。阿伦·英格拉姆指出，奥林匹克运动会的口号"更快、更高、更强"就存在问题。为了达到这一目标，运动员不得不让自己的身体接受残酷的训练。为此，各种手段无所不用其极。类固醇、用于提升肌肉强度的磷酸肌酸的滥用；美式橄榄球线卫被锻造成350磅的"巨无霸"，不一而足。运动员允许自己的生活被一群专家和官员控制，无论是在赛场内还是在赛场外。这就是理性化过程中体育劳动力的科学化、技术化和管理官僚制的一部分。[2] 加拿大学者特雷沃·斯拉克在以一个加拿大机构为例研究义务体育组织的官僚机制时，不可避免地使用了韦伯的官僚制和超凡魅力理论。[3] 爱尔兰学者西姆斯·凯利和英国学者伊万·瓦丁顿在研究英国职业足球俱乐部主教练对运动员的控制时，充分运用了官僚制和超凡魅力理论，指出尽管职业俱乐部有了翻天覆地的变化，但主教练对于运动员

---

① Hart Cantelon, Alan Ingham, "Max Weber and the Sociology of Sport", Joseph Maguire, Kevin Young, *Theory, Sport & Society*, Amsterdam: Elsevier Science, 2002, p. 71.

② Alan Ingham, "The Sportification Process: A Biographical Analysis Framed by the Work of Marx, Weber, Durkheim and Freud", Richard Giulianotti, *Sport and Modern Social Theorists*, New York: Palgrave Macmillan, 2004, p. 22.

③ Trevor Slack, "The Bureaucratization of a Voluntary Sport Organization", *International Review for the Sociology of Sport*, Vol. 20, No. 3, September 1985.

的管理机制并没有明显的变化。① 美国学者迈克尔·穆兰在探讨体育中的制度化超凡魅力时，将韦伯的理性化、超凡魅力理论和古特曼对于韦伯理论的整理予以重点观照。② 丹麦学者汉斯·邦德在讨论丹麦体操历史上的性别革命时，也运用了韦伯的理性化和超凡魅力理论。③

三　宗教社会学理论

除了阶层与地位理论和支配社会学理论之外，马克斯·韦伯在宗教社会学研究上的造诣也为人熟知。他的《宗教社会学》是经常被后人引用的经典著作之一。④ 他不仅对宗教的起源、仪式和禁忌多有阐述，还对当今世界的几大主要宗教进行了系统研究。美国学者莱拉·斯菲尔在研究体育世界中穆斯林女性的社会地位时，多次引用了韦伯在《宗教社会学》中的经典理论，⑤ 使得整个研究颇具厚重感。

四　学术和政治理论

马克斯·韦伯在学术和政治方面的理论也是从事体育研究的学者经常涉猎的领域。2007 年，《体育社会学学刊》推出了一期理论特辑。一批长期从事体育社会学和体育文化研究的学者就体育文化和身份认同等

---

① Seamus Kelly, Ivan Waddington, "Abuse, Intimidation and Violence as Aspects of Managerial Control in Professional Soccer in Britain and Ireland", *International Review for the Sociology of Sport*, Vol. 41, No. 2, June 2006.

② Michael Mullan, "Sport as Institutionalized Charisma", *Journal of Sport & Social Issues*, Vol. 19, No. 3, August 1995.

③ Hans Bonde, "The Gymnastics 'Sexual Revolution': Niels Bukh, Male Aethetics, and Homophilea", *The International Journal of the History of Sport*, Vol. 29, No. 10, August 2009.

④ ［德］马克斯·韦伯：《经济与社会》（第一卷），阎克文译，上海人民出版社 2010 年版，第 524—775 页。

⑤ Leila Sfeir, "The Status of Muslim Women in Sport: Conflict between Cultural Tradition and Modernization", *International Review for the Sociology of Sport*, Vol. 20, No. 4, December 1985.

问题展开学术论辩。特辑中有萨曼莎·金与玛丽·麦当劳的《（后）身份与体育文化：引介和回顾》①，阿伦·拜尔纳的《回到基础：阶级、社会理论与体育》②，大卫·安德鲁斯的《回应拜尔纳的回到基础：阶级、社会理论与体育》③，本·卡灵顿的《身份而已：文化身份与体育政治》④，马格雷特·邓肯的《回应卡灵顿的身份而已：文化神人与体育政治》⑤，米歇尔·海尔斯坦的《注视你的体育身体：身份、主体性和误认》⑥ 以及玛丽·亚当斯的《回应海尔斯坦的注视你的体育身体：身份、主体性和误认》⑦ 等重要理论对话。在这一系列论战中，英国学者布雷特·圣·路易斯的《体育社会学的职业》显得并不起眼。⑧ 但路易斯在这篇文章中对马克斯·韦伯有关学术与政治的理论展开了细致的梳理。韦伯的这个理论是由他 1918 年在柏林大学演讲时的演讲稿发展而来的。路易斯认为这一学说可以作为体育社会学研究的重要理论武器。韦伯把科学认作一种对象和工具，他提出"学问的价值是一定要提出的，但这已不单单是奉学问为志业的问题，亦即不单纯是学问作为一种志业，对于献身它的人，有什么意义的问题。现在的问题是，在人的整体生命

---

① Samantha King, Mary McDonald, "（Post）Identity and Sporting Cultures: An Introduction and Overview", *Sociology of Sport Journal*, Vol. 24, No. 1, March 2007.

② Alan Bairner, "Back to Basics: Class, Social Theory, and Sport", *Sociology of Sport Journal*, Vol. 24, No. 1, March 2007.

③ David Andrews, "Response to Bairner's 'Back to Basics: Class, Social Theory, and Sport'", *Sociology of Sport Journal*, Vol. 24, No. 1, March 2007.

④ Ben Carrington, "Merely Identity: Cultural Identity and the Politics of Sport", *Sociology of Sport Journal*, Vol. 24, No. 1, March 2007.

⑤ Margaret Duncun, "Response to Carrington's 'Merely Identity: Cultural Identity and the Politics of Sport'", *Sociology of Sport Journal*, Vol. 24, No. 1, March 2007.

⑥ Michelle Helstein, "Seeing Your Sporting Body: Identity, Subjectivity, and Misrecognition", *Sociology of Sport Journal*, Vol. 24, No. 1, March 2007.

⑦ Mary Adams, "Response to Helstein's 'Seeing Your Sporting Body: Identity, Subjectivity, and Misrecognition'", *Sociology of Sport Journal*, Vol. 24, No. 1, March 2007.

⑧ Brett Louis, "The Vocation of Sport Sociology", *Sociology of Sport Journal*, Vol. 24, No. 1, March 2007.

中，学问的使命是什么以及它的价值在哪里"①。韦伯明确地指出政治不应当成为课堂上的主题："真正的教师会注意，不要在讲台上，把某一种立场灌输给学生，无论其方式为明讲或暗示。"② 他认为教师的职责是了解自己的任务，强迫个人或至少可以帮助个人，让他对自己的行为的终极意义得出总结。③ 路易斯认为，韦伯关于学术的这套学说可以作为体育社会学研究的义务和责任，甚至可以作为体育社会学的"志业"。

第四节　解释社会学应用于体育研究的历史和现状

解释社会学又被称为韦伯社会学，根据学者皮特·当内利的观点，解释社会学是日常生活的社会学，包含符号互动理论、戈夫曼的剧场社会学、标签理论、现象社会学、民族方法学、存在社会学和解释学。④ 解释社会学关注社会行动和状态、角色、身份认同、动机、意义、过程和社会变迁等之间的关系。这门学科通过自然科学中产生的法律和常识来解释人类行为，尝试运用解释的方法来强调社会学应当致力于解释个体与他们的行动。解释社会学常用的研究方法是专家访谈法、人种学等质化研究方法。

解释社会学运用于体育研究大致兴起于 20 世纪 70 年代初期，在 80 年代末到 90 年代初曾经迎来一个兴盛期。但由于它对研究者的综合能

---

①　[德] 马克斯·韦伯：《学术与政治》，钱永祥等译，广西师范大学出版社 2010 年版，第 172 页。

②　同上书，第 179—180 页。

③　同上书，第 187 页。

④　Peter Donnelly, "Interpretive Approaches to the Sociology of Sport", Jay Coakley, Eric Dunning（eds），*Handbook of Sport Studies*, London：Sage，2000, p. 77.

力要求很高，尤其是需要耗费大量的时间、精力来进行解析性的阅读，因此在体育社会学研究中逐渐被其他方法所取代，尤其是文化研究方法。尽管如此，我们依然能够找到不少运用解释社会学研究方法来研究体育现象的案例。例如学者帕特里希亚·阿德勒和皮特·阿德勒对于美国大学生篮球队的研究就运用了韦伯学说中的理性化和官僚化的分析。[①]事实证明，这一理论框架的搭建是恰当的，它对于揭示这些大学生运动员的自我荣誉感是恰如其分的。美国学者道格拉斯·弗里在研究美国高中美式橄榄球的社会化问题时也使用了解释社会学的理论，他得出的结论是这项运动产生了大量的阶层、性别和宗族的不平等。[②] 英国学者古德格在研究第二次世界大战后英国柔道运动的发展时，也运用了韦伯的合理化和官僚制两个理论点，结论是这项运动的发展在一段时间内呈现出非理性的趋势。[③]

英国学者加里·阿姆斯特朗运用人种学的解释社会学观点对英国足球流氓现象进行了长期追踪研究，这一研究剖析了足球流氓的类型和发展变迁。[④] 美国文化学者克利福德·格尔茨在《文化的解释》一书的最后一章专门探讨了巴厘岛斗鸡游戏的深层结构。他对这一现象的解释是每一个民族都热爱各自特有的暴力形式，斗鸡就是巴厘人的暴力形式的反映。[⑤] 这个研究就是典型的解释社会学与民族人类学结合的成果。美国学者阿伦·克莱恩对于健身文化和性别建构的研究无疑也是解释社会

① Patricia Adler, Peter Adler, *Blackboards and Blackboards*: *College Athletes and Role Engulfment*, New York: Columbia University Press, 1991.

② Douglas Foley, "The Great American Football Ritual: Reproducing Race, Class and Gender Inequality", *Sociology of Sport Journal*, Vol. 7, No. 2, June 1990.

③ B. C. Goodner, J. M. Goodner, "Organisational and Cultural Change in Post-war British Judo", *International Review for the Sociology of Sport*, Vol. 15, No. 1, March 1980.

④ Gary Armstrong, *Football Hooligans*: *Knowing the Score*, Oxford: Berg, 1998.

⑤ ［美］克利福德·格尔茨：《文化的解释》，韩莉译，译林出版社 2014 年版，第 530 页。

学在体育学研究领域的重要成果。① 在此之前，他还曾用解释社会学阐释了多米尼加共和国的棒球运动员在北美职棒大联盟中的境遇。② 诺尔·戴克的研究指向少儿体育领域，不过他的研究方法依然来自解释社会学，这一研究具有较强的启发意义。③

芬兰学者帕沃·塞帕南在研究奥林匹克在全世界范围内的成功时运用了解释社会学的观点。④ 无独有偶，在同一本论文集中，斯通有关体育与社区呈现的研究也使用了韦伯的这一学说。⑤ 德国体育社会学家冈特·吕申在研究体育与文化的相互依存关系时，多次运用了马克斯·韦伯在《新教伦理与资本主义精神》中的理论，⑥ 对体育与文化之间关系的阐释在当时具有一定的新意。

解释社会学在体育研究中运用最为广泛的是在女性主义体育研究中。大量研究指向女运动员、女教练员和从事体育媒体工作的女记者、女编辑和女主持人。无论是质性的还是量化的研究最后都指向职场中的女性在与男性的对比中处于下风。这种类型的研究在近 20 年的国际体育研究中占据极为重要的地位。除此之外，解释社会学还给我们提供了大量有关体育职业、亚文化和群体动力的概念。正如当内利所说，解释社会学是有关意义的理论，在体育社会学的领域中，我们正在开始获取

---

① Alan Klein, *Little Big Man*: *Bodybuilding Subculture and Gender Construction*, Albany: State University of New York Press, 1993.

② Alan Klein, *Sugarball*: *The American Game*, *the Dominican Dream*, New Haven: Yale University Press, 1991.

③ Noel Dyck, "Games, Bodies, Celebrations and Boundaries: Anthropological Perspectives on Sport", Noel Dyck, *Games*, *Sports and Cultures*, Oxford: Berg, 2000, pp. 13 – 42.

④ Paavo Seppänen, "Olympic Success: A Cross-national Perspective", Günther Lüschen, George Sage (eds), *Handbook of Social Science of Sport*, Champaign: Stipes, 1981, pp. 93 – 116.

⑤ Gregory Stone, "Sport as a Community Representation", Günther Lüschen, George Sage (eds), *Handbook of Social Science of Sport*, Champaign: Stipes, 1981, pp. 214 – 245.

⑥ Günther Lüschen, "The Interdependence of Sport and Culture", *International Review for the Sociology of Sport*, Vol. 2, No. 1, March 1967.

一系列强有力的认知，包括在人类生活中体育意味着什么，体育是怎样发挥作用的，等等。①

第五节　马克斯·韦伯的理论在中国体育研究中的前景

由于马克斯·韦伯的理论被引介到中国内地的时间较晚，加之韦伯本人并没有对体育的直接论述，所以目前国内体育学界几乎没有对韦伯的社会学诸理论展开系统的研究，只有一些译介的作品中提到了这些理论。旅欧学者熊欢在研究体育现代化这一问题时，对比了韦伯的理论与埃利亚斯理论的差异。② 除此之外几乎看不到相关的研究。但是正如我们看到的，韦伯的理论现在已经成了西方体育社会学研究的核心内容，韦伯的绝大部分作品也已经被译介为中文，因此国内体育研究者还应当重视韦伯的社会学理论对体育社会学研究的影响。

---

① Peter Donnelly, "Interpretive Approaches to the Sociology of Sport", Jay Coakley, Eric Dunning (eds), *Handbook of Sport Studies*, London: Sage, 2000, p. 85.
② 熊欢：《论体育现代化》，《体育文化导刊》2011 年第 11 期。

第四章

文化霸权之迷思：安东尼奥·葛兰西的思想对体育研究的影响

在马克思主义理论体系中，意大利共产党的缔造者——安东尼奥·葛兰西（Antonio Gramsci，1891—1937）的理论是重要的一环。它是马克思主义与 20 世纪初的西方资本主义发生碰撞后经由实践总结出的理论体系。不少马克思主义研究者认为，葛兰西的霸权理论是 20 世纪马克思主义研究最重要的理论成果之一。尤其在 20 世纪 70 年代后殖民主义理论勃兴之后，学者们回溯其理论构架，发现无不与葛兰西半个世纪前的文化霸权理论有着密切的联系。例如，爱德华·赛义德的东方主义就是在葛兰西文化霸权理论基础上的延伸和发展。无独有偶，法兰克福学派和伯明翰学派的不少学者也都将葛兰西的文化霸权理论作为自己研究的重要起点。可见，对于葛兰西的研究，是 20 世纪 50 年代以降整个西方世界社会科学和人文科学的热点之一。

葛兰西 1891 年出生于意大利撒丁岛，曾在都灵大学研习语言学和哲学。1915 年，由于疾病、贫穷和政治迫害，他不得不辍学从事社会活动，成了当时意大利"左翼"思潮的领军人物。一手创建了意大利共产党。因此，学者们评价他"首先和主要是一位政治活动家"。凯特·克里汉表示，"正如他在被捕之前从事的政治活动一般，强调葛兰西在《狱中札记》中的知识分子观是根植于马克思主义这一点十分重要"①。1922—1923 年，他在苏联研习马克思主义理论近一年。在被墨索里尼的法西斯政权监禁期间，他总结后期意大利共产党的失败教训，写出了葛兰西主义理论的代表作品——《狱中札记》，后来辗转流传到苏联，并在第二次世界大战后用意大利语出版。《狱中札记》的语言晦涩难懂，是因为葛兰西要躲避监狱审查，采用了碎片式的记录方式和一系列复杂的符号系统。例如，他用"实践哲学的创始人"来代替卡尔·马克思的名字。因此，对葛兰西作品的研读需要格外小心，否则可能无法读透字面意义下的内涵。

葛兰西在意大利学术界的地位直到最近 20 年才在更广的范围内被认可。他的作品已经被译为数十种文字，在世界范围内得到了广泛传播。近年来，葛兰西的绝大多数作品已经被译为中文，尤其是他的《狱中札记》成为马克思主义研究者的重要理论研究目标。

葛兰西本人对于体育的论述凤毛麟角，阿伦·古特曼认为"接近于零"②。但他的理论却对 20 世纪 70 年代后的体育社会科学研究影响重大。在不少西方体育社会学者的眼中，葛兰西文化霸权理论的影响甚至可以与布尔迪厄和福柯等人的理论相提并论。但令人遗憾的是，葛兰西的文化霸权理论尚没有对中国体育社会学和体育人文科学研究产生多少影响，这与国内社会科学界从 20 世纪 50 年代起就如火如荼的葛兰西学术勃兴形成了鲜明的对比。本书尝试对葛兰西的理论进行简述，着重将

---

① Kate Crehan, *Gramsci*, *Culture and Anthropology*, Berkeley：University of California Press，2002，pp. 5 – 21.

② Allen Guttmann, *Games and Empires*：*Modern Sports and Cultural Imperialism*, New York：Columbia University Press，1994，p. 6.

理论与体育科学研究加以结合，希望能够让这一理论武器在体育科学研究中发挥重要作用。

第一节　葛兰西文化霸权理论的内涵

葛兰西主义的精髓，就是文化霸权理论。"霸权"一词源自葛兰西在论述中多次使用的 egemonia 一词，但不可忽视的是，葛兰西其实也常用 direzione。这两个词意义比较接近。相对应的英文分别是 hegemony 和 leadership。因此在中国也有不少学者将葛兰西的"霸权"称为"领导权"。文化霸权是指统治阶级不诉诸暴力或强制方式，就能使从属阶级的意识得以重新构造。文化霸权强调的更多的是一种文化的方式，通过一种新的意识形态和世界观、价值观去教育民众，争取民众"同意"。在这个过程中，文化霸权不是通过统治阶级自上而下的操控实现的，而是从属阶级在积极参与的过程中不断获得同意和认同的过程。文化霸权实现的前提条件是从属阶级"自愿"同意，进而达成统治阶级世界观指导下的"健全的常识"。[①] 不难看出，文化霸权实际上是一种非暴力的、通过意识形态渗透的文化控制权。

事实上，从葛兰西自己的理论出发，他认为自己的霸权理论跟列宁主义的领导权之间的确有很大的关联。他提出，"一切都是政治，甚至哲学以及各种各样的意识形态也是。只有行动中的'哲学'是历史，即生活本身……人们可以断言，伊利奇（列宁）开创的霸权的理论化和现

---

① 杰华、潘西华：《葛兰西"文化领导权"思想及其对马克思主义大众化的启示》，《理论视野》2008 年第 5 期。

实化也是一个伟大的'形而上学'事件"①。尽管葛兰西坚称自己的理论是对列宁理论的发展，但很多马克思主义研究者都倾向于认为霸权理论是葛兰西本人的核心哲学思想，甚至有学者认为霸权理论是葛兰西对20世纪马克思主义传统政治理论的最大贡献。②

此外，葛兰西的理论也受到了意大利思想家马基雅维利和克罗齐的影响。马基雅维利的《君主论》是葛兰西《现代君主论》的重要理论源泉。克罗齐的实践哲学思想源于黑格尔，这是葛兰西思想的另一个重要来源。③

与马克思从经济的角度来理解国家不同的是，在葛兰西生活的20世纪初，他已经目睹了一些欧洲国家社会主义革命的失败，也看到了苏联革命取得的阶段性胜利，因此他放弃了马克思认知国家的经济视角。在他看来，"国家 = 政治社会 + 市民社会，即强制力量保障的霸权"④。政治社会是以暴力和法律为基础的，市民社会则是以道德、文化等为基础。政治的强制和霸权文化力量的配合才能完成现代社会的功能。他认为，"国家是统治阶级宣扬和维护统治，借以获得被统治者认可的所有复杂的实践及理论活动的总和"⑤。

霸权理论的核心不在于强迫大众违背自己的意愿，屈从于统治阶级的压迫，而是个体心甘情愿地被同化到统治集团的世界观或是意识形态中。葛兰西认为，统治阶级通过文化霸权将市民社会打造成统治阶级最

---

① Antonio Gramsci, *Selections from the Prison Notebooks of Antonio Gramsci*, Translated by Quintin Hoare, Geoffrey Nowell-Smith, New York: International Publishers, 1971, p. 357.

② Darrow Schecter, "Two Views of the Revolution: Gramsci and Sorel, 1916–1920", James Martin (ed), *Antonio Gramsci: Critical Assessments of Leading Political Philosophers*, London: Routledge, 2002, p. 168.

③ 仰海峰：《葛兰西的霸权概念研究》，《山东社会科学》2005 年第 11 期。

④ ［意］安东尼奥·葛兰西：《狱中札记》，曹雷雨等译，中国社会科学出版社 2000 年版，第 218 页。

⑤ 同上书，第 200 页。

后的、顽固的也是极为有效的防御工事。① 在这里，文化和意识形态取代了马克思的经济决定论。

葛兰西的另一个重要观点是对哲学家的认定。他认为，哲学是一门奇怪而艰难的学科，必须由特定领域的专家和哲学家从事专门的智知活动，这种偏见必须革除。在葛兰西看来，"人人都是哲学家"②。这就为他的知识分子理论提供了有力的支撑。在葛兰西看来，无产阶级不足以成为革命的领导者。要推翻旧有的资产阶级势力，有机知识分子应当成为革命的主体。区别于传统知识分子的"智识型"划分标准，葛兰西认为区别知识分子与非知识分子的真正标准"仅仅是知识分子职业范畴的直接社会功能"③。能够批判和建构新世界观的知识分子就是他眼中的"有机知识分子"。因此，葛兰西革命性地提出了有机知识分子是主体、无产阶级是客体，二者结合才能够夺取文化霸权，进而推翻资产阶级的统治。

葛兰西认为，夺取文化霸权的基本方式是有机知识分子对无产阶级民众自上而下的灌输式教育和组织。因此，"实践哲学有两项工作要做：第一项工作是战胜形式精致的现代意识形态，以便组成自己独立的知识分子集团；教育在文化上还处于中世纪的人民大众。第二项工作是基本的工作，它规定着新哲学的性质，并不仅在数量上而且在质量上吸收它的全部力量"④。有机知识分子必须同化民众，"改变他们的心态，传播哲学新事物"是有机知识分子的责任。只有在知识分子和普通人之间存在着与应当存在于理论和实践之间的统一同样的统一的时候，人们才能

---

① ［意］安东尼奥·葛兰西：《狱中札记》，曹雷雨等译，中国社会科学出版社 2000 年版，第 191 页。

② 同上书，第 232 页。

③ 同上书，第 4 页。

④ 同上书，第 305 页。

获得文化上的稳定性和思想上的有机性质。有机知识分子只有把群众在其实践活动中提出的问题研究和整理成融贯一致的原则时，他们才和群众组成为一个文化的和社会的集团。只有通过这种接触，哲学才变成"历史的"，才能清洗掉自己身上个人性质的知识分子要素而变成为"生命"①。因此在夺取文化霸权的过程中，有机知识分子的主体意识起着相当重要的作用。

第二节　葛兰西的思想对西方体育研究的影响

葛兰西的霸权理论看似与体育没有直接关系。但只要稍作思考便不难发现，当代社会的体育恰恰是葛兰西霸权理论中市民社会文化层面的重要组成部分。正如英国社会学家约翰·哈格里夫斯指出的，"体育已经成为国家文化的重要组成部分，因此霸权理论对体育就显得格外重要"②。资本主义国家的统治阶级正是利用了体育在社会中难以替代的重要作用，通过体育的文化霸权功能，从而逐步实现从属阶级对现行社会制度和意识形态的认同。在这个过程中，统治阶级并没有使用暴力手段，他们使用的是文化渗透，尤其是身体文化的渗透。通过工人阶级对社会中职业体育和身体锻炼的痴迷，统治阶级巩固和加强了从属阶级对于社会的认同。19 世纪中叶以降，足球在英国工人阶级中的逐渐风行，正是统治阶级体育文化霸权逐渐渗透的结果。

---

① ［意］安东尼奥·葛兰西：《狱中札记》，曹雷雨等译，中国社会科学出版社 2000 年版，第 240—241 页。

② John Hargreaves, *Sport*, *Power and Culture*：*A Social and Historical Analysis of Popular Sports in Britain*, Cambridge：Polity, 1986, p. 9.

　　此外，在资本主义列强对第三世界国家的殖民时期，很多体育运动也通过文化霸权的方式被移植到了被殖民的国家。最典型的例子是板球运动，这项英国的国球通过殖民者"有机知识分子"的功能被输入到被殖民的国家和地区。殖民地区的民众被灌输这是一种"国家运动"的"共识"，强迫接受这一运动。经年累月，传统的英联邦国家和地区便对这种文化霸权习以为常。① 因此，直到今天，这项运动仍然是印度、西印度群岛、澳大利亚等多数英联邦国家中最流行的运动项目之一。

　　那么，在资本主义社会中，统治阶级是如何实现体育的文化霸权的？工人阶级又是如何一步一步地在潜移默化中接受文化霸权的？葛兰西的文化霸权理论引起了西方学术界，尤其是体育学界的长期思考。在约翰·哈格里夫斯有关体育文化的重要论著《体育、权力与文化》中，他在体育与权力、文化关系的论述中大量运用葛兰西的文化霸权理论。哈格里夫斯主要探讨的是 19 世纪末 20 世纪初英国"统治阶级对工人阶级的霸权"，他认为体育在这一时期英国社会的勃兴是因为"体育被用作集中男性工人阶级并占据他们空闲时间，让年轻的男性工人阶级不成比例地附着于大量组织"②。这深刻地揭示了体育作为统治阶级麻醉工人阶级，使其在不经意间沉迷于体育赛事并忽视阶级间差异的本质。事实上，英国文化研究流派主张的体育霸权理论大都是以这个认知作为出发点的。1992 年第 9 季第 2 期《体育社会学学刊》制作了一期英国体育文化研究专辑，集中展示了英国体育文化研究学者的成果与葛兰西思想的密切联系。③ 值得注意的是，哈格里夫斯所指的霸权与葛兰西的霸权是

---

　　① Richard Giulianotti, *Sport：A Critical Sociology*, Cambridge：Polity Press, 2005, p. 51.

　　② John Hargreaves, *Sport, Power and Culture：A Social and Historical Analysis of Popular Sports in Britain*, Cambridge：Polity, 1986, p. 77.

　　③ 见 *Sociology of Sport Journal*, Vol. 9, No. 2, June 1992, 专辑一共 7 篇文章, 其中一篇是美国学者约翰·麦克卡隆的研究, 其出发点也是英国文化研究理论。

有差异的。哈格里夫斯认知下的"霸权是一种权力关系的平衡，它一方面处于暴力与强迫之间，另一方面处于使用权力的自愿遵守中，因此已经得以转换，因此权力关系功能在很大程度上是后一种模式"①。这一套理论活跃有力，能经得起时间的考验，因此这部作品在西方体育社会研究中始终是经典之作。

澳大利亚体育文化研究学者大卫·洛弗在《体育与当代社会理论家》中专门辟出一章"安东尼奥·葛兰西：体育、霸权与民族文化"来介绍葛兰西的文化霸权思想与体育研究的密切关系。② 这个章节是在之前各种研究基础之上的综合研究，并没有按照常规程序先厘清文化霸权思想，而是着重梳理葛兰西的思想与当代各种体育社会学和人文学研究的关系。正如洛弗所言，在处理体育社会学中的核心冲突议题——性别、种族和性感等问题时，"葛兰西主义时刻"是替代阶级关系理论的重要理论武器。③ 洛弗的这本著作也被普遍认为是研究葛兰西与体育社会学关联的重要代表作品之一。

如果说洛弗的研究是一个理想范式的话，那么英国体育文化研究学者阿伦·拜尔纳的研究则更加全面和透彻。如果说他在《体育社会学学刊》上发表的论文是运用葛兰西的思想小试牛刀的话，④ 那么他在《马克思主义、文化研究与体育》一书中的重要章节"重置葛兰西：马克思主义、霸权与体育"可算是迄今为止所有研究葛兰西思想与体育科学研究之关联最具有说服力的成果之一。这里，拜尔纳系统解析了葛兰西思

① John Hargreaves, *Sport*, *Power and Culture*: *A Social and Historical Analysis of Popular Sports in Britain*, Cambridge: Polity, 1986, p. 4.

② David Rowe, "Antonio Gramsci: Sport, Hegemony and the National-popular", Richard Giulianotti, *Sport and Modern Social Theorists*, New York: Palgrave MacMillan, 2004, pp. 97 – 110.

③ Ibid. , p. 107.

④ Alan Bairner, "Back to Basics: Class, Social Theory, and Sport", *Sociology of Sport Journal*, Vol. 24, No. 1, March 2007.

想对于新马克思主义体育观的重要影响。他提出，安东尼奥·葛兰西可能是继诺贝特·埃利亚斯、米歇尔·福柯和皮埃尔·布尔迪厄之后在有关的体育研究中最经常被提及的名字。① 拜尔纳还指出，是葛兰西有关底层和上层建筑的理论贡献令马克思主义重新焕发生机，并被新马克思主义和文化研究学者牢牢把握。所以，葛兰西对于体育科学研究的贡献是不可估量的。

美国体育社会学家威廉·摩根在代表作品《体育的左翼分子理论》中用一个章节的篇幅论述了他心目中的"体育霸权理论"。他认为，这个理论只是源于葛兰西，但是充满了"混合"元素。它糅合了福柯和布尔迪厄的理论，更把伯明翰学派的霍加特、雷蒙德·威廉斯和桑普逊的观点融合起来。② 因此，在摩根看来，体育霸权理论其实已经远远超出了葛兰西思想中有关文化霸权的束缚，成为当今全球体育社会学和文化研究学者中"左翼"力量的主要代表理论之一。

英国体育文化研究学者理查德·朱利亚诺蒂在《体育：批判社会学》中也专门用一章的篇幅来论述"文化研究：抵抗之上的霸权理论"③。与摩根的观点类似的是，朱利亚诺蒂也把体育霸权理论看作借用葛兰西的理论名称而以伯明翰学派的主要思想为核心的理论体系。这也再次印证了文化研究学派对于葛兰西思想的传承甚至超出了法兰克福学派和来自葛兰西故乡——意大利的后续研究。

在体育社会科学和人文科学的重要理论指导作品《体育研究手册》中，德国社会学家贝罗·里高尔在马克思主义体育理论中谈到了葛兰西

---

① Alan Bairner, " Re-appropriating Gramsci: Marxism, Hegemony and Sport", Ben Carrington, Ian McDonald, *Marxism, Cultural Studies and Sport*, London: Routledge, 2009, p. 196.

② William Morgan, *Leftist Theories of Sport: A Critique and Reconstruction*, Urbana: University of Illinois Press, 1994, pp. 60 – 127.

③ Richard Giulianotti, *Sport: A Critical Sociology*, Cambridge: Polity Press, 2005, pp. 43 – 61.

思想对新马克思主义体育观的影响。① 詹妮弗·哈格里夫斯和伊安·麦克唐纳从文化研究视角提到了葛兰西思想对于这一学派的深远影响。② 苏珊·比瑞尔从女性主义的视角谈了葛兰西霸权理论的特殊影响。③ 南希·斯特鲁纳在"社会历史与体育"④ 一章，苏登和汤姆林森在"体育、社会阶级与状态的理论化"⑤ 一章中也不可避免地涉及有关葛兰西思想的理论。可见，在当今体育研究中，葛兰西思想的影响几乎无处不在。

英国体育文化研究学者加里·万内尔在论述电视体育的文化变迁时，坦承从 20 世纪 70 年代开始，英国文化研究学派在很大程度上受到了葛兰西文化霸权理论的影响。因此在他的论述中，葛兰西文化霸权理论被一再提及。他指出，"葛兰西的霸权在文化研究领域的应用通俗易懂，尤其是在对统治阶级和附属阶级的互动中一览无遗"⑥。事实上，在对研究中的主要对象——电视体育的变迁分析中，万内尔主要采用的就是葛兰西的文化霸权理论。难怪他在分析中还引用了英国文化研究学者斯图亚特·霍尔在《文化研究：两种范式》中的经典话语："葛兰西的霸权概念越来越受到关注，它把两个看似不相容但颇富创造性的范式恰

---

① Bero Rigauer, "Marxist Theories", Jay Coakley, Eric Dunning (eds), *Handbook of Sports Studies*, London: Sage, 2000, pp. 43 – 44.

② John Hargreaves, Ian McDonald, "Cultural Studies and the Sociology of Sport", Jay Coakley, Eric Dunning (eds), *Handbook of Sports Studies*, London: Sage, 2000, pp. 43 – 44.

③ Susan Birrell, "Feminist Theories for Sport", Jay Coakley, Eric Dunning (eds), *Handbook of Sports Studies*, London: Sage, 2000, pp. 67 – 68.

④ Nancy Struna, "Social History and Sport", Jay Coakley, Eric Dunning (eds), *Handbook of Sports Studies*, London: Sage, 2000, p. 189.

⑤ John Sudgen, Alan Tomlinson, "Theorizing Sport, Social Class and Status", Jay Coakley, Eric Dunning (eds), *Handbook of Sports Studies*, London: Sage, 2000, pp. 316 – 320.

⑥ Garry Whannel, *Fields in Vision: Television Sport and Cultural Transformation*, London: Routledge, 1992, p. 8.

当地捏合在一起，处理了一个明显的难题。"①

　　英国体育文化研究学者格兰特·贾尔维和约瑟夫·马奎尔在《社会思想中的体育与休闲》中，也用一个章节"经典马克思主义、政治经济学与之上"的篇幅阐述了葛兰西的思想对体育与休闲文化的影响。②在对理论的探讨中，他们认为葛兰西以意大利的革命实践为蓝本展开的论述实际上是对马克思主义的创新和发展，更具有 20 世纪的时代特征。他们提出，虽然在对英国战后的体育休闲分析中无法直接套用葛兰西的文化霸权理论，但他的理论显然提供了一个理想的研究范本。他们指出，"也许从葛兰西的思想中学到的第一课就是，如果一个人想把葛兰西主义的视野和概念用于新的研究领域，那么他必须把体育与休闲作为整体的理论体系和具体的历史观加以结合"③。他们在葛兰西思想的基础上提出了自己的一系列理论，但这些理论中充满葛兰西文化霸权思想的影子。无独有偶，英国学者约翰·克拉克和查斯·科里切尔在《魔鬼做工》一书对休闲的论述中也运用了葛兰西的文化霸权理论，他们指出霸权的概念"压缩和结晶了大量文化控制和冲突过程中的主要议题"④。在这层意义上，民族文化是由许多不同的冲突中的亚文化构成的，要将这些文化元素进行分节并不容易。

　　在这部作品的基础上，不少研究更进一步。在几位有着英国文化研究背景的澳大利亚学者合著的《全球化与体育》中，作者们给葛兰西文化霸权理论赋予了时代意义，他们把"市民文化"的提法改成"全球大

---

　　①　Stuart Hall, Cultural Studies: Two Paradigms, Tony Bennett, etc (eds), *Culture, Ideology and Social Process: A Reader*, London: Batsford/OUP, 1981, p. 13.

　　②　Grant Jarvie, Joseph Maguire, *Sport and Leisure in Social Thought*, London: Routledge, 1994, p. 109 – 112.

　　③　Ibid., p. 112.

　　④　John Clarke, C. Critcher, *The Devil Makes Work: Leisure in Capitalist Britain*, London: MacMillan, 1985, p. 228.

众文化"。① 他们在论述中也不可避免地运用了文化霸权理论。这部作品是全球化背景下体育霸权理论的一部开山之作，有着鲜明的时代感。

加拿大文化与传媒研究学者理查德·格鲁诺在《阶级、体育与社会发展》中也运用了葛兰西的理论，但他只是在脚注中列出了葛兰西的作品，甚至没有把其列为参考文献。② 这种违背常理的做法其实是在刻意回避葛兰西理论对其作品的影响，但其作品从葛兰西思想中得到的启发一览无遗。

英国文化学者吉奥佐·莫尔纳和约翰·凯利在最近的研究《体育、锻炼与社会理论》中也就体育文化研究理论与葛兰西思想的关联做了比较细致的阐释，同时对 20 年前的摩根的左翼分子理论进行了补充和修正。③

长期在英国从事研究的美国体育社会学者埃里克·安德森在《体育、理论与社会问题：批判的介绍》中对葛兰西的霸权思想对人的分层在体育领域的实际运用提出了自己的观点，他认为葛兰西的思想对体育在社会中所处的地位进行了更为明晰的界定。④ 其实，这可能是很多体育社会学者在研究中自觉运用葛兰西思想的重要原因。

美国哲学家雷蒙德·贝里奥蒂在《观赏棒球，看到哲学》中把棒球运动和哲学家们进行了有趣的融合。其中在《第 6 局：杰基·罗宾逊和安东尼奥·葛兰西》当中，他把为棒球赛场上的种族主义做出不懈努力

---

① Toby Miller, Geoffrey Lawrence, Jim McKay, David Rowe, *Globalization and Sport: Playing the World*, London: Sage Publications, 2001.

② Richard Gruneau, *Class, Sports, and Social DevelopmentRev edition*, Champaign: Human Kinetics, 1999, p. 140.

③ Győző Molnár, John Kelly, *Sport, Exercise and Social Theory: An Introduction*, London: Routledge, 2013, pp. 94 – 98.

④ Eric Anderson, *Sport Theory and Social Problems: A Critical Introduction*, London: Routledge, 2010, pp. 101 – 102.

的杰基·罗宾逊与葛兰西进行了对比，他认为葛兰西的理论强调了阶级斗争中意识形态的积极作用，而并非只有经济基础决定整个社会的变迁。这是社会变革中的一个重大的因素。① 贝里奥蒂的观点虽然未必能够引起主流学界的认同，但他的这一尝试却为葛兰西思想在职业体育研究中开辟了一条崭新的道路。

　　进入 21 世纪之后，体育社会学研究和体育人文研究中借用葛兰西思想的热潮丝毫没有褪去。英国体育社会学者多米尼克·马尔科姆在《体育与社会学》中用不少篇幅论述了葛兰西思想对于当今体育社会学研究的重要贡献。② 英国学者约翰·霍尔内等在对体育的社会文化学阐释中也提到了葛兰西思想的启发意义。③

　　虽然葛兰西思想对于体育科学研究的影响如此巨大，但我们不得不看到，现在也有另一种趋势不断蔓延。那就是不少体育研究明明与文化霸权理论关联不大，但也想要生搬硬套，以显示自己理论的高度。这实际上是对葛兰西主义的一种误读。在前述的绝大多数西方体育研究中，体育霸权与葛兰西的文化霸权其实只具有程度较低的关联。由于葛兰西本人并没有对体育的直接论述，所以如果对葛兰西的思想进行过度解读，在某种程度上很可能是对葛兰西主义的误读。这是在体育研究中特别需要注意的环节。

---

① Raymond Belliotti, *Watching Baseball*, *Seeing Philosophy*: *The Great Thinkers at Play on the Diamond*, Jefferson: McFarland & Company, Inc, 2008, pp. 95 – 113.

② Dominic Malcolm, *Sport and Sociology*, London: Routledge, 2012, pp. 36 – 40.

③ John Horne, Alan Tomlinson, Garry Whannel, Kath Woodward, *Understanding Sport*: *A Socio-Cultural Analysis*, 2nd edition, London: Routledge, 2013, p. 46.

第三节　葛兰西思想对中国体育科学研究的影响

由于葛兰西是马克思主义思想进入 20 世纪以后与社会实践相结合的重要理论成果之一，所以国内学者对葛兰西思想的研究相当透彻，葛兰西的绝大多数作品都已经被译为中文，有关葛兰西思想的文章和论著数以百计，有的已经达到了相当的高度。但遗憾的是，葛兰西思想迄今为止尚未对中国体育科学研究产生多少影响。也许这是因为葛兰西的文化霸权理论针对的是资本主义社会语境中的统治阶级和从属阶级，但社会是在不断发展变化的，葛兰西几十年前的研究路径和语境今天看来已经发生了重大的转变，需要有更多新鲜的理论来丰富和完善葛兰西文化霸权思想在体育研究中的运用，也需要结合中国语境对体育的文化霸权理论进行丰富和完善。也许，这也正是中国体育科研工作者需要借鉴其他领域的学者和国外体育文化学者的地方。葛兰西文化霸权理论，或者称为文化领导权理论，是职业体育、体育与休闲、体育功能主义等理论领域的重要研究工具，也许这样的研究在进入 21 世纪第二个十年之后的中国体育学界会逐渐勃兴。

第五章

型构社会学之发端：诺贝特·埃利亚斯的体育观

　　型构社会学，又叫组构社会学、过程社会学，是由 20 世纪德国著名社会学家诺贝特·埃利亚斯（Norbert Elias，1897—1990）创立的。1897 年，埃利亚斯出生于德国布雷斯劳（今波兰伍罗克劳）的一个犹太家庭。他的一生颇具传奇色彩。他年轻时立志成为大学教授，但却因为自己的犹太人身份难以如愿。1915 年他进入德军服役成为一名信号兵，1918 年他进入大学学习的是医学和哲学，后来放弃了医学。1924 年他获得布雷斯劳大学博士学位。但他真正走上学术之路是从 1925 年进入海德堡大学学习社会学开始的。他师从阿尔弗雷德·韦伯，也就是马克斯·韦伯的弟弟，从而接触到了韦伯的社会学理论，他还与著名的学者卡尔·曼海姆成为朋友。随后他跟随曼海姆到了法兰克福大学社会学系，与社会研究所的同僚一道研究社会学。但纳粹上台让犹太裔学者失去了机会，他先后流亡法国和英国，以 57 岁的高龄受聘于莱斯特大学社会学系，从此建立"莱斯特学派"。而后因为学术纷争，他远走非洲到加纳大学任教两年。1969 年他来到荷兰，在阿姆斯特丹大学社会学系任教，之后曾返回德国在比勒菲尔德大学任教。他的学术成就得到了德国和荷兰学术界的认同，先后获得德国总统和荷兰女王颁发的荣誉勋章。1990 年，已经 93 岁的埃利亚斯在阿姆斯特丹家中病逝。他为世人留下了数十部经典著作，被誉为社会学研究的重要理论家之一。

　　莱斯特学派包含莱斯特大学和位于莱斯特郡的拉夫堡大学的众多社会学研究者。埃利亚斯为莱斯特学派培养了大批研究者，尤其是体育社会学学者。他的学生埃里克·邓宁以及邓宁的学生约瑟夫·马奎尔和格兰特·贾维等都成了蜚声世界的体育社会学大家。根据邓宁的划分，英国体育型构社会学家已经有五代。第一代就是埃利亚斯；第二代是邓宁本人；第三代是帕特里克·墨菲、肯尼斯·谢尔德和伊万·瓦丁顿；第四代有贾维和马奎尔；第五代有香农·科尔维尔、格拉汉姆·库里、多米尼克·马尔科姆、路易斯·曼斯菲尔德、马丁·罗德里克和斯图尔特·史密斯等。① 不仅在英国，他的型构社会学理论在荷兰、法国、德国和加拿大等地都有大量追随者。

　　进入 20 世纪 70 年代之后，埃利亚斯越发关注体育与社会的关系。他的不少研究开始涉及体育，在邓宁出版的论文集《追寻愉悦：文明进程中的体育与休闲》中他多有关于体育的论述。邓宁和罗杰克甚至把学术生涯后期致力于研究型构社会学的埃利亚斯称为体育社会学家。② 埃利亚斯故去的 1990 年正好是国际社会学发生后现代转向和文化研究转向的时期。但埃利亚斯的理论集合了心理学分析、古典和现代社会学，

---

　　① Eric Dunning, "Figurational Contributions to the Sociology Study of Sport", Joseph Maguire, Kevin Young, *Theory*, *Sport & Society*, Amsterdam: Elsevier Science, 2002, p. 211, n1.

　　② Eric Dunning, "Figurational Sociology and the Sociology of Sport: Some Concluding Remarks", Eric Dunning, Chris Rojek (eds), *Sport and Leisure in the Civilizing Process: Critique and Counter-Critique*, Basingstoke: Palgrave Macmillan, 1992, p. 223.

他的型构社会学理论体系甚至容纳了格式塔理论、田野理论和行为主义，[①] 包容度很高。

在埃利亚斯的所有作品中，1939 年出版的《文明的进程》无疑是最具划时代意义的一本著作。[②] 这本书直到 1978 年才被译为英文，而且在不同国家发行时还有截然不同的译本。[③] 此外，《什么是社会学》也是颇具启发意义的一本著作，该书虽然尚未在中国内地出版发行，但已经有中译本问世。[④]《个体的社会》集纳了埃利亚斯从 1939 年到 1987 年，横跨半个世纪的理论作品，同样具有相当重要的理论价值。[⑤] 此外，埃利亚斯还有《宫廷社会》《定居者与外来者》《莫扎特：天才画像》《两性权力的变化与平衡》《临终者的孤独》《投入与超脱》《德国人》等多部理论著作。

埃利亚斯有关体育，尤其是体育社会学方面的研究，集中体现在 1971 年邓宁主编的《体育：社会学视角解读》[⑥] 中的三篇论文。1986 年，埃利亚斯与邓宁联合编纂出版了《追寻愉悦：文明进程中的体育与休闲》[⑦]，不仅收录了之前的三篇论文，还增添了埃利亚斯的三篇新作。而且，埃利亚斯还为该书创作了一篇很长的序言，阐释了自己从社会学到体育社会学研究的心路历程。因此，这本书就成为研究埃利亚斯体育社会

---

① Eric Dunning, "Figurational Contributions to the Sociology Study of Sport", Joseph Maguire, Kevin Young, *Theory*, *Sport & Society*, Amsterdam：Elsevier Science, 2002, p. 212, n6.

② 中译本为诺贝特·埃利亚斯《文明的进程：文明的社会起源和心理起源的研究》第一卷《西方国家世俗上层行为的变化》，王佩莉译，生活·读书·新知三联书店 1998 年版和第二卷《社会变迁 文明论纲》，袁志英译，生活·读书·新知三联书店 1999 年版。

③ 由于迫害，该书的德文版第一卷由布雷斯劳的出版社在布拉格发行，第二卷由瑞士的一家出版社发行。英文版第二卷发行时，英国版名为《国家形成与文明》，美国版名为《权力与礼貌》。

④ ［德］爱里亚斯：《什麼是社会学》，郑义恺译，群学出版有限公司 2007 年版。

⑤ ［德］诺贝特·埃利亚斯：《个体的社会》，翟三江、陆兴华译，译林出版社 2008 年版。

⑥ Eric Dunning, *Sport*：*Reading from a Sociological Perspective*, London：Frank Cass and Company Limited, 1971.

⑦ Norbert Elias, Eric Dunning（eds）, *Quest for Excitement*：*Sport and Leisure in the Civilizing Process*, Oxford：Basil Blackwell, 1986.

学理论的核心作品。如果再加上《什么是社会学》中的"游戏模式"一章，几乎就是埃利亚斯体育社会学的主体内容。埃利亚斯的型构社会学理论是型构体育社会学的主体部分。用邓宁等人的话来说，凡是通过型构体育社会学来研究体育现象的学者，几乎无法不受到埃利亚斯的影响。[①]

第一节　埃利亚斯的体育社会学观念

埃利亚斯过程社会学的一个核心问题是：只有当人们把个人和社会看作变化的，正在形成和已经形成的东西，才能阐明个人结构与社会结构之间的关系。[②] 邓宁在总结埃利亚斯的过程社会学时指出，过程社会学有两层含义。一层是探索生物学、心理学、社会学和人类历史之间的联系；另一层是尝试融合经典社会学和现代社会学中最理想的特性。[③]埃利亚斯的体育社会学观点可以分为型构体育社会学理论和文明进程与体育化两个部分。

一　埃利亚斯的型构体育社会学理论

埃利亚斯对型构体育社会学的认知有着显著的变化。他在 1970 年为《体育：社会学视角解读》撰写的前言中已经明确地提到该书就是有

---

① Eric Dunning, Dominic Malcolm, Ian Waddington, "Conclusion: Figurational Sociology and the Development of Modern Sport", Eric Dunning, Dominic Malcolm, Ian Waddington (eds), *Sport Histories: Figurational Studies of the Development of Modern Sports*, London: Routledge, 2004, p. 191.

② [德]诺贝特·埃利亚斯:《文明的进程:文明的社会起源和心理起源的研究》第一卷《西方国家世俗上层行为的变化》,王佩莉译,生活·读书·新知三联书店 1998 年版,第 9 页。

③ Eric Dunning (ed), *Sport Matter: Sociology Studies of Sport, Violence and Civilization*, London: Routledge, 1999, pp. 13 – 15.

关"体育社会学的论文集"①。但对于体育社会学的功能、范畴等基本问题，当时他还没有进行深入的思考。他甚至还把身体教育排除在大体育的范畴之外。因此，此时在埃利亚斯心中和笔下的体育社会学还是朦胧的、初级阶段的体育社会学。

在 1986 年为《追寻愉悦：文明进程中的体育与休闲》撰写导言时，埃利亚斯已经对体育社会学有了比较清晰的认知和理解，就连他自己都承认"在我们刚开始投入这项工作时，体育社会学还在婴儿阶段……体育领域的社会学诉求有为体育带来光明的使命，在这之前根本是未知的，或者是只有模糊的认识。因此，这项工作就是给这种知识更多的肯定。我们深刻地意识到有关体育的知识就是有关社会的知识"②。其实，此时埃利亚斯已经隐约感觉到社会学发展正在走入一个误区，即门类（或者叫作专业）社会学由于找不到自己的特点而无法诞生，只好在一个大的社会学框架下共存。因此，他也想通过自己的体育社会学研究为门类社会学找到一条特色之路。

埃利亚斯试图从体育运动的历史发展中找出其规律。他列举了系出同门的英式足球和橄榄球（那时并没有足球起源于中国的提法）。尤其是拳击，旧时的拳击（准确地说应该叫搏击）并没有限制运动员使用腿部攻击对手。但是随着文明的演进，拳击逐渐形成了现在流行的规则，并且被输出到各个国家，取代了类似法国本土的传统形式的拳击比赛。通过这种方式，英国向全世界输出了赛马、网球、赛跑和多项体育运动，也就是休闲的体育化。③ 在这里，埃利亚斯提出了文

---

① Norbert Elias, "Foreword", Eric Dunning（ed），*Sport：Reading from a Sociological Perspective*，London：Frank Cass and Company Limited，1971，p. xi.

② Norbert Elias, "Introduction", Norbert Elias, Eric Dunning（eds），*Quest for Excitement：Sport and Leisure in the Civilizing Process*，Oxford：Basil Blackwell，1986，p. 19.

③ Ibid. ，pp. 21 – 22.

明的进程使体育的传播尤其是全球传播成为可能。这种文明的进程直接证据就是体育运动规则的变化更符合文明社会的需求。正如埃利亚斯提到的，"20 世纪中，人们对于运用身体来竞赛的高度规范化，也就是'体育'成了国与国之间一种非暴力的、非军事的竞争形态的符号表征"①。这可能是当代体育符号意义的最早表述。埃利亚斯深刻地把握了 20 世纪逐渐从业余走向职业、从"干净"走向丑恶的体育发展的脉络。他指出，"当代奥林匹克运动会提供的体育高潮很能说明问题。对世界纪录的追逐给予体育一个截然不同的发展方向。游戏和戏仿时期的休闲体育的张力被不同国家之间统治性的和模式性的环球张力和竞争所取代"②。

　　事实上，埃利亚斯在此前的作品中已经运用这一套体育社会学理论解析了当代体育运动，尤其是英式足球。在 20 世纪 60 年代中期的《对足球特别参考的体育组动力学》一文中，埃利亚斯和邓宁就已经开始思考如何将体育社会学作为一个整体在学科发展中发挥作用。他们以足球为模板，建立了足球社会学中的小组理论。③ 正如埃利亚斯和邓宁所言，足球比赛是由场上球员变换的型构，但变换的不仅仅只在球员这个层面。这一切同样可以诉诸"社会形态""社会小组"或者"社会"。首先，如果一个人持续用相互依赖的视角来看待球员在比赛中的站位和移动，那就会真切地看到他们形成了一个持续变化的型构。④ 其次，他们在这篇作品中克服了当代社会学研究中的一大顽

---

① Norbert Elias, "Introduction", Norbert Elias, Eric Dunning（eds）, *Quest for Excitement: Sport and Leisure in the Civilizing Process*, Oxford: Basil Blackwell, 1986, p. 23.

② Ibid. , pp. 43 – 44.

③ Norbert Elias, Eric Dunning, "Dynamics of Sport Groups with Special Reference to Football", Norbert Elias, Eric Dunning（eds）, *Quest for Excitement: Sport and Leisure in the Civilizing Process*, Oxford: Basil Blackwell, 1986, pp. 191 – 204.

④ Ibid. , p. 199.

疾，那就是只探讨小组间的合作而忽略矛盾。他们指出在足球小组中的"矛盾"有时不仅不会令球员丧失斗志，反而可能激发球队的团结。最后，他们提出了足球比赛，乃至所有体育比赛的 8 个相互依赖的对立点：（1）比赛对阵双方的总体对立；（2）进攻与防守的对立；（3）合作与两支球队紧张情绪的对立；（4）每支球队队内的合作与竞争对立；（5）由教练员、队长、队友、裁判员、司线员和观众对运动员施加的不同层面的外部控制的对立；（6）对手间友善与敌对竞争的对立；（7）由比赛模式生成的单个运动员对攻击性的享受和阻止这种享受的对立；（8）比赛规则的弹性和固定性之间的对立。① 这可能是埃利亚斯和邓宁这个研究的核心点，它几乎覆盖了一场体育比赛所有的对立元素。

埃利亚斯还对当时的体育发展做出了预测。"体育职业化的提升可能让大家从休闲体育的注意力上转移。非专业的体育活动参与者不可避免地会展示出同专业参与者水平的落差。此外，体育追求职业化可能会导致参与者越发感觉无趣。因此，要想同时满足体育参与者的休闲目的和防止只为娱乐的完美状态几乎是不可能的。"② 用现实来衡量埃利亚斯在 30 年前做出的预测（尤其考虑到当时是深刻改变当代体育走向的 1992 年巴塞罗那奥运会前夜），我们不得不叹服他的先见之明。

---

① Norbert Elias, Eric Dunning, "Dynamics of Sport Groups with Special Reference to Football", Norbert Elias, Eric Dunning（eds），*Quest for Excitement*：*Sport and Leisure in the Civilizing Process*，Oxford：Basil Blackwell, 1986, pp. 201－203.

② Norbert Elias, "Introduction", Norbert Elias, Eric Dunning（eds），*Quest for Excitement*：*Sport and Leisure in the Civilizing Process*，Oxford：Basil Blackwell, 1986, pp. 61－62.

二　埃利亚斯的文明化进程与体育化观点

埃利亚斯在《追寻愉悦：文明进程中的体育与休闲》当中有两篇文章并没有得到广泛的传播。他独立撰写的《体育与暴力的一篇论文》①和他与邓宁合作完成的《中世纪的民间足球与早期当代英国》② 这两篇文章其实是有关体育的文明化进程和体育化观点的核心作品。

《体育与暴力的一篇论文》其实并不是埃利亚斯针对体育与暴力问题的思考，而是他在《文明的进程》的基础上针对体育语境展开的思考。《文明的进程》的第一卷主要谈及社会对身体暴力的控制以及社会礼节的问题。在《体育与暴力的一篇论文》中，他延续了这个主题，文明的进程与体育的发展密切相关，其中核心部分就是对暴力的社会控制。人类一开始喜欢目睹血腥暴力的场面，他们从攻击他人的暴力行为中得到视觉的快感和心理的满足。在这种背景下，身体的暴力成为一种符号性的宣言。但是随着时代的发展和文明的进程，人们逐渐开始厌恶这种血腥的身体暴力。一方面是因为社会开始强制性地控制由暴力带来的诱惑，另一方面是因为对暴力的禁忌内化为人们自身的一种意识。于是，当人们破坏了这种禁忌时，内心就产生罪恶感。甚至，这种对身体暴力的反感逐渐蔓延到对语言暴力的社会反感。③

埃利亚斯认为，暴力和文明是以特定的方式相互依赖的，而不是简

---

① Norbert Elias, "An Essay on Sport and Violence", Norbert Elias, Eric Dunning (eds), *Quest for Excitement：Sport and Leisure in the Civilizing Process*, Oxford：Basil Blackwell, 1986, pp. 150 – 174.

② Norbert Elias, Eric Dunning, "Folk Football in Medieval and Early Modern Britain", Norbert Elias, Eric Dunning (eds), *Quest for Excitement：Sport and Leisure in the Civilizing Process*, Oxford：Basil Blackwell, 1986, pp. 175 – 190.

③ Norbert Elias, "An Essay on Sport and Violence", Norbert Elias, Eric Dunning (eds), *Quest for Excitement：Sport and Leisure in the Civilizing Process*, Oxford：Basil Blackwell, 1986, pp. 152 – 156.

单对立。他在探讨体育的文明化进程中以英国的猎狐作为主要研究对象。他认为，猎狐运动的形成和发展在一定程度上是对暴力进行了严格的限制。例如，规定猎狐者不能携带武器，也不能直接杀死狐狸，而是要通过代理人即猎犬。埃利亚斯认为，这种在猎狐过程中减少暴力的意识其实和英国的政治改革和议会制的形成密切相关。因为英国在进入18世纪以后，政治暴力较之以往已经有了很大程度的改善。统治阶级开始摒弃暴力的统治手段，用更加文明的方式如议会制来实现对国家和人民的管理。随着政治制度的文明化，英国人的休闲娱乐活动也逐渐开始摒弃过去的通过暴力来获得快感的方式。从埃利亚斯的观点来看，政治生活与体育休闲活动具有共同点，即都受到文明萌芽的影响，对暴力的摒弃是人类文明化的一个重要阶段。① 埃利亚斯总结了体育在文明化进程中的作用："体育，实际上是人类没有精心设计但却创造出的伟大的社会发明之一。它让人们从卷入体能消耗和获得技能中解放出来。在这个过程中，人们受到伤害从而严重受伤的机会得到一定程度的限制。"②

此外，埃利亚斯的体育化观点也在这里得到彰显。邓宁指出，按照埃利亚斯的逻辑，体育第一次获得其现在意义是在18世纪的英国，当时贵族乡绅参与了这种语言的发展过程进而使其变成事实。在语言发展的过程中还伴随着习惯的变化，特别是统治阶级道德的变化和整个英国社会一系列具体的变化。这个过程就是"体育化"③。邓宁还提出，埃利亚斯"体育化"的内涵是指一种过程。在这个过程中，体育比赛的规则越来越趋于书面化，举国范围内（后来是国际范围）的标准化更加明

---

① Norbert Elias, "An Essay on Sport and Violence", Norbert Elias, Eric Dunning (eds), *Quest for Excitement: Sport and Leisure in the Civilizing Process*, Oxford: Basil Blackwell, 1986, pp. 166 – 174.

② Ibid. , p. 165.

③ Eric Dunning, "Figurational Contributions to the Sociology Study of Sport", Joseph Maguire, Kevin Young, *Theory*, *Sport & Society*, Amsterdam: Elsevier Science, 2002, p. 220.

晰，更加精准，更加复杂，紧紧围绕"公平竞赛"的社会思潮，为所有参赛者提供获胜的公平机会，减少或者严格限制暴力性身体接触的可能性。①

埃利亚斯所指的体育化进程中，体育规则越来越多地被记录，在全国范围（随后是国际范围）被标准化，从而变得更明确、更准确也更全面：它们以公平竞争为理念，为所有参赛者提供获胜的可能，严格控制暴力接触身体的机会。裁判、司线员、计时员等具有特定的批准权，犯规处罚、定位球、越位等开始被引入体育运动，同时与整个国家的文明进程保持一致，期望运动员在场内场外都实行更加严格、更加公平和更加持续的自我控制。体育逐渐成为一种竞争性运动，在获得高水准的竞争快感或竞赛紧张与被视为预防受伤的合理保护之间，建立起一种灵活的平衡。② 由此可见，埃利亚斯的文明化进程和体育化观点其实有着较为丰富的内涵，值得从事体育社会学研究的学者深入细致地学习。

第二节　埃利亚斯的体育史观

埃利亚斯对于体育史发展的观念，集中体现在他的著名作品《作为社会学问题的体育起源》一文中。与其说埃利亚斯在这里是在读史讲史，还不如说埃利亚斯在利用自己对体育史的理解来确立自己的体育史

---

① Eric Dunning, Dominic Malcolm, Ian Waddington, "Introduction: History, Sociology and the Sociology of Sport: the Work of Norbert Elias", Eric Dunning, Dominic Malcolm, Ian Waddington (eds), *Sport Histories: Figurational Studies of the Development of Modern Sports*, London: Routledge, 2004, p. 9.

② Norbert Elias, Eric Dunning, "Folk Football in Medieval and Early Modern Britain", Norbert Elias, Eric Dunning (eds), *Quest for Excitement: Sport and Leisure in the Civilizing Process*, Oxford: Basil Blackwell, 1986, pp. 181 – 189.

观，进而确立自己的体育社会观。用邓宁等的话来说，体育的起源是随机的、未经策划的。首先是群体之间产生融合，在群体动力的推动下，经过反复重组，在个体与群体之间建立了一种联系。他们的活动在这种被建构的社会关系中展开，经过长期发展形成组织体系。这就是体育的过程社会学。①

埃利亚斯还是从对近代体育发展贡献巨大的英国谈起，从 sport 这个词语的词源学意义谈起。sport 这个词与现代体育项目一样，在短时间内从英国传到德国、法国和其他欧洲国家，一方面是其他国家没有类似对应的词语，另一方面是体育在当时"休闲娱乐"的意味较为浓重。英式足球的发展也有类似之处，比赛规则从英国逐渐推向其他欧洲国家，football 这个词也在各个国家找到了对应词汇。美国人则是在吸收外国文化的基础上将 football 用于自主研发出的新型运动，将 soccer 给了英式足球。

接下来埃利亚斯提出了一系列问题：难道我们不知道当代社会并不是最初也不是唯一那种其成员喜欢体育的社会吗？难道中世纪的英国和其他欧洲国家不玩足球吗？……奥运会的复兴不正说明体育绝非什么新鲜事物吗？②

通过研究，埃利亚斯发现，古代竞技运动与当代体育有着天壤之

---

① Eric Dunning, Dominic Malcolm, Ian Waddington, "Conclusion: Figurational Sociology and the Development of Modern Sport", Eric Dunning, Dominic Malcolm, Ian Waddington (eds), *Sport Histories: Figurational Studies of the Development of Modern Sports*, London: Routledge, 2004, pp. 191 – 205.

② Norbert Elias, "The Genesis of Sport as a Sociological Problem", Norbert Elias, Eric Dunning (eds), *Quest for Excitement: Sport and Leisure in the Civilizing Process*, Oxford: Basil Blackwell, 1986, p. 129. 部分译文参考诺贝特·埃利亚斯《古代体育的起源》；[德] 斯蒂芬·门内尔、约翰·古德斯布洛姆编《论文明、权力与知识——诺贝特·埃利亚斯文选》，刘佳林译，南京大学出版社 2005 年版，第 153 页。

别。"竞技者的精神风貌，裁判的标准，比赛的规则，运动员的表现"①
等都相去甚远。但今天的体育史学家们总是习惯歪曲古代体育的发展，
他们"不仅试图把古代的竞技活动看作当代体育的理想体现，而且相应
地期待在古代文献中发现有利于这种假设的证据，从而有意忽视矛盾的
观点或只是自动地看作例外情形的描述，这使得问题变得十分混乱"②。
埃利亚斯进而指出，"国家的形成和良知的形成，社会允许的身体暴力
的程度，反感使用或目睹暴力的限度，都是随着社会发展的不同阶段而
不同的"③。

埃利亚斯进而抛出了一个重要观点。"我们说我们社会中的那些冒
犯准则的个体之举止是不文明的、野蛮的，我们以此表现我们的道德优
越感；同样我们也这样看待其他社会的个体，因此觉得我们更好，我们
就具有了道德优越感……我们就这样对另外一个社会进行总体性的判断
和评价，好像这个社会是我们社会中的一个个体一样。我们通常不对暴
力控制的程度、社会控制暴力的标准、与暴力相关的情感变化提问，结
果对这些变化一无所知。"④ 这一理论对于西方社会总以文明社会自居，
认为自己的文明优越于其他社会的现实有较为直接的意义，同时对于不
同时期、不同历史背景、不同文化发展的社会之间的"强行对比"提出
了质疑。埃利亚斯通过对古希腊文献中有关摔角和拳击（类似运动）的
考察，指出如果按照今天的"文明标准"来判定，那时体育运动的野蛮
程度大大超越今天，比赛中伤人甚至死亡的事件层出不穷。因此，他得
出的结论是"奥林匹克运动就是来自古代葬礼上的竞赛，这与当代体育

---

① Norbert Elias, "The Genesis of Sport as a Sociological Problem", Norbert Elias, Eric Dun-
ning (eds), *Quest for Excitement: Sport and Leisure in the Civilizing Process*, Oxford: Basil Black-
well, 1986, p. 132.

② Ibid., p. 132.

③ Ibid., pp. 132 - 133.

④ Ibid., p. 135.

比赛的起源是不同的"①。

埃利亚斯体育史观通过这篇文章得到了充分的体现。正如邓宁所说："他的主要关切不是承担起实质性的体育起源的分析工作，而是准备通过这样一种方式来提出社会学的核心观点。当代体育，是一个全新的社会现象。"②

第三节　埃利亚斯的游戏观

在《什么是社会学》一书中，埃利亚斯提出了著名的"游戏模型"（台湾学者译为"赛局模型"）。这个模型的机构之复杂，内涵之丰富，远远超出了当时社会学研究的一般范式。这个游戏模型可以被视为埃利亚斯的游戏观，成为他体育观的一个重要组成部分。

埃利亚斯的游戏模型建立在对系统论和原子论的批判上。他鲜明地指出很多人害怕面对这种认识，他们假设"整体大于部分之和"，他们用"整体"或"全部"创造了一个玄而又玄的东西以解决玄而又玄的东西。③ 埃利亚斯从权力分布的角度出发，阐发了自己的游戏模型。

①　Norbert Elias, "The Genesis of Sport as a Sociological Problem", Norbert Elias, Eric Dunning（eds）, *Quest for Excitement：Sport and Leisure in the Civilizing Process*, Oxford：Basil Blackwell, 1986, p. 146.

②　Eric Dunning, "Introduction", Eric Dunning（ed）, *Sport：Reading from a Sociological Perspective*, London：Frank Cass and Company Limited, 1971, p. 83.

③　[德] 诺贝特·埃利亚斯：《游戏模型》，[德] 斯蒂芬·门内尔、约翰·古德斯布洛姆编《论文明、权力与知识——诺贝特·埃利亚斯文选》，刘佳林译，南京大学出版社 2005 年版，第 110 页。

一 原始竞赛模式

埃利亚斯的游戏模型首先列出了一个看似杂乱无序的"原始竞赛"模式。因为秩序和无序是相对的，从社会学的角度来说不存在绝对无序。"就像在自然界一样，在人群中，绝对的混乱是不可能的。"① 从呈现的结果来看，似乎是一方要剥夺对方的社会功能，甚至要在肉体上消灭对手，但这一模式所表现出的暴力和对手间的相互依赖也是不能忽视的。埃利亚斯指出，"双方一连串的举动只有根据他们相互依赖的内在活力才能得到理解和解释，如果孤立地去看，它们就会变得莫名其妙。这里双方举动上的功能性相互依赖丝毫不亚于规则支配下的冲突或合作的那种相互依赖"②。

二 有规范的交织过程的游戏模型

在权力分布发生变化以后，人际关系网络也随之发生变化，这就会形成有规范的交织过程的游戏模式。大致上可以分为以下几类。

（一）两人游戏

（1）两人游戏中出现了实力上的明显差距。甲方远远胜过乙方，权力比例对甲方十分有利。甲方不仅能够很好地控制乙方，还能够很好地控制游戏。

（2）甲乙双方的实力差距没有那么悬殊。甲方决定游戏过程和结果

---

① ［德］诺贝特·埃利亚斯：《游戏模型》，［德］斯蒂芬·门内尔、约翰·古德斯布洛姆编《论文明、权力与知识——诺贝特·埃利亚斯文选》，刘佳林译，南京大学出版社 2005 年版，第 112 页。

② 同上书，第 115 页。

的能力降低，乙方控制对手的能力提升。那么，双方控制游戏变化形态的机会就减少，双方在举动方面的相互交织推出一场谁也无法计划的游戏过程。

（二）同一水平上的多人游戏

（1）甲方与乙、丙、丁等多人同时进行一场游戏。甲方实力超过其他对手很多，乙、丙、丁等不是联合起来，而是分开参加游戏。游戏的过程没有直接的相互依赖关系。甲方参加的游戏数量增加，他的处境就会不利，对其他几方的优势就会受到影响。

（2）甲方与乙、丙、丁等多人进行游戏，但不是分别展开，而是同时进行，但实力上依然是每个人都弱于甲方。这时可能出现多种格局。一种是乙、丙、丁结盟后相对使甲方的优势削弱，对游戏的控制和计划更加不确定，对结果的预测就更不确定。结盟的弱者一方如果内部没有矛盾，这种组合就是增加权力优势的一个因素。如果内部冲突很大，那么组合就成为增加对手权力优势的一个因素。

（3）两个集团之间的游戏。甲、乙、丙、丁与A、B、C、D之间势均力敌，获胜机会均等。在这种前提下，哪一方都无法对对手施加决定性的影响，都不能自主控制游戏的进程。最终举动相互交织在一起，逐渐形成某种规则。

（三）不同水平上的多人游戏

（1）双层游戏模型：寡头类型。游戏者数量增加导致游戏者压力增大，集团内部发生变化。游戏者在同一层面上一起游戏的集团变成双层。所有游戏者仍然相互依赖，但不再相互游戏。特殊人员接管原来的功能，并协调整个游戏。他们构成二级集团，彼此直接游戏，时而联合时而对抗，但依然与一级集团的游戏者有千丝万缕的联系。一级集团与二级集团间的权力差异很大。只有二级游戏者直接参与到游戏中。在这个双层游戏中，游戏和游戏者的构造已经具有一定的复杂性，任何人都不能利用它的优势来按照自己的目标和意愿左右游戏。他既根据相互依赖的游戏者构成的网络做出举动，他的举动又构成这个网络。网络里既有同盟也有敌人，既有合作也有竞争，形势复杂。而且，这只是双层构造还不是三层、四层或更多。

（2）两层游戏模型：简化的、不断民主化的类型。下层游戏者的力量在与上层游戏者的互动中缓慢稳步增长，两个集团的权力差异缩小，不平等随之缩小，权力平衡就会灵活多变，在两个方向上发生摇摆。随着权力差异缩小，上层游戏者的功能发生变化，导致游戏者也发生变化。所有参与者会觉得，上层游戏者是服务于下层游戏者的。这样，每个单个的游戏者都受到很大的制约，受到他必须同时与游戏者和游戏集团相互依赖的游戏之数量的控制。一个最有天赋的游戏者也不能看透这个规则，游戏者不能控制游戏，因为他们相互依赖，因为交织的网络所固有的紧张和冲突。

游戏模型生动地模拟了从最简单的双人游戏到复杂到极致的游戏类型，实际上正是整个社会变迁的过程。时代的发展和进步让人与人之间的社会关系日趋复杂，游戏向着越发不可控的方向发展。如同埃利亚斯所说，游戏模型能描绘出人类社会这样的整合层次才会出现的那些组织形式的独特性。① 人们以前习惯用直线因果链来解释问题，但事实上情况经常远非直线因果那么简单，需要引入多个变量来阐释。例如我们看

---

① ［德］诺贝特·埃利亚斯：《游戏模型》，［德］斯蒂芬·门内尔、约翰·古德斯布洛姆编《论文明、权力与知识——诺贝特·埃利亚斯文选》，刘佳林译，南京大学出版社2005年版，第126页。

到的 NBA 2014—2015 赛季总决赛，最终勇士队击败了骑士队夺冠，你很难简单地用勇士队比骑士队发挥更好来解释胜负的因果。这个结果可能既是前因的累积，例如勇士队常规赛全联盟第一，基本不受伤病困扰，骑士队季后赛两个系列赛伤了两员大将；也可能是无数种变量发生作用，曾经在第二、三场发挥重大作用的德拉维多瓦遭到严密盯防；勒布朗·詹姆斯筋疲力尽了；裁判的重要判罚出现了争议；甚至有可能是场外的球迷发挥了重要作用。只有将这些微观的变量与宏观的考量相结合，才有可能解释复杂的结果。埃利亚斯的游戏观是一个由简入繁的体系，可以用来解释大量的体育现象。包括从强弱分明的两方对决，到复杂至极的多重力量制衡的结果（2002 年韩日世界杯上，韩国队先后出人意料地淘汰意大利队和西班牙队。FIFA 丑闻事件爆出后，人们意识到决定比赛结果的除了场上表现，还有大量场外因素）。要想建立适当的社会学模型，如果对相互依赖的关系视而不见，是几乎不可能成功的。

第四节　埃利亚斯的体育休闲观

埃利亚斯对于体育休闲的观点也是其体育思想的重要组成部分。为此他和邓宁提出了"空闲时间系统"论。英国学者理查德·朱里亚诺蒂也是埃利亚斯理论的忠实拥趸，他曾经专门论述过埃利亚斯与体育社会学的关系。[①] 他认为，埃利亚斯及其追随者从三个层面对体育与休闲活动进行了主流社会学研究。首先，他们运用体育隐喻来说明人类的型构

---

① Richard Giulianotti, "Civilizing Games: Norbert Elias and the Sociology of Sport", Richard Giulianotti (ed), *Sport and Modern Social Theorists*, New York: Palgrave Macmillan, 2004, pp. 145 – 160.

关系；其次，他们将重心放置在社会相互依赖的关系上，引导人们在看待体育现象时不再拘泥于体育本身；最后，他们把体育置于有偿工作之外的"空闲时间系统"中加以研究。[1]

埃利亚斯和邓宁的"空闲时间系统"理论包含三个层面的意义。第一个层面是空闲时间的常规，其又可以分为两个部分。第一部分是满足个人生理需求和身体常规需求，例如吃喝、睡觉、锻炼、洗浴、与疾病抗争等；第二部分是日常和家庭常规，比如家务劳动、买食品和衣服、准备聚会、处理个人压力、培养子女、照顾宠物等。第二个层面是中介的休闲时间活动，既承担一部分责任，又为人们带来自我满足。包括五个部分的内容。第一部分是主要为别人的私人（非职业）志愿工作，例如参与社会事务、选举和慈善活动等；第二部分是经常与个人无关的私人（非职业）工作，例如继续教育学习、修理电器等技术活动；第三部分是低层次的为个人的私人（非职业）工作，例如业余摄影、集邮等；第四部分是宗教活动；第五部分是社会意义上控制程度低的活动，例如读报纸杂志、看电视新闻等。第三个层面是休闲活动。这个层面可以分为三个部分。第一部分纯粹或主要是社会活动，包括参与婚丧嫁娶和他人晚宴以及参与非正式休闲社区活动，如酒吧聚会、家庭聚会等。第二部分是"模拟"或游戏活动，包括参与足球俱乐部等组织类活动，参与观看足球等观众类活动和参与舞会、登山等低组织模仿类活动。第三部分是去规则化和通常多功能的杂项休闲活动，例如周末旅行、聚餐、日光浴和远足等。[2] 我们权且不论"空闲时间系统"划分的科学性，这个系统是埃利亚斯和邓宁观察社会现象得出的研究结论。他

---

① Richard Giulianotti, *Sport: A Critical Sociology*, Cambridge: Polity, 2005, p. 140.

② Norbert Elias, Eric Dunning, "Leisure in the Spare-time Spectrum", Norbert Elias, Eric Dunning (eds), *Quest for Excitement: Sport and Leisure in the Civilizing Process*, Oxford: Basil Blackwell, 1986, pp. 96 – 98.

们看到了工业社会下，人们的休闲时间逐渐增多，生活环境相对更为宽松，在休闲中寻求愉悦就成了大多数人的必然选择。[1] 这个模拟空间提供了情绪上的唤起，能够给人们带来与日常的非休闲生活截然不同的生活体验。[2]

当然，埃利亚斯体育休闲观的提出有着浓郁的时代背景。如果我们从今天的视角来考察可能有些不合时宜。但在当时，这样的观点无疑是具有创新价值的。

第五节　莱斯特学派对体育社会学研究的影响

在埃利亚斯的带领下，莱斯特大学和同样位于莱斯特郡的拉夫堡大学的社会学学者们开始了对体育社会学的研究，这个传统一直延续至今。莱斯特学派的主要研究点依然是在埃利亚斯创立的型构社会学层面。当然，他们具体的研究领域十分广泛，我们不妨撷取一些来洞察一二。

一　足球流氓和体育观众暴力行为

在研究足球流氓和体育观众暴力行为问题上，莱斯特学派有着其他学派不可比拟的传统优势。就在埃利亚斯和邓宁主编的《追寻愉悦：文明进程中的体育与休闲》一书中，邓宁已经有两篇较为成熟的作品《体

---

① Norbert Elias, Eric Dunning, "The Quest for Excitement in Leisure", Norbert Elias, Eric Dunning（eds）, *Quest for Excitement: Sport and Leisure in the Civilizing Process*, Oxford: Basil Blackwell, 1986, pp. 63 – 90.

② Ibid., p. 124.

育中的社会联系与暴力》① 和《足球比赛中的观众暴力：直面一个社会学解释》②。尤其在后一篇论文中，邓宁、墨菲和威廉姆斯提出了"足球流氓"的概念，并且将其作为一种社会现象展开了较为细致的分析。这种研究其实在20世纪80年代在莱斯特学派中成果颇丰。1985年，约瑟夫·马奎尔这位日后蜚声世界的体育社会学者，在他的导师邓宁的指导下，完成了自己在莱斯特大学的博士学位论文《体面的党派争斗的局限：作为一个社会问题的足球欣赏的出现的一个社会进化调查》。③ 邓宁、墨菲和威廉姆斯出版于1988年的《足球流氓的根源》是在过往研究基础上的集大成。研究发现，英国的足球流氓几乎来自社会的各个阶层和等级，但以工人阶级中较为粗鲁的人群为主，大致占85%左右的比例。他们从小就受到周边大龄少年的影响参与街头斗殴，习惯用身体攻击来确认个性和解决冲突。④ 这实际上可以用埃利亚斯在《什么是社会学》中的"人类相互依赖"⑤ 理论和他与斯科特森的"内部群体与局外群体"⑥ 的观点来加以解释。

当然，有关体育暴力行为的研究，邓宁和谢尔德合著的《野蛮人、

① Eric Dunning, "Social Bonding and Violence in Sport", Norbert Elias, Eric Dunning (eds), *Quest for Excitement: Sport and Leisure in the Civilizing Process*, Oxford: Basil Blackwell, 1986, pp. 224 – 244.

② Eric Dunning, Patrick Murphy, John Williams, "Spectator Violence at Football Matches: Towards a Sociological Explanation", Norbert Elias, Eric Dunning (eds), *Quest for Excitement: Sport and Leisure in the Civilizing Process*, Oxford: Basil Blackwell, 1986, pp. 245 – 266.

③ Joseph Maguire, *The Limits of Decent Patisanship: A Sociogenetic Investigation of the Emergence of Football Spectating as a Social Problem*, Ph. D Dissertation for University of Leicester, 1985.

④ Eric Dunning, Patrick Murphy, John Williams, *The Roots of Football Hooliganism*, London: Routledge, 1988.

⑤ ［德］爱里亚斯：《什麼是社会学》，郑义恺译，群学出版有限公司2007年版，第123—164页。

⑥ Norbert Elias, John Scotson, *The Established and the Outsiders*, Revised Version Dublin: University College Dublin Press, 2008.

绅士和运动员：一个橄榄球足球发展的社会学研究》① 是极具代表性的作品之一。熊欢甚至认为该书是莱斯特学派形成的重要标志。② 这本书以英式橄榄球为例，阐释了橄榄球与足球之间的差异。书中提到的观点主要有更加文明化的团队运动的发展、高水平体育运动的商品化与职业倾向、体育文化的中心化、运动员和观众参与的提升以及足球流氓等。书中，邓宁和谢尔德认为，在商品化日益发达的今天，球员可能为了胜利而使用暴力。这看似与埃利亚斯文明化进程的观点是不符的，但考虑到竞争压力越来越大，对个人的要求越来越高，运动员采取非常规手段来获胜是完全可能的，这与人类早期的表达性暴力不同，这是一种功能性的暴力。

二　体育与全球化研究

埃利亚斯早在 20 世纪 70 年代就已经注意到体育全球化的问题，但他本人对此并没有太多论述。约瑟夫·马奎尔成了这一研究领域的佼佼者。尤其是他在 1999 年出版的专著《环球体育：认同、社会与文明》③ 成为体育全球化研究的重要作品。马奎尔主要探讨的是全球体育的发展以及体育媒介产品在发展过程中起到的作用，当然还有体育全球化进程与民族主义之间的内在联系等。他强调全球化不是简单的世界一体化，他认为这个过程将是一个长期的、波动发展的历史现象。

在这本书之后，有关体育全球化问题的研究得到了前所未有的重视。在短短十多年的时间里，先后有近十本相关的著作问世。

---

① Eric Dunning, Kenneth Sheard, *Barbarians, Gentlemen and Players: A Sociological Study of the Development of Rugby Football*, Oxford: Martin Robertson, 1979.

② 熊欢：《身体、社会与体育——西方社会学理论视角下的体育》，当代中国出版社 2011 年版，第 66 页。

③ Joseph Maguire, *Global Sport: Identities, Societies, Civilisations*, Cambridge: Polity, 1999.

第六节　埃利亚斯体育观对中国体育研究的影响

由于埃利亚斯本人对体育社会学的发展做出了巨大的贡献，他本人的不少观点成了体育社会学，尤其是型构体育社会学的经典理论，因此中国体育学界对埃利亚斯的观点并不陌生。进入 21 世纪以后，中国体育研究开始大量引介埃利亚斯的型构体育社会学的理论。2002 年，刘志民和丁燕华在《对英格兰足球流氓暴力行为产生原因的研究》中就重点推介了埃利亚斯的型构社会学理论。① 尽管埃利亚斯本人并没有直接针对足球流氓的研究，但后期莱斯特学派的研究几乎都受到了埃利亚斯的影响。仇军、钟建伟的《社会学与体育社会学：视域开启与理论溯源》在对西方体育社会学的梳理中重点谈及埃利亚斯和由他创立的过程体育社会学。② 沙红兵对埃利亚斯的体育社会学作品展开了细读，他的《文明化·体育化·净化》③ 和《不为美味　为体育：埃利亚斯笔论英国近代猎狐活动与体育起源》④ 是忠实于埃利亚斯文本的重要解读，这在国内之前的研究中是不多见的。

进入 21 世纪第二个十年之后，国内有关埃利亚斯的研究开始井喷。郭振对埃利亚斯的研究相对系统化。他的《埃利亚斯的过程社会学对体育社会学研究的启示》是国内全面介入埃利亚斯体育社会学的重要入门

---

① 刘志民、丁燕华：《对英格兰足球流氓暴力行为产生原因的研究》，《中国体育科技》2002 年第 2 期。
② 仇军、钟建伟：《社会学与体育社会学：视域开启与理论溯源》，《体育科学》2007 年第 2 期。
③ 沙红兵：《文明化·体育化·净化》，《读书》2008 年第 8 期。
④ 沙红兵：《不为美味　为体育：埃利亚斯笔论英国近代猎狐活动与体育起源》，《博览群书》2008 年第 2 期。

研究。① 此外，他与友添秀则和刘波合作的《埃利亚斯视野下竞技体育的情感研究》将竞技体育中的情感因素通过模仿、铰链、暴力和规则四个层面加以解读。② 陆小聪等对体育实践空间的研究《体育实践空间的社会学研究——理论假设与中国的经验分析》把埃利亚斯的型构社会学作为一个重要的理论基础，与功能主义理论和葛兰西的文化霸权理论相提并论。③ 他们在另一篇论文《体育社会学研究视域的构筑》也在体育社会学的理论取向中特别提到了埃利亚斯和他的型构社会学。④ 旅欧学者熊欢在《论体育现代化》中将埃利亚斯和邓宁的体育社会学理论同韦伯的社会学理论进行了对比，提出不同的体育文化并不是盲目地接受现代化，而是根据自身文化的特点有所调整。⑤ 体育哲学学者高强也多次对埃利亚斯的学说有所涉猎。他在《欧洲中世纪体育之辩——从身体实体论到身体关系论》中对埃利亚斯对古希腊和中世纪欧洲体育暴力的相关阐述展开梳理。⑥ 他的《体育与城市：一个哲学人类学的考察》再次提及埃利亚斯对社会暴力的控制问题，并将其与布尔迪厄的观点并列。⑦ 除此之外，他的《论现代体育之"超越"品格——从身体整体论到身体个人主义》依然涉及埃利亚斯的身体暴力控制问题，对古奥林匹克运动和摔角的考察是这篇论文的一个亮点。⑧

---

① 郭振：《埃利亚斯的过程社会学对体育社会学研究的启示》，《体育学刊》2010 年第 1 期。

② 郭振、［日］友添秀则、刘波：《埃利亚斯视野下竞技体育的情感研究》，《体育学刊》2012 年第 6 期。

③ 陆小聪、曹祖耀、陈静：《体育实践空间的社会学研究——理论假设与中国的经验分析》，《体育科学》2010 年第 8 期。

④ 陆小聪、曹祖耀、张修枫：《体育社会学研究视域的构筑》，《体育科学》2010 年第 11 期。

⑤ 熊欢：《论体育现代化》，《体育文化导刊》2011 年第 11 期。

⑥ 高强：《欧洲中世纪体育之辩——从身体实体论到身体关系论》，《体育与科学》2013 年第 1 期。

⑦ 高强：《体育与城市：一个哲学人类学的考察》，《体育科学》2014 年第 1 期。

⑧ 高强：《论现代体育之"超越"品格——从身体整体论到身体个人主义》，《成都体育学院学报》2014 年第 1 期。

综上所述，国内体育社会学领域对埃利亚斯的体育社会学研究已经不在少数，但涉及的领域只是埃利亚斯体育观的很小一部分。如果我们更加深入地理解埃利亚斯的型构体育社会学、文明化进程与体育化、体育史观、体育休闲观，那么对埃利亚斯理论的理解无疑将更加透彻。这对中国体育研究而言自然是有益处的。

第六章

殖民主义体育理论之缘起：C. L. R. 詹姆斯的体育观

塞利尔·里昂内尔·罗伯特·内罗·詹姆斯（Cyril Lionel Robert Nello James，1901—1989）是 20 世纪著名的社会学家，伟大的思想家之一，被誉为"板球的马克思主义者和抗争殖民主义的冠军"①。1901 年，他出生于特立尼达的图纳普纳，于 1989 年在伦敦病逝。他虽然出生在西印度群岛，但他在青中年时代远赴英国和美国，接触了大量西方文化思想。1932 年他就离开西印度群岛，先后在英国的《曼彻斯特卫报》和《格拉斯哥先驱报》担任板球专栏记者。在 20 世纪 50 年代回到西印度群岛之前，他还在美国生活了 15 年，成为美国社会主义工人党的发言人。虽然他曾受到"麦卡锡主义"的迫害而被捕入狱，但这丝毫不影响他跻身有影响力的政治家行列。20 世纪五六十年代他还成为支持非洲国家独立的战略家。在回到祖国特立尼达之后，他成了埃里克·威廉姆斯博士领导的国民党的主要组织者和党报《国民报》的编辑。詹姆斯在

① Dave Renton, *C. L. R. James: Cricket Philosopher King*, London: HopeRoad Publishing, 2013, p. 2.

晚年还成为撒切尔时代非洲—加勒比地区激进主义的奠基人。如此丰富的人生阅历和缜密的思想体系让他跻身20世纪伟大的社会活动家和理论家行列。澳大利亚学者布莱恩·斯托达特多年来坚持对詹姆斯的研究,他将詹姆斯的经历描述为"受到苏联诞生和灭亡的影响;为斯大林主义所启示;目睹了大英帝国的兴盛和崩塌;经历了冷战时期美国的崛起,遭受了麦卡锡主义的迫害;接近泛非运动的核心;后殖民主义的先驱;在政治核心中设置了文化和板球"①。但这似乎还不够说明他对非洲和拉丁美洲独立运动,以及对社会学诸领域的贡献。斯托达特还认为,詹姆斯因在"令人困惑的人类事件和地理位置领域成了一位真正的主流知识分子和积极分子角色而闻名"②。

詹姆斯的思想深受马克思主义,尤其是20世纪意大利马克思主义思想家安东尼奥·葛兰西的影响,特别是葛兰西思想中体育文化霸权和知识分子观的影响。③用美国学者杰尔维斯·安德森的话来说,詹姆斯的思想和行动结合了"马克思的纯粹主义、列宁的英雄主义、斯大林的极权主义和托洛茨基的修正主义"④。因此,其思想体系也可视为马克思主义体育思想的外延。⑤此外,他的理论还受到了英国文化研究代表人物斯图亚特·霍尔和英国社会学家安东尼·吉登斯的影响,这使得其后期的政治活动和理论研究中充满批判色彩。

---

① Brian Stoddart, "Sport, Colonialism and Struggle: C. L. R. James and Cricket", Richard Giulianotti (ed), *Sport and Modern Social Theorists*, New York: Palgrave MacMillan, 2004, p. 111.

② Brian Stoddart, "C. L. R. James: A Remembrance", *Sociology of Sport Journal*, Vol. 7, No. 1, March 1990.

③ 魏伟:《葛兰西的文化霸权理论对西方体育思想的影响》,《成都体育学院学报》2014年第4期。

④ Jervis Anderson, "Cricket and beyond: The Career of C. L. R. James", *The American Scholar*, Vol. 54, No. 3, July 1985.

⑤ 魏伟:《马克思主义体育观对体育学研究的影响》,《首都体育学院学报》2014年第6期。

詹姆斯对于体育，尤其是板球运动的贡献集中体现在他的著作《超越界限》①中。在这本书中，他以板球为介质，梳理了当代体育史和社会学，构建了一个完整的理论分析系统。英国学者马尔科姆·麦克里恩认为，《超越界限》一书是颠覆性的，它挑战了殖民主义的底线，即赋予黑人以展演的权力。②直到今天，这本初版于1963年的作品仍被认为是理解板球运动历史和社会结构最为深刻的著作之一。更重要的是，这本书带动了体育的后殖民主义研究。在这之后的相关研究几乎都受到这本书的影响。加拿大学者阿伦·梅特卡尔夫认为，詹姆斯的《超越界限》"将历史与文学、叙事学、传记和分析连接在一起，运用了心理学、社会学、人类学和政治科学，把板球置于一个更加广阔的社会语境中，进而提供了一个通过对生物力学、游戏理论和艺术本质的考察来深入理解体育本身的框架结构"③。因此，詹姆斯不仅是一个社会学家，他还是一位社会活动家和历史学家。由于詹姆斯在诸多领域取得的成就，他去世后曾被英国《泰晤士报》誉为"我们这个时代的黑人柏拉图"④。

第一节　《超越界限》的价值和意义

《超越界限》一书是关于西印度群岛人的板球情结的。虽然詹姆斯在很长一段时期里远赴英、美等国家，但西印度群岛却是他"身体上离

---

① Cyril James, *Beyond a Boundary*, Durham: Duke University Press, 1993.

② Malcolm Maclean, "Ambiguity within the Boundary: Re-reading C. L. R. James's Beyond a Boundary", *Journal of Sport History*, Vol. 37, No. 1, March 2010.

③ Alan Metcalfe, "C. L. R. James's Contributions to the History of Sport", *Canadian Journal of History of Sport*, Vol. 8, No. 2, December 1987.

④ Report on Death of C. L. R. James, *Sunday Sun (Barbados)*, 1989 - 06 - 04, p. 3.

开但精神上从未缺席过的地方"①。正如学者萨拉·维尔什指出的，第二次世界大战后加勒比地区的移民浪潮给西印度群岛人的文化和精神生活带来了很大的变化。② 作为从前宗主国英国传来的一项运动，板球成了西印度群岛人民生活的中心。

澳大利亚学者达瑞尔·阿代尔和大卫·洛弗认为，《超越界限》中的"界限"实际上具有双重含义。"对于詹姆斯来说，赛场内的界限约束着黑人球员无法移动；这是一个预兆，他希望赛场外的界限能够挑战黑人在其他领域受到的压迫。"③

《超越界限》一书虽然早在半个多世纪之前就已出版，但书中许多观点至今仍耐人寻味。安德森认为，这本书"不只是板球，对这项运动社会学和心理学的建设超过技术本身……是关于板球作为一种娱乐和美学表达的媒介，是关于板球作为个人和公共道德模板的英国人处事方式和气质的反映"④。学者克里斯·席尔勒甚至认为，《超越界限》"不仅将板球视为人生的隐喻，更是生活本身，一种生存于世上用于面对挑战的方式"⑤。这就让我们不得不从体育社会学、修辞学、体育史学和艺术学方面的价值和意义方面加以探讨。

---

① Grant Farred, "The Maple Man: How Cricket Made a Postcolonial Intellectual", Grant Farred (ed), *Rethinking C. L. R. James*, Oxford: Blackwell Publishers, 1996, pp. 165 – 186.

② Sara Welsh, "(Un) belonging Citizens, Unmapped Territory: Black Immigration and British Identity in the Post-1945 Period", Stuart Murray (ed), *Not on any Map: Essays on Postcoloniality and Cultural Nationalism*, Exeter: University of Exeter Press, 1997, pp. 43 – 66.

③ Daryl Adair, David Rowe, "Beyond Boundaries? 'Race', Ethnicity and Identity in Sport", *International Review for the Sociology of Sport*, Vol. 45, No. 3, August 2010.

④ Jervis Anderson, "Cricket and beyond: The Career of C. L. R. James", *The American Scholar*, Vol. 54, No. 3, July 1985.

⑤ ChrisSearle, "Pitch of Life: Re-reading C. L. R. James' Beyond a Boundary", Ben Carrington, Ian McDonald (eds), 'Race', *Sport and British Society*, London: Routledge, 2001, p. 202.

一　体育社会学方面的意义

如果追溯体育种族主义和殖民主义研究的源头，那么《超越界限》毫无疑问是较早的一本著述。如同美国社会学家道格拉斯·哈特曼所言，这本书告诉人们"体育不只是种族刻板成见和等级制度再现和加强之处，也是可以有效地质疑、挑战和变革的场所"①。提及《超越界限》的体育社会学意义，就不得不引述麦克里恩对这本书价值的洞见。他指出，"《超越界限》建构和再现了一个知情人的历史和西印度群岛特立尼达人的板球政治（尽管按照斯皮瓦克的分析，这并不是一个'纯粹'的附属叙述），故事透过十足的民族志视角来提供狡猾且礼貌的调查"②。由此可见，《超越界限》在方法论上尽管与由爱德华·萨义德、霍米·巴巴和加亚特里·斯皮瓦克等主导的经典后殖民主义研究有较大的差异，但它仍然不失为以民族志视角研究的经典案例。可见，《超越界限》的历史意义是不言而喻的。

詹姆斯在《超越界限》中明确地指出了体育在社会中的重要作用。他在英国和美国期间"越来越意识到我的历史观和我的政治观看上去无法覆盖人类存在的广阔阈限"。他运用了一系列设问句来突出问题。"人类靠什么活着？他们需要什么？历史展现出了他们需要什么吗？那时候的他们需要他们现在需要的吗？……艺术和文化大体上是什么？……"③詹姆斯给出的答案是——体育。根据他的观点，体育是生活的核心。尽

---

① Douglas Hartmann, "What can we Learn from Sport if we Take Sport Seriously as a Racial Force? Lessons from C. L. R. James's Beyond a Boundary", *Ethnic and Racial Studies*, Vol. 26, No. 3, March 2003.

② Malcolm Maclean, "Ambiguity within the Boundary: Re-reading C. L. R. James's Beyond a Boundary", *Journal of Sport History*, Vol. 37, No. 1, March 2010.

③ Cyril James, *Beyond a Boundary*, Durham: Duke University Press, 1993, p. 151.

管可能有人对此提出异议，但在詹姆斯生活的时代和地域，体育，尤其是板球，占据了人们日常生活中的相当大比例的时间。对此，詹姆斯认为，"板球是一项高难度的运动。如果不是的话，它也承担不起它目前承担的社会反响和意义"①。詹姆斯对于体育在社会中重要地位的梳理让人不禁想起南非前总统纳尔逊·曼德拉的名言"体育能够达到任何政治影响都无法企及的领域……体育具有改变世界的力量"②。我们甚至可以逆推，曼德拉的观点不可避免地受到了詹姆斯的影响。

在詹姆斯看来，体育的重要性是它与社会中居于统治地位的社会、经济和政治现实相关联的。他把一些板球历史上响当当的名字列举出来——威尔顿·约翰、乔治·海德利、勒利·康斯坦丁，当然还有格雷斯，他甚至把格雷斯与恺撒和拿破仑相提并论。这些人的存在让板球走向了"舞台中心"。例如，马修·邦德曼"有着糟糕的性格，总的来说是肮脏的。他不愿意工作，他的眼神是凶狠的，他的语言是粗鲁的，他说话的声音很大"③。就是这样一个人在板球场上却变成了另一个人，因为"他能够用球棒击打"。板球似乎给予他神奇的力量，让他能够在不同的世界里书写迥然不同的故事。正是板球将他带到了"舞台中央"。因此，詹姆斯提出，板球是一个表达社会和政治诉求的工具。"板球场是这样一个舞台，一些被精心挑选的个体发挥着他们的代表作用，以彰显自身的社会重要性"④。

在詹姆斯看来，板球成了加勒比地区黑人反抗白人殖民统治的重要工具，是被殖民地区弱势群体的民主文化与政治语言。詹姆斯借用了明

---

① Cyril James, *Beyond a Boundary*, Durham：Duke University Press，1993，p. 34.
② 转引自梁晓龙、鲍明晓、张林《举国体制》，人民体育出版社 2006 年版，前言第 3 页。
③ Cyril James, *Beyond a Boundary*, Durham：Duke University Press，1993，pp. 3 – 4.
④ Ibid. ，p. 66.

星球员莱利·康斯坦丁的话"他们并不比我们优越"①。这很可能是詹姆斯书写《超越界限》一书的核心观点。

　　詹姆斯在此书中的另一大贡献是指出在殖民统治时期，西印度群岛的统治阶级并不仅仅只是来自英国的白人，也包含土生白人和白黑混血人种的上层，后者与英国人对他们的偏见和歧视几乎如出一辙。他指出，"没有外国的帝国主义能够单独统治人民。英国人因此把当地的白人也纳入他们的范畴。后来，随着人民压力的不断滋长，混血人种也被赋予了特权"②。这种社会大环境下的双重压制也呈现在板球赛场上。因此，板球场上的阶级划分就是整个社会的一个缩影。

　　《超越界限》一书的价值不仅仅只在板球这项运动上，事实上它提出了许多超越板球界限的事件和体验。或者说，板球被放置在了文化实践的大背景中。正如詹姆斯在《超越界限》前言中所述："那些只懂得板球的人对板球了解多少？"③ 换句话说，只熟悉板球运动的人是无法真正理解板球运动的。因此，不少对于 20 世纪亚非拉独立运动和加勒比地区的奴隶制度缺乏了解的单纯的板球爱好者在阅读此书时可能会比较困难。例如，在谈到板球比赛的胜负时，詹姆斯不仅仅将其归结于技术和性格，还将其置于更广阔的社会语境中。以詹姆斯的观点来看，"板球永远不会只是抽象或是孤立地存在，它是在具有实际的、具体的个体属性和社会特征的人类中游戏的，特别是在历史语境和特殊路径中"④。

　　当然，《超越界限》一书也突出了詹姆斯为争取黑人在西印度群岛的权力所做出的努力。在这之前，西印度群岛板球队的队长都是由白人

---

① Cyril James, *Beyond a Boundary*, Durham: Duke University Press, 1993, p. 113.

② Ibid., p. 228.

③ Ibid., preface.

④ Douglas Hartmann, "What can we Learn from Sport if we Take Sport Seriously as a Racial Force? Lessons from C. L. R. James's Beyond a Boundary", *Ethnic and Racial Studies*, Vol. 26, No. 3, March 2003.

担任的。但在《超越界限》的结尾，詹姆斯提到，弗兰克·沃瑞尔成了西印度群岛板球队历史上的第一位黑人队长，"西印度群岛人在那一刻找到了进入国民社群的公众路径"①。这就实现了詹姆斯一直期望板球达成的社会功能——为西印度群岛人民带来一个表达社会团结、集体身份认同和群体骄傲的平台，扭转黑人在社会中被日益边缘化及其权利被消解的现实。因此，"西印度群岛板球队和明星球员成了整个社会的符号"②。

与其他学者不同的是，詹姆斯拒绝对体育进行人为的分类。他甚至提出，"分类和专业化，是对人的个性进行区分，是我们这个时代最大的诅咒"③。只要存在分类就难免流于主观，詹姆斯规避体育分类的方式就是将整个运动项目置于一个更大更广阔的公共空间加以考察，在这里"体育被视为一种戏剧式的奇观"④。詹姆斯坚持认为社会不是一个同质的、自我繁殖的系统，而是一个存在社会差异和不公平的场所，其中种族问题是关键。

综上所述，《超越界限》在西印度群岛黑人反抗殖民主义统治层面上做了许多社会学意义上的尝试。詹姆斯的分析无非是想告诉我们，在社会学层面，体育并非独特的品种。它与其他殖民主义文化在形式上没有本质的差别，即使是在阶级含义很明确的前提下。⑤

---

① Cyril James, *Beyond a Boundary*, Durham: Duke University Press, 1993, p. 261.

② Douglas Hartmann, "What can we Learn from Sport if we Take Sport Seriously as a Racial Force? Lessons from C. L. R. James's Beyond a Boundary", *Ethnic and Racial Studies*, Vol. 26, No. 3, March 2003.

③ Cyril James, *Beyond a Boundary*, Durham: Duke University Press, 1993, p. 195.

④ Alan Metcalfe, "C. L. R. James's Contributions to the History of Sport", *Canadian Journal of History of Sport*, Vol. 8, No. 2, December 1987.

⑤ Malcolm Maclean, "Ambiguity within the Boundary: Re-reading C. L. R. James's Beyond a Boundary", *Journal of Sport History*, Vol. 37, No. 1, March 2010.

二 修辞学方面的价值

由于詹姆斯长时间的记者生涯，《超越界限》在文字上相当考究。无论在言语逻辑还是反讽和悖论等修辞学层面都有建树。

首先，书中充斥着辩证逻辑的言语。例如，詹姆斯曾提到，"有两个人住在我这里：一个是反抗所有家庭和学校纪律和秩序的；另一个是清教徒式的，如果违背了游戏的道德规范，那么我宁肯切掉自己的手指"[①]。这一方面展示出他受到马克思主义和葛兰西文化霸权理论影响之下的革命观念；但另一方面又体现出他对体育竞赛规则和秩序的尊重。

詹姆斯在《超越界限》中提到了1932年英格兰对阵澳大利亚队时使用的"体线"（body-line）战术。这是一种挑战传统的运动员精神的战术，其目的是不惜一切代价获得胜利。詹姆斯将其引申到社会背景，他认为过度商业化是现代体育背离传统的运动员精神的根本原因。他指出"体线战术不是事故，而是一种临时畸变。它是我们这个时代板球运动表达自身的暴力和肆虐"[②]。根据詹姆斯的观点，现代篮球比赛中故意制造犯规、造成计时台停表的所谓"砍×战术"也是这种"一切为了胜利"的违背原初的体育道德精神的具体呈现。在社会大背景下解析具体事件，这是贯穿《超越界限》一书始终的精神。

其次，《超越界限》中体现了詹姆斯的反讽能力。根据克莱尔·科尔布鲁克对反讽的定义，反讽包含话语反讽和性格反讽两层含义。[③] 按照爱德华·萨义德的观点，詹姆斯这个集黑人、被殖民者、马克思主义者、古典派和经典教育出身并将自身定义为不列颠人的复杂身份认同者

---

① Cyril James, *Beyond a Boundary*, Durham：Duke University Press, 1993, p. 28.

② Ibid. , p. 188.

③ Claire Colebrook, *Irony：The New Critical Idiom*, London：Routledge, 2004, p. 6.

也许高效运用了苏格拉底视角来阅读经典，这便成了一种性格反讽。①
因此，詹姆斯的传记作者保罗·布赫勒提出，"詹姆斯通过大量阅读西
方文明、《圣经》、莎士比亚经典和 19 世纪经典小说将自己认知为艺术
家。但他从加勒比的环境中也直观地感受到，围绕着伴随'宗主种族'
自恋展现出的无力回天的人性的片面性"②。由此不难理解，詹姆斯的反
讽性格也影响到他对现实社会的认知和无奈，当然这也影响到他的文字
创作。因此，在《超越界限》中出现的不少反讽话语就不难理解了。

　　最后，《超越界限》体现出詹姆斯悖论式的体育思想。用哈特曼的
话来说，就是"体育倾向于跳出有关人类生活意义的历史书、政治小册
子和哲学论文的范畴……作为一种社会形式，体育既严肃又非严肃地存
在；有时呈现为琐碎小事、无关紧要但有时又具有沉重和深刻的意
义"③。这种悖论在有关体育的论述中也时有出现。例如，人们经常会同
时听到"体育应该远离政治"和"体育就是政治"的论调。这种悖论式
的观点并不诉诸同层元语言，因此在逻辑上都是成立的。

三　体育史学方面的意义

　　《超越界限》被不少体育史学家认为是研究 20 世纪大英帝国衰落和
非洲及拉美国家独立运动时期体育发展的重要文献。詹姆斯在书中梳理
了英国对于西印度群岛人民生活和社会秩序无处不在的影响。更为重要
的是，詹姆斯的历史观源于他的亲身经历，尤其是他对西印度群岛、英

---

① Edward Said, "C. L. R. James: The Artist as Revolutionary", *New Left Review*, Vol. 175, July 1989.

② Paul Buhle, *C. L. R. James: The Artist as Revolutionary*, London: Verso, 1988, p. 2.

③ Douglas Hartmann, "What can we Learn from Sport if we Take Sport Seriously as a Racial Force? Lessons from C. L. R. James's Beyond a Boundary", *Ethnic and Racial Studies*, Vol. 26, No. 3, March 2003.

国和美国工人阶级社会的考察。这种亲身体验带来的历史观是直接有力的。

例如，他在描述英国历史上最伟大的板球运动员之一——W. G. 格雷斯的三章中分别运用了叙事学、传记、心理学、文献资料法等途径或方法。他把格雷斯放置在英格兰统治地位的社会、经济和政治条件下加以考察。这在他之前的体育史研究中是不多见的。"我不能够再接受在一本有关英国史的书中没有 W. G. 格雷斯适当位置的价值系统了。尽管当代宣传的途径和方式得到了强化，但他在英国人民的历史记忆和所有与西方文明有密切联系的人当中依然能够名列前茅。那些描述英国社会而没有提到他的人，包括我自己，都挖了一条又深又宽的鸿沟。"① 因此，对于詹姆斯而言，他的一项重要工作就是架起一座"桥梁"，凸显经常被英国史学家遗忘的板球历史，或者说是体育史。因此，在提到乔治·海德利这位西印度群岛著名的击球手时，詹姆斯坦言"将一个伟大的击球手作为一种人类特殊种类的临床研究，不管是心理上的还是生理上的，将成为我的候选之一。至少我不知道有人做过这样的尝试"②。

《超越界限》一书记录了西印度群岛人们承受了英国人的长期殖民统治后的自我觉醒。到了 20 世纪 50 年代后期，在西印度群岛与来访的英格兰、澳大利亚或是印度队的测试赛中，在场边观赛的黑人观众已经无法容忍一支主要由黑人组成的球队长期由白人来担任队长。詹姆斯认为这支球队不能够代表西印度群岛的"黑人性"，观众表达的是当时蛰伏的社会阶层的权利诉求。③ 他们时常向场内投掷石块和瓶子，致使比赛经常中断。这也是西印度群岛摆脱英国殖民统治的重要导火索。可以

---

① Cyril James, *Beyond a Boundary*, Durham：Duke University Press, 1993, p. 159.

② Ibid. , p. 143.

③ Nicole King, *C. L. R. James and Creolization*：*Circles of Influence*, Jackson：University Press of Mississippi, 2011, p. 4.

说，西印度群岛的当代发展史在很大程度上是与本地区的板球发展史同步的，这在近现代体育史上也不是绝无仅有的。因此，如同詹姆斯所言，体育在融入国民社会中发挥了并且还将发挥重要的作用，这是最迫切的需求之一。①

詹姆斯深刻地感受到了当时板球（和足球）在英国主流社会中不受重视的地位，这才有了他在《超越界限》中对别人提出的问题的回答："如果你问我板球在我总的社会活动中的地位，我会毫不犹豫地将它置于榜单的底部。我相信并且希望证实板球和足球在 19 世纪的英国具有最大的文化影响力，远远超过滕尼逊的诗歌、贝尔兹利的画作和爱乐乐团的交响乐。这些只占据了印刷品的空间而没有占据我的心灵。"② 综上所述，詹姆斯在《超越界限》中对于板球（体育）的论述是体育史发展中的重要题材。因此，他也被认为是当代体育发展史上的关键人物。

梅特卡尔夫认为，詹姆斯在《超越界限》中有关历史的全部观点，超越了传统的界限，你几乎很难对这种写作方式进行分类。作为一个具有古希腊经典理论储备和出众的写作能力的作家、记者，这部作品部分带来的"超文学"之感并不令人感到惊讶。③

四 艺术学方面的价值

梅特卡尔夫还认为，"《超越界限》是一个真正的文艺复兴者的作品"④。詹姆斯提出体育、艺术、文学、政治、经济和生活本身是密不可分的。这就是所谓的"全域"思想。詹姆斯的"全域"思想自然而然地

---

① Cyril James, *Beyond a Boundary*, Durham: Duke University Press, 1993, p. 252.

② Ibid., p. 64.

③ Alan Metcalfe, "C. L. R. James's Contributions to the History of Sport", *Canadian Journal of History of Sport*, Vol. 8, No. 2, December 1987.

④ Ibid..

渗透到了艺术领域。在《超越界限》中，詹姆斯用了一章的篇幅来探讨"体育只是单纯的娱乐还是一种艺术？"① 根据詹姆斯的观点，体育就是一种艺术。"板球首先是一种戏剧性的奇观，它与剧院、芭蕾舞、格局和舞蹈相伴"②。

詹姆斯进而谈到，"表面上看所有的竞赛都是戏剧性的。两个人拳击或者赛跑能够呈现出技巧、勇气、耐力和运气的急剧转换，能够激起希望和恐惧，能够用欢笑和泪水、遗憾和恐惧来震撼心灵"③。凡此种种都表明体育与艺术的同源性。正如詹姆斯提出的类比："希腊的流行民主是坐在太阳下数天来欣赏《奥瑞斯提亚》；时下的流行民主同样也是端坐，欣赏激烈的板球赛事——都是在各自的道路上抓住更完整的人类存在感。"④

无独有偶，符号学家赵毅衡提出了"演示类叙述"的概念，指出戏剧、仪式、歌唱、演奏和口述等表演型叙述和体育赛事的竞赛型叙述都隶属于演示类叙述的概念。⑤ 魏伟在《叙述公正与叙述惊喜：竞赛型演示叙述研究》中厘清了竞赛型演示叙述的特征。⑥ 在谈到板球比赛的结果时，詹姆斯使用了"光荣的不确定性"⑦ 来强调比赛的不可预测，这与魏伟提出的"即兴带来的叙述内部张力"中的"即兴幅度"不谋而合。虽然竞赛型演示叙述与表演型叙述在诸多层面存在差异，但二者的共同点也是不容忽视的。因此，詹姆斯对于体育是一门艺术的分析是颇具前瞻性的。

---

① Cyril James, *Beyond a Boundary*, Durham：Duke University Press, 1993, p. 195.

② Ibid. , p. 196.

③ Ibid. .

④ Ibid. , p. 211.

⑤ 赵毅衡：《广义叙述学》，四川大学出版社 2013 年版，第 41 页。

⑥ 魏伟：《叙述公正与叙述惊喜：竞赛型演示叙述研究》，《符号与传媒》2015 年第 1 期。

⑦ Cyril James, *Beyond a Boundary*, Durham：Duke University Press, 1993, p. 197.

五　性别主义层面的缺陷

《超越界限》虽然被誉为了解板球运动最理想的入门书目，但这本书本身并非没有缺陷。囿于时代，詹姆斯在撰写此书时显然带有比较明显的性别不公。女性在这本书中几乎没有被提及，在篇幅极小的阐释中提到的都是一些极具权力的女性。因此，斯托达特认为该书"是对板球是男人世界的深刻解构"①。事实上，板球运动在英联邦地区日益兴盛，却始终与女性缺乏关联。女性无论在参与还是作为观众欣赏方面，都跟男性的狂热形成了鲜明的对比。

第二节　詹姆斯的体育观对西方体育社会学研究的影响

在詹姆斯的《超越界限》一书问世之后，西方体育社会学者便开始了50多年的研究。这部经典被置于不同的语境下反复解读。当然，詹姆斯对于体育的贡献并不只限于《超越界限》一书。他在其他作品中也不乏对体育，尤其是板球的论述。例如在《板球》一书中，他提出"作为书写形态的历史部分的板球也是历史的一部分"②。他的另一部力作《黑色雅各宾人：杜桑·卢维杜尔与圣多明戈革命》叙述了一位共和革命者在18世纪90年代带领圣多明戈人民推翻法国殖民统治建立海地政权的故事。③《西印度群岛人民自治事件》几乎运用同样的方法来叙述西

---

①　Brian Stoddart, "Sport, Colonialism and Struggle: C. L. R. James and Cricket", Richard Giulianotti (ed), *Sport and Modern Social Theorists*, New York: Palgrave MacMillan, 2004, p. 113.

②　Cyril James, *Cricket*, London: Allison & Busby, 1989, p. xi.

③　Cyril James, *Black Jacobins: Toussaint L'ouverture and the San Domingo Revolution*, Haiti: Dual Press, 1938.

印度群岛人民尝试颠覆英国统治者的故事。①《黑人起义史》梳理了世界范围内风起云涌的黑人反殖民统治的抗争。② 这些论著为理解非洲和拉丁美洲黑人争取民族独立、反抗殖民统治提供了丰富的背景资料。

　　詹姆斯为西方体育社会学研究带来了一个理想模板和经典范式，后续的研究可以沿着詹姆斯构建的框架向前推进。南非学者古拉姆·瓦赫德在分析 1990—2000 年南非板球的演变时就以詹姆斯的研究作为起点，勾勒了后种族隔离制度下南非板球的发展。③ 美国康奈尔大学的南非裔学者格兰特·法理德在探讨印度电影的后殖民主义时也引用了詹姆斯有关板球的论述。④ 在他看来，詹姆斯的这一经典范式在后殖民文化研究中几乎是无法绕过的。英国学者杰拉德·格里格斯在研究西印度群岛板球队由盛而衰的演进时也颇为自然地从詹姆斯构建的框架开始，⑤ 他的研究提供了理解詹姆斯范式的另一种版本。英国学者约瑟夫·马奎尔和大卫·斯梯德在论述板球移民的身份认同问题时把詹姆斯范式作为一种重要的研究工具，⑥ 这在体育文化霸权研究中是比较经典的。台湾学者Sumei Wang 在论述日本棒球在殖民时期对台湾的影响时，与詹姆斯在《超越界限》中谈及的英国板球对西印度群岛的影响进行了类比。⑦ 也就是说，詹姆斯的理论体系是该研究的起点。英国学者托马斯·弗莱彻在

　　① Cyril James, *The Case for West Indian Self Government*, London：Hogarth Press, 1933.

　　② Cyril James, *A History of the Negro Revolt*, London：Fact Ltd., 1938.

　　③ Goolam Vahed, "'What do They Know of Cricket who only Cricket Know?' Transformation in South Africa Cricket, 1990 – 2000", *International Review for the Sociology of Sport*, Vol. 36, No. 3, September 2001.

　　④ Grant Farred, "The Double Temporality of Lagaan：Cultural Struggle and Postcolonialism", *Journal of Sport & Social Issues*, Vol. 28, No. 2, May 2004.

　　⑤ Gerald Griggs, "Calypso to Collapso：The Decline of the West Indies as a Cricketing Super Power", *Journal of Sport & Social Issues*, Vol. 30, No. 3, August 2006.

　　⑥ Joseph Maguire, David Stead, "Far Pavilions? Cricket Migrants, Foreign Sojourns and Contested Identities", *International Review for the Sociology of Sport*, Vol. 31, No. 1, March 1996.

　　⑦ Sumei Wang, "Taiwanese Baseball：A Story of Entangled Colonialism, Class, Ethnicity, and Nationalism", *Journal of Sport & Social Issues*, Vol. 33, No. 4, November 2009.

探讨英籍亚裔人混杂的身份认同与板球的关联时，也将詹姆斯提出的"英国人"与大英帝国的帝国主义和殖民主义结合起来，他指出"板球在殖民者和被殖民者之间的反殖民斗争中占据了核心地位"①。

但是，我们也要注意到，尽管詹姆斯的《超越界限》赢得了广泛的认同，但西方主流学界却刻意保持着与它的距离。英国体育文化学者阿伦·汤姆林森指出，不少作者认识到了詹姆斯有关板球在文化政治方面的重要性，但主流的历史和政治研究却少有问津。体育作为一种文化政治形式仍然是肤浅的。② 不仅如此，还有不少学者对詹姆斯的研究提出了批判。在《历史观Ⅰ》中，采访者在对詹姆斯进行了两次采访后得出的结论是詹姆斯与对他的理论影响很大的葛兰西的命运相似，他们都受到抽离于社会背景的影响，也许他不分青红皂白地不恰当地搁置了政治问题。③ 哈特曼对该书既有褒扬之词，也不乏批判之笔。他指出，《超越界限》是一部密集但很个体化的叙述，只有第 12 章和第 16 章是明确的理论，其中一章还只有令人着急的 7 页……想找到可以引用的独特视角和有深度的语句都是困难的。④ 而且，他还指出詹姆斯"漏掉了体育是如何与自身陈述的理念相关，能够成为一个种族排斥和偏见的场所；他没有关注能够加强而不是抵抗统治性的种族差异文化观念，能够神秘化甚至使更深层的种族等级制度和不平等的社会资源合法化的体育的媒介

---

① Thomas Fletcher, "Why do 'They' Cheer for?" Cricket, Diaspora, Hybridity and Divided Loyalties amongst British Asians, *International Review for the Sociology of Sport*, Vol. 47, No. 5, October 2012.

② Alan Tomlinson, "Lord, Don't Stop the Carnival: Trinidad and Tobago at the 2006 FIFA World Cup", *Journal of Sport & Social Issues*, Vol. 31, No. 3, August 2007.

③ MARHO, *Vision of History I*, Manchester: Manchester University Press, 1983, pp. 263 – 278.

④ Douglas Hartmann, "What can we Learn from Sport if we Take Sport Seriously as a Racial Force? Lessons from C. L. R. James's Beyond a Boundary", *Ethnic and Racial Studies*, Vol. 26, No. 3, March 2003.

化和商品化形式……"① 这可能是西方主流思想对于詹姆斯等前殖民地区思想家和社会革命家具有共识性的认知。

第三节　后殖民主义体育理论的发展

《超越界限》问世之后，后殖民主义体育思想得到了充分的发展。该书建构的批判分析理论框架几乎成了之后研究的理论起点。正如英国学者理查德·朱里亚诺蒂的观点，"在体育领域，亚非拉人民的身份认同在击败了板球界的老牌殖民主义统治者英国以后都会得到重大的提升"②。

有意思的是，詹姆斯的《超越界限》出版以后，西印度群岛板球队就逐渐开始了称霸世界板球界的征程。自从西印度群岛于 1962 年独立之后，板球就成为后殖民主义文化中被"标出"的符号。西印度群岛队在 20 世纪七八十年代横扫板球传统豪强，尤其是在与英格兰队的所有测试赛中保持全胜。维弗·理查兹等球员更是成为后殖民斗争中黑人的英雄符号。

与西印度群岛板球队取得的辉煌成就相对应的是，英格兰板球界和媒体却持续贬低西印度群岛队取得的成绩，他们总在暗示西印度群岛队使用了 4 名快速的投球手，这背离了板球运动的传统。他们甚至还禁止非洲和加勒比地区的球迷在英格兰土地上的嘉年华文化。③ 这从另一个侧面证实了英国板球界根深蒂固的殖民主义思想。

---

① Douglas Hartmann, "What can we Learn from Sport if we Take Sport Seriously as a Racial Force? Lessons from C. L. R. James's Beyond a Boundary", *Ethnic and Racial Studies*, Vol. 26, No. 3, March 2003.

② Richard Giulianotti, *Sport: A Critical Sociology*, Cambridge: Polity Press, 2005, p. 71.

③ Jack Williams, *Cricket and Race*, Oxford: Berg, 2001, pp. 131 - 134.

后殖民主义研究的几位资深学者的理论中也不乏与体育相关的题材。霍米·巴巴从自己复杂的身份认同出发，提出了"混杂性"（hybridization）的问题，这个问题出现在殖民国家和被殖民国家在权力的博弈上。① 印度的断裂性殖民地和后殖民地经验创造了一种新式的生命，它没有消除文化差异，而是容许许多不同的文化群体和族群共居一个混杂的多民族空间。② 在今天的欧洲顶级足球联赛和美国的 NBA 等职业联赛中，不同国家、不同民族、不同肤色的球员共同作战已经成为常态．在中超和 CBA 等国内赛场上，混杂性的问题也司空见惯，尤其是在"亚洲外援"这一问题上。因此这种混杂性的问题在体育社会学中很具现实意义。此外，巴巴提出的"模拟"（mimicry）的概念，"用一种合金的形式使用殖民者的语言，目的是使外来强加的主导性意识形态偏转改道"③。这是后殖民理论中的一个核心概念。因为被殖民主体在"模仿"殖民者时，从来不是完全复制或简单再现，而是对殖民者"面目全非的拷贝"。

萨义德在著名的《东方学》中指出，可以将东方学描述为通过做出与东方有关的陈述，对有关东方的观点进行权威裁断，对东方进行描述、教授、殖民、统治等方式来处理东方的一种机制。简言之，将东方学视为西方用以控制、重建和君临东方的一种方式。④ 在这里，东方泛指曾经被殖民统治的区域，包括非洲、拉丁美洲等国家和地区。萨义德

---

① Homi Bhabha, *The Location of Culture*, Abinton：Routledge, 2005, p. 158.

② Homi Bhabha, "Life at the Border：Hybrid Identities of the Present", *New Perspective Quarterly*, Vol. 14, No. 1, January 1997.

③ Homi Bhabha, "Art and National Identity：A Critics Symposium", *Art in America*, Vol. 79, No. 9, September 1991.

④ ［美］爱德华·萨义德：《东方学》，王宇根译，生活·读书·新知三联书店1999年版，第4页。

还在《文化与帝国主义》中指出了前殖民地"抵抗文化"① 的概念，这些都可以用作后殖民体育研究的方法。

英国学者约翰·贝尔和麦克·克罗宁编纂了第一本有关后殖民主义体育研究的论文集《体育与后殖民主义》。在这本书的序言部分，他们提出后殖民体育研究领域应当包含：（1）强调殖民者与被殖民者之间的殖民关系；（2）提供传统殖民智慧和主导性意义的替代阅读；（3）展示带有重写殖民文本的"后殖民主义理论"；（4）大体上在殖民主义时期和之后在文本中展示对殖民统治的抵抗意识；（5）在找寻"殖民主义话语的自尊、矛盾和模糊中"体现一种意愿。② 不仅如此，他们还将后殖民体育划分为7种类型：（1）殖民之前就有的身体文化却从来没有被体育化的项目，例如卢旺达"跳高"；（2）转型为现代体育的土著身体文化，如长曲棍球；（3）早期殖民者"发明"的身体文化，如美国的棒球、篮球；（4）早期殖民者改造为独特"民族运动"的殖民体育项目，如盖尔式足球和澳式橄榄球；（5）帝国传播的体育，规则在殖民地没有变化，如足球、板球；（6）早期被殖民者引入，但同时拥有当地地域特点的体育项目，如巴西足球、肯尼亚长跑；（7）混杂的体育项目，如特立尼达板球。③ 这实际上为后续的后殖民主义体育研究提供了较为清晰的研究内容和研究范式。自此，后殖民主义体育研究成为体育社会学研究的重要部分，越来越多的体育人文社会学者加入后殖民主义体育研究的行列中来。

---

① ［美］爱德华·萨义德：《文化与帝国主义》，李琨译，生活·读书·新知三联书店2003年版，第298页。

② John Bale, Mike Cronin, "Introduction: Sport and postcolonialism", John Bale, Mike Cronin（eds），*Sport and Postcolonialism*，Oxford：Berg, 2003, p. 7.

③ Ibid. , p. 4.

第四节 后殖民主义体育理论对中国体育研究的影响

值得注意的是，国内从事体育后殖民主义研究的学者寥寥无几，相关期刊和学术会议论文屈指可数。张道荣、沈雪峰的《后殖民语境下中国乒乓球运动开展的殖民现代性研究》是为数不多的研究之一，[①] 但失于浅尝辄止，没有对中国的后殖民主义体育进行深入的论述。旅澳学者凡红和旅欧学者吕周翔在《中国的体育与民族主义》[②] 和《当代中国体育的政治化：共产主义与冠军》[③] 等著述中谈到了中国体育的后殖民主义。更为直接的论述来自台湾学者 Dong-Jhy Hwang 和英国学者格兰特·贾维。他们对中国体育的后殖民主义有过较为深入的思考，他们对美国籍中国体育问题研究专家苏珊·布朗内尔的研究提出批判，认为布朗内尔虽然深谙中国国情和中国体育事务，但她的研究仍然是典型的西方视角，运用的是西方研究主导的话语分析方式，仍然带有一定的后殖民主义色彩。[④] 他们后来还对北京奥运会的民族主义和后殖民主义问题有过著述。[⑤] 颇具反讽意味的是，他们的研究也不可避免地带有西方视角，部分观点值得商榷。

---

① 张道荣、沈雪峰：《后殖民语境下中国乒乓球运动开展的殖民现代性研究》，中国大学生田径协会 2012 国际体育科学与学校体育学术会议论文集。

② Lu Zhouxiang, Fan Hong, *Sport and Nationalism in China*, New York：Routledge, 2014.

③ Fan Hong, Lu Zhouxiang, *The Politicisation of Sport in Modern China*：Communists and Champions, London：Routledge, 2013.

④ Dong-jhy Hwang, Grant Jarvie, "Sport, Postcolonialism and Modern China：Some Preliminary Thoughts", John Bale, Mike Cronin（eds）, *Sport and Postcolonialism*, Oxford：Berg, 2003, pp. 82 – 83.

⑤ Grant Jarvie, Dong-jhy Hwang, Mel Brennan, *Sport, Revolution and Beijing Olympics*, Oxford：Berg, 2008.

事实上，国内具有从事后殖民主义体育研究的肥沃土壤和学术积淀，不少城市和地区的体育发展都曾受到外国殖民者的影响。譬如，英国对于香港赛马和诸多运动项目的影响，日本对于台湾棒球的影响，德国对于青岛足球的影响，英、美等西方国家体育运动在天津、上海、广州等近代国内早期通商城市的植入；等等。更为重要的是，今天美国NBA、欧洲足球联赛、职业网球等舶来体育文化对于本土体育文化的席卷之势，都可以运用后殖民主义体育理论加以剖析。因此可以说，国内有关后殖民主义体育的研究才刚刚起步。

第七章

否定辩证与底托邦世界：特奥多·阿多诺的
体育观

特奥多·路德维希·维森格伦特 – 阿多诺，1938 年在流亡美国时改
名为特奥多·阿多诺（Theodor Adorno，1903—1969），也被译为阿道尔
诺、阿多尔诺，是 20 世纪德国最著名的思想家之一，被誉为贵族精英
的最高典范。[①] 阿多诺是一位哲学家、社会学家、音乐学家、音乐批评
家、文学家，还是一个作曲家。[②] 澳大利亚文化学者大卫·洛弗将阿多
诺称为"左派的列维斯"[③]（列维斯是 20 世纪英国著名的文学评论家）。
阿多诺出生于德国法兰克福，是家里的独子。他的母亲和姨妈都是音乐
家，这使他在年少时就得以发挥在音乐方面的天赋。在进入法兰克福大
学以后他学习哲学、社会学、音乐和心理学。大学期间他结识了马克斯
·霍克海默和沃尔特·本雅明，后者深刻地影响了他的学术之路，霍克

---

① David Inglis, "Theodor Adorno on Sport: The Jeu D'Esprit of Despair", Richard Giulianotti
(ed), *Sport and Modern Social Theorists*, New York: Palgrave Macmillan, 2004, p. 81.
② Ross Wilson, *Theodor Adorno*, Abingdon: Routledge, 2007, p. 1.
③ David Rowe, *Popular Culture: Rock Music, Sport and the Politics of Pleasure*, London:
Sage, 1995, p. 20.

海默后来成为法兰克福社会研究所的所长，是社会批判理论的奠基人。
1927 年，他们一起加盟法兰克福大学，这就是日后举世闻名的法兰克福
学派的前身。德国学者罗尔夫·魏格豪斯认为，第一代法兰克福学派的
代表人物就是阿多诺、霍克海默、赫伯特·马尔库塞和埃里希·弗洛
姆。① 霍克海默在第一代法兰克福学派中的领袖地位有利于阿多诺在对
"权力的抵触中保护自己"。但后来阿多诺的声望逐渐超过了霍克海默，
尤其是他在艺术、文学和哲学方面的成就。② 由于阿多诺出身犹太家庭，
在纳粹时期，他与一批德国同僚被迫流亡美国。11 年后他们重返德国，
将批判社会的研究重新带回法兰克福。阿多诺以自己渊博的学识和深广
的研究，揭示并深化了马克思主义所面临的一系列新的课题。他一生都
在毫不妥协地对晚期资本主义进行批判，最终却在他的论敌的羞辱中悲
剧性地死去。③

　　阿多诺的思想体系大致包括马克思主义、美学现代主义、上流文化
保守主义、犹太情感和结构主义。他的哲学思想受德国思想家康德、黑
格尔和马克思的影响很大。但他认为无论是黑格尔的社会模式，还是马
克思的社会主义意识都已经过时。因此他不断地对黑格尔和马克思的哲
学思想展开批判。④ 阿多诺对康德的道德哲学的批判也是长时间和不遗
余力的。⑤ 阿多诺最为世人所熟知的学术著作是他的《否定的辩证法》
和《美学理论》。他与霍克海默合著的《启蒙辩证法：哲学断片》是法

---

① ［德］罗尔夫·魏格豪斯：《法兰克福学派：历史、理论及政治影响》，孟登迎、刘凯
译，上海人民出版社 2010 年版。
② ［瑞士］埃米尔·瓦尔特－布什：《法兰克福学派史：评判理论与政治》，郭力译，社
会科学文献出版社 2014 年版，第 179 页。
③ ［美］马丁·杰：《法兰克福学派的宗师——阿道尔诺》，胡湘译，湖南人民出版社
1988 年版，译者前言第 3 页。
④ ［德］格尔哈特·施威蓬豪依塞尔：《阿多诺》，鲁路译，中国人民大学出版社 2008 年
版，第 37 页。
⑤ ［德］T. W. 阿多诺：《道德哲学的问题》，谢地坤、王彤译，人民出版社 2007 年版。

兰克福学派的代表作品之一，这部传世之作写就于第二次世界大战期间，阿多诺和霍克海默在面对"工具理性"的崛起和终极胜利时，展示出个性化和自由的解构方式。① 当然，他的《文化工业：大众文化论文选》当中有不少他对当代大众文化的理解和批判，其中有一部分是直接针对当代体育的。② 他的《棱镜》中也有部分对韦伯伦的《休闲阶层理论》的批判，其中论述了当代体育发展的一些问题。③ 除此之外，阿多诺的著作《最低限度的道德：对受害生活之反思》《权力主义人格》和《文学笔记》成了后人研究他的理论思想的重要作品。尤其是前者出版后的六个月内，便在联邦德国媒体中获得 60 次评论，他一跃成为当时联邦德国的头号知识分子评论家。④ 在他返回联邦德国以后，他先后参加了 150 多次电台节目，并在主流报纸和期刊上发表了大量文章。⑤ 这些都成为后人研究阿多诺思想的重要依据。

阿多诺的哲学思想有时显得孤僻而高傲，对此他的解释是："真正的思想是那些不被人理解的东西。"⑥ 阿多诺不仅有很多学术思想影响了体育研究，他本人还有不少零散的关于体育的论述。乍看起来，他对于体育的态度似乎是以批判为主，而且绝大多数指向对资本主义体育制度持奉承态度的体育人。因此很多西方学者便有了对阿多诺体育观的直观

---

① David Inglis, "Theodor Adorno on Sport: The Jeu D'Esprit of Despair", Richard Giulianotti (ed), *Sport and Modern Social Theorists*, New York: Palgrave Macmillan, 2004, p. 83.

② Theodor Adorno, *The Culture Industry: Selected Essays on Mass Culture*, London: Routledge, 2005.

③ Theodor Adorno, *Prisms*, Translated by Samuel Weber, Shierry Weber, Cambridge: MIT Press, 1983.

④ ［瑞士］埃米尔·瓦尔特－布什:《法兰克福学派史：评判理论与政治》，郭力译，社会科学文献出版社 2014 年版，第 190 页。

⑤ Tom Huhn, "Introduction: Thoughts beside Themselves", Tom Huhn (ed), *The Cambridge Companion to Adorno*, Cambridge: Cambridge University Press, 2004, p. 3.

⑥ Theodor Adorno, *Minima Moralia: Reflections on a Damaged Life*, Translated by E. F. N. Jephcott, London: Verso, 2005, p. 192.

印象：他应该是一个粗暴的和反动的文化保守主义者。但如果对他的理论，尤其是有关体育的著述有深入的研读和理解，就会发现他的体育观并非表面那么简单，相反有着丰富的内涵。

第一节　阿多诺的否定辩证法思想

阿多诺晚年学术成就的精华都呈现在他的著作《否定的辩证法》中。这部著作是极其晦涩的作品。晦涩的原因在于阿多诺一方面力图使这部著作保持一种理论论争的风格，大量使用他的批判对象康德、黑格尔、海德格尔的抽象术语而不加以解释；另一方面出于反体系、反逻辑的需要，他故意使该书的论点模糊，显得缺乏形式，保持一种散文式结构。但该书的晦涩文风和混乱形式正好体现了他对哲学体系的否定和破坏精神。因此，《否定的辩证法》充分表达了阿多诺的基本哲学思想。①

阿多诺在《否定的辩证法》中一开篇就提出，"从一开始，辩证法的名称就意味着客体不会一点不落地完全进入客体的概念中，客体是同传统的充足理由互相矛盾的"②。这一观点表明辩证法并不是一种单纯的立场，更不是为了否定而否定。

阿多诺提出了批判肯定的否定。他指出，"被否定的东西直到消失之时都是否定的……用同一性来平息辩证矛盾、平息不能解决的非同一物的表现就是忽视辩证矛盾所意指的东西"③。这一观点相当抽象，但却是对黑格尔否定思想的"彻底决裂"，就是要将辩证法拓宽成总体来消

---

① ［德］阿多尔诺：《否定的辩证法》，张峰译，重庆出版社 1993 年版，中译本序第 3 页。
② 同上书，第 3 页。
③ 同上书，第 157 页。

除辩证法。他进而提出了主客体辩证法的概念。"主体和客体的两极性可以表现为一切辩证法都在其中发生的非辩证结构。但这两个概念是作为结果而产生的反思范畴，是表示一种不可调和性的公式……主体和客体之间的差别不能被简单地否定。它们既不是一种终极的二元性，也不是一道掩盖终极同一性的屏幕。二者互相构成，就像它们由于这种构成而互相分离一样。"① 事实上，有关主体与客体之间的关系，阿多诺在《主体与客体》一文中有更清晰的表达。"主体与客体的分离既是真实的又是虚假的。说是真实的，因为这两种分离在认识领域表现了实在的分离，表现了人的状况的二分法，表现了一种强制的发展。说是虚假的，因为这种逐渐形成的分离不能看成是实体化的，不能神奇地把它变成一成不变的东西。"② 这就是阿多诺有关主体与客体关系的精辟阐释。

阿多诺在《否定的辩证法》的最后，提出了对辩证法的自我反思，这实际上是他的批判哲学思想的精髓。"辩证法是对客观的装饰性关联的自我意识，它并不意味着逃避这种关联。它的客观目标是从内部破除这种关联，这种破除所需要的力量对辩证法来说是从内在性关联中成长起来的。"③ 因此，否定的辩证法其实是一种不断反思、不断批判的哲学思维方式。"思想中的需要是使人们思考的东西。它要求自己被思想所否定。如果它想真正得到满足的话，它必须消失在思想中。它在这种否定中幸存下来。"④

阿多诺的思想体系是开放性和批判性的，因此他对晚期资本主义绝大多数领域的社会现实都有较为深刻的阐释。尤其在他擅长的艺术（音

---

① ［德］阿多尔诺：《否定的辩证法》，张峰译，重庆出版社 1993 年版，第 172 页。
② ［德］特奥多尔·阿多诺：《主体与客体》，张明译，上海社会科学院哲学研究所外国哲学研究室《法兰克福学派论著选辑》上卷，商务印书馆 1998 年版，第 209 页。
③ ［德］阿多尔诺：《否定的辩证法》，张峰译，重庆出版社 1993 年版，第 407 页。
④ 同上书，第 409 页。

乐）领域。当然，他对体育的阐释虽然不多，但依然值得体育研究者格外重视。

第二节　阿多诺的体育思想

体育学者埃里克·邓宁曾经指出，"特奥多·阿多诺是体育学术领域的先驱之一"[1]。这种表达当然有过度赞美之嫌，毕竟在阿多诺所处的时代，职业体育的发展跟今天相比有较大的差异。芬兰学者埃基·维腾涅米证实，身为德国人的阿多诺在柏林目睹了臭名昭著的 1936 年柏林奥运会，他对此也没有只言片语的描述。[2] 他有关体育的直接论述较少，但也从一个侧面证实了阿多诺的体育理论对于当代体育研究发展的重要性。更多的学者将法兰克福学派体育思想的基本认知比喻为一种"麻醉的悲观主义"[3]。美国学者吉利安·罗斯对阿多诺的评价是"他是过分文雅的、不受约束的、反大众文化的评论家"[4]。阿多诺本人对于体育的表述充分地证明了他对于这种文化类型的偏爱。他提出，"如果有人要总结出当代文化最重要的趋势，几乎不可能找到比体育这个类型有更多成果的了"[5]。但他对体育思想的表述却显得晦涩难懂。美国体育学者威

---

[1]　Eric Dunning, *Sport Matter*：*Sociology Studies of Sport*, *Violence and Civilization*, London：Routledge, 1999, p. 242.

[2]　Errki Vettenniemi, "Why did the 'Flying Finns' Walk? A Footnote to the History of Athletics Training", *The International Journal of the History of Sport*, Vol. 29, No. 7, May 2012.

[3]　David Andrews, John Loy, "British Cultural Studies and Sport：Past Encounters and Future Possibilities", *Quest*, Vol. 45, No. 2, May 1993.

[4]　Gillian Rose, *The Melancholy Science*：*An Introduction to the Thought of Theodor W. Adorno*, New York：Columbia University Press, 1978, p. 8.

[5]　Theodor Adorno, *Prisms*, Translated by Samuel Weber, Shierry Weber, Cambridge：MIT Press, 1983, p. 56.

廉·摩根指出，"阿多诺的体育理论丰富但却复杂，揭示了诸如体育和休闲的文化商品的物化界限"①。

阿多诺在《美学理论》中清晰地表达了自己的愿望，那就是描绘一幅在控制和统治之下的毁灭性的底托邦的图像。他提出，在当代社会中，艺术已经不再能够容忍平淡无奇了。② 这也是他与霍克海默在《启蒙辩证法——哲学断片》中就已经提出过的，当代社会的构成，主要是围绕着工具理性原则，在统治的形式之下与任何事物密切相连。③ 阿多诺在《文化产业》中提出，"体育本身并不是游戏而是仪式，在其中，被主宰的人庆祝他们的顺从"④。在《棱镜》中他甚至引用斯彭林格的说法"艺术本身已经变成了一种体育"⑤。

阿多诺指出，体育是现实生活的无形象的对应物。美学形象越多地参与到这种无形象中，它们就越多地转变为体育本身的形式。因此，"体育化"在美学外表融合中发挥着重要作用。⑥ 在这里，阿多诺清晰无误地表明了体育（体育赛事）隶属于大众文化的地位，并且"从大众文化中借鉴了不少特征，还从它的所有意义中剥离并代表着大众文化的其中一个受人喜爱的主题"⑦。

阿多诺对于体育的论述是从竞争的概念开始的，他认为体育比赛中

---

① William Morgan，"Adorno on Sport：The Case of the Fractured Dialectic"，*Theory and Society*，Vol. 17，No. 6，November 1988.

② Theodor Adorno，*Aesthetic Theory*，Translated by Robert Hullot-Kentor，London：Continuum，2002，p. 21.

③ ［德］马克斯·霍克海默、西奥多·阿道尔诺：《启蒙辩证法——哲学断片》，渠敬东、曹卫东译，上海人民出版社 2006 年版。

④ Theodor Adorno，*The Culture Industry：Selected Essays on Mass Culture*，London：Routledge，2005，p. 89.

⑤ Theodor Adorno，*Prisms*，Translated by Samuel Weber，Shierry Weber，Cambridge：MIT Press，1983，p. 56.

⑥ Theodor Adorno，*The Culture Industry：Selected Essays on Mass Culture*，London：Routledge，2005，p. 89.

⑦ Ibid. .

的竞争是"封建式样的和对资本主义精神的传统挑战"①。尽管我们看到的体育比赛仿佛充满竞争，但这种竞争都是在一个假性竞争的大背景下。因为在晚期资本主义时期，体育已经跃升为生活本身的原则。正如阿多诺所说，"体育成为坚硬无情的生活的无色反映"②。在这样一种现实下，竞争已经不再成为主旋律，体育也就成为残酷社会现实的真实写照。阿多诺将体育竞赛的规则与市场竞争的规则进行类比。"比赛规则与市场规则是类似的，公正机会与公平竞赛原则是类似的，不同的只有不择手段的斗争。"在阿多诺看来，体育的市场属性早在垄断资本主义市场形成时就已经注定了，企业联合消除了 19 世纪自由放任的市场经济的竞争。他指出，"体育允许竞争，如今已经降低为一种暴行的形式，在一个竞争实际上已经被消除的世界里苟延残喘"③。也就是说，体育只有在构成社会的其他领域成功地表达出统治状态时，才是它的常态。今天，我们看到的体育赛事上的竞争，已经更多地显现为一种为了胜利不择手段的形式，实际上也是市场竞争层面的真实写照。

残酷的现实在体育里几乎无处不在。阿多诺顺势谈到了休闲和闲暇时间。他指出，"在垄断资本主义时代，闲暇时间并不仅仅只是工作时间的对立面。在一个充分的就业只能成为一种理想的系统中，闲暇时间不过只是笼罩在工作时间阴影下的延续"④。因此，休闲与工作的关系其实是密不可分的，休闲也是在为高强度的工作做准备。

此外，大众文化所需求的重复也在体育中得到彰显。阿多诺指出，一个人可以通过一种符号性的强迫重复遭受自己和他人的原罪来主宰比

---

① Theodor Adorno, *The Culture Industry: Selected Essays on Mass Culture*, London: Routledge, 2005, p. 86.

② Ibid., p. 90.

③ Ibid..

④ Ibid., p. 194.

赛……表演和受罪之间的界限，也就是内在力量和外力之间的界限，在符号表演中被消除了。① 在阿多诺看来，在体育比赛中，流氓的掌声替代了正常的观赏，运动员在这种畸形的叫好声中开始尽情表演。他（她）既可以表现出由于比赛规则带来的痛苦，也可以表现出从比赛规则中获得的利益。正如阿多诺所说，"屏幕上的英雄在电影中享受折磨"②。因此，这种重复出现体现出当代体育媒介化的特征，这在前工业时代是不可能出现的。

在体育竞赛中，文化工业带来的标准化生产日渐成为一种规范。正如阿多诺所言，在这种文化工业中，电影被规范化为一种标准，必须在一个半小时的时间里直击人的心灵，这几乎是用秒表来规范的。③ 类似的，在后工业时代，体育比赛从比赛时间到竞赛规则再到评判标准，都被细化到令人咋舌的程度。而且这种趋势随着媒介的干预越来越明显。④

阿多诺有关体育的论述在不止一个研究中出现。他在《棱镜》一书中专门有一篇论述索尔斯腾·韦伯伦有关当代体育的文章《韦伯伦对文化的攻击》。韦伯伦评价当代体育为"暴力的爆发、精神的压迫和掠夺"，阿多诺显然对此是持赞同态度的。他甚至提出要延展韦伯伦的这一提法，因为"当代体育不仅仅包含了对他人的暴力，同时也包含对自己的攻击和受罪，因此它是具有自虐倾向的"⑤。在这里，阿多诺提出的"自虐倾向"指的是当代运动员为了取得更好的运动成绩，不断采取各

---

① Theodor Adorno, *The Culture Industry: Selected Essays on Mass Culture*, London: Routledge, 2005, p. 89.

② Ibid., p. 90.

③ Ibid., p. 86.

④ 魏伟：《重访电视与体育的"天作之合"：从布尔迪厄说起》，《成都体育学院学报》2015 年第 2 期。

⑤ Theodor Adorno, *Prisms*, Translated by Samuel Weber, Shierry Weber, Cambridge: MIT Press, 1983, p. 81.

种方式来提升自己的运动潜能。因此，阿多诺指出，当代体育旨在恢复身体的某些功能，这些功能就连机器也已经丧失殆尽了。他们这样做仅仅是为了像服务于机器一样来训练人。因此，无论他们如何组织，当代体育都隶属于不自由的范畴。① 阿多诺在此深刻地揭示了当代体育无限挖掘人的体质潜能的做法是缺乏人性的。在阿多诺的《音乐社会学导论》中，他再次强调了这一理论，并把体育与音乐的社会功能进行了对比。② 德国学者迈克尔·布鲁格认为，阿多诺关于韦伯伦的论述是资产阶级体育意识形态的集中体现，因此不仅仅限于竞技体育层面，而是指向所有类型的体育。③

不仅如此，阿多诺还赞同韦伯伦对于体育精神的论述。韦伯伦认为，人类对体育的热情是本质的回归，因为对体育的痴迷是一种古老的精神构成方式。但现代体育精神却发生了显著的质变，"更适合攻击性和实践性的掠夺精神"④。所以在阿多诺看来，当代体育实际上是一种"伪行为"⑤。"伪行为"这一提法并不是孤立的，阿多诺也在《文化工业》中提出体育是一种伪实践，在这里，那些曾经很活跃的实践者不再能帮助别人，而是将他们自己再次转变为他们已经成为的对象。⑥ 这一切都是通过前述的符号性的强迫重复来实现的。

此外，阿多诺在法兰克福学派的研究合集《社会学面貌》中的论文

---

① Theodor Adorno, *Prisms*, Translated by Samuel Weber, Shierry Weber, Cambridge：MIT Press, 1983, p. 81.

② Theodor Adorno, *Introduction to the Sociology of Music*, Translated by E. B. Ashtone, New York：Seabury Press, 1976, p. 50.

③ Michael Krüger, "Adorno, der Sport und die Kritische Sporttheorie", *Sportwissenschaft*, Vol. 34, No. 1, February 2004.

④ Theodor Adorno, *Prisms*, Translated by Samuel Weber, Shierry Weber, Cambridge：MIT Press, 1983, p. 81.

⑤ Ibid. , p. 80.

⑥ Theodor Adorno, *The Culture Industry：Selected Essays on Mass Culture*, London：Routledge, 2005, p. 90.

《意识形态》中也谈到了当代体育的意识形态问题。当时他已经看到了资本主义的统治格局下体育畸形发展的趋势。他指出，"人对社会关系和进程的适应，是由工业的重新分配的有效性、大众对体育的诉求以及消费者商品的拜物教来提供的……社会水泥的意识形态一旦由这些现象来装饰，那就会一方面控制大众的社会制度，另一方面控制人类的心理构成"①。阿多诺把民众对体育的热爱视为社会学发展的一项重要因素，这也在一定程度上呼应了他在《文化工业》中的论述。

阿多诺的体育思想中一个重要的部分是权力场域问题。尽管他没有直接就体育问题展开论述，但通过他对艺术的阐述不难推导出他的思路。事实上，任何体育比赛都包含着正面和负面时刻。这种正面和负面时刻的互动恰好对应了阿多诺关于体育，或者说是复杂的文化形式的社会阐释，需要对它与社会的特殊关系，以及它在社会中的内在构成和复杂性进行观照。② 用阿多诺自己的话来说，就是"（体育）与这个时代的客观精神无关的特性与（体育）不超越这个时代的不可思议是等同的"③。

最后，阿多诺提出，体育无时无刻不在大众文化的监控之下。大众文化关注的焦点是观赏。"运动员也许能够发展出诸如团结、乐于帮助他人甚至是热情等特质，这些特质在批判性的政治时刻被证明是有价值的，但这些特质却在观赏比赛时无一展现。"④ 观赏比赛似乎成了大众文

① Theodor Adorno, "Ideology", Frankfurt Institute of Social Research (eds), *Aspects of Sociology*, Translated by John Viertel, Boston: Beacon Press, 1972, p. 201.

② William Morgan, "Adorno on Sport: The Case of the Fractured Dialectic", *Theory and Society*, Vol. 17, No. 6, November 1988.

③ Theodor Adorno, "Transparencies on Film", *New German Critique*, Vol. 24 – 25, 1981 – 1982, p. 205.

④ Theodor Adorno, *The Culture Industry: Selected Essays on Mass Culture*, London: Routledge, 2005, p. 90.

化的核心内容，"大众文化对于把消费者转化为运动员没有兴趣，他们唯独感兴趣的是把消费者变成在体育场内不断嚎叫的体育迷"①。这实际上正是阿多诺在《文化工业》一书中阐释的一个主旨：现代社会的主要特点是文化的产业化。通俗文化是为达到大众文化的最低平均水平而设计的、被大众生产的、无思想的、不精致的并且是空洞的。② 文化工业更看重的是为这个产业鼓掌呐喊的"积极观众"，而不是文化工业的从业者。阿多诺特别强调，文化工业的总体效果之一是反启蒙，在这一效果中，作为不断进步的对自然的技术统治的启蒙，变成了大众欺骗，转变成束缚自觉意识的工具。如果大众被来自上面的声音不公正地骂作大众，那么文化工业对此负有不可推卸的责任。③ 直到最后，阿多诺才提出了他体育思想中的一个重要观点：大众文化反映的是作为一个完整开放的或者隐蔽的体育竞争系统中的整体人生，它推崇将体育作为人生本身的观点，甚至消除体育在星期日作为休息日和平常工作日之间的矛盾，这种矛盾过去被认为是更适合体育的一种矛盾。④

　　阿多诺除了在著作和论文中阐发自己的体育思想之外，有时也通过大众媒介来表达自己的观点。1966 年，他参加了一次电台节目，其中谈到了体育的"模糊化"问题，被收录在德文版的《文化批判与社会》中。他指出，一方面，体育可以反对野蛮、反对虐待，提倡公平竞争，并为弱者代言；另一方面，体育也能够在某些类别上和实践中提升暴力、粗鲁和虐待，特别是当有人只是观看而不把自己对体育的努力和对

---

① Theodor Adorno, *The Culture Industry*：*Selected Essays on Mass Culture*, London：Routledge, 2005, p. 90.

② ［英］戴维·英格利斯：《文化与日常生活》，张秋月、周雷亚译，中央编译出版社2010 年版，第 102 页。

③ ［德］阿多诺：《文化工业再思考》，高丙中译，《文化研究》2000 年第 1 期。

④ Theodor Adorno, *The Culture Industry*：*Selected Essays on Mass Culture*, London：Routledge, 2005, pp. 90 – 91.

纪律的遵从表达出来的时候。这些模糊化问题应当被系统地加以分析。①
阿多诺的这一理论被认为是研究奥林匹克之父皮埃尔·德·顾拜旦理论
的理想工具。体育既可以被视为准备战争的工具，也可以被用于巩固
和平。

第三节　阿多诺的底托邦语言与乌托邦思想

如果只看阿多诺有关体育的各种理论，我们很可能会得出一个结
论：阿多诺的体育思想是不折不扣的悲观主义和批判模式。也有学者提
出，阿多诺由于没有直观地感受到职业体育对社会带来的影响，因此他
的体育思想对体育社会学的影响是间接的，所以他的这一套理论也很少
被引用。② 但如果这样直观地判定，难免会走入一个误区。学者吉利
安·罗斯指出，不仅是《启蒙辩证法》，阿多诺的其他文化作品都充斥
着反讽。③ 因此，要完全理解阿多诺的体育思想，就不得不从阿多诺的
语言风格入手。

阿多诺对于当代文化的批判是法兰克福学派（或者称新马克思主
义）的标准模式。英格利斯在评价阿多诺的语言和思想时，指出他极端
的语言暴力有着鲜明的底托邦特点，这与他在社会观当中的乌托邦主义
存在着鲜明的对比。"阿多诺就是一个问心无愧的反讽主义者。"④ 威

---

① Theodor Adorno, *Kulturkritik und Gesellschaft II*, Frankfurt：Suhrkamp, 2003, p. 681.

② Michael Krüger, "Adorno, der Sport und die Kritische Sporttheorie", *Sportwissenschaft*, Vol. 34, No. 1, February 2004.

③ Gillian Rose, *The Melancholy Science：An Introduction to the Thought of Theodor W Adorno*, New York：Columbia University Press, 1978, p. 11.

④ David Inglis, "Theodor Adorno on Sport：The Jeu D' Esprit of Despair", Richard Giulianotti (ed), *Sport and Modern Social Theorists*, New York：Palgrave Macmillan, 2004, p. 87.

廉·摩根将阿多诺的这种风格称为"隐性的正统"①。他的思想深受丹麦哲学家索伦·克尔凯郭尔和德国哲学家弗雷德里希·尼采的影响，具有鲜明的反讽传统。② 他对克尔凯郭尔审美理论的迷恋让他专门用一本专著来向前者致敬。③ 此外，他在中学时代就与克拉考尔一起学习和研究康德的《纯粹理性批判》，这让他从少年时代起就打上了"反形而上学"的烙印。④ 导致后来他与克拉考尔的友谊也出现了裂痕。年轻时代的阿多诺还受到了奥地利讽刺作家卡尔·克劳斯的影响。⑤ 英格利斯指出，阿多诺实质上运用了反讽的语言方式来描绘类似当代体育这种现象的黑色图案。他运用了独一无二的灰暗视角来突出体育和其他文化现象是如何被当代的制度和权力所渗透的。⑥

　　事实上，不少学者在理解阿多诺的体育思想时犯了简单下结论的错误。学者约翰·霍博曼就在他的《体育与政治形态》中对阿多诺的体育观进行了误读，他认为阿多诺的精英意识太过明显，蔑视体育这类平淡无奇的事物，观点过于保守。他甚至认为阿多诺的体育思想是法西斯政治模式下的格局。⑦ 但事实上，阿多诺的思想与其他新马克思主义学者的观点相去甚远。英格利斯认为，阿多诺是一位模糊话语和反讽的大师，让我们在理解他的体育思想时需要将这样的特质铭记于心。阿多诺

---

① William Morgan, "Adorno on Sport: The Case of the Fractured Dialectic", *Theory and Society*, Vol. 17, No. 6, November 1988.

② Rolf Wiggershaus, *The Frankfurt School: Its History, Theories, and Political Significance*, Translated by Michael Robertson, Cambridge: MIT Press, 1994, p. 70.

③ ［德］T. W. 阿多诺：《克尔凯郭尔：审美对象的建构》，李理译，人民出版社2008年版。

④ 高宣扬：《德国哲学概观》，北京大学出版社2011年版，第345页。

⑤ Susan Buck-Morss, *The Origin of Negative Dialectics: Theodor WAdorno, Walter Benjamin and the Frankfurt Institute*, New York: Free Press, 1977, pp. 12 – 13.

⑥ David Inglis, "Theodor Adorno on Sport: The Jeu D'Esprit of Despair", Richard Giulianotti (ed), *Sport and Modern Social Theorists*, New York: Palgrave Macmillan, 2004, p. 89.

⑦ John Hoberman, *Sport and Political Ideology*, London: Heinemann Educational Books Ltd., 1984, pp. 243 – 248.

有关体育的否定陈述很容易让人产生疑问，但实际上这正是他在《美学理论》中谈到的"震惊策略"。这是一个悖论，因为"理性的东西实际上是非理性的"①。又譬如，阿多诺在谈到艺术的反抗力时提到，"实现唯物主义就会取消唯物主义，取消物质利益的支配地位"②。所以这就是英格利斯所谓的"底托邦修辞手法"。因此，我们在解读阿多诺的体育思想时，需要时刻注意这种带有反讽色彩的语句。

此外，我们不得不注意阿多诺的乌托邦思想。阿多诺试图使他的体育思想表现出正面积极的体育本质上的基本元素，这些元素可以被理解为一种可能的乌托邦未来。阿多诺有关体育的论述都是建立在对资本主义现代性的批判上的。也就是说，他的这些看似负面的表达都离不开时代背景。正如英格利斯所说，阿多诺被高度怀疑为"积极的人类学家"③。虽然他的观点有些看似消极，但恰恰可以被理解为对未来的乌托邦憧憬。不少具体呈现的论述都可以找到潜在的乌托邦痕迹。如同其他的马克思主义分析，由于"否定的人类学"的基本思想，阿多诺对于当代体育的阐述没有直接使用乌托邦的话语表达方式，那是因为当代社会的语境是在几乎完全的统治状态之下，用西蒙·贾维斯的话来说，"结果就落入了可以摧毁解放前景的完全抽象的陷阱"④。因此，摩根在总结阿多诺的体育思想时，认为这一思想最终将走向失败，原因是阿多诺坚持将体育引入他的另一个概念"权力场域"中。⑤ 他提出，阿多诺拒绝谈论正确的当代社会有用与无用的非理性错位（至少在体育方面是这

---

① ［德］阿多诺：《美学理论》，王柯平译，四川人民出版社1998年版，第536页。

② 同上书，第52页。

③ David Inglis，"Theodor Adorno on Sport：The Jeu D'Esprit of Despair"，Richard Giulianotti（ed），*Sport and Modern Social Theorists*，New York：Palgrave Macmillan，2004，p. 91.

④ Simon Jarvis，*Adorno：A Critical Introduction*，New York：Routledge，1998，pp. 70 – 71.

⑤ William Morgan，"Adorno on Sport：The Case of the Fractured Dialectic"，*Theory and Society*，Vol. 17，No. 6，November 1988.

样），因为他本人对于体育本质的探讨就是模糊的。① 他甚至表示，"阿多诺在很大程度上忽视并且时有污蔑工业社会中体育的本质，这对有关体育重要性的讨论贡献良多"②。摩根的这一结论可能也在一定程度上忽略了阿多诺的乌托邦思想。

因此，阿多诺的体育思想应当是跳出话语表面的底托邦成分，直指体育本身的乌托邦前景。正如英格里斯对于阿多诺模糊话语的总结一样：体育应当是与自由相联系的，但如今的体育却是宰制的形式。③ 因此，这不是真正意义上的体育形式。真正意义上的体育应该是"跳出资本主义社会的变态和扭曲，在一个更好的、统治之上的社会形态的范畴"④。德国学者克鲁格就指出，阿多诺的体育思想绝不单纯是对体育的批判，而是需要把它同其他的社会和文化形式进行对比来理解。⑤ 因此，阿多诺的基本思想是跳出本体看待问题。他在《最低限度的道德：对陨灭生命的反映》中也提到了他的逻辑：在面对绝望时，唯一行之有效的哲学就是尝试从救赎的角度来思考所有问题。⑥ 这可能是阿多诺阐发自己体育思想的深层原因。

---

①　William Morgan, "Adorno on Sport: The Case of the Fractured Dialectic", *Theory and Society*, Vol. 17, No. 6, November 1988.

②　Ibid..

③　David Inglis, "Theodor Adorno on Sport: The Jeu D'Esprit of Despair", Richard Giulianotti (ed), *Sport and Modern Social Theorists*, New York: Palgrave Macmillan, 2004, p. 93.

④　Ibid..

⑤　Michael Krüger, "Adorno, der Sport und die Kritische Sporttheorie", *Sportwissenschaft*, Vol. 34, No. 1, February 2004.

⑥　Theodor Adorno, *Minima Moralia: Reflections on a Damaged Life*, Translated by E. F. N. Jephcott, London: Verso, 2005, p. 247.

第四节　阿多诺的理论对体育研究的影响

由于第一代法兰克福学派旗手的身份，阿多诺的理论受到了西方学术界，尤其是批判理论界的高度推崇。体育研究领域的不少学者都自觉地将阿多诺的理论用于自己的研究中。法兰克福学派的另一位代表人物霍克海默也针对阿多诺的观点阐发了自己的体育观。"人们常说体育不应该成为目标，但应当保留为一种工具。对我而言第一种观点正确而第二种观点错误。只要它仅仅是一种工具，而且被有意识地认知为这样，它就可能被用于盈利、政治、自我中心或者仅仅作为一种消遣……"[①]显然，霍克海默的观点与阿多诺还有相当的距离，甚至可以视为对阿多诺体育思想的批判，两者在高级文化和大众文化的认知上相去甚远。不过，阿多诺、霍克海默、马尔库塞和弗洛姆的理论共同构成了德国体育社会学研究的重要基础。

法兰克福学派的代表人物，德国学者贝罗·里高尔的代表作《体育与工作》是在他硕士学位论文的基础上修改而成的，并得到了阿多诺的直接指导，其中也大量运用了阿多诺的理论，尤其是体育思想。[②] 他把体育当作一种异化劳动的结构类比，例证了这种社会分析，这被认为是当代体育的新"左"派阐释。

在阿多诺去世后的几年中，德国学界陆续出版了好几部体育社会学

[①]　Max Horkheimer, "New Patterns in Social Relations", William Morgan, Klaus Meier (eds), *Philosophic Inquiry in Sport*, Champaign: Human Kinetics Press, 1987, pp. 385 – 392.

[②]　Bero Rigauer, *Sport and Work*, Translated by Allen Guttmann, New York: Columbia University Press, 1981.

的论著，包括雅克–奥拉夫·波梅的《晚期资本主义的体育：批判体育的未来社会功能》①、斯文·古尔登普芬尼克的《资产阶级体育教育的限制》②、杰拉德·维奈的《足球与意识形态》③、乌尔里克·普洛科普的《奥林匹克运动的社会学：体育与资本主义》④ 等。这些作品都诞生在20 世纪 70 年代前期，这绝不是偶然的，联邦德国在这一时期举办了1972 年慕尼黑夏季奥运会和 1974 年世界杯足球赛。这些作品与当时的时代背景颇为契合。因此，上述四部作品和里高尔的著作一道，成了那一时期德国体育社会学研究的重要理论资源，它们的共同特征是都打上了阿多诺体育思想的深刻烙印。因此，也有学者将这几部著作归入阿多诺体育思想理论著述。

　　法国学者让–马利·布罗姆更是阿多诺体育思想的拥趸。在他的代表作《体育：可测量时间的监狱》一书中，他甚至把自己的理论称为"体育社会学中的新阿多诺学派"⑤。他对资本主义社会中体育的批判较之阿多诺有过之而无不及。

　　学者威廉·摩根早在 20 世纪 80 年代初期就开始关注阿多诺的体育思想，并在他的《直面体育的批判理论》一文中多次引述阿多诺的相关理论。⑥ 在他 1994 年出版的重要作品《体育的"左"派理论：一个批判

---

　　① Jac-Olaf Böhme, *Sport im Spaätkapitalismus：zur Kritik dgesellschaftl Funktionen d Sports in dBRD*, Frankfurt：Limpert, 1974.

　　② Sven Güldenpfennig, *Grenzen buürgerlicher Sportpaädagogik L Zum Gesellschaftsbegriff in Didaktik der Leibeserziehung und Sportcurriculum*, Koöln：Pahl-Rugenstein, 1973.

　　③ Gerhard Vinnai, *Fußballsport als Ideologie*, Frankfurt：Europaäische Verlagsanstelt, 1970.

　　④ Ulrike Prokop, *Soziologie der Olympischen Spiele：Sport und Kapitalismus*, Muünchen：Hanser, 1971.

　　⑤ Jean-Marie Brohm, *Sport：A Prison of Measured Time*, Translated by Ian Fraser, London：Ink Links, 1978, p. 5

　　⑥ William Morgan, "Toward a Critical Theory of Sport", *Journal of Sport & Social Issues*, Vol. 7, No. 1, March 1983.

和重构》中对阿多诺的理论进行了重点推介。① 在他的眼中，阿多诺是体育"左"派理论家中的代表人物，他的思想对于体育左派理论具有重要的价值。他的《阿多诺关于体育：以破碎的辩证法为例》一文是直接阐述阿多诺体育思想的重要文献。②

学者理查德·格鲁诺在他的著作《阶级、体育与社会发展》中也运用了阿多诺的体育思想。③ 与此相类似的还有学者查斯·克利切尔，他在梳理激进的体育理论时，也将阿多诺的体育思想进行了阐释。④

德国学者克鲁格在《阿多诺，体育与体育批判理论》一文中，对阿多诺的体育思想进行了系统的梳理。他认为，阿多诺提出的工业时代和后工业时代的游戏和体育的概念经常是交织在一起的，因此它们无法表达自由、个性和自发性这样一些概念，因为它们代表的是资产阶级的体育意识形态，是机械压制的部分或附属物。⑤

德国学者尤根·科尼克在对兴奋剂、体育技术的虚无主义和体育伦理的陈旧观的批判中运用了阿多诺和霍克海默的启蒙辩证法理论。⑥ 虽然他对这一理论的运用并不彻底，但也是相关研究中较为理性的作品之一。

芬兰学者埃沙·西罗宁在研究身体文化时，将阿多诺在《文化批判

---

① William Morgan, *Leftist Theories of Sport: A Critique and Reconstruction*, Urbana: University of Illinois Press, 1994.

② William Morgan, "Adorno on Sport: The Case of the Fractured Dialectic", *Theory and Society*, Vol. 17, No. 6, November 1988.

③ Richard Gruneau, *Class, Sport and Social Development*, Amherst: University of Massachusetts Press, 1983.

④ Chas Critcher, "Radical Theorists of Sport: The State of Play", *Sociology of Sport Journal*, Vol. 3, No. 4, December 1986.

⑤ Michael Krüger, "Adorno, der Sport und die Kritische Sporttheorie", *Sportwissenschaft*, Vol. 34, No. 1, February 2004.

⑥ Eugen König, "Criticism of Doping: The Nihilistic Side of Technological Sport and the Antiquated View of Sport Ethics", *International Review for the Sociology of Sport*, Vol. 30, No. 3 - 4, September 1995.

与社会》中的一些观点加以自觉运用。[1] 不过他对阿多诺的相关理论的解读有失偏颇，没有把握住阿多诺身体文化理论的精髓。

　　埃里克·邓宁在梳理体育社会学发展的进程中，将法兰克福学派和阿多诺置于相当重要的地位。但是他却误将与阿多诺同时代、理论形成甚至早于阿多诺的亨兹·里瑟当作阿多诺的学生。[2] 里瑟于 1921 年出版的《体育社会学》[3] 很可能是体育社会学领域的第一本著作，此时阿多诺刚刚步入大学校门。

　　美国学者杰弗里·塞格雷夫在探讨贝多芬的第九交响曲与奥林匹克运动会的意识形态时运用了阿多诺的音乐社会学理论，这在体育研究中是比较罕见的。[4] 但这一理论的运用恰如其分地证明了二者之间的重要联系。

　　葡萄牙学者特雷萨·拉塞尔达在研究体育美学的过程中，将阿多诺在《美学理论》中的不少观点运用到体育研究中。[5] 这在有关阿多诺的研究中并不鲜见。类似的还有英国学者安德鲁·埃德加。他在研究奥林匹克的艺术比赛时也运用了阿多诺的美学理论。[6] 之后他在对体育阐释学的研究中也运用了阿多诺的美学观点。[7]

---

[1]　Esa Sironen, "On Memory-Work in the Theory of Body Culture", *International Review for the Sociology of Sport*, Vol. 29, No. 1, March 1994.

[2]　Eric Dunning, "Sociology of Sport in the Balance: Critical Reflections on Some Recent and More Enduring Trends", *Sport in Society: Cultures, Commerce, Media, Politics*, Vol. 7, No. 2, February 2004.

[3]　Heinz Risse, *Soziologie des Sports*, Berlin: Reher, 1921.

[4]　Jeffrey Segrave, "'All Men Will Become Brothers': Ludwig van Beethoven's Ninth Symphony and Olympic Games Ideology", *Sport in Society*, Vol. 17, No. 3, March 2014.

[5]　Teresa Lacerda, "Education for the Aesthetics of Sport in Higher Education in the Sports Sciences – The Particular Case of the Portuguese-Speaking Countries", *Journal of the Philosophy of Sport*, Vol. 39, No. 2, October 2012.

[6]　Andrew Edgar, "The Aesthetics of the Olympic Art Competition", *Journal of the Philosophy of Sport*, Vol. 39, No. 2, October 2012.

[7]　Andrew Edgar, "Sport and Art: an Essay in the Hermeneutics of Sport", *Sport, Ethics and Philosophy*, Vol. 7, No. 1, February 2013.

　　阿多诺的理论体系复杂，语言晦涩难懂，因此中国体育学研究至今仍然没有对阿多诺的思想，尤其是体育思想进行深入的研究。这不能不说是一种遗憾。但由于阿多诺在法兰克福学派中的旗手地位，以及他的思想在西方体育研究中不可或缺的作用，这种遗憾终将成为历史。不难预测，阿多诺的体育观将成为 21 世纪中国体育研究又一重要的理论武器。

第八章

奇观体育与体育奇观：罗兰·巴尔特的符号体育观

罗兰·巴尔特（Roland Barthes，1915—1980），也译为罗兰·巴特，被公认为法国符号学和新批评的创始人，是 20 世纪法国乃至欧洲最杰出的思想家之一。他构建的符号学和结构主义体系的影响范围已触及西方当代文化的方方面面，并深刻影响着结构主义、符号学、后结构主义的研究。他"思考的问题远远超出其研究的专业领域，一切有关人类社会文化和人类命运的根本问题，都首先成为他反思的重点"[①]。巴尔特曾发表过数十部著作或散文集，其中《神话集》《S/Z》《流行体系——符号学与服饰符码》和《符号学原理》等都被认为是符号学发展历程中的经典著作。巴尔特的写作风格源出典型的法兰西式思维方式，多以由数篇微型文章组成的论文集构建一套思想体系。在他的不少论文集中，各部分的谋篇布局看似杂乱无章，实则内部逻辑严密、前后呼应，自成体系。

---

① 高宣扬：《当代法国思想五十年》，中国人民大学出版社 2005 年版，第 222 页。

生于巴黎长于巴黎的罗兰·巴尔特虽然很少亲历体育运动，但他对观赏性强、影响面大的奇观体育情有独钟，时常对其中展现出来的种种体育奇观提出新颖独到的见解，在他的多篇论著中皆有对此类体育运动的描述和评论。尤其在他的代表作《神话集》（*Mythologies*，另译《神话修辞术》）中，以《摔角世界》（*Le monde où l'on catche*，另译《自由式摔角的境地》）开篇，初步构建了至今仍令人惊叹的体育游戏的符号分析体系。环法自行车赛在法国是一个现象级的经典赛事，其影响力犹在法国网球公开赛之上。巴尔特在颇具传奇色彩的 1955 年环法大赛的基础上，撰写了《作为史诗的环法大赛》一文（*Le Tour de France comme épopée*，后来也被收录在《神话集》中），集中论述了环法自行车赛乃至体育比赛的一般神话意义。不过，集中体现了罗兰·巴尔特体育思想的，还是其为加拿大魁北克电视台播出的电影纪录片《体育与人类》（*Sport et les hommes*）撰写的台本。在毫不拖沓的几千字中，巴尔特通过对西班牙式斗牛、F－1 赛车、环法自行车赛、加拿大冰球、英格兰足球等运动的内涵的高度提炼，将自己独特的体育思想淋漓尽致地挥洒出来。本章将从《摔角世界》《作为史诗的环法大赛》以及《体育与人类》等数篇文章中管窥巴尔特自成一派的符号体育观。

"奇观体育"（sports-as-spectacle）特指观赏性强、观众参与度广、影响面大、具有现象学意义的运动项目，即"spectator sports"。这些体育运动是巴尔特本人格外关注的，而他在对这些运动的内涵进行符号学解读时也多次使用"史诗"（epic）、"传奇"（legend）和"奇观"（spectacle）等语词，以强化其宏大的诗学和现象学意义。"体育奇观"（sporting spectacle），则是指体育（特别是奇观体育）所展现的奇妙壮观、非同寻常、令人印象深刻的景象、人事或意义，因此"奇观"（spectacle）在这里是指其外延意义。此外，从词源学上讲，spectacle 一词来自古法语，从 17 世纪起还时常被用于英语戏剧的剧场艺术中。而巴尔特也经常对现代运动场与古代剧场的性质进行比较分析，因此，我们认为 spectacle 应该成为巴尔特符号体育观里的关键词。

第一节 《摔角世界》——体育游戏符号分析的开篇

《神话集》是罗兰·巴尔特有关意识形态批评和符号学解析的论文集，其中《摔角世界》是巴尔特早期对体育游戏进行符号分析的经典作品。巴尔特将其作为整部文集的开篇之作，同时是该书所有收录文章中篇幅最长的两篇文章之一（另一篇是《作为史诗的环法大赛》），因而也应该是巴尔特本人在神话解读中非常看重的一篇。《神话集》运用了许多神话和符号分析理论。同时，由于巴尔特受索绪尔影响很深，用他自己的话说，他的思想是"从索绪尔走出来的"[①]，因此，他早期的语言与言语、组合与聚合以及共时与历时等符号学理论，几乎都肇始于语言学理论。

摔角运动是带有娱乐表演性质的摔打角力活动，不同于作为竞技体育项目的"摔跤"（比如作为奥运会项目的自由式摔跤或古典式摔跤），选手表演性强、观众参与度高，是一项奇观运动，在巴尔特看来，具有十分典型的符号学意义。同时，也正是由于它表演多于竞技的属性，因此应该将巴尔特对此项目的研究界定为体育游戏的符号学分析。

---

① Roland Barthes, *Mythologies*, Paris：Seuil，1957，p. 7.

一 摔角手的身型符号与痛苦消费

巴尔特在对摔角手的介绍中，从他们一进场就开始进行事无巨细的符号解析，认为这里的"每个符号都具有彻底明晰的特性，因为人们总是须立刻理解一切"；即使是摔角手的身型也不例外："五十岁了，肥胖，松塌塌的，这种粗陋而毫无性感的类型，总是激起念头来给他取女人特有的绰号，他的肉体展示了卑劣的特性，因为他的任务就是依对'卑劣的家伙'一词（一切自由式摔角比赛的关键概念）的传统理解，表现令人厌恶的身体这一形象。"① 似乎摔角手的每一个动作都是为了这个第一眼就能辨认的符码而为，随之而来的一切场面不过是这个符号的种种注解。他的身体"确立了一个基本符号，这符号以胚原基的方式包孕了全部比赛内涵"②。在这里，巴尔特随心所欲地构建起一个复杂的身体符号系统，这个系统中的每个元素几乎都直接或间接地服务于他对于摔角手的刻画。

除去身体以外，摔角手还需要营造出一整套复杂的符码系统，使观众明白摔角手永远在扮演难以共处者的娱人形象。"把好选手抵在自己膝下的时候，卑劣地咧嘴强笑以示胜利；他或者向人群投以自负的微笑，预示着即将施行的报复；如果倒在地上没法动弹，就用胳膊用力击打地面，以示自身处境完全不堪忍受的性状。"③ 在这一套复杂的符码系统中，摔角手带给观众的痛苦消费是必不可少的。因为观众在这里消费的，正好是他人的"痛苦、败北和正当的夸大表演"，摔角手根本无须掩饰和克制自己的痛苦，因为"克制是不恰当的，与表演的有意夸示相

---

① ［法］罗兰·巴特：《神话修辞术》，屠友祥、温晋仪译，上海人民出版社 2009 年版，第 32—43 页。
② 同上。
③ 同上。

悖，也与痛苦的展示相左，呈示痛苦正是比赛的最终目的"①。因此，巴尔特明确地指出"摔角手的功能就不是赢，而是精确地完成人们所期盼的姿势"②。这也正是摔角运动展示的一种奇观。

二　摔角比赛能指与所指的脱节

在符号系统明确之后，巴尔特着意在文字中彰显能指与所指的反差。显然，摔角比赛要凸显的是它的能指部分。不管是比赛的场景、运动员的外形，还是比赛过程中夸张到极致的各种表情、动作、语言，无不极力炫耀能指的威力。所指在这场与能指的较量中彻底败下阵来，因为"恶"是摔角比赛的"自然氛围，合乎规则的比赛则主要呈现出非常态的价值。这使消费此价值的观众惊愕不已，将之视为遥远年代情事的转瞬即逝的复现而欢呼"③。习惯了摔角比赛解码过程的受众根本就不在意比赛最终的胜负，更不在意摔角手某个阴险或夸张的动作会伤害到对手，因为比赛彻头彻尾就是一场表演，哪怕过程再曲折，也不过是为观众提供一次又一次的狂欢而已。摔角手必须要以极度夸张的表情和动作，以及种种卑劣的感觉制造出大狂欢的局面，在完成了人们所期盼的种种姿势以后也带给了观众无限的快感，否则观众就会大失所望、百般无聊、倍感冷落。因此，在意指过程中，能指与所指的脱节是摔角比赛作为一个符号系统的重要标识。

摔角手在下台之后与在台上截然不同的表现几乎切断了能指与所指的一切关联。表演结束之后他们的去符号化过程在片刻间就能完成："戏剧

---

① ［法］罗兰·巴特:《神话修辞术》，屠友祥、温晋仪译，上海人民出版社 2009 年版，第 32—43 页。

② 同上。

③ 同上。

中的英雄或卑劣家伙，几分钟前还受发自道义的盛怒的左右，且放大到形而上符号的尺寸，几分钟后他离开摔角场，面无表情，毫无个性，手提小皮箱，与妻子相携而行……"① 由此可见，符号化和去符号化的摔角世界里到处都留下了符号学的印迹。所以，在这里，"符号学战胜了社会学"②。

三　摔角比赛的共时系统与聚合轴

一场摔角比赛的用时可长可短，因此它当然可以被看作历时性的。但如果将其作为一个系统来考察的话，那么摔角世界呈现给我们的是一个共时的状态。在这里，根本没有也不需要历史，正如巴尔特所言，"每个环节都即刻明白可解，没有持续性……摔角是表演的总和，其中任何一个表演都起不到功能作用：每个时刻（环节）都硬让人接受对一种痛苦的全部认知，这种痛苦直接而孤立地突然出现，绝不延展到最后的结局"③。这个共时系统的意义是绝对的，它决定了摔角比赛可以被视为由一个文本展开的符号学研究。

但摔角比赛这个共时文本又是特殊的。由于它不像其他有着严密规则的体育比赛，缺乏相对稳定的组合轴。它拥有具备无限可能的聚合轴，一个投影浓厚的宽幅聚合轴。这里的摔角比赛与有据可循的古典式摔角和自由式摔角比赛几乎毫不相干。摔角手只接受于己有利，可以受其庇护的规则；一旦规则于己无利，就即刻予以摒弃，甚至反其道而行之。因而，这一比赛的场景与场景之间、情节与情节之间都是"孤立""直接"和袒露的。"在摔角世界里，只有完全彻底的存在，没有任何象

---

①　［法］罗兰·巴特：《神话修辞术》，屠友祥、温晋仪译，上海人民出版社2009年版，第32—43页。

②　汪民安：《谁是罗兰·巴特》，江苏人民出版社2005年版，第60页。

③　［法］罗兰·巴特：《神话修辞术》，屠友祥、温晋仪译，上海人民出版社2009年版，第32—43页。

征、暗示，一切都是毫无含蕴地赤裸裸地呈现出来；一切姿势都没有留在阴影里，没有隐藏，他们切除一切寄生意义，并且按照仪式向观众展示纯粹而完满自足的意义，完满如自然。"① 这个弥漫着浓郁聚合情节的比赛在因摔角手的过分与夸张变得生动新颖、引人入胜的同时，也使之成为一种表演、一个奇观。

《摔角世界》只是一个开端，它与《神话集》后半部分中的《现代神话》（另译《今日之神话》）一道，让体育游戏的符号分析有了较为明确的研究范式和框架。在它之后，也有研究者沿着这条道路继续前行。②③④ 但摔角比赛毕竟不能等同于严格意义上的竞技比赛，它的受众还难称大众，无从引发大面积的群体狂欢。巴尔特将其界定为有别于一般（竞技）体育的奇观运动。⑤ 因此，巴尔特还需要努力寻找更为普世的体育符号文本。这为他后续的体育符号研究埋下了伏笔。

第二节　《作为史诗的环法大赛》——体育符号研究的奠基作品

《摔角世界》让罗兰·巴尔特构建了较为成型的体育游戏的符号学分析范式，但他并不甘心于这一模式，继续以自己敏锐的嗅觉，在游戏

---

① ［法］罗兰·巴特：《神话修辞术》，屠友祥、温晋仪译，上海人民出版社 2009 年版，第 32—43 页。

② Garry Whannel, "Sport and Popular Culture：The Temporary Triumph of Process over Product", *Innovation in Social Sciences Research*, Vol. 6, No. 3, September 1993,

③ 魏伟：《解读神话：南非世界杯电视转播的符号学研究》，《中国体育科技》2011 年第 2 期。

④ David Ogden, "Major League Baseball and Myth Making：Roland Barthes's Semiology and the Maintenance of Image", *Nine：A Journal of Baseball History and Culture*, Vol. 15, No. 2, May 2007.

⑤ Michael Moriarty, *Roland Barthes*, Stanford：Stanford University Press, 1991, pp. 20–21.

和体育世界中寻找下一个神话。1955 年的环法自行车赛写满了各种不确定的因素，比赛的过程和最终的结果充满戏剧效果。受到媒体连续报道影响的巴尔特摒弃了自己书写精练小散文的习惯，十分罕见地写就了一篇长文《作为史诗的环法大赛》，论述了环法大赛的神话学意义，同时为一门将来可能出现的学科——体育符号学初步建构了理论体系。

一　运动员的符义学研究视角

如果将环法自行车赛这一奇观体育赛事作为一个史诗来进行考量的话，运动员在这篇史诗中起到的核心作用是不言而喻的，这也是环法大赛能够成为史诗的原因之一。巴尔特首先对参赛运动员的姓名进行了人类学的分析和唯名论的解释，认为绝大多数优秀车手的名字（比如 Brankart、Bobet、Robic、Ruiz、Darrigade）都来自古老的民族，而且这些名字在历史上反复出现，成为诸如毅力、忠诚、叛逆，或是虚无淡薄等性格品质的稳定的指代符号。[①] 巴尔特认为，环法大赛是由诸多稳定的性格本质决定的世界，是"特定本质之间的一种不确定的冲突"；自然、习俗、文学和规则使这些本质相互摩擦、相互牵绊，又相互排斥，而正是这种相互作用使史诗得以产生。[②]

然而，尽管赛车手是宏大的环法史诗奇观中的核心要素，但他们在成为史诗的过程中却常常是以昵称被媒体和公众所认知的，比如波贝被称为路易森（Louison Bobet），劳热迪被唤作内罗（Nello Lauredi），拉法埃尔·热米尼亚尼（Raphael Geminiani）则时而被称作拉夫（Raph），时而被称作热姆（Gem）。这些带着几分温情、几分卑微的昵称，将超

---

① Roland Barthes, *The Eiffel Tower and Other Mythologies*, Translated by Richard Howard, Berkeley: University of California Press, 1997, pp. 79 - 90.

② Ibid. .

人的价值与普通人之间的亲密感融为一体，以记者所熟悉的方式进入媒体和公众的视野。事实上，在西方社会学体系下，媒体对运动员的姓或名的单独使用都难免陷入某种偏见的认知中，[①] 因此这种能够得到媒体和公众双重认同的命名是"免疫"符码。

在论文的结尾，巴尔特选取了环法大赛中具有典型意义的 14 名运动员，提供了他所谓的车手特征词汇表，对那些"至少是已经获得了可靠的符义学价值的车手的特征"进行描述，并且认为这种类型描述值得信赖，因为类型的本质是稳定的，而"我们确实在与本质打交道"[②]。在巴尔特列举的运动员中，有环法大赛的牺牲品，有普罗米修斯式的英雄，有沉默寡言的孤独车手，有目空一切的青年才俊，有人幽默，有人优雅，有人好斗而自负，有人则成为环法的叛徒和恶棍，当然也有兼而有之者，他们都是史诗的一部分。在对不同运动员的叙述和评论中，巴尔特展示出自己的睿智、幽默和理性，对部分运动员的解读明显采用了隐喻和反讽等修辞手法，令人回味。

在谈到运动员在比赛中呈现出的各种关系时，巴尔特表示"环法大赛呈现出的是一种错误的个人生活的荣耀，这其中的当众侮辱和赞扬都是人际关系被放大了的形式"；一些运动员之间的争执和互相吹捧都成了荷马史诗般的表演；对比赛获胜选手的赞美之词是英雄世界在完美谢幕时必然要经历的巨大喜悦感的表达，但切不可把这种兄弟般的喜悦之情视为同一个车队所有成员的集体情绪，因为众人的情绪通常是阴暗而隐晦的。巴尔特清醒地认识到这种被演绎出的人际关系完全无法等同于运动员之间真实的关系，因为完美的人际关系只可能存在于舞台上的巨

---

① Toni Bruce, "Marking the Boundaries of the 'Normal' in Televised Sports: The Play-by-play of Race", *Media, Culture & Society*, Vol. 26, No. 6, November 2004.

② Roland Barthes, *The Eiffel Tower and Other Mythologies*, Translated by Richard Howard, Berkeley: University of California Press, 1997, pp. 79－90.

星之间，一旦同一个车队里兄弟阋墙之事被公之于众，那么"史诗马上就降格为小说了"①。

二 自然符码

在媒体和公众以往对环法大赛的认知中，复杂的地理和美好的风光是这项赛事的重要符号，然而巴尔特对环法大赛中呈现出的自然符码的解读却似乎与此不尽相同。巴尔特首先对环法大赛中的地理学符码进行了梳理，认为环法大赛的地理复杂性完全符合史诗中对于磨炼的要求。赛道坡度大而难以驾驭，每一个赛段都像史诗中的一个篇章，危机四伏，如同一个接一个在形态上和道德上被个性化了的敌人，"人因此是被自然化了，而自然之神则是被人性化了"②。史诗中很重要的一点就是，战斗必须在具有平等和相同属性的人或神之间进行，车手只有对复杂的自然地形进行拟人化或人神同性化的处理，才可以激励自己去与之搏斗。环法自行车赛中的某些路段人迹罕至，荒凉崎岖，条件异常艰苦，如同《奥德赛》中尤利西斯数次去过的世界尽头一般，具有典型的"荷马史诗般的地理学意义"③。

除了地理学上的符码外，环法大赛中呈现出来的气候符码同样十分明显。比赛不时会遭遇严寒与酷热等极端天气，尤其是某些赛段的干燥令人难以忍受。车手对种种困难的征服要么得依靠纯粹的普罗米修斯式的精神，要么得借助神的力量，要么将自然之神人性化，要么将自己变成更为冷酷的魔鬼，从而使自己可以更充分、更彻底地与邪恶之神（即

---

① Roland Barthes, *The Eiffel Tower and Other Mythologies*, Translated by Richard Howard, Berkeley: University of California Press, 1997, pp. 79 – 90.

② Ibid. .

③ Ibid. .

令人诅咒的地形和天气）进行直接的对抗和较量。这种种的磨难是对英雄的测试，它定义着环法大赛的真谛，[1] 当然，也呈现着这一赛事的奇观。

巴尔特指出，车手对自然进行拟人化或人神同性化的处理，只能通过所谓"半真实"的方式。为此，车手需要具备两种能力：一是形式（form），一种超越冲动的状态，需要在肌肉的质量、智力的敏锐、个性的力量之间寻求平衡；二是跃动（jump），一种激发车手使之完成超人类技能的电流，这是一种超自然的神谕。一旦神进入了车手的体内，他就会表现神勇；一旦神抛弃了他，他就会在比赛中精疲力竭。[2] 在这里，巴尔特将这种"半真实"的方式与传统的神话学相连，是一种试图将体育神话研究与体育符号研究结合起来的视角。

巴尔特还特别提到，跃动有一个可怕的拙劣模仿者：服用兴奋剂。运动员试图通过服用禁药去模仿上帝，这实际上是对上帝的亵渎，是一种想从上帝那里窃取电光石火般灵感的特权的可耻行为，上帝知道如何惩罚他，会将他置于疯狂之门。[3] 巴尔特在这里准确地预言了几十年后深陷禁药丑闻的环法大赛。不过，他永远无法预料的是，"拙劣模仿者"的比例之大，几乎足以毁掉他眼中的这部史诗。

三　体育运动的功能与行为符码

人们常常把体育比作和平年代的战争，换言之，战争是日常生活中体育运动功能的（延宕的）所指。罗兰·巴尔特也在《作为史诗的环法

---

① Roland Barthes, *The Eiffel Tower and Other Mythologies*, Translated by Richard Howard, Berkeley: University of California Press, 1997, pp. 79 – 90.

② Ibid. .

③ Ibid. .

大赛》中把环法大赛比作一场特殊的战斗，并不是因其带来的种种惊心动魄的震撼，而在于其装配的复杂程度和向前推进的方式。在巴尔特看来，环法自行车赛可以与一支现代军队进行类比，它们都是由装备的重要性和服役人员的数量所定义的。赛场如战场，会遭遇"谋杀"，也会有懦夫出现，而真正的英雄会以恺撒般的姿态，一种类似雨果笔下的拿破仑式的镇定应对磨难。①

在对环法大赛的战争功能进行解读的基础上，巴尔特进而梳理出环法大赛参赛者的四种行为："领先、跟随、逃避和崩溃。领先是最坚强的行为，但也是最徒劳无益的，因为领先总是意味着牺牲个人，是纯粹的英雄主义行为。"注定只是展现性格而非确保获胜的结果。而跟随则是带着一点儿怯懦和背叛的行为；带有挑衅意味的过度跟随就成为邪恶的一部分，这与一种无涉荣誉的野心有关。逃避是一个诗学篇章，意味着在比赛中自愿享受孤独；但由于逃避的结果是内心反受其扰，因而并不见得是有效的方式。崩溃预示着放弃，会像灾难一样让公众悲哀。在最艰难的赛段，崩溃呈现出"广岛式的"性格。②显然，巴尔特总结的这四种行为不仅仅限于环法大赛，几乎适用于一切体育运动项目，即便是对抗并不十分激烈的项目也不例外。这种具有结构主义特征的划分方式几乎容纳了运动员所有可能的心理状态和行为方式，而所有这些行为都在比赛过程中被戏剧化地呈现，都成为这部史诗奇观中的一部分。

---

① Roland Barthes, *The Eiffel Tower and Other Mythologies*, Translated by Richard Howard, Berkeley: University of California Press, 1997, pp. 79 – 90.

② Ibid. .

四　体育道德的符号悖论

从比赛中的行为符号继续延展，巴尔特归纳了环法大赛在道德规范层面的符号特征：这是一种含混的道德规范，里面既有骑士般的高尚品质，也有纯粹追求成功的功利精神。因此，它看上去像是一个悖论，很难在对奉献精神的赞扬以及对经验主义必要性的理解之间做出非此即彼的选择。车手为了队友的胜利做出的（无论是自我选择的还是被迫的）骑士般的牺牲虽然总是受到赞扬，但也常常饱受争议。尽管一个车队里必然有人牺牲，扮演高尚的骑士角色，展现团队项目的道德风范，体现一种情感价值，但这种牺牲又与比赛的另一种价值相违背——现实主义，而这恰恰是环法大赛作为一部完整传奇的价值呈现，因为比赛不相信情感。骑士般的道德会被认为是向命运的屈服，它会提前消解战斗的残酷性和危险性，降低比赛由于不确定性而带来的快感消费，而这种不确定性恰恰可能是受众最为看重的因素。记者也在试图强化这种不确定性，因为一旦某位车手赛前就被确定为夺冠大热，那么史诗就失去了存在的必要。巴尔特正确地指出，在勇于牺牲的纯粹道德与一心求胜的严酷法则之间，在理想主义的悲剧伦理与现代竞技的现实主义需求之间，是体育道德的混杂与悖论。他进而一针见血地指出：在两种看似高尚的道德托词的掩盖下，隐藏着环法这部伟大史诗的经济决定论。①

最后，巴尔特总结出了环法自行车赛的符号意指去向，认为环法大赛是他见过的完整的、因而是模糊不清的神话中最典型的例证，既

---

① Roland Barthes, *The Eiffel Tower and Other Mythologies*, Translated by Richard Howard, Berkeley: University of California Press, 1997, pp. 79 – 90.

是表达，又是投射的神话，同时呈现乌托邦式的道德理想与现实主义的竞赛需求。大赛通过一个特殊的寓言表达和释放了法国人的特性。在这个故事里既有传统的欺骗手段，也夹杂着积极因素。对于环法大赛伤害最大的是经济动机、比赛的盈利至上和意识形态领域的渗透。然而，这并不妨碍环法大赛成为一种令人着迷的法国奇观体育，一种带有民族身份性质的国家现象，因为它是对历史的脆弱瞬间的史诗表达；在这一瞬间，作为车手的男人，无论如何笨拙，如何受到蒙蔽，都可以在这个并不单纯的寓言里，使个人、集体和宇宙于沉思中达到平衡与满足。①

特别值得一提的是，巴尔特在本书中使用了大量的古希腊罗马神话中的喻指，并反复将整个环法大赛比作一场磨炼（ordeal），在强化了环法大赛史诗性的同时，也迫使读者在阅读过程中必须拥有足够的前文本知识，才能充分体会这一史诗的宏大与复杂，并领会这一奇观运动中呈现出来的种种符号意义。

《作为史诗的环法大赛》绝不仅仅是"摔角世界"在体育神话领域的简单延续，它将万众瞩目的奇观体育和体育奇观与人类学和神话学相联系，提出了其中的符码和符义学概念，并且将神话的意指关系放大，建构了一套比较清晰的体育符号分析系统。但由于环法大赛毕竟只是法国人的狂欢，此时将其确立为巴尔特较为成熟完整的体育观为时尚早。

---

① Roland Barthes, *The Eiffel Tower and Other Mythologies*, Translated by Richard Howard, Berkeley: University of California Press, 1997, pp. 79 – 90.

第三节　《什么是体育》——体育观体系的成熟

　　《什么是体育》① 这篇长文其实是加拿大电影纪录片《体育与人类》的解说词。1960 年，罗兰·巴尔特接受加拿大魁北克作家兼电影制作人乌贝尔·阿甘（Hubert Aquin）的邀请，在巴黎和蒙特利尔先后两次与阿甘讨论了有关体育"作为一种社会与诗学的现象"② 这一话题后撰写了此文。这部由巴尔特撰稿、阿甘担任导演的影片于 1961 年 6 月 1 日在加拿大电台的电视网播出，1962 年获得了意大利科尔蒂娜·丹佩佐（Cortina d'Ampezzo）电影节的制作奖。吉耶·杜普伊（Gilles Dupuis）认为，巴尔特在此间展示的是将体育视作神话，甚或超越神话的解读，在深层次的哲学层面探讨了现代社会里体育的作用，因此应当被界定为"新神话学"。③ 由于巴尔特在此重点讨论的西班牙斗牛、赛车、环法自行车赛、加拿大冰球和英格兰足球都是具有国家身份性质的奇观体育，其间展现的种种体育奇观令巴尔特着迷，也引发了他的深思，因此《什么是体育》无疑将成为研究巴尔特体育观的重要依据。由于巴尔特在本书中对环法大赛史诗性特点的归纳与《作为史诗的环法大赛》如出一辙，前文中已有详解，故此处不再赘述，只对巴尔特对其他四种运动的内涵解读逐一进行分析。

---

　　① 纪录片的剧本先由蒙特利尔大学出版社用法文出版，书名仍为《体育与人类》Roland Barthes, *Le sport et les hommes*：*texte du film*, Montréal：Presses de l'Université de Montréal, 2004，由耶鲁大学出版社翻译为英文时改译为《什么是体育》Roland Barthes, *What is Sport*? Translated by Richard Howard, New Haven：Yale University Press, 2007.

　　② Roland Barthes, *What is Sport*? Translated by Richard Howard, New Haven：Yale University Press, 2007, p. ⅷ.

　　③ Ibid. p. ⅹ.

一 死亡之悲喜剧：西班牙式斗牛的内涵

西班牙式斗牛很难被界定为正式的体育比赛，但巴尔特认为它具备了几乎一切体育运动的范式和边界：对抗中严格的规则、对手的力量、人的知识与勇气，这是古老的宗教祭祀仪式传承至今的现代奇观。① 从这一层意义上讲，西班牙式斗牛与赛马有类似之处，但也有本质上的区别，因为"这个剧场是一个错误的剧场：这里有真正的死亡"②。当去符号化残酷到死亡的程度时，已非体育比赛所能承受之重。因此，西班牙式斗牛比赛的终极符号是"悲剧"，公牛最终死亡的厄运几乎是不可逆转的。

巴尔特对西班牙式斗牛四个步骤的描述依然是结构主义风格的。第一步披肩的移动包含了斗牛士对公牛的戏弄、挑逗、闪躲和灵巧的搅动，是同公牛搏斗的前戏；第二步是骑马斗牛士在马上与公牛周旋，目的是让公牛消耗体力，使其在应对斗牛士时已经精疲力竭；第三步是斗牛士用一根根修长的且带有饰物的扎刀，一次次优雅地将它插到公牛的身体上；第四步便是公牛的死去。③ 步步堪称奇观。

在与公牛的斗法中，斗牛士可以尽情展示自己的"风格"，巴尔特认为，风格体现在"将一个艰难的动作转变为一个优雅的手势，将节奏带入死亡"④。西班牙式斗牛明白无误地告诉人们男人是最棒的，勇气、智慧和优雅是男人在征服动物时必备的要素，而公牛之死则是奖给他们经历磨难之后的战利品。作为胜利的附加物，现场观众的掌声、尖叫

---

① Roland Barthes, *What is Sport?* Translated by Richard Howard, New Haven：Yale University Press，2007，p. 3.

② Ibid. .

③ Ibid. ，pp. 5 – 7.

④ Ibid. ，p. 9.

声、投下的鲜花和礼物也必不可少。在观众看来，这场较量的结果不仅是斗牛士对公牛的胜利，也是人类对无知、恐惧和困难的战胜，更重要的是人们从斗牛士身上看到了自己的影子。[①] 于是，公牛死亡的悲剧奇观被人们视作自己在生活中获取胜利的宏大喜剧。

二　多重悖论：赛车比赛的内涵

如果说西班牙式斗牛是人与动物之间的博弈的话，那么在意大利、摩纳哥、美国等国家广受关注的奇观体育——赛车比赛则是人与机械之间的对话，其间展现的种种奇观里蕴含着多重悖论。

人与机械之间的较量是第一个悖论。"人可以征服机械，也可能被机械置于死地""那些飙起来非常快的家伙却要以非常慢的速度来检查，因为没有细致入微的审慎作为补偿，速度永远都无从谈起"。[②] 同时，一个伟大的车手并不是要征服机械，而是要驯服它；而且在这场较量中，真正的获胜者应该是让机械无所损伤的车手。[③]

在车手与车队之间同样存在着一个悖论。在直道行驶时，表面看上去车手的努力最为重要，但数十个工作人员的劳动力、创造性和精心呵护，他们对最复杂的方程（即最大的动力与由重量和风速带来的最小的阻力两者之间的关系）的准备、完善和检查等因素绝对不可忽视。而在弯道行驶时，"机械基本处于悬置状态，这时车手能决定一切。在这里，空间与时间展开较量。车手必须要能够欺骗空间，决定是否尚存可利用的空间……或者是否可以猛烈地压缩空间，他要用勇气将这一赌注推向

---

① Roland Barthes, *What is Sport*? Translated by Richard Howard, New Haven：Yale University Press, 2007, p. 9.

② Ibid., p. 11.

③ Ibid., p. 13.

几无可能的边缘"①。

这里甚至存在着第三个悖论：极快的速度来自极强的动力，但动力越大的机械重量也就越大，而要获得高速就只能减重。因此在赛车里并没有安装起动器，尽可能地降低几千克重量就可以赢得几秒钟的时间，因而赛车比赛就是对重量和惯性的战胜。当赛车处于休息状态时，它们是笨重、被动、难于驾驭的机械；而一旦比赛开始，赛车立刻就会变得轻盈、敏捷，动力性十足，风驰电掣的速度仿佛要把整个世界包裹起来。纽伯格伦赛道的危险、摩纳哥赛道的曲折、蒙扎赛道的折磨、斯帕赛道的极速，这些不过是车手们征服 F－1、征服全世界的符号而已。由此，巴尔特将一场伟大的赛车比赛的意义归结为"最快速的力量来自不同种类的耐心、测量、细节、无比精确和严苛行为的总和"②。

在巴尔特看来，赛车比赛中还存在着不少悖论。比如车手取得的胜利不是在与对手的较量中获得的，相反是在对手的帮助下获得的，他们战胜的是坚如磐石的物体。"这是一项最危险的运动，但同时也是收获最丰盛的运动"③，这是巴尔特对这项奇观体育和体育奇观深入浅出的诠释。

三　体育的力量：加拿大国球的内涵

体育的力量在于它不仅是我们生活的一部分，还可以改变我们的日常生活，而一项全民参与的奇观运动可以决定一个国家的生活方式，定义一个国家与它的人民之间的关系，这在冰球这项加拿大国球运动中体

---

① Roland Barthes, *What is Sport?* Translated by Richard Howard, New Haven: Yale University Press, 2007, pp. 15 – 17.

② Ibid., p. 25.

③ Ibid..

现得尤为明显。

冰球在加拿大的盛行，使巴尔特情不自禁地对"国家运动"进行了界定。什么是国家运动？巴尔特认为这是"缘于国家的实质，缘于这片土壤和这里的气候的一项运动"[①]。在加拿大这个国家，漫长寂寥的冬季、坚硬无比的土壤、一成不变的生活，因为冰球而变得快捷、精力充沛和富有激情。在这里，冰球运动的力量可以把一切事物推向它的反面。人们自小学习冰球，也是为了学习在这个国家生存的方式。"只要有一点儿冰，就可以打冰球"[②]，而一旦有冰球可打，生活立刻就变得生动起来。

冰球的力量与价值还在于它是一项进攻性运动，带给球手和观众悲喜交加的震撼。攻击所带来的快感仿佛使得任何冒险都显得合情合理，每打进一球就是一次了不起的胜利，而射失的冰球就像是手枪里射出的子弹，给球员带来深深的伤痛。其间，现场观众山呼海啸般的呐喊则是对比赛进程和球员表现的及时评点。在巴尔特看来，这项运动还隐含了"体育运动的道德价值：耐力、镇静、英勇、果敢。因此，伟大的运动员不是球星，而是英雄"[③]。

除此之外，由于冰球运动强大的力量，比赛过程中一直存在不合法的潜在威胁。职业冰球的规则始终存在争议，例如规则允许两名运动员合法地有限度地进行身体攻击，这就可能使一场比赛演变成一桩不折不扣的体育丑闻。当冰球推进的速度超越甚至是淹没了意识，横亘于体育里的对抗和生活中的争斗这两者之间的障碍就会瞬间崩溃。失去了中介空间，没有了球杆和规则，球员之间开始了零距离的贴身肢体打斗；而

---

① Roland Barthes, *What is Sport*? Translated by Richard Howard, New Haven: Yale University Press, 2007, pp. 45 – 47.

② Ibid. , p. 51.

③ Ibid. , p. 49.

没有了标志着文明与秩序的距离，人类社会也就不复存在。于是，本应是两个球队之间展开的一场符号战役演变成了运动员之间真正的冲突，体育立马回归到由激情和攻击构成的世界，观众也卷入其中，场面一片混乱。体育本应是"区分对抗和骚乱的完整轨道"①，却由于奇观体育的力量如此强大，使得"冰球赛中具有仪式化性质的暴力"② 对观众世界产生了溢出效应，这同样也是体育的奇观。

四　跨越：英格兰足球的内涵

或许是受制于纪录片有限的时间与篇幅，相比于其他运动，巴尔特对英格兰足球这一节着墨不多。不过，由于足球这一并非只局限于某一地域而是风靡全球的奇观运动自身就拥有非同凡响的魅力，因此这并不影响我们对足球丰富内涵的多元解读。

英格兰足球的影响力显然不只是区域性的，因此巴尔特将英格兰的足球看作一个提喻。"英格兰在下雨，然而所有英格兰人都在室外"，这仅仅是因为在温布利球场有一场足球比赛，而且与所有奇观体育一样，足球比赛的开场具有很强的仪式感，正式而庄重。③ 在现代的足球场与过去的剧场之间的类比中，巴尔特解读了足球场的特殊意义：在古时，剧场的一个主要社会功能在于，它将整个城市聚集在共享的经历之中，这一经历就是有关自身激情的知识。而在今天则要由体育来实现这个功能，只不过如今这个"城市"的概念已被放大，远非一般城镇能承载，

---

① Roland Barthes, *What is Sport*? Translated by Richard Howard, New Haven: Yale University Press, 2007, p. 55.

② Scott MacKenzie, "The Missing Mythology: Barthes in Québec", *Canadian Journal of Film Studies*, Vol. 6, No. 2, June 1997.

③ Roland Barthes, *What is Sport*? Translated by Richard Howard, New Haven: Yale University Press, 2007, p. 57.

它可以指一个国家，甚至常常是指全世界。因此，体育是"浇注于远古时期奇观形式里的一种伟大的现代机制"①，它跨越了时代，跨越了区域，甚至也跨越了体育本身，成为现代社会的奇观。

五 体育的实质

罗兰·巴尔特在用符号学的视角先后考察了斗牛、赛车、环法大赛、冰球和足球以后，开始对体育的本质展开追问。体育究竟是什么？为什么人类如此迷恋体育？

巴尔特给出的第一种解读是体育运动的主动性和参与性。"发生在运动员身上的每件事也会发生在观众身上。如果说剧场里的观众只是偷窥者的话，那么在体育运动中观众则是参与者、表演者。"② 这种主动和投入的感觉绝非剧场模式的观众可以比拟。他认为，在体育比赛中，运动员们并不需要彼此直接对抗，而是要用扎枪、机械、冰球、足球等器物作为中介，于是，这个物体本身就成为一个符号：恰恰是因为人们为了占有它、把握它，他们才在这一过程中变得强壮、灵巧和英勇。③ 对于这个符号的驾驭程度直接体现了人对世界、对大自然的驾驭能力。因此，观众在赛场上看到的比赛便被无形中借喻为欣赏人类如何征服自然的过程。"在这里，观看比赛不仅仅是为了生存，为了承受，为了希望，为了理解，也特别需要用声音、用手势、用面部表情来纵情表达。体育号召全世界来共同见证：一言以蔽之，体育就是交流。""人们懂得某种力量、某种冲突、欢愉和痛苦，而体育在不需要摧毁任何事物的前提下

---

① Roland Barthes, *What is Sport?* Translated by Richard Howard, New Haven: Yale University Press, 2007, p. 59.

② Ibid. .

③ Ibid. .

就可以对这一切进行表达、释放和消费。"①

巴尔特提出的第二种解读是体育千百次地与战争的隐喻相连。人们总是不知疲倦地将重要的比赛与战斗、战役和战争发生联系，但体育承载不起这样的隐喻。巴尔特指出，体育世界里的人们直面的所谓致命的战斗，"总被奇观隔离开来，降格为一种形式，其效果、危险性和耻辱几乎荡然无存，失去的是它的毒性，而不是它的光彩与意义"②。

于是，对体育本质的探索常常落到另一个问题上，那就是：谁是最棒的？对于这个在古代决斗中提出的问题，现代体育给予了它新的意义。巴尔特认为，"人类追求的卓越只是与特定的事物发生联系。谁是最棒的那个克服事物障碍、扭转大自然一成不变的人？谁是最棒的那个征服世界，并将其展示给全人类的人？这就是体育所要讲述的"③。最终，罗兰·巴尔特通过一连串发人深思的问题对体育的本质进行了追问：这些人进攻的目标究竟是什么？为什么人们会受到这一奇观的困扰？为什么他们对这一奇观如此深深迷恋？为什么要展开这样一场无用的战斗？什么是体育？人们带进体育的究竟是什么？随后巴尔特对这一系列的问题祭出了自己的解答：是人把自己、把人类世界带进了体育，体育的出现是为了讲述人类的契约。④ 巴尔特对奇观体育这一诗学和社会现象进行的符号学分析，如此精练、如此深刻，前所未见，这本身就是一个奇观。

需要特别强调的是，巴尔特在《什么是体育》中对体育的描写与叙

---

① Roland Barthes, *What is Sport*? Translated by Richard Howard, New Haven：Yale University Press, 2007, p. 61.

② Ibid..

③ Ibid., p. 63.

④ Ibid., p. 65.

述已经呈现出偏离传统的结构主义的倾向。在他看来，体育仪式化地呈现了人与自然的关系，在这一仪式中，观众将自己与选手认同，与各种场景和关系认同，深深浸淫其中。于是，体育运动中的各种神话意指变得丰富多元，已经开始打破结构主义符号学中能指与所指之间传统的二元对立，符号传递意义的能力被重新定义。

第四节　巴尔特的其他理论对体育学研究的启示

除了上述几篇直接论述体育观的作品以外，罗兰·巴尔特的不少理论也被他人运用于体育及相关领域的研究。在《符号学原理》中，巴尔特在索绪尔的理论基础上发展了组合轴和聚合轴的观点，进而提出了共时系统和历时系统两种研究态度。[①]　这一理论被运用到了一些体育学研究中。[②③]

巴尔特在其叙述理论最重要的一部作品《叙述结构分析导论》中，用结构主义的观点将叙述结构进行了类别、功能和情节的分层，构建了较为完整的叙述体系。[④]　这种叙述体系为后续研究提供了范式，丰富了相关体育传播研究的理论价值。[⑤]

巴尔特在生前最后一部著作《明室：摄影纵横谈》中提出了"刺

---

① ［法］罗兰·巴尔特：《符号学原理》，李幼蒸译，中国人民大学出版社 2008 年版，第42—67 页。

② 魏伟：《网络体育传播的符号学透视》，张玉田编《新媒体时代的体育新闻传播与教育》，北京体育大学出版社 2010 年版，第 50—57 页。

③ Eileen Kennedy, Laura Hills, *Sport*, *Media and Society*, Oxford：Berg, 2009, pp. 13 – 32.

④ Roland Barthes, *Image-Music-Text*, Translated by Stephen Heath, New York：Hill and Wang, 1977, pp. 79 – 124.

⑤ 魏伟：《2011 年亚洲杯足球赛电视转播的图像叙述研究》，《电视研究》2011 年第 5 期。

点"（punctum）与"展面"（stadium）的关系，他提出"刺点"是一种"偶然刺痛了我的东西"。① 这一观点也被运用到体育传播，尤其是电视体育传播的研究中。②

巴尔特在《文之悦》中探讨了文之"悦"（plaisir）与文之"醉"（jouissance）的差异。他提出文之悦是欢愉的、灵性的，文之醉是碎片式的，甚至溢出悦的终极性之外。③ 这一观点被体育研究者运用到了体育赛事观赏给受众带来的不同感受中，其中"醉"可能带来的是一种"痛并快乐着"的感受。④ 这为受众欣赏体育赛事的动机提供了一个全新的视角。⑤

此外，巴尔特在《符号帝国》中提及的日本"弹球戏"和相扑运动为后人提供了厘清体育与游戏界限的一种方法。尤其是相扑，"比赛仅是瞬间的事：只要让对手倒下，就结束了赛事。没有危险，没有戏剧性，没有大量消耗。总之，根本不是运动：不是争斗的亢进，而是某种体重的符号"⑥。在他看来，"真正的游戏不在于掩盖主体，而在于掩盖游戏本身"⑦。

---

① ［法］罗兰·巴特：《明室：摄影纵横谈》，赵克非译，文化艺术出版社 2003 年版，第 39—41 页。

② 魏伟：《3D 技术对电视体育转播的影响研究》，《电视研究》2010 年第 6 期。

③ ［法］罗兰·巴特：《文之悦》，屠友祥译，上海人民出版社 2009 年版，第 64—65 页。

④ Garry Whannel, "Sport and Popular Culture: The Temporary Triumph of Process over Product", *Innovation in Social Sciences Research*, Vol. 6, No. 3, September 1993.

⑤ 魏伟：《体育赛事电视转播的受众收视动机分析》，《北京体育大学学报》2011 年第 5 期。

⑥ ［法］罗兰·巴尔特：《符号帝国》，孙乃修译，商务印书馆 1994 年版，第 41—63 页。

⑦ ［法］罗兰·巴尔特：《罗兰·巴尔特自述》，怀宇译，中国人民大学出版社 2010 年版，第 201 页。

第五节　巴尔特的理论对体育研究的影响

在当代符号学体系中，罗兰·巴尔特的早期理论直接承继于索绪尔的二元封闭结构主义符号学体系，但在后期已向三元开放的符号学方向发展。[①] 其间，他对体育，特别是奇观体育所进行的符号学研究的贡献是毋庸置疑的。

在巴尔特的体育思想体系中，从微观的体育游戏的符号学分析，到中观的一般体育符号研究，再到后期相对宏观的符号体育观，无一不对后来的体育符号研究起到了抛砖引玉的作用。尽管由于时间的推移，他早期的部分观点可能有些过时，但由他提供的方法论却是研究体育符号意义的重要途径。正如巴尔特研究者所言，"罗兰·巴尔特是当代文学与文化理论最重要的奠基人之一"[②]。如果不了解他庞大的理论体系，对他的有关体育符号思想的了解就几乎无从谈起；而对他深邃的、奇观式的体育思想的解读，我们尚需进一步深入下去。

---

① ［法］罗兰·巴尔特：《文艺批评文集》，怀宇译，中国人民大学出版社 2010 年版，第 246—253 页。

② Graham Allen, *Roland Barthes*, London：Routledge, 2003, p. 1.

第九章

符号互动理论之勃兴：厄尔文·戈夫曼的体育观

　　厄尔文·戈夫曼（Erving Goffman，1922—1982）是加拿大裔美国学者，20 世纪著名的社会学家、人类学家、社会心理学家、精神病学家、传播学家和语言学家。他 1922 年出生于加拿大阿尔伯塔省的一个乌克兰裔的犹太家庭，1982 年去世时还担任着美国社会学学会主席。戈夫曼先后在曼尼托巴大学、多伦多大学和芝加哥大学求学，并先后在马里兰州的美国国家精神健康研究所、加州大学伯克利分校、宾夕法尼亚大学任职，是典型的学院派思想家。

　　戈夫曼的学术研究可以分为三个阶段。1959 年出版的《日常生活中的自我呈现》[①] 是他学术生涯的重要起步，也标志着他在受到芝加哥大学观察社会学的风气和符号互动论的影响下迈出了社会学研究的第一步。这本书中的自我呈现、拟剧理论、前台等理论成为社会学研究领域中引用率很高的学术术语。1961 年，他先后出版了《精神病院：论精神

---

① Erving Goffman, *The Presentation of Self in Everyday Life*, London：Penguin Books, 1959.

病患与其他被收容者的社会处境》①和《日常接触：社会学交往方面的两个研究》②。前者奠定了他在社会心理学领域不可撼动的宗师地位，后者则让他的符号互动理论得到进一步提升，尤其是"形式化""角色框架"和"角色距离"等概念的提出。但他在这一领域的研究并没有停止。1963年，他的又一部力作《污名——受损身份管理札记》③问世，"丢脸者"和"会丢脸者"、"污名"和"正常越轨者"等概念成了社会学研究领域的热点。就在同年，他还出版了《公共领域的行为：集会的社会组织之注释》④，祭出了"非注意力互动"和"注意力互动"等概念。他于1967年出版的《互动仪式：面对面行为的研究》⑤几乎把符号互动理论推到一个高峰，尤其是面对面交往研究理论。1969年出版的《互动策略》⑥是对前一阶段符号互动理论研究的一个总结，在"表达游戏"等层面还取得了新的突破。1971年，戈夫曼的《公共关系：公众秩序的微观研究》⑦正式出版，这本书是后来大家熟知的戈夫曼微观社会学研究的基础，将个人与团队等观点进行了细致入微的阐释。

戈夫曼于1974年出版的《框架分析：一份经验组织的研究》⑧是他

---

① Erving Goffman, *Asylums: Essays on the Social Situation of Mental Patients and Other Inmates*, New York：Anchor Books, 1961.

② Erving Goffman, *Encounters: Two Studies in the Sociology of Interaction*, Indianapolis：Bobbs-Merrill Educational Publishing, 1961.

③ Erving Goffman, *Stigma: Notes on the Management of Spoiled Identity*, Englewood Cliffs：Prentice-Hall, 1963.

④ Erving Goffman, *Behavior in Public Places: Notes on the Social Organization of Gatherings*, New York：The Free Press, 1963.

⑤ Erving Goffman, *Interaction Ritual: Essays on Face-to-face Behavior*, New York：Anchor Books, 1967.

⑥ Erving Goffman, *Strategic Interaction*, Philadelphia：University of Pennsylvania Press, 1969.

⑦ Erving Goffman, *Relations in Public: Microstudies of the Public Order*, New York：Harper Colophon Books, 1971.

⑧ Erving Goffman, *Frame Analysis: An Essay on the Organization of Experience*, Boston：Northeastern University Press, 1974.

在研究中的重大转向，这本书成为当代传播学研究的奠基作品之一，直到今天框架理论仍然是传播学领域世界范围内运用最广泛的基础理论之一。1979 年，戈夫曼的《性别广告》① 一书的出版标志着他在社会学性别研究领域和广告学等层面取得了新的进展。这本书虽然很薄，了解的人不多，但它却一直是戈夫曼的重要代表作之一。

1981 年出版的《谈话的规范》② 使他的研究再一次发生重大转向，标志着他在语言学领域的研究取得了突破。遗憾的是他的英年早逝让他在诸多领域的研究戛然而止。截至目前，他的 11 部著作和论文集中已经有 4 本被译为中文，成为国内社会学符号互动理论研究的核心内容。

戈夫曼的理论受到了法国社会学家涂尔干的影响。但与涂尔干的宏观社会学视角不同的是，戈夫曼主要从社会交互影响的微观层面展开分析。因此不少学者将戈夫曼的理论誉为功能主义理论下的"微观社会秩序"研究。③

第一节　日常生活中的自我呈现与拟剧理论

戈夫曼对于日常生活观察的细致几乎家喻户晓，这源于他在芝加哥大学求学时受到该校社会学研究中观察法的影响，当然更主要得益于他在美国国家精神健康研究所里的田野调查，马里兰州设得兰群岛的居民多次出现在他的研究中，成为他的理论来源。正如戈夫曼所说，"这个

---

① Erving Goffman, *Gender Advertisements*, Cambridge：Harvard University Press，1979.
② Erving Goffman, *Forms of Talk*, Oxford：Basil Blackwell Publisher，1981.
③ 熊欢：《身体、社会与体育——西方社会学理论视角下的体育》，当代中国出版社 2011 年版，第 41 页。

研究所使用的例证材料是混合型的；有些取自优秀的研究，这些研究对确实显示规律性的现象做出了合理的概括；有些取自富有特色的热门所写的非正式的回忆录；更多的是处于两者之间"①。

他的《日常生活中的自我呈现》被学者乔纳森·特纳誉为"展现了对社会互动分析一个真正开拓性的突破……对自我展示、仪式和框架的强调，代表着 20 世纪中叶的社会学理论，其中许多重要的概念被不同理论传统吸纳"②。戈夫曼在《日常生活中的自我呈现》中提出的"观众""剧班"和"表演者"等理论成了之后几十年里这一领域研究的热点。由于这些概念几乎都适用于体育，因此戈夫曼的这一系列理论成为体育研究的经典引用对象。

一　表演的概念和种类

在戈夫曼的《日常生活中的自我呈现》一书中，表演的概念处于核心地位。他把表演视为"一种可能的隐匿、发现、虚假显示、再发现的无限循环"③ 的信息游戏，这个过程贯穿社会互动的全程。他对表演的定义是"特定的参与者在特定的场合，以任何方式影响其他任何参与者的所有活动"④。他又对表演中的角色进行了细分，特别是"观众""剧本"等概念。"观众"是那些做出其他表演的人，也叫作"观察者"或"协助参与者"。"剧本"即在表演期间展开并可以在其他场合从头至尾

---

① ［美］欧文·戈夫曼：《日常生活中的自我呈现》，冯钢译，北京大学出版社 2008 年版，序言第 1 页。

② ［美］乔纳森·特纳：《社会学理论的结构》，邱泽奇、张茂元等译，华夏出版社 2006 年版，第 394 页。

③ ［美］欧文·戈夫曼：《日常生活中的自我呈现》，冯钢译，北京大学出版社 2008 年版，第 7 页。

④ 同上书，第 12 页。

呈现或表演的预先确定的行动模式。① 这一系列定义为"表演"这个概念的铺开奠定了基础，更为他的微观社会互动理论提供了坚实的学理支撑。

在戈夫曼看来，表演可以分为表演成功和表演崩溃两个部分。表演成功又可以分为理想化表演、误传表演和神秘化表演三个种类。其中，理想化表演显著地表现了它所在社会的普遍、正式的价值标准，因此可以被视作一种仪式——对共同体道德价值的表达性复原和重申。② 例如，教练必须展现出他不同于运动员和其他非专业人士的对于技战术的掌控力，尤其是面对媒体时。他们有时会使用自己的运动员才懂的手势、动作或其他身体语言来展示自己的专业性。又比如，在男女共同参加的比赛项目中，女性运动员被"默认"为实力稍逊一筹。所以当张山在巴塞罗那奥运会双向飞碟比赛中击败所有男运动员夺得冠军时，才会享受亚军和季军男运动员将她"举起"的待遇。人们为了维持前台地位，不得不为向上流动做出努力，同时还有避免向下流动所做的努力。这些努力在日常生活中屡见不鲜。

误传性表演是表演者通过伪装的、行骗的、欺诈的表演来传达与事实不符的虚假印象。观众对于表演者的演出是持怀疑态度的，因为谎言和真实之间只有"细微的差别"③。例如，刘翔在 2008 年北京奥运会和 2012 年伦敦奥运会上两次因伤退赛，他的痛苦万分和亲吻栏架等举动的"表演"动机饱受质疑，寻常人甚至搬出了"国家机密"和商业利益等元素来质疑他的诚意。但真相如何，只有刘翔在表现性角色结束以后通过自传的方式加以澄清。反之，人们对同样因为伤病无奈退役的姚明和

---

① ［美］欧文·戈夫曼：《日常生活中的自我呈现》，冯钢译，北京大学出版社 2008 年版，第 12 页。
② 同上书，第 29—30 页。
③ 同上书，第 51 页。

李娜给予了莫大的宽容和理解。这其中的原因是值得深思的。

神秘化表演是指限制接触，保持社会距离，能使观众产生并维持一种敬畏，使表演者对观众处于一种神秘的状态中。① 例如朝鲜举重运动员的水平从 2008 年北京奥运会之后就取得了突飞猛进的提升，有些运动员甚至在一年之中将最好成绩提升 20 千克以上，远远超出了运动生理学所能解释的界限。但由于他们几乎只参加最高水平的世界锦标赛和奥运会等比赛，人们无法窥探他们提升成绩的奥秘，因此只能用"神秘之师"来形容他们的存在。戈夫曼提出，"在保持社会距离这一方面，观众本身也总是给予配合，经常会摆出一副恭敬的样子，对附着在表演者身上的神圣完美表示敬畏"②。

戈夫曼的理论深受涂尔干的影响。尤其是《自杀论》一书，几乎改变了戈夫曼的人生轨迹。因此，他对于涂尔干理论的推崇几乎贯穿始终。他在《日常生活中的自我呈现》和《互动仪式》等多本书中引用了涂尔干的原话："人格是神圣不可侵犯的东西；既不可亵渎它，也不可侵入其领域，然而，与此同时，最大的善却是与他们的交流。"③ 戈夫曼对于神秘化表演有一个观点：观众由于敬畏表演者而不予追究的事情，往往是那种一旦泄露，表演者就会感到羞愧的事情。一些通过违禁药物创造"伟大"成绩的体育英雄们在曝光后，他们的神秘化表演就宣告结束。

表演崩溃在日常生活中也大量上演。戈夫曼在《日常生活中的自我呈现》中探讨了针对表演者的防卫措施和针对观众的保护措施。他提

---

① ［美］欧文·戈夫曼：《日常生活中的自我呈现》，冯钢译，北京大学出版社 2008 年版，第 54 页。

② 同上书，第 55 页。

③ Emile Durkheim, *Sociology and Philosophy*, Translated by D. F. Pocock, Abington：Routledge, 2010, p. 37.

出，防卫性措施包括戏剧表演的忠诚、纪律和谨慎三个方面。其中，剧班成员不能趁自己身处前台上演自己的节目，也绝不能利用表演时间公开批评剧班。根据他的理论，在球类项目中，角色球员需要明确自己在赛场上的作用，不能"抢戏"，更不能为自己的边缘地位唠叨。为了避免不忠的情况发生，戈夫曼提出在剧班内部发展高度的内群体团结和定期变换观众。① 与此同时，戈夫曼的"表演纪律"概念是指表演者"必须装出一副其理智和情感都卷入了所从事的活动中的样子，但又必须防止自己真的被自己的表演所迷醉"② 以免破坏表演效果。球类项目中运动员的"出格"表现既是自身表演的失当，又可能导致团队气氛不和谐的外露。表演谨慎则针对管理技术中的"选择忠诚的有纪律的成员和剧班要明确了解它能够从它所依赖的成员那里获取忠诚和遵纪的程度，以及选择麻烦最小的观众"③。

保护性措施包括个体自动离开未受邀请进入的地方。在球类比赛中，赛场是前台，更衣室是后台，这些地方都是"闲人免进"的。即使有摄影师和摄像师等"局外人"出于工作需要侵入，他也会"知趣地以一种不感兴趣、事不关己、不予注意的方式行动"④。

另外，当观众被纳入表演，成为整个表演的一部分时，观众个体应当"给予适当的注意和关心，克制自己的表演……禁止所有可能会导致失礼的言行，避免争吵的意念"⑤。在竞赛型演示叙述中，观众参与具有决定性的意义，可能决定一场比赛的胜负走向，甚至影响一项运动的走

---

① ［美］欧文·戈夫曼：《日常生活中的自我呈现》，冯钢译，北京大学出版社 2008 年版，第 184—185 页。
② 同上书，第 185 页。
③ 同上书，第 187 页。
④ 同上书，第 195 页。
⑤ 同上书，第 196 页。

势。① 因此，观众的能动表现，尤其是在表演者出现纰漏时，观众运用的乖巧手段可能帮助表演者摆脱困境。

二 剧班内的诸概念

戈夫曼的《日常生活中的自我呈现》提出了"剧班"的概念并下设多个子概念。"剧班"由此成为社会学研究的重要内容。根据戈夫曼的定义，剧班是"在表演同一常规程序时相互协同配合的任何一组人"②。他的互动理论深刻地体现在剧班的概念中。他提出，"如果把互动看成是两个剧班之间的对话，那可以将一个剧班视为表演者，另一个剧班视为观众或观察者"③。在这个过程中，戈夫曼将两个剧班之外的人称为"局外人"。

除了前台之外，戈夫曼的剧班理论中的重要概念还包括后台区域和剩余区域。前台是某一特定的表演正在或可能进行的地方；后台区域是指那些与表演相关但与表演促成的印象不一致的行为发生的地方；两种区域以外的所有区域是剩余区域。④

如果更细致地划分，前台可以被视为"个体在表演期间有意无意使用的、标准的表达性装备"⑤，它又包含了舞台设置和个人前台两个部分。舞台设置包括舞台设施、装饰品、布局以及其他一些为人们在舞台空间各处进行表演活动提供舞台布景和道具的背景项目。⑥ 个人前台部分由外表和举止组成。

----

① 魏伟：《叙述公正与叙述惊喜：竞赛型演示叙述研究》，《符号与传媒》2015 年第 1 期。
② ［美］欧文·戈夫曼：《日常生活中的自我呈现》，冯钢译，北京大学出版社 2008 年版，第 70 页。
③ 同上书，第 79 页。
④ 同上书，第 113 页。
⑤ 同上书，第 19 页。
⑥ 同上。

这种精细化的区域划分覆盖了全域，同时又对各区域之间的功能有了显著的界定，因此成为社会学，尤其是体育社会学研究的重要理论基础。

三　角色外的沟通

戈夫曼在《日程生活中的自我呈现》中探讨了社会个体在扮演角色之外的社会事实。他指出，"剧班所做的表演并非是对情境自发而直接的反映，也并非倾注了剧班所有的精力，因而也并未构成他们唯一的社会现实"①。角色外的沟通大致可以分为缺席对待、上演闲谈、剧班共谋和再合作的行为四种类型。

"缺席对待"是剧班成员转入后台时以特殊方式贬损或赞扬观众。"他们会制订出计划来'出卖'他们，采取各种'手段'攻击他们，或者抚慰他们。"② 值得指出的是，戈夫曼认为，"暗中贬损比暗中赞扬要更为普遍，或许是因为这种贬损有利于维护剧班的团结。在与观众面对面的交往中，表演者必须善待观众，于是就可能会出现自尊的失落，因此当观众缺席时，他们就需要以贬损观众作为补偿"③。在体育界，类似的例子也是存在的。一些运动员在与队友的交流中会讽刺"看不懂"比赛的观众或者对他们崇拜到五体投地的"脑残"球迷，甚至会用外号来指代他们。

"上演闲谈"是剧班成员走出观众在场的区域时，他们的讨论通常会转向有关舞台表演的问题。这些问题可能包括"制定出立场、界限和

---

① ［美］欧文·戈夫曼：《日常生活中的自我呈现》，冯钢译，北京大学出版社 2008 年版，第 174 页。
② 同上书，第 145—146 页。
③ 同上书，第 146 页。

位置；分析前台的利弊之处；考虑观众可能具有的规模和性质；讨论过去表演中出现的混乱以及目前可能的混乱情况；相互传递有关其他剧班的新闻；仔细揣摩观众对上一场表演的反应等"①。例如，运动员之间相互探讨其他球队的胜负与本队之间的关联，球迷对于哪些球员的忠诚度高，比赛中可能出现的不利局面等。有时，这种探讨会成为教练员技战术指导之外的"第二战场"。

"剧班共谋"是剧班成员之间在角色外互动中传递的信息，这些信息不会使观众意识到表演者传达了任何与情境定义不相符的东西。② 剧班共谋一般通过秘密暗号系统来传递，例如教练员可以通过吹口哨、讲暗语和各种身体语言来传递不同的信息，一方面是迷惑对手，另一方面是不能轻易让观众"截获"信息以保持队伍的神秘性。运动员之间也经常通过手势和表情来传递信息。尤其在比分处于落后时，核心队员的轻松表情有可能让角色球员放心。

"再合作的行为"是指剧班之间界限的活动或超越、离开剧班之间界限的活动，这是一种非正式的、直接的沟通途径，可能表现为含沙射影、口音模仿、恰当的玩笑、蓄意的停顿、隐晦的暗示、有目的的嘲弄、富有表情的弦外之音等。③ 我们经常可以看到足球比赛开赛前双方队员在比赛通道内的互相寒暄，或是网球比赛结束后运动员之间的各种互动，这都属于再合作的行为。

《日常生活中的自我呈现》为戏剧表演提供了相当丰富的学术内涵。正如美国学者玛丽·迪甘和迈克尔·斯泰恩所言，"戈夫曼有关日常生活的概念为我们提供了一种通过仪式参与来考察通常是深厚的感情和可

---

① 　［美］欧文·戈夫曼：《日常生活中的自我呈现》，冯钢译，北京大学出版社 2008 年版，第 150 页。

② 　同上书，第 151 页。

③ 　同上书，第 162 页。

能的情感"①。这些学术成就几乎都能够移植到体育竞赛中，因此该书也成为体育社会学研究的重要理论基础。

第二节　戈夫曼的符号互动理论

虽然学术界公认符号互动理论是由美国学者赫伯特·布鲁默正式提出来的，但戈夫曼对于符号互动理论的发展显然做出了很大的努力。他曾在《互动策略》中提出："我的终极兴趣是要发展一门作为自然有边界的、互相解释场域的面对面互动的学科——社会学的亚领域。"②戈夫曼将身体概念化为社会互动的工具，认同则是风度（公众表现）和尊重（他人对表现的反馈）或由此带来的缺席。用戈夫曼本人的话来说，"风度是指个体的典型仪式行为，通过举止、衣着和仪态来传递，用于表达他（她）的即时在场感，即他（她）具有的某种特定的受欢迎或不受欢迎的品质。在我们的社会中，'好的'和'恰当的'个人举止表现为判断力和诚意、自我声称的谦虚、体育精神、言语和身体运动命令、关于情绪的自控力、爱好、欲望、压力下的从容等"③。其中，戈夫曼对体育精神的定义是直接展示身体在场和举止的一个系统，标志着英国式的伦理和道德规范，定义着文明的行为。

同其他社会学家把面对面的交往分为变化多端的日常习惯的交往不

① Mary Deegan, Michael Stein, "American Drama and Ritual: Nebraska Football", *International Review for the Sociology of Sport*, Vol. 13, No. 3, September 1978.

② Erving Goffman, *Strategic Interaction*, Philadelphia: University of Pennsylvania Press, 1969, p. ix.

③ Erving Goffman, *Interaction Ritual: Essays on Face-to-face Behavior*, New York: Anchor Books, 1967, p. 77.

同的是，戈夫曼提出的面对面交往分为非专注性的交往和专注性的交往两类。非专注性的交往是那些仅仅因人们彼此在场而产生的个人交流构成的；专注性交往发生在人们实际上同意在某段时间内使其认知和视觉注意力集中于某一焦点的时候。①

戈夫曼在《日常接触：社会学交往方面的两个研究》中有一篇名为《游戏中的乐趣》的文章。值得注意的是，作者为了说明游戏的特性，在文章中列举了大量有关体育的实例。他先后以跳棋、桥牌和国际象棋等运动项目为例。例如他指出，游戏能够产生角色和身份。国际象棋中要吃子时所发生的事不仅与棋盘上的位置有关，而且还与棋艺有关，因为一粒具有某种特定权力和地位的棋子就是胜子，另一粒具有某种自身特征的棋子是负子。戈夫曼还以棒球为例继续阐明问题。只有在棒球赛中，才能发生跑向第三垒这样的事。然而，也只有在棒球赛中才能发现第三垒球员的位置。与这一位置相关的，还有这个球员可能遇到的一系列困境，以及他化险为夷所需的身心素质。② 戈夫曼在这里的基本观点是游戏给游戏者提供了一个机会，以表现出种种更广泛的社交世界中受到重视的属性，例如灵巧、力量、知识、理解力、勇气和自控等。这使得外部属性在日常接触的环境中得到了正式的表现。这些属性甚至也能在日常接触的内部获得，以后在日常接触的外部加以发挥。③

正如美国学者苏珊·比瑞尔和加拿大学者皮特·当内利所说，"戈夫曼的互动策略将游戏作为理解互动策略的核心隐喻。这个模式尤其适合体育学研究，运动员大都通过欺骗、误导、佯攻和闪躲来获得竞赛中

---

① ［美］戈夫曼：《日常接触：社会学交往方面的两个研究》，徐江敏等译，华夏出版社1990年版，序言第1页。

② 同上书，第12页。

③ 同上书，第56页。

的优势"①。事实上，戈夫曼在《互动策略》和《框架分析》两本书中提出了不少生动的策略和反策略，这些内容都可以用来分析体育比赛中的欺骗行为。

对于戈夫曼来说，无论多么细微，任何互动都是重要的，所有的互动都是重要的仪式，也都是维持其道德秩序和社会秩序的仪式。戈夫曼在论述游戏时就提出："游戏在一系列事件的周围设置了一种'框架'，这种'框架'决定了应赋予该框架内的一切事物以什么类型的'感觉'。"② 他在文章的最后指出了一个游戏是否成功的必要条件：首先，需要有一个胜负难卜的结局；其次，在这个界限内，必须使在外部世界得到认可的属性得到最大限度的表现。③

为了更好地说明游戏带来的乐趣，戈夫曼引入了保护膜的概念。他提出，任何日常接触，任何专注性聚集，首先必须依据保护膜的作用去理解。这种保护膜处于社会接触或专注性聚集的周围，并把它与种种属性分离开来，尽管这些属性也可能是重要的。④ 戈夫曼认为，足球场上发生的冲突能使两个队代表的两个群体之间的对抗以一种受到控制的方式进入日常接触，并能够表现出来。如果再细分的话还有差异。就观众而言，来自同一社会集团的两支球队所产生的冲突可能不会在观众中引起反响；来自彼此敌对的集团的两支球队可能产生各种各样的事故。在这些事故中，许多外部的敌对情绪流入比赛日常接触的相互活动中，以致涨破了日

---

① Susan Birrell, Peter Donnelly, "Reclaiming Goffman: Erving Goffman's Influence on the Sociology of Sport", Richard Giulianotti, *Sport and Modern Social Theorists*, New York: Palgrave Mac-Millan, 2004, p. 51.

② ［美］戈夫曼：《日常接触：社会学交往方面的两个研究》，徐江敏等译，华夏出版社1990年版，第5页。

③ 同上书，第56页。

④ 同上书，第68—69页。

常接触周围的保护膜，导致骚乱、斗殴及其他破坏秩序的种种行为。①

后来，戈夫曼为了更好地说明保护膜这个概念，在学术界率先赋予框架以理论色彩。他认为，框架是人们用以认识和解释社会生活经验的一种认知结构，它"能够使它的使用者定位、认知、辨别和标记那些看似无限的具体事实"②。框架理论现在已经成为传播学领域运用最广泛的基础理论之一，这一点可能是戈夫曼在界定这个概念时没有想到的，他当时研究的目的"不过是将社会中一些可以被理解的事件中的基础框架分类出来，分析这些框架主体的特殊漏洞"③。用戈夫曼自己的话来说，"框架是文化的核心部分，是以多种形式被制度化的"④。

第三节　戈夫曼的精神病患理论和污名理论

戈夫曼对于社会中日常生活的细致观察体现在他对社会中特殊群体和弱势群体的特别关注，从这些观察中可以清晰地看到戈夫曼以小见大的微观社会学理论。他在 20 世纪 60 年代先后推出的两部著作《精神病院》和《污名》就是这种微观社会学理论的代表作品。

一　精神病患理论

戈夫曼于 1961 年出版了《精神病院：论精神病患与其他被收容者的社会处境》。这部作品是建立在他 1954—1957 年在马里兰州贝瑟斯达

---

① ［美］戈夫曼：《日常接触：社会学交往方面的两个研究》，徐江敏等译，华夏出版社1990 年版，第 60 页。

② Erving Goffman, *Frame Analysis：An Essay on the Organization of Experience*, Boston：Northeastern University Press, 1974, p. 21.

③ Ibid., p. 10.

④ Erving Goffman, "A Reply to Denzin and Kellner", *Contemporary Sociology*, Vol. 10, No. 1, March 1981.

美国国家心理卫生研究院的社会环境研究实验室的访问之上的。其间，他还在华盛顿特区的圣伊丽莎白医院进行田野调查，并参与了加州大学伯克利分校社会科学理论整合中心的研究。① 这一系列研究活动为戈夫曼提供了接触特殊人群的机会，使得他可以从精神病患、医务人员以及旁观者等多个视角来思考一些问题。

戈夫曼认为，精神病院里医疗人员的存在，某种程度上取代了看护人员的工作。他们之所以愿意在不大清新的、隔离的环境工作，是因为医疗观点提供了一种与标准的社会观点背道而驰的看待人的方式，从而让他们可以无视于寻常的好恶。以医疗的观点来看待一个人的处境，一些病人主张自己在院内应该受到中产阶级式的对待。因为医疗暂停了他们的家庭生活……随着治疗的执行而来的关于精神病患的可治愈性等一般医学概念，让某些病人能够更容易重新回到自由的社会。②

戈夫曼认为，医疗人员在精神病院中的角色是尴尬的。因为他们进行的一切，都必须透过同化或转译的方式，使之符合医疗服务的参考框架来获得正当性。工作人员的日常行动必须被界定和呈现为观察、诊断和治疗的表现。为了落实这种转译过程，他们必须大幅扭曲现实，使这种治疗变得合乎情理。此外，在精神病院里，一个病人要是因为无法工作或对工作人员无礼而难以掌控，就会被认为他并没有准备好得到自由，而且必须接受进一步的治疗。要是病人表达了对医院的厌恶，反而证明了他被关在这里的合理性，因此，服从他人和个人的调试就不断被

---

① ［美］厄文·高夫曼：《精神病院：论精神病患与其他被收容者的社会处境》，群学翻译工作室译，群学出版有限公司 2012 年版，第 1 页。
② 同上书，第 374 页。

系统地混淆了。①

因此，戈夫曼得出的结论是，精神病人会发现自己陷入了特别的困境。为了离开医院，或是让自己在院内的生活轻松些，他们必须表现出能接受被赋予的位置。但赋予他们的位置，却是用来巩固那些强加这个协议的人的职业角色。这种导致自我疏离的道德奴役是借由诉诸专家服务体系的伟大传统来达成的。精神病患会发现自己被一种服务的理想压碎，这种理想却让社会中的其他人的生活变得更容易。② 于是，戈夫曼推导出了一个重要的社会学公式：一个人的主张越是偏离事实，他就必须越费力，得到越多帮助，才撑得起自己的立场。③

二　污名理论

戈夫曼在1963年出版的《污名——受损身份管理札记》（以下简称《污名》）中探讨了污名理论。污名起源于古希腊刻在或烙在人身上的一种特殊标记，虽然污名理论并非戈夫曼率先提出，但却是戈夫曼将这一概念带进了社会学领域的，他在以往的研究之上构建了相对完备的污名理论体系。用朱立宏的话来说，《污名》把拟剧理论视角运用于越轨领域，写的是一本"蒙受污名者在日常生活中的自我呈现"④。重要的是，戈夫曼的这一理论体系历经了时间的检验。姚星亮等指出，在该书推出之后，污名研究在国外一度兴盛，但后续研究"大都没能在戈夫曼的研究基础上有实质性的突破"⑤。

---

① ［美］厄文·高夫曼：《精神病院：论精神病患与其他被收容者的社会处境》，群学翻译工作室译，群学出版有限公司2012年版，第375—376页。

② 同上书，第377页。

③ 同上。

④ 朱立宏：《译后小记》，［美］欧文·戈夫曼《污名——受损身份管理札记》，宋立宏译，商务印书馆2009年版，第199页。

⑤ 姚星亮、黄盈盈、潘绥铭：《国外污名理论研究综述》，《国外社会科学》2014年第3期。

戈夫曼将污名描述为令人大大丢脸的特征，这种特征源于身体、性格或族群上不受欢迎或令人不快的属性，由于在社会交往中被识别、区分，使当事人成为有污点的、丧失部分价值的人，从而导致其在社会关系中的地位、身份受到相应的损伤，并由此造成精神上的困扰或生活上的困境。[①]

戈夫曼在《污名》中界定了一些基本概念。例如，蒙受污名者觉得他的与众不同已经为人了解，或者一眼就能看穿，那么这种相应的困境就是丢脸。如果蒙受污名者觉得他既不能为在场者了解，又不能立即被他们察觉，那么涉及的困境就是会丢脸。另外，戈夫曼把污名分为三种类型：第一种是对身体深恶痛绝，痛恨各种身体残疾；第二种是个人的性格缺点，例如软弱的意志、专横或不自然的情欲、叛逆而顽固的信念和不诚实；第三种是与种族、民族和宗教相关的集体意识较强的污名，可以通过血统传播，让全体家族成员染上。[②]

戈夫曼在《污名》一书中一如既往地延续着他对社会的细致观察，他对于多个概念的类型划分成了后续研究的起点。例如，他认为每个人都有自我认同和群体归属意识，"内群体"和"外群体"的概念由此划分。[③] 再如，他把偏常行为分为内群体的越轨者、社会越轨者、族群和种族的弱势群体以及下层社会成员四种类型。[④]

戈夫曼的精神病患理论和污名理论为研究社会中的弱势群体提供了较为理想的研究范式，这是体育社会学研究中很重要的一个理论。

---

① ［美］欧文·戈夫曼：《污名——受损身份管理札记》，宋立宏译，商务印书馆 2009 年版，第 2—27 页。

② 同上书，第 2—27 页。

③ 同上书，第 153—158 页。

④ 同上书，第 189—195 页。

第四节 戈夫曼理论对体育研究的影响

戈夫曼在社会学方面的突出贡献使他跻身 20 世纪社会学研究的重要理论家之一，他的诸理论对体育研究也有相当重要的影响。英国学者阿伦·英格汉姆可能是最早将戈夫曼的研究带入体育研究领域的学者之一。早在 1975 年，他对体育运动员的职业亚文化研究就已经运用了戈夫曼对于体育中异化劳动的政治经济学视角。[①] 尽管他刻意与戈夫曼的理论保持距离，但戈夫曼的思想对他的影响是不言而喻的。他和约翰·洛伊对顽皮行为的结构研究也借用了戈夫曼的互动理论和拟剧理论中的不少概念。[②] 美国学者罗伯特·休斯和杰伊·科克利在探讨运动员的积极越轨行为时运用了戈夫曼在《互动仪式》中的冷静理论。[③] 美国学者约翰·诺莱特在研究非洲女性的体育行为时，[④] 借用了戈夫曼在《公共领域的行为：集会的社会组织之注释》中的互动理论。对于阐述非洲女性的身体观，戈夫曼的这一理论起到了相当重要的作用。美国学者玛丽·迪甘和迈克尔·斯坦在研究内布拉斯加橄榄球的剧场模式和仪式后，大篇幅、全方位地引介了戈夫曼的理论，其中重点谈到的是戈夫曼的"受众"

① Alan Ingham, "Occupational Subcultures in the Work World of Sport", Donald Ball, John Loy (eds), *Sport and Social Order*: *Contributions to the Sociology of Sport*, Reading: Addison-Wesley, 1975.

② Alan Ingham, John Loy, "The Structure of Ludic Action", *International Review of Sport Sociology*, Vol. 9, No. 1, March 1974.

③ Robert Hughes, Jay Coakley, "Positive Deviance Among Athletes: The Implications of Overconformity to the Sport Ethic", *Sociology of Sport Journal*, Vol. 8, No. 4, December 1991.

④ John Nauright, "African Women and Sport: The State of Play", *Sport in Society*: *Cultures*, *Commerce*, *Media*, *Politics*, Vol. 17, No. 4, April 2014.

"团队""表演""污名""性别广告""游戏"和"框架"等概念。①

英国学者伊丽莎白·派克对于戈夫曼理论的使用也是全方位的。她在研究游泳比赛时，②几乎借用了戈夫曼所有著作中与互动相关的理论和污名理论。在研究女性体育的非正统保健问题时③，她再次借用了戈夫曼的互动理论、拟剧理论和污名理论中的十几个概念。她甚至把自己的研究称为"戈夫曼式"的经典研究。法国学者卡里内·格朗德尔和克里斯丁·门内松在研究柔道互动中的性别建构时，④同样借用了戈夫曼在多本著作中的互动理论，其中还有戈夫曼在后期作品《互动秩序》⑤一文中的部分表达。无独有偶，美国学者博比·纳普在研究女子美式橄榄球队的身份认同的发展和维持问题时，⑥也使用了戈夫曼的互动理论和拟剧理论，其中"面子"概念的使用频度最高。他还重点探讨了教练员与运动员之间的互动问题。

美国学者埃尔顿·施耐德在研究运动员更衣室中的口号文化时，⑦借用了戈夫曼在《日常接触：社会学交往方面的两个研究》中的游戏理论，这一理论在施耐德的研究中显得相当贴切，因此施耐德的研究堪称运用这一理论的经典案例。丹麦学者汉斯·邦德借用了戈夫曼在《公共

---

① Mary Deegan, Michael Stein, "American Drama and Ritual：Nebraska Football", *International Review for the Sociology of Sport*, Vol. 13, No. 3, September 1978.

② Elizabeth Pike, "Aquatic Antiques：Swimming off This Mortal Coil?" *International Review of Sport Sociology*, Vol. 47, No. 4, August 2012.

③ Elizabeth Pike, "Doctor Just Say 'Rest and Take Ibuprofen'"：A Critical Examination of the Role of "Non-orthodox" Health Care in Women's Sport, *International Review of Sport Sociology*, Vol. 40, No. 2, June 2005.

④ Carine Guélandel, Christine Mennesson, "Gender Construction in Judo Interaction", *International Review of Sport Sociology*, Vol. 42, No. 2, June 2007.

⑤ Erving Goffman, "Interaction Order", *American Sociological Review*, Vol. 48, No. 1, March 1983.

⑥ Bobbi Knapp, "Smash Mouth Football：Identity Development and Maintenance on a Women's Tackle Football Team", *Journal of Sport & Social Issues*, Vol. 38, No. 1, February 2014.

⑦ Eldon Snyder, "Athletic Dressing Room Slogans as Folklore：A Means of Socialization", *International Review of Sport Sociology*, Vol. 7, No. 1, March 1972.

领域的行为》中的"松"和"紧"的概念，① 并把这一概念移植到国与国之间的关系，深刻论述了 2012 年伦敦奥运会开幕式表演在 2008 年北京奥运会开幕式巨大成功后的策略，结合戈夫曼的前台和后台理论，阐述国家层面的硬实力较量。② 加拿大学者吉尔·克莱尔在论述从一个残疾人到残奥会运动员的身份转变问题时，③ 借用了戈夫曼互动理论中的一些概念，同时还使用了污名理论。这一作品在类似研究中比较具有代表性。英国学者德布拉·吉姆林在探讨公共跑者得到的不文明关注问题时，④ 用较大篇幅引述了戈夫曼的互动理论，其中对"开放"概念的描述相当细致。

戈夫曼的拟剧理论和展演性可能是体育学界近年来最感兴趣的理论点之一，许多学者都在戈夫曼研究的基础上继续深入探讨。美国学者迈克尔·梅斯纳在探讨性别与体育的问题时将戈夫曼的拟剧理论作为重要的研究武器。在建构性别与体育的关系时，梅斯纳的"作为展演的性别"的观点是整个研究的一大亮点。⑤ 美国学者罗伯特·莱恩哈特在研究当代体育的展演性时，⑥ 对戈夫曼的拟剧理论进行了更为细致的研究。尤其是他开篇的"作为表演的体育"一章几乎是以戈夫曼的理论作为核心来进行探讨。丹麦学者肯尼斯·阿格霍尔姆在研究足球比赛的剧场价

---

① Erving Goffman, *Behavior in Public Places*: *Notes on the Social Organization of Gatherings*, New York: The Free Press, 1963, pp. 198 – 215.

② Hans Bonde, "Between Tightness an Looseness: The Politics of London Games in the Light of the Beijing Games", *Sport in Society*, Vol. 17, No. 5, March 2014.

③ Jill Le Clair, "Transformed Identity: From Disabled Person to Global Paralympian", *Sport in Society*, Vol. 14, No. 9, November 2011.

④ Debra Gimlin, "Uncivil Attention and the Public Runner", *Sociology of Sport Journal*, Vol. 27, No. 3, September 2010.

⑤ Michael Messner, *Taking the Field*: *Women*, *Men*, *and Sports*, Minneapolis: University of Minnesota Press, 2002.

⑥ Robert Rinehart, *Players All*: *Performances in Contemporary Sport*, Bloomington: Indiana University Press, 1998.

值时，① 也不遗余力地借用了戈夫曼的拟剧理论，他认为在足球比赛中"好"的表现与行为的功能价值是不能等同的。英国学者保罗·波特拉克和罗宾·琼斯在探讨半职业化足球队埃雷沃恩城足球队的微观政治表现时，② 运用了戈夫曼拟剧理论中的多重概念，这让整个研究显现了理论的深度。英国学者克里斯·斯通在论述足球在日常生活中的作用时，将戈夫曼的拟剧理论和朱迪斯·巴特勒的展演性研究进行了对比，③ 论证了足球在消费社会中不可替代的作用。

尽管戈夫曼本人从未将自己列入女性主义研究者的行列，但有学者认为他的研究显然隶属于主流女性社会学领域。④ 事实上，戈夫曼本人也曾经做过有关性别的研究，⑤ 但研究主要是从互动的角度展开的。在戈夫曼晚年的一本著作《性别广告》中，他在性别问题上有深入推进，这部作品同时也是在广告领域和新闻领域的尝试。在书中戈夫曼把性别广告视为每天都在日常生活中上演的理想类型。美国学者玛格丽特·邓肯就在这本著作的基础上对体育图片展开研究。⑥ 美国学者斯坦利·威尔登和帕梅拉·克里顿对 WNBA 揭幕赛季电视广告中有关女性的呈现⑦

---

① Kenneth Aggerholm, "Express Yourself: The Value of Theatricality in Soccer", *Journal of the Philosophy of Sport*, Vol. 40, No. 2, October 2013.

② Paul Potrac, Robyn Jones, "Micropolitical Workings in Semi-professional Football", *Sociology of Sport Journal*, Vol. 26, No. 4, December 2009.

③ Chris Stone, "The Role of Football in Everyday Life", *Soccer & Society*, Vol. 8, No. 2 – 3, May 2007.

④ Arlie Hochschild, "Gender Codes in Women's Advice Books", Stephen Riggins (ed), *Beyond Goffman: Studies on Communication, Institution, and Social Interaction*, Berlin: Mouton de Gruyter, 1990.

⑤ Erving Goffman, "The Arrangement between the Sexes", *Theory and Society*, Vol. 4, No. 3, September 1977.

⑥ Margaret Duncan, "Sports Photographs and Sexual Difference: Images of Women and Men in the 1984 and 1988 Olympic Games", *Sociology of Sport Journal*, Vol. 7, No. 1, March 1990.

⑦ Stanley Weardon, Pamela Creedon, "'We Got Next': Images of Women in Television Commercials during the Inaugural WNBA Season", *Culture, Sport, Society*, Vol. 5, No. 3, September 2002.

也借用了戈夫曼的性别广告理论，不过他们的使用略显生硬。

戈夫曼的污名理论同样是体育研究不可或缺的理论之一。加拿大学者马贝尔·哈特运用这一理论写成的《污名与声望》一文对女性在体育世界中的边缘地位进行了较为深入的探究。① 这一理论的运用实际上为戈夫曼污名理论在体育研究领域的发展做出了贡献。美国学者丹尼斯·安德森在研究青春期女孩参与残疾人运动的问题时，借用了戈夫曼的污名理论和符号互动理论。②

戈夫曼的框架理论现在已经成了传播学研究领域最常采用的理论之一。英国学者卡罗尔在研究英国足球流氓时③借用了戈夫曼的戏剧框架理论，他的这一研究还用到了戈夫曼的污名理论。美国学者雷蒙德·施密特在研究 1987 年 NFL 叠层语言带来的攻击时也运用了框架力量，④ 这篇论文同时还使用了戈夫曼的拟剧理论，以及在《谈话的规范》的"特殊种类的遭遇"⑤ 观点和《被忽视的状况》⑥ 中的理论。学者吉姆·马凯和菲利普·史密斯在对前 NFL 球星辛普森涉嫌杀人案件的叙事学和框架分析中也运用了戈夫曼的框架理论。⑦ 在 2000 年之后的体育传播研究中，运用框架理论的实证研究数以百计。

尽管戈夫曼的理论体系复杂而且牵涉面广，但到目前为止对中国体

① Mabel Hart, "Stigma and Prestige", Mabel Hart (ed), *Sport in the Socio-cultural Process*, Dubuque: W. C. Brown, 1976.

② Denise Anderson, "Adolescent Girls' Involvement in Disability Sport: Implications for Identity Development", *Journal of Sport & Social Issues*, Vol. 33, No. 4, November 2009.

③ R Carroll, "Football Hooliganism in England", *International Review of Sport Sociology*, Vol. 15, No. 2, June 1980.

④ Raymond Schmitt, "Enhancing Frame Analysis: Five Laminating Functions in the 1987 NFL Strike", *Sociology of Sport Journal*, Vol. 10, No. 2, June 1993.

⑤ Erving Goffman, *Forms of Talk*, Oxford: Basil Blackwell Publisher, 1981, p. 71.

⑥ Erving Goffman, "Neglected Situation", *American Anthropologist*, Vol. 66, May 1964.

⑦ Jim McKay, Philip Smith, "Exonerating the Hero: Frames and Narratives in Media Coverage of the O. J. Simpon Story", *Media Information Australia*, Vol. 75, No. 1, February 1995.

育研究的影响与戈夫曼在社会学中的地位很不匹配。吴月红等的研究只是谈到了传播中的体育价值研究应当借鉴戈夫曼的框架理论，但对理论本身并无多少阐释。① 刘晖在探讨符号互动理论在体育研究中的应用时也只是提到了戈夫曼对于这项理论体系的贡献，但没有对理论体系的内容进行说明。② 由此可见，国内体育学界对于戈夫曼理论的应用还处在萌芽阶段，大量的学术空白点有待挖掘。也许正如学者谢格罗夫所言，"毫无疑问，我们对戈夫曼留给我们的理论的学习还远远没有结束"③。

---

① 吴月红、陈明珠、王慧娟：《我国传播媒介体育价值观框架变迁讨论》，《安徽科技学院学报》2014 年第 3 期。

② 刘晖：《自我、体育与社会：论符号互动理论在体育研究中的应用》，《武汉体育学院学报》，2011 年第 3 期。

③ Emanuel Schegloff, "Goffman and the Analysis of Conversation", Paul Drew, Anthony Wootton (eds), *Erving Goffman: Exploring the Interaction Order*, Boston: Northeastern University Press, 1988, p. 89.

第十章

身体美学与权力话语：米歇尔·福柯的
体育观

在 20 世纪的西方思想界，米歇尔·福柯（Michel Foucault，1926—1984）占据着极其特殊的地位。他是法国哲学流派的代表人物之一。但他涉猎的学术领域绝不仅限于哲学研究，用研究福柯的加拿大体育学者皮尔科·马库拉的话来说，福柯的研究包含人类学、历史学、社会学、英语研究、性别研究、政治学、同性恋研究、原住民研究、管理学、经济学、教育学、心理学、文化研究和体育社会学研究。[①] 他的著作丰富而且深刻，时代感和批判性强，他与波德里亚、德里达和德勒兹一道被誉为"也许是后现代主义思想最有力和最具批判精神的代表人物"[②]。以至于有人文社会学研究者感叹，如果一篇人文学或社会学博士生的毕业论文中没有涉及福柯的理论，那么该论文一定在某些领域有所缺失。虽

---

① Pirrko Markula, Richard Pringle, *Foucault*, *Sport and Exercise*：*Power*, *Knowledge and Transforming the Self*, London：Routledge, 2006, p. 6.

② Tony Schirato, Geoff Danaher, Jen Webb, *Understanding Foucault*：*A Critical Introduction*, *2nd Edition*, Sydney：Allen & Unwin, 2012, p. 1.

然此言不免夸张，但福柯在现代西方学术界的地位可见一斑。学者詹姆斯·米勒在福柯去世时甚至直言福柯"也许是世界上独一无二最知名的知识分子"①。第二代法兰克福学派代表思想家尤尔根·哈贝马斯对福柯的评价振聋发聩："在与我同时代的对我们这个时代号脉的哲学家圈子里，福柯是历时最长最能够体现'时代精神'的一位。"② 他的思想与同时代的法国思想巨匠罗兰·巴尔特、保罗·萨特、皮埃尔·布尔迪厄和稍晚的雅克·德里达、让·波德里亚相比有比较明显的差异，但又有千丝万缕的联系。他是少有的怀疑论思想家，在他的书中充满着对历史事实的各种质疑。作为现实的历史学家，他"总在寻求破坏现代白话文来击碎那些人们认为是必然的事实，是福柯的介入激励了越来越多的社会学和人文学研究者与已经建构的知识剥离开来，提出新问题，建立新联系，理解为什么这样做会如此重要"③。

在政治上，福柯是一个典型的改革派，他的很多思想激励着人们破除旧的观念和思想，因此他被萨拉·米尔斯称为"后结构主义者、后现代主义者、女性主义者、后马克思主义者和后殖民主义理论者"④。但是，他却不赞成在政治实践中运用理性思想，正如他在《语言与写作》中所说的："勿在政治实践中施用思想来授予事实价值。"⑤ 学者克利福德·济慈甚至说对福柯更好的定义是"他究竟不是什么"："他是一个非历史观的历史学家、一个反人文主义的人文科学家、一个反结构主义的

---

① James Miller, *The Passion of Michel Foucault*, New York: Simon & Schuster, 1993, p. 13.

② Jürgen Habermas, Taking Aim at the Heart of the Present, David Hoy (ed), *Foucault: A Critical Reader*, Oxford: Basil Blackwell, 1986, p. 107

③ C. L. Cole, Michael Giardina, David Andrews, "Michel Foucault: Studies of Power and Sport", Richard Giulianotti (ed), *Sport and Modern Social Theorists*, New York: Palgrave MacMillan, 2004, p. 207.

④ Sara Mills, *Michel Foucault: Routledge Critical Thinkers*, London: Routledge, 2003, p. 1.

⑤ Michel Foucault, *Dits et Écrits* (1954 – 1958), Paris: Gallimard, 1994, p. 135.

结构主义学者。"① 从 20 世纪 70 年代起，研究福柯成了学术界的一种时尚，全世界专门研究福柯的专著和论文早已超过千篇，福柯厚重丰富的各类研究被放在显微镜下展开细致观察。但各种观察都无一例外地印证了他的伟大。他的同胞、法国学者保罗·韦内形象地称其为"勇士和金鱼"，这个"纤细、优雅和具有决断力的法国人用他的写作之剑，劈开了挡在他前面的一切，没有任何人也没有任何事物可以阻挡他的前进"。②

福柯 1926 年出生于法国波瓦特，原名保罗－米歇尔·福柯。后来他与父亲关系的决裂让他放弃了自己名字中的保罗部分。他没有选择祖父和父亲都从事的外科医生的职业，但他的学术却注定与医学密切相关。他曾长期在瑞典乌普萨拉大学从事研究，在这里他接触到了学校医学图书馆的大量图书和资料，这为他早期的两部重要著作《癫狂与文明》和《临床医学的诞生》奠定了坚实的基础。在先后辗转于瑞典、波兰和德国以后，福柯于 1960 年回到法国从事哲学研究，《事物的秩序：人文科学的考古学》和《知识考古学》两部著作是这一时期的代表作品。1970 年，他迎来了人生中的又一次重大转折，他在学术界建立起来的超级明星地位让他获得了法国大学思想史系主席的职务，他的学术向深度和厚度发展。这一阶段福柯的《规训与惩罚：监狱的诞生》标志着他学术上的系谱学转向，逐渐将研究聚焦于"事实系统与权力方式的相互关系，以及在对事实的建构中存在'政治权力'"③。到他因在美国社

① Michel Foucault, "The Subject and Power", Hubert Dreyfus, Paul Rainbow (eds), *Michel Foucault: Beyond Structuralism and Hermeneutics*, 2*nd Edition*, Chicago: University of Chicago Press, 1983, p. ⅲ.

② Paul Veyne, *Foucault: His Thought His Character*, Translated by Janet Lloyd, Cambridge: Polity Press, 2010, p. 3.

③ A. Davidson, "Archaeology, Genealogy, Ethics", David Couzens-Hoy (ed), *Foucault: A Critical Reader*, Oxford: Basil Blackwell, 1986, p. 224.

群中感染上艾滋病于 1984 年去世时，他的六卷本著作《性经验史》只出版了第一卷。其余五卷在他身后出版完整之后，学者们越发认识到他在人文和社会学领域不可替代的地位。

福柯对体育的直接论述虽然不多，但他的权力论、身体文化研究、规训概念、生存美学、微权力等概念对于当代体育社会学有着难以估量的重大影响。尤其在身体与权力的论述中，他"不仅揭示了体育中身体与权力之间的关系，还分析了体育与其他权力网的联系。因此，在福柯的分析中，体育在社会秩序中处于主要的地位"①。对福柯与体育的研究甚至出现了法国学派、英国学派和美国学派等有显著差异的流派，研究者把有关对福柯的研究称为"福柯学"（Foucauldian），这在西方学术界也是不多见的。毫不夸张地说，在目前世界上所有研究体育理论的学者中，研究福柯与体育关系的学者的数量超过其他任何研究某位与体育有关的思想家的学者。科尔等学者对福柯与体育关系的评述是：严谨的体育学者不能在研究中回避福柯模式。②

第一节　福柯的体育与权力观

近现代思想家中，对权力的概念阐释得最为清晰的就是福柯，他对权力的认知远超传统的观念。在他看来，如果只关注权力和政治结构或者统治阶级之间的关系是远远不够的，对权力的解构应当以它不是什么

---

① Joseph Maguire, "Michel Foucault: Sport, Power, Technologies and Governmentality", Joseph Maguire, Kevi Young (eds), *Theory, Sport & Society*, Oxford: Elsevier, 2002, p. 293.

② C. L. Cole, Michael Giardina, David Andrews, "Michel Foucault: Studies of Power and Sport", Richard Giulianotti (ed), *Sport and Modern Social Theorists*, New York: Palgrave MacMillan, 2004, p. 207.

作为基准。"权力不是确保公民被束缚在现有国家的一整套制度和机构之中，也不是一种奴役的方式，具有与暴力不同的规则形式，也不是一套普遍的控制系统，要求一个要素或一个组织控制着另一个要素或组织，并且以此影响到社会。"① 学术界都很清楚福柯的名言"哪里有权力，哪里就有对抗"②，但却忽略了这句话的言外之意。哪里没有对抗，哪里就没有权力，只有绝对的统治。因此，"千万不要在某一中心点的原初存在中、在惟一的权力最高中心中寻找它。正是各种力量关系的旋转柱石永不停歇地通过它们不平等的关系引出各种局部的和不稳定的权力形态"③。因此，福柯强调，考察权力"应当在一定的社会关系中，让各种政治必要因素以它们的历史形态、力量或者脆弱的根源等因素统统被考量进去，才能够理解权力转换的各种可能性和谋略"④。

随后，福柯对权力认知的核心从回答类似"什么是权力和权力从哪里来"这样的问题转移到"权力是如何产生和分配的"。因此他表示："我很少使用'权力'这个词汇，即使我用了，也总是对这个表达的省略，因为它是权力的各种关系。"⑤ 福柯把这种关系定义为"一个人帮助、指导另一个人的行为或者是指导'他人行为的可能范畴'"⑥。这样

① ［法］米歇尔·福柯：《性经验史》（增订版），佘碧平译，上海人民出版社 2002 年版，第 68 页。

② Michel Foucault, *The History of Sexuality*：*Volume* 1：*An Introduction*. Translated by Hurley R., New York：Vintage Books，1978，p. 85.

③ ［法］米歇尔·福柯：《性经验史》（增订版），佘碧平译，上海人民出版社 2002 年版，第 69 页。

④ Michel Foucault, "The Subject and Power", Hubert Dreyfus, Paul Rainbow（eds），*Michel Foucault*：*Beyond Structuralism and Hermeneutics*，*2nd Edition*，Chicago：University of Chicago Press，1983，p. 223.

⑤ Michel Foucault, "The Ethic of Care for the Self as a Practice of Freedom", James Bernauer, David Rasmussen（eds），*The Final Foucault*，Cambridge：MIT Press，1987，p. 11.

⑥ Michel Foucault, "The Subject and Power", Hubert Dreyfus, Paul Rainbow（eds），*Michel Foucault*：*Beyond Structuralism and Hermeneutics*，*2nd Edition*，Chicago：University of Chicago Press，1983，p. 221.

的定义比较清晰地界定了权力的分配形式。马库拉举了一个很典型的例子，一个教练和一个运动员之间的关系就是权力的双向互动。教练员负责运动员日常的训练，指导他（她）的动作。教练员有权在比赛中实施自己的策略，比如让运动员一直坐在板凳席上，运动员相对自由地决定自己的反应并决定是否最终接受教练员的执教。运动员的行为也影响着教练员的行为。因为，一旦运动员决定不再接受执教，那么教练员未来的规划就会受到影响。因此，教练员与运动员之间的权力是一种非平衡的关系，二者之间的互动决定着它的走向。这里就涉及福柯提出的权力关系问题，"权力只有在自由的主体当中运行，主体必须是自由的"①。自由是权力关系的前提条件。如果没有反抗的可能性，那么权力关系就会变成暴力或者身体限制的一种。

有学者将福柯的权力观解读为一种虚无主义或悲观主义的观点，这其实也是对福柯权力观的一种误读。在福柯看来，权力不是一种罪恶，而是一种谋略，甚至是一种游戏。这其中存在一些统治因素。如果说权力无所不在，那么自由也应当是无所不在的。与权力相对应的应当是紧张关系状态下的自由。② 对于规则的合理利用是教练员和运动员的一种谋略，例如教练员为了选择更好的对手让运动员故意输掉比赛。中国女排曾经因为在世界女排锦标赛中故意输球遭到了国内舆论的一致抨击，2012 年伦敦奥运会上的羽毛球让球事件也是如此。再有，在篮球比赛中为了追分故意犯规让对方罚球差的队员不断上罚球线，这些行为当然是有违体育精神的，但不可否认的是，这种权力和自由也是不合理的比赛规则赋予教练员和运动员的。

---

① Michel Foucault, "The Subject and Power", Hubert Dreyfus, Paul Rainbow (eds), *Michel Foucault: Beyond Structuralism and Hermeneutics*, *2nd Edition*, Chicago: University of Chicago Press, 1983, p. 221.

② Ibid. , p. 222.

因此，福柯认为，对权力的考察应该着重在微观层面，"包含社会最基本的分子元素"①。因此，在一个体育组织或机构中考察男性和女性之间的关系，或者在媒介中考察男女性呈现的结构性比例，就可以揭示这个机构中深层次的性别权力关系。福柯对此补充道："权力关系所呈现的形式和附属品是必须展示出来的，而且应当在全球范围内的现象研究中得到推广。"② 因此，在类似奥运会这样的奇观赛事中对种族主义和性别主义进行微观研究，恰恰可以考察社会中普遍的种族主义和性别主义情况。这在近 20 年的奥运会比赛结束后的学术研究中可以得到充分的印证。

此外，福柯还提出："如果没有一系列目标和客体的话，那么权力是不会施展开来的。"③ 这些目标和客体不是主体个体的独立选择，而是在一定程度上与话语的匿名或者让社会现实的概念形成或模糊的形式规则。因此福柯认为"权力和知识在话语中结合在了一起"④。

这样，福柯关于权力的认识也就是"权力关系"不可避免地被认为是生产性的而不是压制性的。也就是说，所有人无时无刻不在创造这种生产性的权力关系，他所谓的"主要统治"的概念也同样是由权力关系的各种复杂纠结的网络交织而成，比如体育运动中的性别主义和种族主义。在这里，福柯并没有对"主要统治"进行积极的或消极的评价，但他关注这种统治的形式，例如"民族的、社会的和宗教的统治"⑤。这里

---

① Michel Foucault, "Prison Talk", Colin Gordon (ed), *Power/Knowledge*：*Selected Interviews and Other Writings* 1972 – 1977, New York：Harvester Press, 1980, p. 99.

② Ibid. , p. 99.

③ Michel Foucault, *The History of Sexuality*：*Volume* 1：*An Introduction*, Translated by Robert Hurley, New York：Vintage Books, 1978, p. 95.

④ Ibid. , p. 100.

⑤ Michel Foucault, "The Subject and Power", Hubert Dreyfus, Paul Rainbow (eds), *Michel Foucault*：*Beyond Structuralism and Hermeneutics*, *2nd Edition*, Chicago：University of Chicago Press, 1983, p. 221.

最重要的原因是福柯后来提出的"问题并不在于用一种完美的、透明的传播方式去解决乌托邦世界里的权力关系问题,而是给出相应的法则、管理技巧,也包括道德、社会思潮、自我实践等因素,使得这些权力游戏能够在一个最小限度的统治当中执行"①。

福柯把怎样让社会更加和谐的问题归结到社会中的人群能够培养自我的新概念和更多存在的道德模式的能力。他认为发展理解自我的能力是一项相当困难的任务,这在他后来的"自我技术"等问题上有了更深层次的探讨。

第二节　福柯的规训、全景敞视主义理论与全民健身

福柯的《规训与惩罚:监狱的诞生》一书是他学术生涯的一次重要转型。从此以后,他对于权力的阐释不再停留在之前对现代性的理解上,而是通过对启蒙主义叙事的质疑发展了一套全新的理论。他通过对君主权力理论的阐释来向大家证明对当代权力的理解。当代权力机构较之君主时期的权力更加有效率、有生产力和协作精神,在操作上是不可见的,但是效果却有目共睹。当代权力已经演变为之前我们无法想象的形式。为了看清当代权力的作用形式,福柯引出了杰雷米·边沁的"全景敞视主义"概念。

对于全景敞视主义,福柯首先给出了建筑学的概念。"四周是一个环形建筑,中心是一个瞭望塔。瞭望塔有一圈大窗户,对着环形建筑。

---

① Michel Foucault, "The Ethic of Care for the Self as a Practice of Freedom", James Bernauer, David Rasmussen (eds), *The Final Foucault*, Cambridge: MIT Press, 1987, p. 18.

环形建筑被分成许多小囚室，每个囚室都贯穿环形建筑物的横切面。各囚室都有两个窗户……所要做的就是在中心瞭望塔安排一名监督者，在每个囚室关进一个疯子或一个病人、一个罪犯、一个工人、一个学生。通过逆光效果，人们可以从瞭望塔的与光源恰好相反的角度，观察四周囚室里被囚禁者的小人影。"① 因此，来自监狱方的无处不在的凝视使囚室里的主体成了约束和规训自己的人，成了自己的监视者。

福柯对"全景敞视主义"的作用是这样界定的："在被囚禁者身上造成一种有意识的和持续的可见状态，从而确保权力自动地发挥作用。这种安排为的是监视具有持续的效果，即使监视在实际上是断断续续的，这种权力的完善应趋向于使其实际运用不再必要，这种建筑应该成为一种创造和维系一种独立于权力行使者的权力关系的机制。"② 在这里福柯主要是想运用一种理想化的模式来揭示权力在日常生活中的行使状态。正如福柯在《权力/知识》中揭示的权力被认知为"进入了每个个体的粮食里，接触到他们的身体，影响他们的行为和态度，他们的话语，学习进程和日常生活"③。个体成了当代权力的主宰者。"全景敞视主义"被称为体育社会学领域中福柯主义的核心。

经由福柯的推介之后，全景敞视主义在体育研究中占据越来越重要的地位，被越来越多的体育学者在研究中所采纳。英国学者约翰·贝尔在研究当代体育场的功能时就借用了"全景敞视主义"的概念。他认为，各种不可或缺的技术和"监视"等理性管理手段越来越多地出现在当代体育场的管理中，例如监控录像、安保、各种设置的出入口、座席

---

① ［法］米歇尔·福柯：《规训与惩罚：监狱的诞生》，刘北成、杨远要译，生活·读书·新知三联书店1999年版，第224页。

② 同上书，第226页。

③ Michel Foucault, Colin Gordon（ed），*Power/Knowledge*：*Selected Interviews and Other Writings* 1972 – 1977，New York：Harvester Press，1980，p.39.

以及指示人群方向的各种标牌等。他甚至认为当代人对现场观看体育比赛的群体记忆正成为一种"碎片式的和全景敞视的压制"①。美国学者马加莱特·邓肯运用全景敞视主义对健身杂志进行了考察，她发现这些健身杂志有一个共同的特点，就是充斥着各种身材苗条、外形吸引人的模特，她们大都通过残酷的训练才获得这种身材，因此这些杂志实际上是在帮助女人通过全景式的凝视，认识到自身身材的拙劣与社会普遍水平的不协调，因此难以抵抗曼妙身材的诱惑。"这种看不见的在源头上模糊的权威构造带来的凝视激励着女人们相信她们需要提升自己的身材水平来适应社会。因此女人们开始责备自己：这一切完全替代了社会组织和公共实践的作用，让她们恼怒于自己的身体。"② 这就是所谓的全景敞视式的"问题效率"。个体成了自身的规训者，所谓的"权力机构"不再需要监视者，因为个体本人就报以全景敞视。

福柯进一步认为，在规训社会中"审判活动是由于无所不在的规训机制而产生的，它已经成了当代社会的主要功能之一，对是否正常进行裁决的法官无处不有……规范性之无所不在的统治就是以他们为基础的"③。因此，在福柯看来，当代社会的权力并非人们都不是自由的，而是权力的实施不断扩散，已经渗透到了社会生活的方方面面，几乎在所有行业都能看到规训实施的影子。因此，不少体育学者都通过福柯的"全景敞视主义"理论来验证当代社会中规训权力的实施和其余相关统治模式。例如，加拿大体育学者皮尔科·马库拉就通过全景敞视主义来验证体育和健身锻炼如何扮演统治技术的角色来鼓励社会中的个体进入

① John Bale, *Landscapes of Modern Sport*, London：Leicester University Press，1994，p. 84.
② Margaret Duncan, "The Politics of Women's Body Images an Practices：Foucault，the Panopticon，and Shape Magazine"，*Journal of Sport & Social Issues*，Vol. 18，No. 1，February 1994.
③ ［法］米歇尔·福柯：《规训与惩罚：监狱的诞生》，刘北成、杨远要译，生活·读书·新知三联书店 1999 年版，第 349 页。

规范实践的话语网络。① 所有这些研究都揭示了体育与健身计划规范和规训着参与者从生物力学和生理学的层面上让自己通过锻炼身体来获得良好的体魄，因此，健身教练、体育老师、体育科研工作者和教练被称为身体"规范化的代理人"②。正是基于这个原因，全民健身成了当代社会体育领域中至关重要的组成部分。

第三节 福柯的生命权力与治理术理论

在福柯的理论中，身体一直被强调为当代权力的核心目标和机制。此外，人口也是当代权力的另一个重要部分。因为"权力是在生命、人类、种族和大规模人口现象的水平上自我运作和定位的"③。这是一种截然不同的权力形式，为此他使用了"生命权力"一词来描述当代权力对于个人身体和人口的规范，这是一种人口的生命政治，如繁殖、出生和死亡、健康水平、寿命与是否长寿，以及一切使得这些要素能够发生变化的条件。他表示，"生命权力无疑是资本主义发展的一个必不可少的要素。如果不把肉体有控制地纳入生产机器之中，如果不对经济过程中的人口现象进行调整，那么资本主义的发展就得不到保证"④。为了给战争找到一个冠冕堂皇的理由，资本主义当权者不再借用保卫君主的名义，而是为了"确保大家的生存。有人以人民生存的必要性为幌子煽动

---

① Pirrko Markula, "The Technologies of the Self: Sport, Feminism, and Foucault", *Sociology of Sport Journal*, Vol. 20, No. 2, June 2003.

② Joannie Halas, L. L. Hanson, "Pathologizing Billy: Enabling and Constraining the Body of the Condemned", *Sociology of Sport Journal*, Vol. 18, No. 1, March 2001.

③ ［法］米歇尔·福柯：《性经验史》（增订版），佘碧平译，上海人民出版社 2002 年版，第 102 页。

④ 同上书，第 104—105 页。

全体人员起来相互残杀，屠杀成为维持生存的最根本条件"。福柯坚定地把大屠杀、种族主义、战争和死刑等暴行与生命政治和人口的统治联系在了一起。他提供了对暴行进行理解的分析工具。他提出"性是试图规训身体和调解人口的重要方式"①。

在福柯看来，权力技术是与提升人口健康息息相关的。在福柯本来的计划中，《性经验史》的第六卷就应当以种族和人口为核心，但遗憾的是他最终未能完成这个计划。但在他的其他论著中，我们还是可以管窥福柯有关生命权力的部分洞见。

今天，许多学者在剖析政治权力的时候，都不可避免地借用了福柯"治理术"的概念，这是在他早期的"微物理权力"的基础上发展出来的一个概念。这个概念的提出强调了治理人口问题的心理的批判作用。对这个概念，学者们有多种解析，不过以科林·戈登的"行为之行为"②最为出名，也可以把它定义为"元行为"。尼可拉斯·罗斯将"治理术"定义为"围绕所有能够对权力和知识展开当代调查操作的场域"③。不管哪种定义，学者们都把《性经验史》和《规训与惩罚：监狱的诞生》当中有关规训和治理术的概念结合起来进行研究，并由此衍生出"新自由主义"。也就是说，当下的新自由主义概念实质上就是在福柯的治理术概念的基础上发展而来的。根据米切尔·迪恩的观点，治理术是"将政府、政治和管理的问题与身体空间、生命、自我以及人联系起来"④。这

---

① ［法］米歇尔·福柯：《性经验史》（增订版），佘碧平译，上海人民出版社 2002 年版，第 108 页。

② Colin Gordon, "Governmental Rationality: An Introduction", Graham Burchell, Colin Gordon, Peter Miller (eds), *The Foucault Effect: Studies in Governmentality: with two Lectures by and an Interview with Michel Foucault*, Chicago: The University of Chicago Press, 1991, p. 48.

③ Nicolas Rose, *Powers of Freedom: Reframing Political Thoughts*, Cambridge: Cambridge University Press, 1999, p. 22.

④ Mitchell Dean, *Governmentality: Power and Rule in Modern Society 2nd Edition*, London: Sage Publications, 2010, p. 12.

符合福柯一贯驳斥将国家和政府等同起来的学说。自由主义实际上是20世纪70年代美国、英国等西方资本主义国家从全球经济秩序变化中反省后开始施行的。在新自由主义中，国家从市场干预中抽身而退，鼓励自由竞争，以确保市场和个体相结合的理想效果。也就是说，治理术是一种有关社会管理的思维方式，通过人们的需要和欲望对它进行治理。国家在社会管理中只关注媒介、技术和知识等方式，并且通过这些方式来培养和提升人们自我完善和进取的品质。

福柯对于治理术的多种阐释都涉及了身体文化领域。首先，他关注作为管理技术的身体文化的作用，这被用来教育人们如何管理自己的行为。国家利用非政治技术来教育自由、活跃和民主的大众来实现自己的自由。通过这种方式，个人的价值和目标强化了社会的价值和目标。这是一种自上而下的关注身体文化教育背后的既得利益。政府将政治理性施加在身体文化上，通过大众和精英阶层，导致参与的乐趣被实质的经济效率所取代。通过身体锻炼，生产能力得到提高，医疗需求降低。例如，在媒体中反复播放的各类体育用品广告、医疗保险广告等不仅是广告主体自身功能的扩散，更在潜移默化中强化了身体文化的重要性。

其次，福柯对于身体文化领域的关注是自下而上的。通过关注民众的社会管理自主权，使之成为政府的工具。民众并不为了权力的利益而被统治，但会被教育成个人目标和抱负与制度性、社会性奖励目标的结合。政府通过这样的方式来调整自己的管理，使之渗透到民众日常生活的方方面面。

再有，福柯认为，治理术的基础是不稳定的。新自由主义国家的基础为它的瓦解提供了必要的条件。国家使它的机能和合法性成为私事。

这样做意味着国家理性"不仅要相信统治者，还要相信被统治者"①。这就使得社会秩序成了一个多面的、分散的过程，对于封闭管理和保障稳定性而言，它的网络过于广泛和脆弱。社会秩序不得不依赖社会个体的自我管理活动。政府对于自我管理的实践基本不起作用，甚至起反作用。

通过分析我们不难发现，当代社会中新自由主义国家在很大程度上依赖个体的自由，个体是社会秩序的环节，在连接起来后有了更多的可能性。福柯的分析让民众的自治和管理之间的各种复杂的可能性一目了然。美国学者萨曼萨·金运用了福柯的治理术学说对美国全国的"治愈跑比赛"进行了分析，这项每年在华盛顿特区进行的世界上规模最大的5公里跑就是为了提醒人们关注女性乳腺癌的治疗，每年都会吸引大量的社会名流、政府官员、企业和媒体的关注。用金的观点来看，"这是一项十分有力的检验社会中慷慨、市民性、消费和政治行为关系的活动"②。类似研究在近年来越来越多，它们为验证整个国家和社会中的复杂关系提供了一个有力的研究渠道。

第四节　福柯的理论对体育研究的影响

与巴尔特、布尔迪厄等同时代的法国思想家不同的是，福柯在自己的论著中并没有直接论述体育的功能和作用，但这并不意味着福柯对当

---

① Colin Gordon, "Governmental Rationality: An Introduction", Graham Burchell, Colin Gordon, Peter Miller (eds), *The Foucault Effect: Studies in Governmentality: with two Lectures by and an Interview with Michel Foucault*, Chicago: The University of Chicago Press, 1991, p. 48.

② Samantha King, "Doing Good by Running Well: Breast Cancer, the Race for the Cure, the New Technologies of Ethical Citizenship", Jack Bratich, Jeremy Packer, Cameron McCarthy (eds), *Foucault, Cultural Studies, and Governmentality*, Albany: State University of New York Press, 2003, p. 296.

代体育科学研究的贡献比其他的西方思想家小。按照加拿大学者雷尔和阿维的观点，福柯对体育社会学造成的影响可以分为间接影响和直接影响两大类。^① 他的观点对于英国文化研究学派造成了重大的影响，在雷蒙德·威廉姆斯的马克思主义文化批评理论、葛兰西的霸权主义理论和桑普森的工人阶级人种学理论中，都可以明显地感受到来自福柯理论的影响。甚至从某种意义上来说，正是福柯理论促使英国文化研究学派的研究出现了明显的身体转向，对于权力和身体文化的重视使得英国文化研究学派也成了体育社会学研究的重要影响因子。^② 进而通过英国文化研究学派影响了美国、加拿大和澳大利亚的体育社会学和人文科学的研究。

福柯的理论对于女性主义文化研究产生的影响正如科尔所言，"20世纪70、80年代的女性主义批评研究就是以身体作为权力的重要层面为基础的"^③。在有关女性身体的研究中，绝大多数研究都以福柯有关身体和权力的理论为出发点。^④ 当然，福柯本人的理论在后期也出现转向，尤其是自我技术理论带来了一种全新的研究模式，这也导致不少女性主义研究开始向自身话语转型，这些都在很大程度上改变了女性主义身体研究的发展轨迹。

直接运用福柯理论的体育科学研究更是不胜枚举。例如，戴夫·惠特森就提出体育科学研究应当运用福柯的规训、欢愉和身体理论。^⑤ 不

---

① Geneviéve Rail, Jean Harvey, "Body at Work: Michel Foucault and the Sociology of Sport", *Sociology of Sport Journal*, Vol. 12, No. 2, June 1995.

② Cheryl Cole, "Resisting the Canon: Feminist Cultural Studies, Sport, and Technologies of the Body", *Journal of Sport & Social Issues*, Vol. 17, No. 2, August 1993.

③ Ibid. .

④ Rose Weitz (ed), *The Politics of Women's Bodies: Sexuality, Appearance, and Behavior 3rd Edition*, New York: Oxford University Press, 2010.

⑤ David Whitson, "Discourse of Critique in Sport Sociology: A Response to Deem and Sparks", *Sociology of Sport Journal*, Vol. 6, No. 1, March 1989.

少学者试图将福柯的理论与体育学之间搭起一座桥梁。美国学者大卫·安德鲁斯集中梳理了福柯身体观的谱系学，将福柯的理论与体育社会学研究进行了全面的融合。① 安德鲁斯的这个研究是将福柯的理论与体育研究紧密结合的一部经典作品。加拿大学者雷尔和哈维也做过同样的尝试。他们在《工作中的身体：米歇尔·福柯与体育社会学》中系统地梳理了福柯的规训、微权力、抵抗、全景敞视主义、自我技术等概念，并将这些概念对体育社会学的影响按照间接和直接来分类。② 皮尔科·马库拉是体育学界研究福柯理论最为深入的学者之一，她与理查德·普林格合作的著作《福柯、体育与实践：权力、知识和自我转型》③ 是研究福柯与体育之间关系最为经典的作品之一。除此之外，她还有不少有关福柯与体育研究的作品，《自我技术：体育、女性主义与福柯》就将福柯的理论与体育女性主义展开了尝试性的结合。④《转入自我：福柯的个人技术与细心的健身》则把福柯的理论与健身进行了融合和发展。⑤ 理查德·普林格关于男性、体育与权力的研究是建立在葛兰西和福柯理论的对比基础上的。⑥ 他对于权力与话语关系的论述与福柯的理论一脉相承。

　　新西兰学者霍利·索普使用的是福柯的话语理论和自我技术，这些

---

① David Andrews, "Desperately Seeking Michel: Foucault's Genealogy, the Body, and Critical Sport Sociology", *Sociology of Sport Journal*, Vol. 10, No. 2, June 1993.

② Geneviéve Rail, Jean Harvey, "Body at Work: Michel Foucault and the Sociology of Sport", *Sociology of Sport Journal*, Vol. 12, No. 2, June 1995.

③ Pirrko Markula, Richard Pringle, *Foucault, Sport and Exercise: Power, Knowledge and Transforming the Self*, London: Routledge, 2006.

④ Pirrko Markula, "The Technologies of the Self: Sport, Feminism, and Foucault", *Sociology of Sport Journal*, Vol. 20, No. 2, June 2003.

⑤ Pirrko Markula, "Turning into One's Self: Foucault's Technologies of the Self and Mindful Fitness", *Sociology of Sport Journal*, Vol. 21, No. 3, September 2004.

⑥ Richard Pringle, "Masculinities, Sport, and Power: A Critical Comparison of Gramscian and Foucauldian Inspired Theoretical Tools", *Journal of Sport & Social Issues*, Vol. 29, No. 3, May 2005.

理论被运用于媒介中有关滑雪板文化的女性主义研究显得比较得体。①
这一研究可以作为福柯理论与媒介融合的经典案例。瑞士学者巴克－鲁
赫蒂和澳大利亚学者理查德·蒂宁对于女子竞技体操的研究把福柯的女
性主义、规训和统治技术作为基础理论，② 这一质性研究对于福柯理论
与体育的结合是有一定创新意义的。美国学者罗拉·查斯对女子英式橄
榄球的身体规训的研究基本上是以福柯的身体理论作为研究依据的。③
这一研究从宏观进入微观层面，有一定的借鉴意义。加拿大学者史蒂
夫·马凯和克里斯丁·德莱尔在研究女性滑板选手通过一个专业化的博
客来寻找身份认同的过程中，④ 大量运用了福柯的多种理论，因此他们
将自己的研究也定位为福柯式的研究方法。新西兰学者哈米什·克罗凯
特对于极限飞盘的研究涉及男性主义问题，作者将这一问题引申到了福
柯的权力与话语关系，⑤ 让这个问题的阐述清晰且有逻辑。

福柯理论对于国内体育研究的影响在近 5 年来有相当大的发展，几
乎已经渗透到了体育研究领域的方方面面。马德浩和季浏的研究《体
育：一种福柯哲学视域下的生存美学》进入了福柯的核心文本中，对疯
癫与文明、话语与知识、权力与规训等概念进行了探讨，并且提出了福
柯的抵抗并由此进入体育是一种生存美学的论述之中。⑥ 这是国内体育

---

① Holly Thorpe, "Foucault, Technologies of Self, and the Media: Discourses of Femininity in Snowboarding Culture", *Journal of Sport & Social Issues*, Vol. 32, No. 2, May 2008.

② Natalie Barker-Ruchti, Richard Tinning, "Foucault in Leotards: Corporeal Discipline in Women's Artistic Gymnastics", *Sociology of Sport Journal*, Vol. 27, No. 3, September 2010.

③ Laura Chase. "(un) Disciplined Bodies: A Foucauldian Analysis of Women's Rugby", *Sociology of Sport Journal*, Vol. 23, No. 3, September 2006.

④ Steph MacKay, Christine Dellaire, "Skateboarders. com: Skateboarding Women and Self-formation as Ethical Subjects", *Sociology of Sport Journal*, Vol. 30, No. 2, June 2013.

⑤ Hamish Crocket, "This is Men's Ultimate: (Re) Creating Multiple Masculinities in Elite Open Ultimate Frisbee", *International Journal for the Sociology of Sport*, Vol. 48, No. 3, June 2013.

⑥ 马德浩、季浏：《体育：一种福柯哲学视域下的生存美学》，《上海体育学院学报》2011 年第 6 期。

研究中有关福柯思想和理论体系探讨较为深刻的文本之一。陈璐等的研究《从身体规训到生存美学：福柯身体观的转变及对体育实践的启示》从福柯的身体规训理论拓展到他后期的生存美学，并进行了适度总结和梳理，① 但在深度上没有明显的突破。孟献峰的《体育社会学理论视野下的福柯哲学思想及其反思意义》探讨了福柯哲学中的规训、监控、全景敞视主义和自我技术等概念，并将这些概念与体育研究进行了尝试性的融合。② 论述并不冗长但厘清了一些基本观点。他的另一个研究《体育社会学的身体维度探析》将福柯和布尔迪厄对身体维度的理论探究进行了对比研究，③ 有了更直观的结论。李晓智和王永的研究从福柯的身体研究进入体育运动的话语建构，并且延展到男性话语下的女性体育，最后从福柯的知识考古学进入健身考古学的研究领域。④ 闫静的研究从统治技术、自我技术和治理术的概念的诠释入手，对福柯的哲学思想进行了体育领域的解读。她的研究既在文本之内，又适时跳出文本，是国内有关福柯理论研究的代表性作品。⑤ 朱大梅对福柯身体思想的研究主要来源于国内其他学者对于福柯的身体思想研究，比较遗憾的是没有进入福柯本身的文本当中，⑥ 这让她的研究在深度和厚度上有所欠缺。

张亚平等在《福柯理论对中国学校体育改革的启示》中梳理了福柯

① 陈璐、张强、陈帅：《从身体规训到生存美学：福柯身体观的转变及对体育实践的启示》，《体育与科学》2013 年第 2 期。

② 孟献峰：《体育社会学理论视野下的福柯哲学思想及其反思意义》，《沈阳体育学院学报》2011 年第 5 期。

③ 孟献峰：《体育社会学的身体维度探析》，《武汉体育学院学报》2011 年第 9 期。

④ 李晓智、王永：《福柯身体思想对体育社会学研究启示》，《体育与科学》2012 年第 1 期。

⑤ 闫静：《福柯哲学思想的体育解读——关于统治技术、自我技术和治理术的诠释》，《体育研究与教育》2014 年第 1 期。

⑥ 朱大梅：《福柯身体思想：体育学术研究的一种新视角》，《搏击·武术科学》2014 年第 12 期。

的身体教育思想，并对中国学校体育的发展提供了借鉴。① 刘佳对福柯提出的"异托邦"概念展开研究，不仅有概念上的梳理，还对现代体育节目、现代体育实践领域、现代体育赛场和现代奥运会等现代体育世界中的异托邦表征展开细致研究。② 刘彦龙的《福柯微观权力论对体育教育的启示》在梳理相关概念的同时，对福柯的微观权力论对体育教育的影响提出了自己的四点启示。③ 该研究对福柯理论的探讨浅尝辄止，有些遗憾。朱波涛的研究《福柯自我构建理论对高校体育教学改革的启示》提到了福柯自我构建理论的两面性，并从这里延伸开来进行深入研究。④

总体而言，国内体育学界对福柯理论的重视是从 21 世纪第二个十年才开始的，但在短短几年的时间中发展很快。不难想象，随着对福柯理论认识向着纵深方向的发展，国内体育研究还会有更多理论性更强、更有启发性的成果问世。

---

① 张亚平、邵伟德、武超、胡建华：《福柯理论对中国学校体育改革的启示》，《河北体育学院学报》2014 年第 1 期。

② 刘佳：《福柯：现代体育世界的"异托邦"表征》，《晋中学院学报》2014 年第 5 期。

③ 刘彦龙：《福柯微观权力论对体育教育的启示》，《运动》2012 年第 53 期。

④ 朱波涛：《福柯自我构建理论对高校体育教学改革的启示》，《南京体育学院学报》（自然科学版）2013 年第 5 期。

第十一章

交往行为理论之志趣：尤尔根·哈贝马斯的体育观

尤尔根·哈贝马斯（Jürgen Habermas，1929— ）是当代德国著名思想家，被誉为"波恩共和国的思想家""联邦德国的黑格尔"和德国"国家哲学家"。[①] 美国学者莱斯利·豪认为，无论是从数量还是从范围而言，哈贝马斯的著述都是非常惊人的，他的学术成就涵盖了哲学、社会学、决策论、政治经济学、法学等众多领域，从影响力来说也令人忌妒。[②] 有学者甚至提出，在这个哲学学术琐碎化的年代，哈贝马斯建立起一个当代西方哲学最庞大、最系统与最完整的哲学思想系统。无论是内容的深度和广度，还是其革命性的影响，都足以和康德哲学思想系统、黑格尔哲学思想系统或马克思—恩格斯哲学思想系统相媲美。[③]

哈贝马斯 1929 年出生于杜塞尔多夫的一个中产阶级家庭，年轻时他曾经参加过希特勒青年团。他曾先后在哥廷根大学、苏黎世大学和波

[①] 曹卫东：《曹卫东讲哈贝马斯》，北京大学出版社 2005 年版，第 2 页。
[②] ［美］莱斯利·豪：《哈贝马斯》，陈志刚译，中华书局 2002 年版，第 1 页。
[③] 陈勋武：《哈贝马斯：当代新思潮的引领者》，九州出版社 2014 年版，第 2 页。

恩大学学习。年少时他沉迷于海德格尔的学术观点，后来海德格尔拒绝承认其是纳粹党成员并拒绝忏悔，因此哈贝马斯不再对其抱有幻想。在研究哲学家谢林的作品并因此获得博士学位之后，他转向了马尔库塞和马克思的作品。他的学术成就受到了法兰克福学派第一代旗手阿多诺的赏识，受邀担任阿多诺的助教。但由于霍克海默反感他对马克思主义的执着，将其驱逐出法兰克福社会科学研究所。在经历了马堡大学和海德堡大学的执教生涯后，1983 年他又回到法兰克福大学任教，并从此稳固了联邦德国主要社会理论家和民主主义左派发言人的地位。① 1994 年从法兰克福大学退休之后哈贝马斯在施塔恩贝格生活并继续从事学术工作，同时在世界各地讲学。

哈贝马斯在 20 世纪 60 年代就已在学术界崭露头角，但直到 20 世纪80 年代才确立了其哲学家、社会理论家的地位。由于哈贝马斯长期供职于法兰克福大学，与法兰克福学派的第一代代表人物阿多诺、霍克海默和马尔库塞等的理论一脉相承，因此很多学者将哈贝马斯称为"第二代法兰克福学派的旗手"。但哈贝马斯本人却并不喜欢这种"贴标签"式的身份认同，他甚至在一次学术采访中从三个理论体系层面表达了自己的理论与传统法兰克福学派鲜明的差异。② 他将马克思主义的生产范式转变为交往行动范式，在这一理论框架下揭示了为社会进步奠定条件的不是社会劳动，而是社会性交互行动。③ 哈贝马斯的世界主义，他对欧盟的支持，对民族主义的怀疑，对宪政爱国主义的捍卫，他的道德普遍主义，都是基于他的理论体系。哈贝马斯的哲学是纯粹德国式的，同时

---

① ［英］詹姆斯·芬利森：《牛津通识读本：哈贝马斯》，邵志军译，译林出版社 2010 年版，第ⅷ页。

② Peter Dews, *Antonomy & Solidarity*：*Interview with Jürgen Habermas Revised Version*, London：Verso，1992，p. 99.

③ ［德］德特勒夫·霍斯特：《哈贝马斯》，鲁路译，中国人民大学出版社 2010 年版，第7 页。

他的哲学眼界又丝毫不受限于德国或德国哲学。①

哈贝马斯对资本主义和自由主义一直怀有深深的忧惧。② 他的学术成就集中反映在 1981 年和 1984 年出版的两卷本理论巨著《交往行为理论》中。这部著作指出了交往理性在社会发展中的极端重要性。因此，这部著作也是学者们研究哈贝马斯思想的主要依据。除此之外，他的第一部重要作品《公共领域的结构转型》、后期的《认识与兴趣》《现代性的哲学话语》《后形而上学思想》《理论与实践》《合法化危机》和《在事实与规范之间》等也阐发了他在多个研究领域的重要思想成就。

与不少思想家类似的是，哈贝马斯本人对体育的直接论述并不多。但他的理论体系对当代体育研究的影响却不得不提。早在 20 世纪 50 年代初期，哈贝马斯就在阿多诺主办的期刊《水星》中发表了《理性化的辩证法：关于生产和消费的异化》③，劳动力社会学是哈贝马斯在社会学领域的第一个兴趣点。阿多诺揣测哈贝马斯的这一论述受到了他和霍克海默出版的《启蒙辩证法》的影响，哈贝马斯后来承认了这一事实。④他曾在 1958 年对工作与休闲的关系展开社会学研究，⑤ 这是他较为罕见的对体育的直接论述。

由于哈贝马斯在新马克思主义阵营中的核心地位，他的绝大多数作品都已经被译介为中文，国内对他的生平和学术思想进行系统研究的学者数以百计。哈贝马斯曾多次来华讲学，他在国内的演讲

---

① ［英］詹姆斯·芬利森：《牛津通识读本：哈贝马斯》，邵志军译，译林出版社 2010 年版，第 ix 页。

② 同上书，第 viii 页。

③ Jürgen Habermas, "Die Dialektik der Rationalisierung: Von Pauperismus im Produktion und Konsum", *Merkur*, Vol. 8, No. 6, June 1954.

④ Peter Dews, *Antonomy & Solidarity: Interview with Jürgen Habermas Revised Version*, London: Verso, 1992, p. 192.

⑤ Jürgen Habermas, "Soziologische Notizen zum Verhältnis von Albeit und Freizeit", G. Funke (ed), *Konkrete Vernuft: Festschrift Für ERothacker*, Bonn: Bouvier, 1958.

和访谈也已经被公开整理出版发行，国内学者可以直接领略到他的
学术风采。

第一节　哈贝马斯的交往行为理论

哈贝马斯理论的核心就是交往行为理论。他的这一学说显然借鉴了
马克斯·韦伯的观点，他承认韦伯的理性化见解，但他同时认为韦伯的
理性化过程分析是片面的。韦伯的理论忽略了理性化过程中人的意识的
转变，用哈贝马斯的话来说，"被资本主义唯功利化的原则彻底异化了
的理性，仅仅着眼于利益关系而与道德要求分离"①。为了弥补这个漏
洞，就不得不建构一个全新的理论框架。韦伯的理性化侧重于理性工
具，即重视人类形式和经验层面验证的认知能力。哈贝马斯的理性标准
更加宽泛。他对形式认知层面的掌控和对不同事物相应理性标准的掌
控，同时也是理性化过程的结果。于是，"交往理性"的概念就应运而
生了。

"交往理性"是哈贝马斯理论的核心概念，几乎贯穿他研究生涯的
始终。该概念从 20 世纪 60 年代以认识人类学的最初形态开始出现，集
中探讨认识与利益之间关系的意识形态问题；在同实证主义的论战中吸
收了分析哲学和语言哲学、马克思主义和弗洛伊德主义以及诠释学的理
论成果，在 20 世纪 70 年代实现了语言学的转折。当然，哈贝马斯的标
志性成果是 20 世纪 80 年代两卷本《交往行为理论》的出版。这部著作

---

① Jürgen Habermas, *Vom Sinnlichen Eindruck Zum Symbolischen Ausdruck*：*philosophische Es-says*，Frankfurt：Suhrkamp，1997，p. 205.

与20世纪70年代约翰·罗尔斯的《正义论》一道成为划时代的里程碑式著作，是"同现代化的世界相遇"的结果，是在继承和改造哈贝马斯所隶属的法兰克福学派的基础上对当代社会及其命运的关切。① 在那之后一直到1992年，哈贝马斯还在不断完善这一理论。

哈贝马斯的交往行为理论涉及传统社会学理论、社会体系与社会行为以及现代化和现代性三大方面的问题。在波普尔三个世界理论的基础上，哈贝马斯用客观世界、社会世界和主观世界对三个世界进行了内涵上的重新定义，言说对象的不同言说者与世界不同类型的关系。通过对客观世界中某物的言说，与作为自然的外部世界发生关系；通过对社会世界中的某一情态的言说，与别的行为者发生关系；通过对主观世界中的事态的言说，与自我发生关系。②

由这三种不同的关系，哈贝马斯提出了四个基本概念。传统的目的行为发展成为策略行为模式，这种模式具有功利主义色彩，着眼点在于功效或对功效的期待最大化。这种行为模式奠定了经济学、社会学和社会心理学的决定论和博弈论的基础。③ 规范调解的行为是社会群体的成员在一定的语境中，每个行为者都必须服从（或违抗）某个规范。这种规范的行为模式是角色理论。④ 戏剧行为涉及互动参与者。他们相互形成观众，并在对方面前表现自己。自我表现的核心概念是面对观众对自身的经验表达加以修饰的行为。这种模式主要用于现象学对互动的描

---

① 高宣扬：《当代社会理论》（下），中国人民大学出版社2005年版，第1016—1017页。
② 章国锋：《关于一个公正世界的"乌托邦"构想：解读哈贝马斯〈交往行为理论〉》，山东人民出版社2001年版，第115页。
③ ［德］尤尔根·哈贝马斯：《交往行为理论：行为合理性与社会合理化》，曹卫东译，上海人民出版社2004年版，第83页。
④ 同上书，第83—84页。

述。① 交往行为涉及的是两个以上具有言语和行为能力的主体之间的互动。主体使用口头或口头之外的手段建立起一种人际关系。解释的核心意义在于通过协商对共识的语境加以明确。② 这四种类型的行动是以与世界的关系作为先决条件的。策略行为模式是同客观世界相联系的；规范调解行为模式是与社会世界相联系的；戏剧行为模式同主观世界和客观世界都有联系；交往行为模式涉及客观世界、社会世界和主观世界。

哈贝马斯又把交往行为模式分为三类：协调性行为，也就是在处理人际关系时，或在集体行动中实施的行为；规范性行为，就是按照善恶观念发生的自我规范的行为；表达性行为，就是表达自己的情感和意愿时实施的行为。通过语言进行的交往行为本身包含了理性的要求，因为这种要求是交往行为得以成功进行的前提条件。他进而提出追求沟通的行为者必须追求的三种有效性要求，即所作陈述是真实的（真实性）；与一个规范语境相关的言语行为是正确的（正确性）和言语所表现出来的意向必须是言由心生（真诚性）。③ 这实际上是交往行为的普遍语用学转向。哈贝马斯把言语行为分成调节式言语行为、表现式言语行为和记述式言语行为三大类，④ 这就是这种语用学转向的例证。正如他在《论社会科学的逻辑》中提到的"如果我们把社会行为理解为受有效的规范制约的行为，那么研究行为的理论就必须重视规范总体的关联，正是这种关联使相互理解的行为得以有效进行。由于规范率先以语言符号的形式出现，从语言交往的条件中导出行为的体系就自然而然了。语言的边界决定了行为的边界，语言的结构因此规定了可能出现的相互作用行为

---

① ［德］尤尔根·哈贝马斯：《交往行为理论：行为合理性与社会合理化》，曹卫东译，上海人民出版社2004年版，第84页。

② 同上。

③ 同上书，第100页。

④ 同上书，第303页。

的渠道"①。

语言交往行为的这三种基本有效性要求是交往理性得以贯彻的前提，但如果笼统地表达，就是符合理性的要求。这便是哈贝马斯在《重建历史唯物主义》中提出的命题：人们只能从行为主体对自己行为的责任感和行为规范的辩护能力的道德实践方面使交往行动合理化（理性化）。交往行动理性和意向表达的真实性以及同规范的正确性有关系。哈贝马斯提出，"以相互理解为定向的行为的合理性衡量的标准是主体在自己的行动中是否真正表达自己的意图……同行为规范相联系并实际上得到承认的公认的要求是否正当……理性意味着消灭悄悄进入交往结构中的那些暴力关系，这些暴力关系通过内心的和人际的交往障碍来阻挠自觉地解决冲突以及用共识调节冲突"②。

哈贝马斯在《重建历史唯物主义》中提出了交往行为理论的八大基本主题：作为同一意义上使用的符号的语义学功能的意义；语用学的一般概念（参照系统、人称代词系统和语言行为类型，意向表达系统）；公认的要求（真理、正确性以及适宜性、真实性、明晰性）；经验的形式（外界自然的客观性、价值和规范的规范性、内在自然的主观性、语言的主体通性）和相应的地区性的形态化（存在—假象、存在—义务；本质—现象、记号—意义）；行动的方面分为社会的（交往的对战略的）对非社会的（工具的）；交往阶段（以符号为中介的相互作用、陈述上有了发展的行为、减轻行为负担的讨论性的讲话）；规范的现实层次（相互作用、角色和规范、制定规范的规则）；交往媒介的获取。③

---

① ［德］哈贝马斯：《论社会科学的逻辑》，杜奉贤、陈龙森译，结构群文化事业有限公司1991年版，第162—163页。

② ［德］尤尔根·哈贝马斯：《重建历史唯物主义》（修订版），郭官义译，社会科学文献出版社2013年版，第23—24页。

③ 同上书，第95—96页。

在上述八个基本主题的基础上，哈贝马斯在《交往行为理论》的最后提出了交往行为理论这一批判社会理论的任务。首先是关于后自由社会的统一形式，进一步理性化的生活世界属于现代化过程的出发点。其次是亲密的社会关系和自我发展，交往行为理论提供了一个领域。在这个领域中，阐述了自我、本我和超我的结构模型。再次是大众媒体和大众文化，大众媒体使交往过程脱离地点、时间上的约束，并且形成公众社会。最后是新的异议潜力，交往行为理论把世界构思为一个领域，转变为媒体控制的内部活动和一种错误地认识的内部主观性结构的形式化，对生活世界病态的分析，要求即时的研究趋势和相反的趋势，因此是一种静悄悄的革命。①

简而言之，交往行为理论是人与人之间有意义的互动，需要建立或维持两人或更多的个人之间的社会关系。由于这样的行动是有意义的，因此他们会对日常语言有某种诉求，有时是在交流信息之上的。交往行为理论既包括哈贝马斯所说的将共同假定视为理所当然的共识行动，也包括旨在获得理解的行动，在这种行动中试图建立起那种共同的根基。②交往行为与策略性行为的区别在于，后者并不设定建立任何共同理解的必要。在策略性行动中，一个人可能只是试图操控另一个人，第二个人不必然理解或者赞同正在发生的事情。③

所谓交往理性，是合理解决哈贝马斯所辩护的真理和道德问题的途径。哈贝马斯曾经提出，人在自我反思中，为了认识的缘故，认识达到了同独立自主的兴趣的一致，因为反思的完成表现为解放运动。理性同

---

① ［德］尤尔根·哈贝马斯：《交往行动理论·第二卷——论功能主义理性批判》，洪佩郁、蔺青译，重庆出版社1994年版，第490—502页。

② ［德］哈贝马斯：《什么是普遍语用学》，《交往与社会进化》，张博树译，重庆出版社1989年版，第1—70页。

③ ［英］安德鲁·埃德加：《哈贝马斯：关键概念》，杨礼银、朱松峰译，江苏人民出版社2009年版，第24页。

时服从于对理性的兴趣。理性遵循的是解放性的认识兴趣，解放性的认识兴趣的目的是完成反思本身。① 哈贝马斯认为，为了生存和繁荣，人类必须既能控制他们的自然环境，又能有效地进行交往，从而将他们自己组织成能够维持下去而又复杂的社会群体。② 因此，交往理性是在自然科学中被运用的工具理性的补充。

由交往行为理论派生的另一个概念是交往权力，它是通过对人们在公共领域中的兴趣、价值观念和身份的理性讨论，公众可对一个政府施加的影响。③ 哈贝马斯在《包容他者》一书中认为，共同体和教育团体、教会、志愿者组织以及大众媒介等公共机构是可以起到水闸作用的。④ 通过这种作用，公共舆论被转换为交往权力，交往权力又被国家行政部门转换为行政权力，从而成为管制和指导公民行动的、具有强制力的法律而被执行。⑤

哈贝马斯认为，西方资本主义社会的理性化过程没有带来个性的自由和解放，反而置人于一种比启蒙时代之前的统治更加全面而具体的统治。因为它是建立在技术原则上，以工具理性为万能武器的不断提升的现代资本主义官僚管理体制的统治下，这加速了人们在新的历史条件下的物化，反过来动摇了西方资本主义的合法化基础。⑥ 当代社会缺乏交往理性，不止表现在各个具体的社会行为主体对相互沟通和相互理解的

①　［德］哈贝马斯：《认识与兴趣》，郭官义、李黎译，学林出版社1999年版，第200—201页。

②　［英］安德鲁·埃德加：《哈贝马斯：关键概念》，杨礼银、朱松峰译，江苏人民出版社2009年版，第25页。

③　同上书，第24页。

④　［德］尤尔根·哈贝马斯：《包容他者》，曹卫东译，上海人民出版社2002年版。

⑤　［德］哈贝马斯：《在事实与规范之间：关于法律和民主法治国的商谈理论》，童世骏译，生活·读书·新知三联书店2003年版，第527—547页。

⑥　［德］尤尔根·哈贝马斯：《合法化危机》，刘北成、曹卫东译，上海人民出版社2009年版，第75—80页。

忽视，更重要的是作为社会整体结构的社会制度本身也脱离了相互沟通的生活世界网络，导致体系对生活世界的殖民化的病态结构。① 因此，哈贝马斯提出，只有重建交往理性，确立公正、合理、民主的话语规则和程序，通过构建在三大有效性要求之上的话语共识的达成来改进和完善社会的规范体制，才能恢复已经遭到破坏的生活世界的合理结构。

第二节　哈贝马斯的公共领域理论

哈贝马斯的"公共领域"概念在体育研究中经常被提及。他在自己的第一本独立撰写的重要著作《公共领域的结构转型》中，探讨了公共领域这个概念在欧洲发展的历史。对公共领域的关注突出了民主和交往理性观念在他的研究体系中所占的重要地位。1973 年，哈贝马斯在《文化与政治》一书的"公共"② 一章中重新谈到了"公共领域"的概念，"公共领域首先意指我们社会生活中的一个领域。在该领域中，我们能够形成某种类似于公共舆论的东西。凡是公民都享有参与该领域活动的充分保障。不同的私人个体通过交谈行为集合在一起，形成一个公共团体。在他们之间的每一次交谈活动中，都产生出公共领域的一部分"③。交谈行为可以面对面地进行，或者通过信件往来和其他书面交往进行，也可以以杂志、报纸和电子形式的交往为媒介。

在资本主义国家中，公共领域是使国家对资产阶级的需要和利益在

① 高宣扬：《当代社会理论》（下），中国人民大学出版社 2005 年版，第 1021 页。

② Jürgen Habermas, "Öffentlichkeit", *Kultur und Kritik*, Frankfurt：Suhrkamp Verlag, 1973.

③ ［德］哈贝马斯：《公共领域》，刘峰译，哈贝马斯等《社会主义：后冷战时代的思索》，牛津大学出版社 1995 年版，第 29 页。

公共舆论中的表达迅速做出相应的回应，因而它是国家的公共区域与资产阶级个体成员私人利益之间的调解器。① 资产阶级的主体性在公共领域里得到彰显。与此同时，哈贝马斯指出，虽然理性的公共领域是所有公民都参与意见表达，但在实践中却是几乎不可能的。工人阶级被排除在公共领域之外，因此许多基本问题就被排除在外了。在权力和经济利益方面，公共领域的参与者是均等的。资产阶级成员间的个体差异主要是经济利益，并且在市场中得到解决了。存在于工人阶级和资产阶级之间巨大的经济利益没有得到协商和解决，因此，它在政治上是悬而未决的。到了晚期资本主义阶段，个人越来越依据在一个经济或行政系统内部的某个位置被理解，人们越来越工具性地而不是交往性地彼此发生联系。在政治层面上，公共意见表达被大众投票所取代。公众舆论被还原成个人和主观的偏好的纯粹集合，而不是对某个共同立场的商议和探讨。20 世纪 90 年代，哈贝马斯对资产阶级公共领域的概念进行了重新解读，此时他的基调已经远没有 20 世纪 60 年代那么悲观，尤其是在大众文化和大众传媒中出现了不少积极因素，② 但其内涵并没有发生根本性的变化。

第三节　哈贝马斯的体育思想

哈贝马斯对于体育并没有多少直接的论述，他于 1958 年发表的《工作与休闲关系的社会学观点》被收录在杰拉德·方克编辑的纪念罗

---

① ［德］尤尔根·哈贝马斯：《公共领域的结构转型》，曹卫东、王晓珏、刘北成等译，学林出版社 1999 年版，第 14—24 页。

② Jürgen Habermas, "Further Reflections on the Public Sphere", Translated by Thomas Burger, Craig Cahoun （ed）, *Habermas and the Public Sphere*, Cambridge：MIT Press, 1992, pp. 421 - 460.

塔科尔的论文集中。① 这篇文章论述了资本主义社会中劳动力的目标理性特征其实是满足社会统治阶级的利益导向。劳动力被理性化（制度化）来满足资产阶级的利益。同样地，休闲也被理性化为对利益的追寻。这意味着体育（休闲）在很大程度上复刻了劳动的理性化和形式，与日常工作几乎等同。用威廉·摩根的话来说，体育被证明是劳动被延长的又一个单纯的例证，而不是被缩短的工作日休闲。② 哈贝马斯的这一论述，是日后被他自己称为试图"克服资本主义理性化进程中的单向度问题"。所谓的"单向度"，用学者皮特·丢斯的话来说，就是如果一种认知工具的地位持续提升达到垄断的地步，那就不可避免地走向非理性。③

哈贝马斯认为，当代资本主义的成功体现在人们的理性诉求得到了有效的回应，也就是人们可以追求自己的欲望和价值。因为对于欲望和价值的判定都是主观的，没有人能够断言某种欲望和价值就是凌驾在别人之上的。在完全以市场为导向的社会里，人们理性的生活方式就是有效地达成自己的兴趣——也就是个人主义的彰显。④ 哈贝马斯认为，现代科学观念以及功利主义的伦理让资本主义的传统特征土崩瓦解。在传统的资本主义经受磨难时，资产阶级意识形态要素也渐渐丧失了自己的特点。现代市场经济不再按照自由竞争的原则让人们的劳动和收入成正比。虽然人们的基本需求大都得到了满足，但是人

---

① Jürgen Habermas, "Soziologische Notizen zum Verhältnis von Albeit und Freizeit", G·Funke（ed）, *Konkrete Vernuft：Festschrift Für ERothacker*, Bonn：Bouvier, 1958.

② William Morgan, "Habermas on Sports：Social Theory from a Moral Perspective", Richard Giulianotti（ed）, *Sport and Modern Social Theorists*, New York：Palgrave Macmillan, 2004, p. 175.

③ Peter Dews, *Antonomy & Solidarity：Interview with Jürgen Habermas Revised Version*, London：Verso, 1992, p. 91.

④ William Morgan, "Habermas on Sports：Social Theory from a Moral Perspective", Richard Giulianotti（ed）, *Sport and Modern Social Theorists*, New York：Palgrave Macmillan, 2004, p. 175.

们的消费需求还是受到了社会其他因素的控制。当代资本主义主流的文化传统是由科学主义、现代机械复制艺术和普遍主义道德组成的。道德占有相当重要的比例。在看似高度法制化的后期资本主义时代，法律无法直接指导人们的行为，人们只有从道德和良心出发才可能自觉遵守形式化的法律。道德缺失是体育职业化面临的一个越来越重要的问题。运动员为了取得更快、更高、更强的成绩和名次，不惜采用违背职业操守甚至是社会公德的方式。申办世界杯和奥运会时运用"金钱外交"和"政治外交"，服用能够提升运动成绩的兴奋剂，利用比赛规则故意输掉比赛赢得更理想的排位，甚至用牙咬对手，用头顶对手，假摔，用极其恶劣的方式攻击对手。所有这些体育赛场上的不道德行为，都是个人主义被无限放大后的必然结果，也是资本主义体制下职业体育的必然结果。

竞技体育比赛可以分为多种类型，既有不存在身体和语言交流的战略性的目的行为，也有高强度、强对抗、语言交流很多的交往行为。因此，在运用哈贝马斯的交往行为理论分析体育比赛时，需要根据具体情况做不同的分析。目的行为是通过算计和共谋，选取适宜达成目标的行动。当正在行动的行动者被人算计时，这种行动就变成了具有战略性的行动，也就是哈贝马斯所谓的工具性的。这种行为在过去对理性的理解中时常被视为合理的行为。哈贝马斯认为，这种理解难免狭隘，真正的理性不是存在于目的性而是在交往行动中。① 哈贝马斯的这一观点对于理解当代体育是格外重要的。

---

① Jürgen Habermas, *Moral Consciousness and Communicative Action*, Translated by Christian Lenhardt, Shierry Nicholsen, Cambridge：MIT Press, 1990.

第四节　哈贝马斯的理论对体育研究的影响

哈贝马斯的理论，尤其是交往行为理论对当代体育研究的影响是毋庸置疑的。在西方体育社会学研究中，有不少德国学者受到了哈贝马斯研究的影响。在他们的研究中，哈贝马斯的理论是相当重要的因素。他们的研究大都是跨学科研究，以批判和实证研究为主。由贝罗·里高尔的博士论文《体育行为和表演的结构条件：一个对体育社会学的贡献》改写而成的同名著作就是这一领域研究的代表作品。[①] 此外，里高尔的另一部著作《体育社会学：基础、理论与分析》[②] 也大量运用了哈贝马斯的交往行为理论。另有，由德国社会学家克劳斯·卡凯的博士论文《体育游戏与社会化》[③] 改写的著作也是深受哈贝马斯理论影响的一部作品。埃尔克·弗兰克的博士论文《体育活动的理论和重要性》[④] 同样被出版发行，这本书对于哈贝马斯交往行为理论的使用更加充分。学者科斯丁·科施的《作为新左派批判体育理论的当代体育哲学：对批判的批判研究》将哈贝马斯放置于一个相当高的地位，并大量引介了哈贝马斯的合理化、公共领域和交往行为等多重理论。[⑤] 由另一位德国学者卡伦·里特纳出版的博士论文《体育与劳动的分类：体育的社会功能与重

---

① Bero Rigauer, *Warenstrukturelle Bedingungen Leistungssportlichen Handelns*：*Ein Beitrag zur sportsoziologischen Theoriebildung*, Lollar：Achenbach, 1979.

② Bero Rigauer, *Sportsoziologie*：*Grundlagen*，*Methoden*，*Analysen*, Hamburg：Rowohlt, 1982.

③ Klaus Cachay, *Sportspiel und Sozialisation*, Schorndorf：Hofmann, 1978.

④ Elk Franke, *Theorie und Bedeutung Sportlicher Handlungen*：*Voraussetzungen uMoöglichkeiten eSporttheorie aus handlungstheoret*, Schorndor：Hofmann, 1978.

⑤ Kerstin Kersch, *Zeitgenössische Sportphilosophie als Kritische Sporttheorie der Neuen Linken*：*Ansaötze zu einer Kritik der Kritik*, Frankfurt：Peter Lang, 1986.

要性》① 是对哈贝马斯体育思想的直接深入研究。

美国体育专家威廉姆·摩根是研究哈贝马斯与体育关系的重要学者。他的研究不仅充实而且丰厚。在他的著作《体育的左派理论：一个批判与建构》中，他就采用了朱里亚诺蒂所谓的"哈贝马斯模式"的分析方式②对当代资本主义社会的体育展开批判，摩根引用哈贝马斯的"游戏的理性权威"观点和话语伦理的普遍化原则为当代体育改革提供了一个理想化的模板。③ 在研究批判体育理论的后现代转向时，明确提出了现代性的研究对于批判体育理论的重要性，④ 他在这里引述的是哈贝马斯在《现代性的哲学话语》中对德里达和福柯的批判。⑤ 这一理论是这篇论文的一个重要支点，摩根对于哈贝马斯的理论相当熟悉，但在这一领域理论的使用却是第一次。随后，他在研究体育作为道德批判的社会批判时，干脆在题目中就使用了哈贝马斯的理论。⑥ 这篇论文是研究哈贝马斯与体育之间的关联的第一篇重要作品。两年后他又在《体育与当代社会理论家》一书中专门辟出一章来论述哈贝马斯与体育理论研究的关系。⑦ 他的这一系列研究成为体育学者进入哈贝马斯理论体系的敲门砖。

---

① Karin Rittner, *Sport und Arbeitsteilung: Zur Sozailen Funktion und Bedeutung des Sports*, Bad Homberg: Limpert, 1976.

② Richard Giulianotti, *Sport: A Critical Sociology*, Cambridge: Polity Press, 2005, p. 61.

③ William Morgan, *Leftist Theories of Sport: A Critique and Reconstruction*, Urbana: University of Illinois Press, 1994, pp. 234 – 237.

④ William Morgan, "'Incredulity toward Metanarratives' and Normative Suicide: A Critique of Postmodernist Drift in Critical Sport Theory", *International Review for the Sociology of Sport*, Vol. 30, No. 1, March 1995.

⑤ ［德］尤尔根·哈贝马斯：《现代性的哲学话语》，曹卫东译，译林出版社 2011 年版，第 187—313 页。

⑥ William Morgan, "Social Criticism as Moral Criticism: A Habermasian Take on Sports", *Journal of Sport & Social Issues*, Vol. 26, No. 3, August 2002.

⑦ William Morgan, "Habermas on Sports: Social Theory from a Moral Perspective", Richard Giulianotti, *Sport and Modern Social Theorists*, New York: Palgrave Macmillan, 2004, pp. 173 – 186.

英国学者安德鲁·埃德加也是研究哈贝马斯理论的专家。他曾在《体育、伦理与哲学》的创刊号中专门从哈贝马斯的角度探讨了作为策略行为的体育。① 这篇研究也是以哈贝马斯的交往行为理论为主，将哈贝马斯对维特根斯坦语言游戏观点的批判作为重要支点，得出了体育中的交往和表达潜力是唯一可以用来对抗策略行为所主宰的道德威胁的结论。

挪威学者西格蒙德·罗兰德长期致力于研究体育伦理方面的问题。他在对公平竞赛的研究中，大量借用了哈贝马斯的理论和观点，② 尤其是在话语伦理层面，引介了大量交往行为理论中的观点。这一研究目前已成为公平竞赛研究的经典文本。克里斯·罗杰克的《资本主义与休闲理论》③ 也是哈贝马斯交往行为理论的拥趸。这本著作大量借用了哈贝马斯的观点，整个研究因而显得比较厚重。美国学者大卫·法弗里克在研究几位黑人杰出领袖曼德拉、奥巴马和马丁·路德·金在足球比赛中的修辞手法④时，借用了哈贝马斯在《理由及适应范围：有关话语伦理的评论》中 "有效的公共话语"⑤ 的概念。

法国学者菲利普·特拉尔、塞西雷·科里内和马蒂厄·德拉朗德雷在对 20 世纪 90 年代法国体育科学的分析研究中运用了哈贝马斯在《真

---

① Andrew Edgar, "Sport as Strategic Action: A Habermasian Perspective", *Sport, Ethics and Philosophy*, Vol. 1, No. 1, March 2007.

② S. Loland, "Fair Play", Mike MacNamee, Jim Parry (eds), *Ethics and Sports*, New York: E & F Spon, 1998, pp. 79 – 103.

③ Chris Rojek, *Capitalism and Leisure Theory*, London: Tavistock Pub, 1985.

④ David Faflik, "A Noble Sport: The Racial Football Rhetoric of Mandela, Obama, and Martin Luther King Jr.", *Journal of Sport & Social Issues*, Vol. 36, No. 4, November 2012.

⑤ Jürgen Habermas, *Justification and Application: Remarks on Discourse Ethics*, Translated by Ciaran Cronin, Cambridge: MIT Press, 1993, p. 52.

理与理由》当中的"道德正确性"的概念。① 事实上，这也是哈贝马斯话语真理论的一部分。哈贝马斯曾经提出，"如果一个命题在合理话语要求的条件下顶住了所有反驳它的企图，那么它就是真理"②。英国学者祖·诺尔斯和大卫·吉尔伯恩在研究体育心理学问题时，将哈贝马斯的理论进行了精心的梳理。他们运用的主要是《认识与兴趣》和《理论与实践》中的理论。③ 哈贝马斯在《理论与实践》中指出，人类的历史中有特殊的反思，总是以新的动力自然而然地使解决问题的对话形式制度化。为了用意志和意识从整体上贯彻作为社会制度的组织原则的对话的意志形成，应该使政治斗争依附于一种理论，这种理论使社会阶级对自身的启蒙成为可能。④ 诺尔斯和吉尔伯恩将话语心理研究继续推向前进。

哥斯达黎加学者桑多瓦尔－加西亚在研究哥斯达黎加的足球民族性与男性气质时，运用了哈贝马斯的公共领域概念。他指出，哈贝马斯只提出了自由的公共领域，却没有论述非自由、非资本主义语境下的公共领域，这是这一研究的缺陷。⑤ 澳大利亚学者伊安·安德鲁斯在研究澳大利亚式橄榄球发展进程时，运用了哈贝马斯在《合法化危机》中反复提及的危机问题，这一观点成了安德鲁斯研究的核心内容。⑥

苏格兰学者大卫·肯尼迪在研究英格兰埃弗顿足球俱乐部的体育

---

① Philippe Terral, Cécile Collinet, Matthieu Delalandre, "A Sociological Analysis of the Controversy over Electric Stimulation to Increase Muscle Strength in the Field of French Sport Science in the 1990s", *International Review for the Sociology of Sport*, Vol. 44, No. 4, December 2009.

② Jürgen Habermas, *On the Pragmatics of Communication*, Maeve Cooke (ed), Cambridge: MIT Press, 1998, p. 367.

③ Zoe Knowles, David Gilbourne, "Aspiration, Inspiration and Illustration: Initiating Debate on Reflective Practice Writing", *The Sport Psychologist*, Vol. 24, No. 4, December 2010.

④ ［德］尤尔根·哈贝马斯：《理论与实践》，郭官义、李黎译，社会科学文献出版社2010年版，第21页。

⑤ Carlos Sandoval-García, "Football: Forging Nationhood and Masculinities in Costa Rica", *The International Journal of the History of Sport*, Vol. 22, No. 2, February 2005.

⑥ Iam Andrews, "From a Club to a Corporate Game: The Changing Face of Australian Football, 1960 – 1999", *The International Journal of the History of Sport*, Vol. 17, No. 2 – 3, February 2000.

场、球迷和足球商业化问题时，大篇幅地运用了哈贝马斯交往行为理论中的体系世界与生活世界的观点。① 生活世界作为交往行动的境界和背景，与体系世界是完全脱节的。② 肯尼迪认为俱乐部球迷对于商业化的认知实际上是体系与生活世界问题的外延。这一研究有较强的现实意义，是足球社会学研究中的经典作品。他还在与皮特·肯尼迪有关足球迷与商业化的另一个研究中再度运用了这一观点。③ 中国台湾学者刘成丽等在对 2010 年广州亚运会上大放异彩的跆拳道运动员杨淑君的媒介研究中，同时运用了哈贝马斯的媒介与公共空间的关系理论和交往行动理论，④ 这一研究在体育传播研究领域有一定的理论价值。

德国学者波克拉特和弗兰克在探讨体育活动的伦理价值时，将哈贝马斯的真理观点作为一个核心理论点加以运用。⑤ 这是弗兰克的著作完成后继续对体育活动展开的伦理研究。体育哲学学者、芬兰人海卡拉的研究专长是体育的现代性问题。在他的《现代性、道德与竞争的逻辑》一文中，他几乎通篇引用了哈贝马斯的理论，包括交往行为理论、现代性理论等。⑥ 如果说德国体育学者对于哈贝马斯的理论是批判性地接受的话，那么海卡拉的研究几乎是全盘接受。

---

① David Kennedy, "Football Stadium Relocation and the Commodification of Football: The Case of Everton Supporters and Their Adoption of the Language of Commerce", *Soccer & Society*, Vol. 13, No. 3, June 2012.

② [德] 尤尔根·哈贝马斯:《交往行动理论·第二卷——论功能主义理性批判》，洪佩郁、蔺青译，重庆出版社 1994 年版，第 158—258 页。

③ Peter Kennedy, David Kennedy, "Football Supporters and the Commercialisation of Football: Comparative Responses across Europe", *Soccer & Society*, Vol. 13, No. 3, June 2012.

④ Liu Chen-Li, Lee PingChao, J. A. Mangan, "Guangzhou 2010: Eastern Orwellian Echoes-Yang Shu-chun and a Taiwanese Patriot Media Offensive", *The International Journal of the History of Sport*, Vol. 30, No. 10, October 2013.

⑤ Franz Bocklath, Elk Franke, "Is There any Value in Sports? About the Ethical Significance of Sport Activities", *International Review for the Sociology of Sport*, Vol. 30, No. 3 - 4, September 1995.

⑥ Juha Heikkala, "Modernity, Morality, and the Logic of Competing", *International Review for the Sociology of Sport*, Vol. 28, No. 4, December 1993.

　　法国学者帕特里克·特拉巴尔在研究精英体育对于技术革新的抵抗时，运用了哈贝马斯在《作为"意识形态"的技术与科学》中"技术上可使用的知识转化为社会的生活世界的实践知识"① 的观点，将这一观点与体育技术的革新被抵制这一事实结合起来，分析其中的深层原因。② 美国学者杰弗里·塞格拉夫在谈论现代奥运会在欧洲的改革和全球主义浪潮时，③ 运用了多位当代社会学家的理论，哈贝马斯的交往行为理论也在其中。他还运用了哈贝马斯对于冷战结束后社会主义的新形势的观点。④ 研究中国体育的美国专家苏珊·布朗内尔在研究 2008 年北京奥运会和 2012 年伦敦奥运会开幕式的政治系统表征时，在题目中运用了"奥林匹克公共领域"概念⑤，在论文中她也使用了哈贝马斯的公共领域概念，并在此基础上深入探讨了两届奥运会开幕式的公共领域问题。

　　由于哈贝马斯长期以来被中国学界推崇并多次来华访问，因此哈贝马斯的理论在中国有着较为广泛的传播。国内体育学界运用哈贝马斯的理论展开研究已有 10 多年的时间。宛丽和罗林的《体育社团的合法性分类及发展对策》⑥ 运用了哈贝马斯的合法性的理论，并对理论进行了

①　［德］哈贝马斯：《作为"意识形态"的技术与科学》，李黎、郭官义译，学林出版社1999 年版，第 84—96 页。

②　Patrick Trabal, "Resistance to Technological Innovation in Elite Sport", *International Review for the Sociology of Sport*, Vol. 43, No. 3, September 2008.

③　Jeffrey Segrave, "The (Neo) Modern Olympic Games: The Revolutions in Europe and the Resurgence of Universalism", *International Review for the Sociology of Sport*, Vol. 35, No. 3, September 2000.

④　［德］哈贝马斯：《社会主义在今天意味着什麽？纠偏的革命与左派新思维》，曾宪冠译，哈贝马斯等《社会主义：后冷战时代的思索》，牛津大学出版社 1995 年版，第 1—27 页。

⑤　Susan Brownell, "The Olympic Public Sphere: The London and Beijing Opening Ceremonies as Representative of Political Systems", *The International Journal of the History of Sport*, Vol. 30, No. 11, November 2013.

⑥　宛丽、罗林：《体育社团的合法性分类及发展对策》，《北京体育大学学报》2001 年第2 期。

简约的阐释。这篇发表于 2001 年的论文很可能是国内体育学界第一次运用哈贝马斯的理论。王颖吉的《媒介共谋与足球神话的诞生——对一项当代大众媒介文化的批判性解读》在有关体育文化的研究中运用了哈贝马斯公共领域的概念，[①] 并进行了较为详细的阐述。睢强等的论文《当代体育与"公共空间"》虽然言之不深，但已率先把哈贝马斯的公共空间领域引入了中国体育研究的视域中。[②]

交往行为理论依然是中国体育学界运用哈贝马斯学说最多的理论点。朱欣华的《从哈贝马斯理论看体育活动在高校素质教育中的作用》[③]、耿永华的《哈贝马斯的交往行为理论对体育与健康教学改革的启示》[④]、黄娟娟的《哈贝马斯的交往行为理论对幼儿园体育教育改革的启示》[⑤]、李艳群的《中小学体育教学中交往问题研究》[⑥]、杜峰、周红兵的《基于"交往行为理论"的现代体育交往》[⑦] 等研究都是简单地提到了交往行为理论，但并没有充分地对理论展开论述，导致研究停留在"贴标签"的层面。

董传升的《论中国体育发展方式的公共转向：从国家体育到公共体育》一文中也运用了哈贝马斯的交往互动理论，[⑧] 而且进行了较为贴切

---

① 王颖吉：《媒介共谋与足球神话的诞生——对一项当代大众媒介文化的批判性解读》，《新闻与传播研究》2004 年第 1 期。

② 睢强、马英利、刘少华：《当代体育与"公共空间"》，《北京体育大学学报》2007 年第 3 期。

③ 朱欣华：《从哈贝马斯理论看体育活动在高校素质教育中的作用》，《体育科技文献通报》2014 年第 7 期。

④ 耿永华：《哈贝马斯的交往行为理论对体育与健康教学改革的启示》，《上海教育科研》2007 年第 4 期。

⑤ 黄娟娟：《哈贝马斯的交往行为理论对幼儿园体育教育改革的启示》，《家庭与家教》2007 年第 7 期。

⑥ 李艳群：《中小学体育教学中交往问题研究》，《中国教育学刊》2011 年第 7 期。

⑦ 杜峰、周红兵：《基于"交往行为理论"的现代体育交往》，《搏击》（体育论坛）2013 年第 4 期。

⑧ 董传升：《论中国体育发展方式的公共转向：从国家体育到公共体育》，《北京体育大学学报》2013 年第 1 期。

的论述，为研究增色不少。他在之前的《公共需求与体育演进》中已经借用了哈贝马斯的公共领域概念。① 黄奇玮的《以虎扑体育为例：看体育网络的社区营销》② 同样运用公共领域概念，证实了网络社区"公共空间"的地位。

综上所述，虽然哈贝马斯的诸理论在中国学界已经有丰富的应用和成果，但在国内体育研究领域还有很大的提升空间。基于国内外相关领域的已有成果，向更深层次的哈贝马斯与体育的研究领域探索，是国内体育学者的重要责任。

---

① 董传升：《公共需求与体育演进》，《沈阳体育学院学报》2010 年第 2 期。
② 黄奇玮：《以虎扑体育为例：看体育网络的社区营销》，《新闻界》2010 年第 2 期。

第十二章

后现代主义之光芒：让·波德里亚的
体育观

让·波德里亚（Jean Baudrillard，1929—2007），也译为让·鲍德里亚、让·博德里亚尔和尚·布希亚，被誉为后现代主义左翼学者中"具有领袖地位的哲学家"①"学术界的吉米·亨德里克斯"②"高级牧师"③和"变妆皇后"④。他提出的致命策略、符号交换、仿像、超真实和内爆等理论深刻影响着社会科学领域诸多层面的问题，因此波德里亚也被称为"过去20年里可能是最具挑衅性和最富争议的社会理论家"⑤。后现代主义学者克里斯托弗·诺里斯认为"他过去30多年时间里游离在结

① Steven Best, Douglas Kellner, *Postmodern Theory*: *Critical Interrogations*, New York: Guilford Press, 1991, p. 111.

② Charles Levin, *Jean Baudrillard*: *A Study of Cultural Metaphysics*, London: Prentice-Hall, 1996, p. 25.

③ Paul Willis, *Common Culture*: *Symbolic Work at Play in the Everyday Cultures of the Young*, Milton Keynes: Open University Press, 1990, p. 152.

④ David Ashley, *History without a Subject*: *The Postmodern Condition*, Boulder: Westview Press, 1997, p. 49.

⑤ Richard Giulianotti, "The Fate of Hyperreality: Jean Baudrillard and the Sociology of Sport", Richard Giulianotti (ed), *Sport and Modern Social Theorist*, New York: Palgrave Macmillan, 2004, pp. 225 – 239.

构主义和后结构主义中，等待着这条路的尽头"①。另一位后现代主义理论家道格拉斯·凯尔纳认为他是"终结现代性和将其带入后现代性的社会与历史新阶段的先驱"②。

波德里亚的早期理论深受卡尔·马克思、罗兰·巴尔特和让·保罗·萨特的影响，他的《物体系》和《消费社会》就是这一时期的代表作品。他后来的"超真实"理论也在很大程度上受到了马克思"异化"理论的影响。从《忘记福柯》一书开始，波德里亚逐渐形成了自己独立的、颇富法国批判精神的思想体系。以"死亡三部曲"的第一部《符号政治经济学批判》为标志，他从后马克思语境开始转型。其后的旅行传记《美国》一书中超形而上学的"荒诞玄学"是其里程碑式的理论建树。《拟仿物与拟像》一书提出了"拟仿物""拟像""超真实""内爆"等一系列深刻影响后现代文化的词汇。波德里亚在晚年开始提出一系列令人匪夷所思的理论。例如他在《海湾战争不曾发生》中提出"我们看到的海湾战争不过是媒介呈现的一场虚拟战争，真正的战争根本不曾发生"③ 的惊人观点，饱受争议。

波德里亚对当代体育提出过不少独到的见解。例如对商业意味浓重的洛杉矶奥运会和亚特兰大奥运会、海塞尔惨案后足球的电视转播、F-1赛车的实质等都不惜笔墨。在他去世之前，他还对 2006 年世界杯决赛上法国队明星球员齐达内头顶马特拉齐事件做了精辟的阐释。此外，波德里亚的命定策略还影响着当代身体文化的发展，他的符号交换理论是分析体育赛事博彩与赌博的基础理论，他的"超真实"理论被广

---

① Christopher Norris, *Uncritical Theory: Postmodernism, Intellectuals & the Gulf War*, Amherst: University of Massachusetts Press, 1992, pp. 11 - 31.

② Douglas Kellner, *Jean Baudrillard: From Marxism to Postmodernism and Beyond*, Stanford: Stanford University Press, 1989, p. 94.

③ ［法］尚·布希亚:《波湾战争不曾发生》，邱德亮、黄建宏译，麦田出版公司 2003 年版。

泛运用到当代媒介体育呈现的研究中。因此，波德里亚在其广泛的论述中形成了比较系统的体育观。鉴于他在当代文化中的特殊地位，他的体育观已经并势必将持续影响当代体育人文社会学的发展。

第一节　失利的体育：对社会的反讽

让·波德里亚在其重要著作《符号政治经济学批判》中将体育与"失利"联系起来。这是一种毋庸置疑的消极体育观。但与其说这是一种表层意义的消极体育观，毋宁说其中蕴含着波德里亚对于现实社会的深刻反讽。

在他所经历的时代，体育越来越被赋予一种巨大的力量，但这种力量并非都是积极的。波德里亚在此论述了价值与符号的矛盾关系。"在比赛中获得胜利，运动员就激活了完整的价值体系，由此他也换来了个人的名誉地位。"[1] 但在现实的符号世界中，欲望是无法通过幽灵般的构造来满足的，反而可能会引来由欲望带来的可耻的失败。为此，波德里亚列举了参加欧洲田径 400 米比赛的法国选手的例子。遥遥领先的他在接近终点一百米的时候，却突然失去了最后冲刺的力量，结果只拿到了第三名。这种力量的突然缺失恐怕与欲望的消费密切相连。波德里亚还以托尼·理查德森的电影《孤独的长跑者》中故意输掉比赛的青年主人公为例，他让自己所在的康复中心无法从中得到由胜利带来的种种光彩。"这种失利是故意的……但运动员通过自己的方法质疑了价值交换

---

[1]　［法］让·波德里亚：《符号政治经济学批判》，夏莹译，南京大学出版社 2009 年版，第 210 页。

系统，这一价值体系的形式已经不再局限于对工薪阶层以及消费者的控制……这里存在的剥削与出卖劳动力一样严重，正是这种伪造的交换机制使得失利在无意识中迸发了。在这一意义上，每一个与那些'正常性'（这种正常性不过就是一种资本主义法则所构筑的氛围）相对立的'心理障碍'都可以进行政治性的解读。"① 在这里，波德里亚关注的不仅仅是故意输掉比赛的青年，更有由失利带来的价值交换系统的彻底崩溃。对现实社会的反讽是通过对"正常性"相对立的"心理障碍"来进行政治性解读而得以实现的。因此，波德里亚提出，体育运动的意识形态是潜在"规则"以及强者规则的混合物。②

第二节　身体锻炼与体育消费

　　波德里亚对于身体锻炼的探讨贯穿于 20 世纪 80 年代之后的多部著作之中。在他看来，从 20 世纪六七十年代开始兴起的健身运动已经逐渐脱离其本身的符号价值，进入市场价值的范畴，其更注重的不是身体而是形式。比如"慢跑就好比身体被催眠，机体就像梦游症和独身主义者机器在运转一般"③。于是，系统性地服用兴奋剂延展了它的运行逻辑，控制了当代体育和它的支撑学科。体育英雄江山代有人才出：老一代的资本主义个人英雄主义映衬着主体性和解放，而"新一代的'新个人主义'英雄则是以表演为中心、创业的、有效的、自我束缚地将自己

---

① ［法］让·波德里亚：《符号政治经济学批判》，夏莹译，南京大学出版社 2009 年版，第 210 页。

② 同上书，第 212 页。

③ Jean Baudrillard, *The Transparency of Evil*: *Essays on Extreme Phenomena*, Translated by James Benedict, London: Verso, 2002, p. 47.

的身体推至极限"①。以至于"即使是残疾运动员，也不惜舍弃身体中的其他部分来提高自己的成绩"②。可见，波德里亚对身体锻炼的形式化所带来的种种弊端深感忧虑。

20世纪80年代中期，在游历了圣安东尼奥、盐湖城、拉斯维加斯、洛杉矶、纽约和芝加哥等美国城市以后，波德里亚书写了著名的旅行传记《美国》。在书中，他将目睹的异乎欧洲的各种体育现象诉诸笔下，并加以令人瞠目的无情讽刺。对于有17000人参与的纽约马拉松赛，波德里亚将其描述为一场"世界末日式的表演……在狂风暴雨中，在直升机下，在掌声中，他们戴着铝帽，斜眼看着跑表，或者赤裸着胸脯，眼神慌乱，他们都在寻找死亡，因精疲力竭而死"③。波德里亚旋即对纽约马拉松赛和约两千年前真正从马拉松跑到雅典的士兵展开了对比蒙太奇：那个士兵"带去了胜利的消息……（参加马拉松比赛者）带来的更多的可能是某个关于人类灾难的消息。因为在终点线上，随着时间推移，我们可以看到人类的衰退，最先到达的还身形健美、充满斗志，随后是劫后余生者，几乎是被他们的朋友架着到达终点线的"④。类似的是，"马拉松战役中那个希腊人断气时说'我们赢了'，马拉松赛跑者倒在中央公园的草坪上时，说的是'我做到了'"⑤。

此外，波德里亚嘲笑了那些认为通过运动和肌肉锻炼可以治愈"病理"疲劳的天真的专家。疲劳是几乎所有体育运动的终极形式，但波德里亚所论的"疲劳"另有他意，因为"疲劳是一种潜在的不满，它转而

---

① Jean Baudrillard, *The Illusion of the End*, Translated by Chris Turner, Stanford：Stanford University Press, 1994, p. 93.

② Jean Baudrillard, *Paroxysm*：*Interview with Philippe Petit*, Translated by Chris Turner, London：Verso, 1998, p. 48.

③ ［法］让·波德里亚：《美国》，张生译，南京大学出版社2011年版，第34页。

④ 同上书，第34页。

⑤ 同上书，第35页。

指向自己并'潜入'自己身体之中……疲劳是一种积极的、潜在的、传染的、没有自我意识的反抗"①。政治上的疲劳转化至消费文化的范畴，无聊、异化等形式取代了多元化、解放和胜利。波德里亚的理论被运用到了之后的有关消费文化的研究中。体育迷热衷于消费自己崇拜的体育明星们消费的商品和生活方式，这种消费的"超一致性"所呈现出的是他们对体育明星的戏仿。因此，即便是如马拉多纳、丹尼斯·罗德曼、保罗·加斯科因等"坏小子"明星的消费方式也被拥趸们一并戏仿。这是当代消费社会的一个典型特征。

波德里亚对于商业意味浓重的当代奥运会的反讽是持之以恒的。为了与法国大革命的200年纪念相吻合，他故意将洛杉矶奥运会说成是在1989年举行。"奥运会是一个完全的行为艺术，对国家的自我庆典的集体参与……（洛杉矶奥运会）一切都受赞助，一切都情绪高涨，一切都很干净，是百分之百的广告活动。"② 这显然是对作为商业奥运会开端的洛杉矶奥运会的极端嘲讽。

不仅如此，波德里亚还用反讽的方式嘲笑了12年后再度在美国举行的奥运会和稍后进行的残奥会。"剩下的只有把性也变成奥林匹克的一个竞技项目：奥林匹克性运动会。如同在亚特兰大那样，还有性残疾人平行运动会。"③ 显然，在这里，波德里亚并不是为了讥讽参加残奥会的残疾人运动员，而是针对夏季奥运会和残疾人奥运会相继在一个地方举行这种形式的劳民伤财。

---

① ［法］让·波德里亚：《消费社会》，刘成富、全志钢译，译林出版社2000年版，第184页。

② ［法］让·波德里亚：《美国》，张生译，南京大学出版社2011年版，第96—97页。

③ ［法］让·波德里亚：《冷记忆4》，张新木、陈凌娟译，南京大学出版社2009年版，第47页。

第三节　命定策略与当代体育暴力

波德里亚《命定的策略》一书是致命三部曲中的核心论著。在书中他批判了马克思主义中有关大众的论述。他认为当代社会不是由"社会王国"构成，而是由沉默的大多数组成的"大众"构成的。"大众并非受压迫和被操控的对象，也无需得到解放。他们没有特定的口味和诉求，而是漂移在被动与野性的自发之中的状态。"① 大众并非主体的社会叠加，他们"是一群权力来自于沉默和看上去被惯性所控制的'狡猾的对象'"②。"包括民意调查人、宣传工作者、政论家和社会学者都在试图解读大众，但大众却用'命定的策略'——谋略、技巧和模棱两可的话语来搪塞这些主体，并保持一步的领先。也就是说，在大众与政治力量的博弈中，大众处于小幅度的领先地位。"③ 因此，"政治的剧本被改写为：大众不再被政治力量所唤醒，而是大众在决定政治的走向"④。当代资本主义精英阶层认为自己仍然控制着社会权利和影响，但那在波德里亚看来不过是"权力的幻觉……就像在镜子里面跳舞"⑤。"高层权力不是来源于领袖与现代解放，而是来源于让其他人永远处于怀疑的命定

① Jean Baudrillard, *Fatal Strategies*, Translated by Philip Beitchman, Los Angeles：Semiotext（e），2008，p. 8.

② Jean Baudrillard, *Paroxysm：Interview with Philippe Petit*, Translated by Chris Turner, London：Verso, 1998，p. 48.

③ Jean Baudrillard, *The Transparency of Evil：Essays on Extreme Phenomena*, Translated by James Benedict, London：Verso, 2002，p. 76.

④ Jean Baudrillard, *Fatal Strategies*, Translated by Philip Beitchman, Los Angeles：Semiotext（e），2008，p. 8.

⑤ ［法］让·波德里亚：《冷记忆2》，张新木、王晶译，南京大学出版社2009年版，第38—39页。

策略中。"① 波德里亚的大众理论深刻揭示了当代社会中大众可能起到的重要作用。

在此基础上，波德里亚开始尝试探讨体育以及体育可能给社会带来的问题。在《沉默的大多数的阴影》一书中，他列举了1978年同时发生的两个事件。一个有几百人抗议的从法国引渡回来的德国律师克劳斯·科洛桑特和一场两千多万人关注的世界杯足球赛的资格赛。多数法国知识分子谴责足球被来自大众的力量神秘地操控了。波德里亚认为，"大众对于足球的忠诚和狂热是被提议的理想化的，也是启蒙的，他们既没有被误导，也没有被迷惑"②。因此，大众对于体育的痴迷是社会现实造成的，这并非孤立的社会现象。

随后，波德里亚撰文评述了发生于1985年的布鲁塞尔"海瑟尔惨案"。在此，他把足球流氓和体育场内的暴力称为"恐怖主义之镜，是潜在暴力的瞬间结晶"③。这一观点得到了不少学者的认同。英国学者理查德·吉乌里安诺蒂认为"足球流氓抓住了公众的想象力，看上去威胁到了政府对于暴力的垄断，敢于通过在球场上制造令人瞩目的暴力景观来颠覆场上的比赛。与当代恐怖主义者一样，足球流氓的'命定策略'意在诱使国家陷入对深层权力资源的揭露"④。正如2012年2月1日发生在埃及塞得港的足球暴力事件，被专家和学者普遍解读为这个国家之前一年多时间内发生的一系列政治事件在足球场内的矛盾激化呈现。在

① Jean Baudrillard, *Forget Foucault*, Translated by Nicole Dufresne, Cambridge: MIT Press, 2007, p. 118.

② Jean Baudrillard, *In the Shadow of the Majority*, *or*, *the End of the Social*, Translated by Paul Foss, Los Angeles: Semiotext (e): 2007, pp. 12 – 14.

③ Jean Baudrillard, *The Transparency of Evil*: *Essays on Extreme Phenomena*, Translated by James Benedict, London: Verso, 2002, p. 75.

④ Richard Giulianotti, "The Fate of Hyperreality: Jean Baudrillard and the Sociology of Sport", Richard Giulianotti (ed), *Sport and Modern Social Theorist*, New York: Palgrave Macmillan, 2004, pp. 225 – 239.

波德里亚的《恐怖主义之镜》问世后，几乎所有后来的有关足球流氓和体育暴力的研究都无法绕开他的这一研究。波德里亚将"海瑟尔惨案"界定为"安全的灾难性反讽"。① 98 名球迷在赛场内所谓"安全"的护栏下遭到致命的伤害（海瑟尔惨案的实际死亡人数为 39 人），警察为了避免球迷冲入场内对赛事造成影响，竟然拒绝球迷冲出护栏逃生。这种所谓的"超保护"系统只会失去正常的防护功能而使事件滑向"恐怖的可逆性"②。

当然，波德里亚对于海塞尔惨案的定性也不可避免地受到了当时舆论的影响。他将观众（尤其是英国球迷）归入"尝试角色翻转"的"另一种逻辑"，因为"他们把自己变成了演员，在媒介的凝视下篡夺了球员的主角地位，他们制造了自己的奇观"③。但后来的事实证明，现场的英国（利物浦）球迷其实也是受害者，警方的不作为是诱发事件的重要因素。

波德里亚在《恐怖主义之镜》中还将被苏联和东欧国家抵制的 1984年洛杉矶奥运会称为"国家恐怖主义，是一场世界范围内的表演，与1936 年柏林奥运会相似，是由需要展示自己肌肉的权力组织在恐怖主义的气氛下举办的。一场世界范围的体育奇观演变成了冷战策略，这是对奥林匹克精神的肆意践踏"④。无独有偶，波德里亚在另一本书中把美国和部分西方国家因为苏联入侵阿富汗而抵制的 1980 年莫斯科奥运会也

---

　　① ［法］让·波德里亚：《冷记忆 2》，张新木、王晶译，南京大学出版社 2009 年版，第54 页。

　　② Jean Baudrillard, *The Transparency of Evil*: *Essays on Extreme Phenomena*, Translated by James Benedict, London: Verso, 2002, pp. 75 – 78.

　　③ Ibid. , p. 76.

　　④ Ibid. , p. 77.

视作"恐怖主义行为"①。

此外，波德里亚还探讨了由足球暴力事件引发的"足球比赛魅影"现象。由于球迷闹事，因此 1987 年 9 月在马德里进行的皇家马德里队与那不勒斯队的欧洲冠军杯比赛被安排在一个没有球迷的空球场进行，但这场比赛仍然因为电视直播而被全球的观众目睹。这可能是后现代体育的一个显著的特征，"几乎没有多少人能够亲历比赛，但每个人都可以看到画面。体育成了一项纯粹的赛事……事实上缺乏任何依据，很容易被合成的图像所取代"②。这在很大程度上证实了竞赛型演示叙述中观众的强大力量。③ 今天，类似奥运会和世界杯这样的"奇观"赛事能够吸引几十乃至上百亿人次的观赏，但真正能够到现场观看比赛的人是极其有限的。"足球比赛魅影"现象更多涉及的是之后谈及的超真实理论。

第四节　体育的去符号化与多重矛盾

波德里亚清晰地提出了体育在当代社会中起到的符号功能。具体来说，体育在很多时候起到的是"去符号化"的功能。"体育运动中的暴力不属于真实的冲突，它通过对想象暴力的分流来消除真实的冲突。"④体育的符号意义在于它能够将赛场上的暴力与现实中的纷争隔离开来。因此，在马岛战争中落败的阿根廷人能够通过世界杯比赛中对英格兰的

① Jean Baudrillard, *Revenge of the Crystal: Selected Writings on the Modern Object and its Destiny: 1968 – 1983*, Translated by Paul Foss, Julian Pefanis, Sydney: Power Institute, 1990.

② Jean Baudrillard, *Fatal Strategies*, Translated by Philip Beitchman, Los Angeles: Semiotext (e), 2008, p. 8.

③ 魏伟：《叙述公正与叙述惊喜：竞赛型演示叙述研究》，《符号与传媒》2015 年第 1 期。

④ ［法］让·波德里亚：《冷记忆 3：断片集》，张新木、陈旻乐、李露露译，南京大学出版社 2009 年版。

胜利获得异乎寻常的快感，通过"上帝之手"这样的额外幸运甚至可能提升这种快感消费。"因为足球和世界杯，体育偷走了属于政治的民族凝聚力，整个政治进入了体育运动场——如同拜占庭帝国的命运进入了赛马场的赛马中那样。"① 因此，人们只能在奥运会的入场式上看到朝韩在同一面半岛旗帜下入场。"权力让足球承担了愚弄大众的恶魔般的责任。"② 即便很难在现实中体察的情景，人们往往能轻易在足球场上捕捉到。

　　由体育引申出的符号现象层出不穷，为此波德里亚给出了一个近乎完美的实例。1992 年巴塞罗那奥运会开幕式上，世界级男高音歌唱家与现场 12 万观众借现场超大屏幕完成的互动，像极了西班牙画家委拉斯凯兹的名画《宫娥》。此时，"古典时期的目光游戏已经变成了电视视觉时代的目光越位"③。这种"越位"其实投射出的是符号的元语言冲突。当歌唱家面对自己在超大荧幕的影像唱歌时，现场观众反而只能看到侧影，于是又将目光投向远到几乎无法辨认的歌手本人。

　　波德里亚有关体育符号功能的阐述，在他的《赛车手与他的双重角色》一文中表现得最为完整。这篇写就于 1995 年 3 月的文章集中论述了 F−1 车手的角色符号。在 F−1 这项近乎烧钱的运动中，车手和赛车都被推至极限，而二者是通过速度来协调的。④ 一辆赛车的好坏是由包括研发人员、技师、各种工作人员在内数以千计的人决定的，但最终的胜负能指只在车手一个人身上，因此，这是一种高度压缩的能指与所指

---

　　① ［法］让·波德里亚：《冷记忆 4》，张新木、陈凌娟译，南京大学出版社 2009 年版，第 97 页。

　　② 同上。

　　③ ［法］让·波德里亚：《冷记忆 3：断片集》，张新木、陈旻乐、李露露译，南京大学出版社 2009 年版，第 69—70 页。

　　④ Jean Baudrillard, "The Racing Driver and his Double", Jean Baudrillard, *Screened out*, Translated by Chris Turner, London：Verso, 2002, p. 166.

之间的关系。

波德里亚的这一论述很容易让人想起罗兰·巴尔特在《什么是体育》中有关赛车比赛的多重悖论说。[①] 但波德里亚与巴尔特的观察视点并不雷同。波德里亚认为，"一级方程式赛车手扮演双重角色：一方面他是精密仪器的自动终端，是一个机械师；另一方面他同时是观众热情和死亡冒险的符号操控者"[②]。对 F－1 车迷而言，他们也时刻处于矛盾之中，一方面他们希望比赛顺利进行，另一方面他们也希望不断看到各种意外和车手与死亡之间的博弈。"对于车队来说，他们也时刻处在投资与赠送礼品的矛盾之中。"这种符号意义的多重矛盾导致波德里亚得出了最后的结论，"F－1 赛车比赛就是一个怪物，这种聚焦于技术、金钱、雄心和威信的东西是个十足的怪物"[③]。这个在技术上不断追求完美的怪物最终会毁掉这项运动，而且它还将在一定程度上"污染日常生活中的驾驶技术"[④]。

第五节　赌博与体育"他者"：符号交换理论

对于游戏和赌博，波德里亚在多部著作中都有所论及。事实上，他的理论深受罗杰·凯鲁瓦的影响，将游戏分为竞赛、机会、模仿和眩晕四个种类。他赞成人们在日常生活中因为"喜悦的、孤立的和自我陶醉

---

① 任文、魏伟：《奇观体育与体育奇观：罗兰·巴尔特的符号学体育赛事观》，《体育科学》2011 年第 11 期。

② Jean Baudrillard, "The Racing Driver and his Double", Jean Baudrillard, *Screened out*, Translated by Chris Turner, London：Verso, 2002, p. 169.

③ Ibid. , p. 170.

④ Richard Smith, *The Baudrillard Dictionary*, Edinburgh：Edinburgh University Press, 2010, pp. 209－210.

的游戏，来自碰运气和治疗精神病为目的纯粹欢愉，以及机会和眩晕"①而放弃了有意义的、令人印象深刻的和竞技类的娱乐方式。尤其是赌博，这种"每个人都拥有平等机会和命运天定"的口号无疑是低概率事件，是一种特殊形式的符号交换行为。对参与赌博的人来说，"胜负的概念远不及事件本身吸引人之处"②。因此，用波德里亚的话来说，赌博的本质是"狂喜与价值消亡的双重轨迹，其中并没有生产和毁灭货币的行为，但作为表象而再度出现"③。在波德里亚看来，"赌博是一种沙漠的、野蛮的、没有文化的、神秘的形式，是建立于价值之上的自然经济的挑战，是处于交换活动边缘的一种疯狂"④。赌博的终极形式只能是"引向自杀"⑤。

此外，波德里亚在《邪恶的透明性》中提出的"他者"理论⑥被一些文化学者用于研究以英美为代表的西方体育文化与非西方体育文化的碰撞，这事实上是另一种层面的符号交换行为。"在英美等帝国主义的殖民时期，西方殖民者把西方体育放置于殖民地并谆谆教诲非西方国家。在今天，非西方文化看上去更像是在消费西方体育，尤其是来自非西方的运动员在西方人公认的'主流项目'中击败西方运动员的时候。"⑦ 因此，无论是姚明、刘翔还是李娜，还是马拉多纳、梅西、韩国

---

① Jean Baudrillard, *Fatal Strategies*, Translated by Philip Beitchman, Los Angeles：Semiotext（e），2008，p. 8.

② Jean Baudrillard, *Baudrillard Live：Selected Interviews*（1982 - 1993），Mike Gane（ed），London：Routledge，1993.

③ Jean Baudrillard, *Revenge of the Crystal：Selected Writings on the Modern Object and its Destiny：1968 - 1983*，Translated by Paul Foss，Julian Pefanis，Sydney：Power Institute，1990.

④ ［法］让·波德里亚：《美国》，张生译，南京大学出版社 2011 年版，第218—219 页。

⑤ Jean Baudrillard, *Baudrillard Live：Selected Interviews*（1982 - 1993），Mike Gane（ed），London：Routledge，1993.

⑥ Jean Baudrillard, *The Transparency of Evil：Essays on Extreme Phenomena*，Translated by James Benedict，London：Verso，2002，p. 54.

⑦ Neil Blain，Hugh O'Donnell，"Current Developments in Media Sport，and the Politics of Local Identities：A'Postmodern'Debate?" *Culture*，*Sport*，*Society*，Vol. 3，No. 2，June 2000.

女子高尔夫球群体以及来自印度和巴基斯坦的顶尖板球运动员，总能够引起西方体育社会的高度重视，这实际上仍然是以西方为中心的体育传统理念所造成的。"这些西方体育文化的'他者'，无论他们的运动技巧多么高超，抑或是他们拥有无与伦比的欺骗技巧，无非是在消除东西方的差异，实质上仍然是在巩固西方体育文化的核心地位。"① 今天，这部分理论已经成了西方后殖民主义在体育社会学领域的重要观点。

第六节　齐达内"头顶事件"：不曾发生还是暴力行为

1991 年 1 月到 3 月间，波德里亚就当时发生的海湾战争在《解放报》上连载三篇文章《海湾战争不会发生》《波湾战争正在发生吗?》和《海湾战争不曾发生》。这三篇文章被集结成《波湾战争不曾发生》于当年出版。文中提出了在当时看来相当激进的观点："海湾战争没有战场上战斗的影像，只有面具的影像……在那发生的不是战争，而是世界的毁容。"② "当战争进入新闻，已经不再是一场实在的战争，而变成一场虚拟的战争，也就是症候般的战争。就像一切经过心理机制的，都成为无止尽镜映的对象，所有透过新闻运作过的，都成为无止尽炒作的对象，一种全然不具确定性的场域。"③ 这一观点在当时遭到了令人难以置信的反击，不少学者甚至以此来攻击后现代主义。克里斯托弗·诺里斯认为，这一系列"荒谬"的观点"暴露了后现代主义思想在智力与政

---

① Neil Blain, Hugh O'Donnell, "Current Developments in Media Sport, and the Politics of Local Identities: A 'Postmodern' Debate?" *Culture*, *Sport*, *Society*, Vol. 3, No. 2, June 2000.

② ［法］尚·布希亚：《波湾战争不曾发生》，邱德亮、黄建宏译，麦田出版公司 2003 年版。

③ 同上。

治上的破产"，见证了"西方知识分子因为极端反现实主义与非理性主义而陷入道德与政治上的危机"。① 但语言学家诺阿·乔姆斯基等公开表达了对波德里亚观点的认同。

根据波德里亚的观点，法国学者让－菲利普·杜桑就 2006 年德国世界杯决赛中令人震惊的齐达内"头顶马特拉齐事件"进行了阐释："齐达内的行为，很难察觉，令人费解，更像是没有发生过的奇观现象。如果一个人在体育场内限制了自己的行为，让其他人没有察觉到，观众和裁判也没有当场目睹，那么这个行为就根本没有发生过。"②

杜桑的观点当然是"海湾战争不曾发生"理论的实际运用。波德里亚甚至还提到，"在媒介时代，事件如果没有经过电视和广播的'实时直播'就等于没有发生"③。但杜桑并不知道，波德里亚本人就"头顶事件"有过较为详尽的评论，出版于其逝世三年后的《嘉年华与食人族》一书中。波德里亚对这位同胞球星没有为法兰西带来第二座大力神杯的行为毫不宽容，他指出"齐达内的举动是对世俗身份认同仪式的毁灭……他让整个决赛从表演的高潮达到功能障碍的高潮，他以华丽的举动来反对美好的事物，瞬间在全球化的中心突出地证明了虚无。这个简单的举动在任何意义上投射出的都不是一种反抗的态度。有人会说这个举动超出了个人主体意识的范畴，是来源于身体之外。这是导致整个系统被瞬间愚弄的高潮部分……齐达内的这一举动就是恐怖主义行为"④。

---

① Christopher Norris, *Uncritical Theory*: *Postmodernism*, *Intellectuals & the Gulf War*, Amherst: University of Massachusetts Press, 1992, pp. 11 - 31.

② Jean-Philippe Toussaint, "Zidane's Melancholy", *New Formations*, Vol. 62, No. 1, January 2007.

③ Jean Baudrillard, "The Virtual Illusion: Or the Automatic Writing of the World", *Theory*, *Culture & Society*, Vol. 12, No. 4, November 1995.

④ Jean Baudrillard, *Carnival and Cannibal*, *or the Play of Global Antagonism*, Translated by Chris Turner, London: Seagull Books, 2010, pp. 76 - 84.

显然，波德里亚并不认为齐达内头顶马特拉齐的动作从来没有发生过。这个举动虽然逃过了当值主裁判和绝大多数现场观众的视线，甚至没有被转播机构 HBS 常规的镜头捕捉到。但转播机构用于制作纪录片的"明星机位"全程捕捉到这一时刻，因此这组镜头立即被激活并在转播中反复播放。于是，全世界都看到了这个本来"应该没有发生过"的瞬间。更有不少新闻媒体赛后请到唇语专家通过齐达内和马特拉齐的嘴型来解读当时可能产生的话语。一个细节改变了一届世界杯冠军的得主，甚至在很大程度上改变了全世界对于一位传奇足球明星生平的认知。这一切都拜发达的后现代电视体育转播技术所赐。用波德里亚的"内爆"观点来看，"传播与意义所产生的拟像与超现实的过程，比真实更加地逼真。因此，真实被爆掉了……在真实中，媒介自身也内爆了。在某种超真实的星云中，媒介与真实都内爆了"①。

第七节　超真实与体育媒介呈现

波德里亚的拟像和"超真实"的观点，在体育传播研究领域，尤其是电视体育赛事转播的研究中运用得十分广泛。他认为，西方社会业已进入"超真实"时代，超真实包含了对现实的集约化。整个世界被看作一个拟仿物，超真实让现实看上去"比真实更真实"。波德里亚指出，"影像不再能让人想象现实，因为它就是现实。影像也不再能让人幻想实在的东西，因为它就是其虚拟的实在。就好像这些东西都已贪婪地照

---

① ［法］尚·布希亚：《拟仿物与拟像》，洪凌译，时报文化出版企业公司 1998 年版，第 161—167 页。

过镜子，自认为已变成了透明的，全体在自己体内就位，在充足的光线下，被实时地、毫不留情地复制"①。他曾经列举过的情色产品、迪士尼乐园和高保真音响等都是超真实的现实呈现。具体到电视体育转播领域，"真实场景模型的生产都是通过（NBC 对奥运会）过往制造模型的拟仿作为参考的。因此，NBC 对奥运会的模式化生产就是媒介文本被内爆、再模式化的生动事例，是对现实的'混账'阐释"②。

波德里亚曾经准确地预言了声画结合的电视在传播中的统治地位："我们将持续寻找比传播更为迅捷的东西：挑战它，与它决斗。传播的速度过慢，它通过接触和言语来达成，是慢的代名词。目睹当然更快，它是媒介的渠道，是最快速的一种。所有事物都在瞬间呈现。"③ 波德里亚的这一理论在后续的研究中被广泛运用。④⑤ 作为仿像的当代体育赛事转播给受众带来的超真实感，已经远远超越了在赛场边现场观众的感受。正如波德里亚所言，"电视的扩散进入了生活，生活的扩散进入了电视"⑥。为此，他感叹"我们可能永远也无法再知道历史从新闻中的恶化到技术上的完美都历经了什么，我们可能永远也无法再知道模具从消失到完成中都发生了什么"⑦。超真实的再现覆盖了真实事件，以至于人们无从知晓现实究竟发生了什么。

---

① [法] 让·博德里亚尔：《完美的罪行》，王为民译，商务印书馆 2000 年版，第 8 页。

② David Andrews, "Feminizing Olympic Reality: Preliminary Dispatches from Baudrillard's Atlanta", *International Review for the Sociology of Sport*, Vol. 33, No. 1, March 1998.

③ Jean Baudrillard, *Fatal Strategies*, Translated by Philip Beitchman, Los Angeles: Semiotext (e), 2008, p. 8.

④ 魏伟：《3D 技术对电视体育转播的影响研究》，《电视研究》2010 年第 6 期。

⑤ Cornel Sandvoss, *A Game of Two Halves: Football, Television and Globalization*, London: Routledge, 2003, pp. 137 – 164.

⑥ Jean Baudrillard, *Simulations*, Translated by Paul Foss, New York: Columbia University Press, 1983.

⑦ Jean Baudrillard, *The Illusion of the End*, Translated by Chris Turner, Stanford: Stanford University Press, 1994, p. 6.

波德里亚认为，"电视传媒通过其技术组织所承载的，是一个可以任意显像、任意剪辑并可用画面解读的世界的思想（意识形态）。它承载着的意识形态是，那个对已变成符号系统的世界进行解读的系统是万能的"①。电视体育转播带来的超真实感经常给人虚幻的感觉，正如我们在看高清转播和 3D 转播时常常会有欣赏电子游戏的感觉。游泳和田径比赛转播中由计算机模拟出的世界纪录线和运动员代表的国旗或队旗时常被部分受众认为是赛场里客观存在的。美式橄榄球比赛场内五彩斑斓的线条和特技虚拟出的线条交织在一起，有时连较为专业的体育迷也无法辨认。由 GPS 技术主导的 F－1 和纳斯卡赛车比赛转播几乎成了统计学领域的恶斗，千分之一秒的差距和从一挡到七挡的变化被肆意放大。对此，波德里亚告诉我们，"虚拟现实是真实世界的对极。高清晰度是现实高度稀释的代名词。媒介的高清晰度往往对应着信息的最低精度。信息的最高精度对应着事件的最低精度"②。

第八节　波德里亚理论对体育研究的影响

在 20 世纪众多的法国文化学者中，波德里亚的理论对于后续体育人文社会学的影响几乎可与皮埃尔·布尔迪厄并驾齐驱。学者史蒂夫·雷德海德运用波德里亚的理论，对 1994 年美国足球世界杯进行了考察，得出了这届世界杯"就是一届全球媒介赛事：一个没有真正参考的仿像

---

① ［法］让·鲍德里亚：《消费社会》（第三版），刘成富、全志刚译，南京大学出版社 2008 年版，第 114 页。

② Jean Baudrillard, *Art and Artefact*, Translated by Nicolas Zurbrugg, London：Sage，1997，p. 26.

和超真实的奇观"① 的结论。加拿大学者阿特金森和凯文·杨对波德里亚的 10 本著作进行了系统分析，在对体育奇观和体育恐怖主义精神研究中将波德里亚的超真实和非事件理论作为核心加以论述。②

美国体育社会学者劳伦斯·文内尔运用波德里亚的理论，通过对超媒介、超商品化和超现实的后现代体育酒吧的空间地理学考察，③ 奠定了之后"脏言"理论的基础。英国学者加里·万内尔利用波德里亚的符号政治经济学原理，探讨了媒介体育明星制造过程中电视转播权、赞助商和娱乐市场的关系。④ 学者罗布·范·韦恩斯伯格和伊安·里奇也将波德里亚的理论作为基础，对奥运五环标志进行了后现代符号学研究，认为五环标志成了一个超商品化的能指。⑤ 美国学者约翰·贝尔在研究了波德里亚的大量理论后，认为这些理论能够"成为今后环球流行文化大部分机器的引擎"⑥。法国学者热内维埃夫·雷勒可能是把波德里亚的理论最多运用到体育社会学研究的学者之一，他认为"后现代体育是后现代社会文化的生产者和再生产者，是过度消费的特权客体"⑦。朱里亚

---

① Steve Redhead, "Media Culture and the World Cup: The Last World Cup", John Sudgen, Alan Tomlinson (eds), *Hosts and Champions: Soccer Cultures, National Identities and the USA World Cup*, Aldershot: Arena, 1994, pp. 291 – 309.

② Michael Atkingson, Kevin Young, "Shadowed by the Corpse of War: Sport Spectacles and the Spirit of Terrorism", *International Review for the Sociology of Sport*, Vol. 47, No. 3, June 2012.

③ Lawrence Wenner, "In Search of the Sports Bars: Masculinity, Alcohol, Sports and the Mediation of Public Space", Geneviéve Rail (ed), *Sport and Postmodern Times*, New York: State University of New York Press, 1998, pp. 301 – 332.

④ Garry Whannel, *Media Sport Stars: Masculinities and Moralities*, London: Routledge, 2002.

⑤ Rob van Wynsberghe, Ian Ritchie, "(Ir) relevant Ring: The Symbolic Consumption of the Olympic Logo in Postmodern Media Culture", Geneviéve Rail (ed), *Sport and Postmodern Times*, New York: State University of New York Press, 1998, pp. 367 – 384.

⑥ John Bale, *Landscapes of Modern Sport*, London: Leicester University Press, 1994.

⑦ Geneviéve Rail, "Seismography of the Postmodern Condition: Three Theses on the Implosion of Sport", Geneviéve Rail (ed), *Sport and Postmodern Times*, New York: State University of New York Press, 1998, pp. 143 – 162.

诺蒂和瑞士学者克劳泽在对体育重大赛事和恐怖主义的梳理中运用了波德里亚的恐怖主义之镜的观点。① 澳大利亚学者大卫·洛弗在对齐达内头顶事件引发的媒介、体育与种族化的探讨中也使用了波德里亚的非事件理论。② 魏伟在梳理了波德里亚有关符号的理论体系以后，将其列为影响体育符号理论发展的四位先驱之一。③ 在西方体育文化研究这一维度，波德里亚的体育思想也是三大学派中法国后现代主义的代表理论。④

波德里亚是一个充满争议的学者，不同于其他法国学者晦涩的理论，他的理论相对清晰，但也充满偏激的色彩。正如雷德海德所言，运用波德里亚的理论进行体育社会学研究，"需要相当小心和慎重"⑤。但近 10 余年的国际重大体育社会学研究中，能够完全摆脱波德里亚理论的并不多。

① Richard Giulianotti, Francisco Klauser, "Sport Mega-event and 'Terrorism': A Critical A-nalysis", *International Review for the Sociology of Sport*, Vol. 47, No. 3, June 2012.

② David Rowe, "Stages of the Global: Media, Sport, Racialization and the Last Temptation of Zinedine Zidane", *International Review for the Sociology of Sport*, Vol. 45, No. 3, September 2010.

③ 魏伟：《体育符号研究的发展述评》，《成都体育学院学报》2012 年第 8 期。

④ 魏伟：《西方体育文化研究的流派辨析》，《成都体育学院学报》2014 年第 1 期。

⑤ Steve Redhead, "Media Culture and the World Cup: The Last World Cup", John Sudgen, Alan Tomlinson (eds), *Hosts and Champions*: *Soccer Cultures*, *National Identities and the USA World Cup*, Aldershot: Arena, 1994, pp. 291 – 309.

第十三章

惯习、场域、资本与区分：皮埃尔·布尔迪厄的体育观

皮埃尔·布尔迪厄（Pierre Bourdieu，1930—2002），又译为布迪厄、布尔迪约、波丢、布赫迪厄等，是当代法国著名的思想家、作家、社会学家和人类学家。他在人文社会学的诸多领域都取得了令人惊叹的成就，被公认为 20 世纪法国乃至全世界最杰出的思想家之一。布尔迪厄的学术思想比较开放，有时甚至不免偏激。他在不少学术作品中攻击他的同僚，同时对来自同僚的攻击时刻保持防御态度。他先后抨击过结构主义、阐释人类学、民族学方法论、后现代主义、哲学、经济学甚至是他自己选择的社会学。①

布尔迪厄 1930 年出生于法国西南部靠近比利牛斯山脉的一个村落。他在巴黎高等师范学院研究哲学和社会学期间，深受阿尔都塞和拉康的影响，还对当时流行的胡塞尔现象学、马克思主义和黑格尔主义以及结

---

① Deborah Reed-Donahay, *Locating Bourdieu*, Bloomington：Indiana University Press, 2005, p. 1.

构主义进行过深入研究和探讨。他还通过梅洛－庞蒂和罗兰·巴尔特的现象学和符号学进一步对人文社会科学一般方法论问题进行了反思。获得博士学位之后，他在达贝尔、利维和赛贝尔的领导下在阿尔及利亚从事多年的社会田野调查活动。从 1964 年起，布尔迪厄开始担任法国高等社会科学研究员和国家科研中心的文化与教育社会学研究所所长职务。从 1985 年起，他担任法兰西学院欧洲社会学研究中心主任，并获选法兰西学院社会学终身讲座教授。① 布尔迪厄在卸任法兰西学院社会学主席后不久于 2002 年去世。他为后人留下的学术成就是无法估量的。

为了克服传统的主观主义和客观主义的偏差，他的社会学观点综合了社会学三大奠基人马克思、马克斯·韦伯和涂尔干的基本思想，此外还从李维史托和弗洛伊德的理论中汲取了养分。他的基本观点包括文化再生产、惯习、场域、资本、符号权力等今天已为全世界人文社会学学者所熟知。这些重要概念并不是各自孤立的，而是在同他的其他重要概念的相互关系中呈现着其实际意义、反思性及其整体性。② 斯沃茨认为，布尔迪厄的著作可以被解读为"一种与实证主义、经验主义、结构主义、存在主义、现象学、经济主义、马克思主义、方法论个人主义以及宏大理论的持续的论争"③。难怪有学者认为布尔迪厄理论世界的充分复杂性抵制任何简单化的概括。④ 布尔迪厄共出版了 30 多本著作，发表过 300 多篇论文。他主编的社会学期刊《社会科学研究会刊》蜚声世界。

布尔迪厄在政治立场和他的研究中，始终与所谓的"主流"和知识分子身份保持着距离。他曾经提出自己的"双重距离"论：与法国式知

---

① 高宣扬：《当代社会理论》，中国人民大学出版社 2005 年版，第 803—804 页。

② 高宣扬：《布迪厄的社会理论》，同济大学出版社 2004 年版，引言第 2 页。

③ ［美］戴维·斯沃茨：《文化与权力：布尔迪厄的社会学》，陶东风译，上海译文出版社 2006 年版，第 5 页。

④ David Miller, J. Branson, "Pierre Bourdieu: Culture and Praxis", Diane Austin-Broos (ed), *Creating Culture: Profiles in the Study of Culture*, Boston: Allen and Unwin, 1987, p.214.

识分子及其上流社会的请愿、高雅的游行或为艺术家商品目录写的前言保持距离，但也与教师的重要角色保持距离……在政治与文化方面，既与精英主义又与民众主义保持距离。① 与此同时，他还指出"我不喜欢自己身上的知识分子成分，而且在我所写的东西中，一切听起来可能像是反唯智主义的东西，都特别针对作为障碍在我身上残存的唯智主义或理智性，尽管我竭尽所能消除这些残余，它们依旧存在，而这个障碍在知识分子身上如此典型，以致我确实承认我的自由有限度"②。布尔迪厄的研究曾被文化批评学者归类为新马克思主义，但他却刻意与之保持距离，这体现在他沿袭维特根斯坦的思路上，追问"遵循一种规则到底意味着什么"，这成了布尔迪厄的终生诉求。③

与其他法国思想家不同的是，布尔迪厄对体育在社会中的重要作用自始至终有相当明晰的认知。因此，他本人对体育有相当丰盈的论述。其中，《体育社会学计划》④《体育与社会阶级》⑤《国家、经济与体育》⑥《奥林匹克运动会——分析提纲》⑦ 和《区分：判断力的社会批判》⑧ 中有关体育趣味区分的论述等研究更被认为是法国体育社会学研

① ［法］皮埃尔·布尔迪厄：《自我分析纲要》，刘晖译，中国人民大学出版社 2012 年版，第 128—129 页。
② ［法］皮埃尔·布尔迪厄：《帕斯卡尔式的沉思》，刘晖译，生活·读书·新知三联书店 2009 年版，第 9 页。
③ 刘拥华：《布迪厄的终生问题》，上海三联书店 2009 年版，第 1—2 页。
④ Pierre Bourdieu, "Programme pour une Sociologie du Sport", Pierre Bourdieu, *Chose Dites*, Paris: de Munuit, 1987, pp. 203 –216.
⑤ Pierre Bourdieu, "Sport and Social Class" *Social Science Information*, Vol. 17, No. 6, December 1978, 后来该文经细微更动改写为《人是如何变化为运动员的?》Pierre Bourdieu, "How can one be a Sportsman?" Pierre Bourdieu, *Sociology in Question*, London: Sage, 1993, pp. 117 – 132.
⑥ Pierre Bourdieu, "The State, Economics and Sport", Translated by Hugh Dauncey, Geoff Hare (eds), *Culture*, *Sport*, *Society*, Vol. 1, No. 2, May 1998.
⑦ ［法］皮埃尔·布尔迪厄：《关于电视》，许钧译，南京大学出版社 2011 年版，第 127—133 页。
⑧ ［法］皮埃尔·布尔迪厄：《区分：判断力的社会批判》，刘晖译，商务印书馆 2015 年版。

究的奠基作品。在他担任主编期间，学术期刊《社会科学的研究行动》每隔几年就会有一期体育类专刊。更重要的是，布尔迪厄关注的不仅仅只有体育的实质，而且还包括深藏在不同的体育趣味中的社会化和社会差异等幕后元素。① 在这几个作品中，布尔迪厄集中论述了体育与社会学之间的关系，将自己的学术思想清晰地镌刻在体育社会学研究中，成为法国体育社会研究的核心思想。

第一节　布尔迪厄的几个基本概念

在布尔迪厄的理论体系中，惯习、符号暴力、场域、资本和区分五个概念占据着核心地位。这五个概念也是理解布尔迪厄社会学思想的五个关键词。如果不能理解这五个概念的含义，要理解布尔迪厄的体育社会学理论是相当困难的。

一　布尔迪厄的惯习概念和符号暴力概念

惯习概念是布尔迪厄诸概念中较早提出的，由惯习概念引申出的符号暴力概念对于体育社会学研究起着至关重要的作用。

（一）惯习概念

"惯习"概念也称习性或生存心态。惯习在布尔迪厄诸概念中占据核心地位。他指出"我说的是惯习（habitus），而不是习惯（habit），是

---

① Richard Giulianotti, *Sport: A Critical Sociology*, Cambridge: Polity Press, 2005, p. 153.

深刻的存在于性情倾向系统中的、作为一种技艺存在的生成性能力……"① 这个系统"构成于实践活动，并总是趋向实践功能"②。惯习概念可以很好地解释社会结构是如何体现的，社会结构如何决定和限制了各群体的机会。

用布尔迪厄的话来说，惯习"首先表达了一种组织行为的结果，如果要找一个意思接近的词的话，那就是结构。它同时也意指一个习惯性的状态（特别是身体方面的），尤其是一个倾向、趋势、癖性或意愿的方式"。在特定的社会条件下，个人会无意识地将这种关系内化到社会结构之中。他指出，"作为建构的结构，习性（惯习）构成实践和对实践的认识，但它也是被建构的结构"③。这里被结构化的结构是指被内在化和被心态化的生活结构。任何实例都可以在正在结构化和被结构化两者之间任选其一。"惯习（习性）作为一种发生公式，使我们有可能既对可分类的实践和产品又对本身被分类的判断进行解释，这些判断将这些实践和这些作品变成区分符号系统。"④

惯习不是命运，也不是人们强加的"天数"，而是一种不断受经验控制和改造的、开放性的意向系统。⑤ 惯习的作用在于它为社会和个体之间创立了一种连接方式。正如布尔迪厄提到的，"惯习理论的宗旨就在于清除各种意识哲学传统所偏爱的所谓'主体'，但并不为了树立一个实体化的结构，而完全牺牲了行动者的能动作用。尽管这些行动者正

---

① ［法］皮埃尔·布迪厄、［美］华康德：《实践与反思：反思社会学导引》，李猛、李康译，中央编译出版社 2004 年版，第 165 页。

② ［法］皮埃尔·布迪厄：《实践感》，蒋梓骅译，译林出版社 2003 年版，第 79 页。

③ ［法］皮埃尔·布尔迪厄：《区分：判断力的社会批判》，刘晖译，商务印书馆 2015 年版，第 270 页。

④ 同上书，第 268 页。

⑤ ［法］皮埃尔·布尔迪厄、罗杰·夏蒂埃：《社会学家与历史学家：布尔迪厄与夏蒂埃对话录》，马胜利译，北京大学出版社 2012 年版，第 86—87 页。

是这一结构的产物，但他们一刻不停地塑造着、再创造着它，在特定的结构条件下，甚至可以彻底改变它"①。

慣习在时间上指向历史向度。它"按照历史产生的图示，产生个人的和集体的因而是历史的实践活动；它确保既往经验的有效存在，这些既往经验以感知、思维和行为图示的形式储存于每个人身上，与各种形式规则和明确的规范相比，能更加可靠地保证实践活动的一致性和它们历时而不变的特性"②。

慣习理论的重要性是不言而喻的。用拉伯奇和凯伊的观点来看，慣习理论超越了古典的二元对立：结构/行动，社会/个人，决定论/自由意志，客观主义/主观主义，这些对立是他坚决反对的。不同的慣习不容易被区分。尽管如此，它们仍然通过实践来表达。因此，有可能通过对不同社会群体成员的实践、品味、品味判断的观察和相关性分析，在理论上"重构"实践生成的原则。③

（二）符号暴力概念

符号暴力（也译象征暴力）是低资本社会群体维系的场域中的负面影响。布尔迪厄这个概念的提出，实际上借鉴了葛兰西的文化霸权理论。在布尔迪厄看来，符号暴力就是在一个社会行动者本身合谋的基础上，施加在他身上的暴力。④ 在《帕斯卡尔式的沉思》中，布尔迪厄对

---

① ［法］皮埃尔·布迪厄、［美］华康德：《实践与反思：反思社会学导引》，李猛、李康译，中央编译出版社 2004 年版，第 185—186 页。

② ［法］皮埃尔·布迪厄：《实践感》，蒋梓骅译，译林出版社 2003 年版，第 82—83 页。

③ ［加］苏珊娜·拉伯奇、乔安妮·凯伊：《皮埃尔·布迪厄的社会文化理论和体育实践》，载约瑟夫·马奎尔、凯文·扬编《理论诠释：体育与社会》，陆小聪译，重庆大学出版社 2012 年版，第 172 页。

④ ［法］皮埃尔·布迪厄、［美］华康德：《实践与反思：反思社会学导引》，李猛、李康译，中央编译出版社 2004 年版，第 221 页。

符号暴力有了进一步的解释，"符号暴力是通过被统治者的赞同才建立的一种强制，被统治者必定只能对统治者（因而对统治）予以赞同，当他为了思考统治者和思考自身或为了思考他与统治者的关系，只拥有他与统治者共有的认识工具时，这些认识工具不过是统治关系的结构被归并的形式，却使得这种关系显得自然而然"①。

在两性关系中，符号暴力是维系男性统治的必要条件之一。符号统治的作用不仅在认识知觉的纯粹逻辑中实施，还通过认识、评价和行动的模式实施，这些模式组成习性并在有意识的决定和意愿的支配之外建立了一种对自身异常模糊的认识关系。符号权力具有魔法，被统治者借助这种魔法，通常不自觉地，有时甚至不情愿地默许与统治者之间的界线，助长对他们自身的统治。这些行为有时表现为羞耻、谦恭、害羞、焦虑、负罪感……他们以如此多的方式，有时还要在内心冲突和自我分裂之中体会回避和意愿命令的身体与社会结构固有的审查所结成的秘密同谋。②

符号暴力概念是体育社会学中相当重要的理论。在传统分析中，正是符号暴力的作用使部分特定人群（特别是女性和少数族群）远离体育运动。朱里亚诺蒂认为，女性和亚裔族群人口确信他们不属于体育这个领域，他们不是天然的运动员，不具有男性和其他族群的运动能力。③事实上，有大量相关西方体育社会学的研究都是以符号暴力这个概念作为理论起点的。

---

① ［法］皮埃尔·布尔迪厄：《帕斯卡尔式的沉思》，刘晖译，生活·读书·新知三联书店 2009 年版，第 200 页。

② ［法］皮埃尔·布尔迪厄：《男性统治》，刘晖译，中国人民大学出版社 2012 年版，第 53—55 页。

③ Richard Giulianotti, *Sport*：*A Critical Sociology*，Cambridge：Polity Press，2005，p. 160.

二 布尔迪厄的场域概念与体育场域的建构

布尔迪厄的场域（field）概念可能是在体育社会学领域中被运用最广的基础概念之一了，这个概念比惯习概念出场的时间略晚一些，但也几乎贯穿布尔迪厄中后期的理论著作。如果不能清晰地理解场域概念，就几乎无法厘清布尔迪厄的体育社会学思想。

（一）场域概念

按照布尔迪厄自己的解释，一个场域可以被定义为在各种位置之间存在的客观关系的一个网络，或一个构型。正是在这些位置的存在和它们强加于占据特定位置的行动者或机构之上的决定性因素之中，这些位置得到了客观的界定，其根据是这些位置处在不同类型的权力（或资本）中。占有这些权力就意味着把持了在这一场域中利害攸关的专门利润的得益权的分配结构中实际的和潜在的处境，以及它们与其他位置之间的客观关系（支配关系、屈从关系、结构上的对应关系等）。① 即使是在大学中，也存在权力场域，存在权力场域的结构变化。② 场域的作用通过与全部或部分介入场域中的人的冲突实现：可能性空间通过实施"引力"或"斥力"的若干个体实现。③

布尔迪厄还指出，"作为包含各种隐而未发的力量和正在活动的力量的空间，场域同时也是一个争夺的空间，这些争夺旨在维持或变更场

---

① ［法］皮埃尔·布迪厄、［美］华康德：《实践与反思：反思社会学导引》，李猛、李康译，中央编译出版社 2004 年版，第 133—134 页。

② ［法］皮埃尔·布尔迪厄：《国家精英——名牌大学与群体精神》，杨亚平译，商务印书馆 2005 年版。

③ ［法］皮埃尔·布尔迪厄：《自我分析纲要》，刘晖译，中国人民大学出版社 2012 年版，第 26 页。

域中这些力量的构型。作为各种力量位置之间客观关系的结构，场域是这些位置的占据者（用集体或个人的方式）所寻求的各种策略的根本基础和引导力量"①。

场域在结构上具有显著的特征：首先，场域是为了控制有价值的资源而进行斗争的领域，是争夺实施"符号暴力"的垄断性权力的领域；其次，场域是由在资本的类型和数量的基础上形成的统治地位与被统治地位所组成的结构性空间。在系统中每个特定的要素都是从其与别的要素的关系中获得自己的特点的；再次，场域把特定的斗争形势加诸行动者。进入一个场域，就要求心照不宣地接受游戏规则，它意味着特定的斗争形式是合法的，而别的形式则被排除；最后，场域在很大的程度上是通过自己的内在发展机制加以构建的，并因而具有一定程度的相对于外在环境的自主性。② 按照布尔迪厄的观点，一个场域的自主程度越高，它的折射能力就越大，外部限制也就越有变化。因此，场域的自主度以它的折射能力为主要指标。③

场域在布尔迪厄看来是一个开放的概念，是用来修正各种形式的主观主义和客观主义的。根据斯沃茨的观点，场域概念的作用首先是对实证主义的修正；其次是布尔迪厄批评阶级还原论与粗俗的唯物主义的武器；最后还用于反对文化实践的唯心主义解释。④ 场域的主要价值在于存进和发扬了一种构建对象的方式，使学者不得不在每次研究时重新设

① ［法］皮埃尔·布迪厄、［美］华康德：《实践与反思：反思社会学导引》，李猛、李康译，中央编译出版社 2004 年版，第 139 页。

② ［美］戴维·斯沃茨：《文化与权力：布尔迪厄的社会学》，陶东风译，上海译文出版社 2006 年版，第 142—146 页。

③ ［法］皮埃尔·布尔迪厄：《科学的社会用途——写给科学场的临床社会学》，刘成富、张艳译，南京大学出版社 2005 年版，第 30—31 页。

④ ［美］戴维·斯沃茨：《文化与权力：布尔迪厄的社会学》，陶东风译，上海译文出版社 2006 年版，第 138 页。

想一番……它提供了一套系统连贯且一再出现的问题，使我们既避免陷入实证主义和经验主义的理论真空，又避免堕入唯理论主义话语的经验真空。①

（二）体育场域的建构

在场域理论的基础上，布尔迪厄在《体育与社会阶级》中集中论述了体育场域。他认为，大众游戏由贵族和资产阶级家庭引入 19 世纪英国的公立学校，以及它们在意义和功能上的相应变化，形成了一种根本性的断裂，为一个相对自主的体育场域的建构提供了机会。在学校这个环境里，一个特殊的日程被插入，身体活动开始被赋予教育功能，并转化为身体锻炼、自身就是终极目标的活动，一种为了艺术而从事的身体艺术，由具体的规则来控制，并越来越不可简化为任何功能性的需求。②因此，体育场域是一个比较特殊的场域，"不能简化为仅仅是仪式游戏或节日消遣。在这个场域里，全部的特殊能力或文化被生产和投资"③。

布尔迪厄进而认为，体育场域的自主性伴随着理性化的过程，自治的体育协会的成立伴随着标准化规则的权力实施、学科权力的实践以及作为符号资本的颁奖和殊荣等。不仅如此，布尔迪厄还将体育场域的建构与体育哲学的发展发生连接。男性气质、"费尔泼赖"（公平竞争 fair play）等价值通过体育场域得到强化。因此，"诸如网球、赛马、帆船和高尔夫等体育运动确定无疑地将它的'兴趣'部分归功于它的区分功

---

① ［法］皮埃尔·布迪厄、［美］华康德：《实践与反思：反思社会学导引》，李猛、李康译，中央编译出版社 2004 年版，第 151 页。

② Pierre Bourdieu, "Sport and Social Class", *Social Science Information*, Vol. 17, No. 6, December 1978.

③ Ibid. .

能，更确切地说，是归功于由它带来的区分而获取的东西"①。体育场域的建构对于体育社会学来说意义重大，甚至在某种程度上改变了过往的体育社会学的内涵和外延。布尔迪厄认为，体育场域成为一个斗争空间，其中至关重要的是一种垄断的能力，可以强制推行体育实践的合法性定义和体育活动的合法性功能，也就是业余化对职业化，参与性体育对观赏性体育，精英体育对大众体育。②

拉伯奇和凯伊认为，新的社会行动者的进入（包括体育赛事组织者、体育商品制造商、健身产业和体育媒体），有助于体育场域建构（也就是不同行动者之间的权力关系）的转型。③体育赛事组织者、体育商品制造商和体育媒体在很大程度上拓宽了体育场域的传统疆域，让体育场域与外部场域之间发生各种关系，并从这些关系中获得意义。

（三）布尔迪厄的资本概念

布尔迪厄的资本概念是对马克思资本概念的承继和重构。在他的论著中实际上并没有系统对资本概念展开界定，但在《区分：判断力的社会批判》一书中还是用了不小的篇幅加以阐述，并在《教育社会学研究和理论手册》中以《资本的形式》一文集中阐释。

在布尔迪厄看来，资本是一种权力形式，是个人和集体为了寻求改变和控制局势不得已而施加的影响力。资本"需要时间去积累，需要以客观化或具体化的形式去积累，资本是以同一的形式去进行自身再生产的潜在能力，因此资本包含了一种坚持其自身存在的意向，它是一种被

---

① Pierre Bourdieu, "Sport and Social Class", *Social Science Information*, Vol. 17, No. 6, December 1978.

② Ibid. .

③ ［加］苏珊娜·拉伯奇、乔安妮·凯伊：《皮埃尔·布迪厄的社会文化理论和体育实践》，载约瑟夫·马奎尔、凯文·扬编《理论诠释：体育与社会》，陆小聪译，重庆大学出版社2012年版，第177页。

铭写在事物客观性之中的力量"①。

依照布尔迪厄的观点，资本可以分为经济资本、文化资本、教育资本和符号资本四大类。经济资本以金钱为符号，以产权为制度化形式。文化资本是指文化产品的消费和趣味的表达，以作品、文凭、头衔为符号，以学位为制度化形式。文化资本可以以具体的状态、客观的状态和体制的状态存在。② 教育资本意指资格的累积，一方面，从事学术的人想得到对自己权威地位的承认和肯定，想取得由此承认而带来的自由和权力以及由此权力所保障的实惠；③ 另一方面，学校作为教育资本则类似麦克斯韦妖魔，维持赋有不同数量的文化资本的学生之间存在的差距。④ 不平等的社会因素可以使教育制度在经济平等的情况下把社会特权转化为天资或个人学习成绩，从而不中断地维护不平等。⑤ 符号资本是指信誉和影像。例如，科学场域把信誉给予已经有信誉的人，最有名望的人最多地享用表面上在签名者之间平等分配的象征性的利益。⑥ 符号资本是任何一种资本变成的东西，当它作为资本也就是作为力量、权力或开发能力不为人知却被承认是合法的时候。⑦

在布尔迪厄看来，对各种资本的分析不必分别展开，而是需要特别考察它们之间的具体实践和社会阶层的互动关系。例如，教育资本经常

---

① ［法］皮埃尔·布尔迪厄：《布尔迪厄访谈录：文化资本与社会炼金术》，包亚明译，上海人民出版社 1997 年版，第 190 页。

② 同上书，第 192—201 页。

③ ［法］皮埃尔·波丢：《人：学术者》，王作虹译，贵州人民出版社 2006 年版，第 4 页。

④ ［法］皮埃尔·布尔迪厄：《实践理性：关于行为理论》，谭立德译，生活·读书·新知三联书店 2007 年版，第 23—24 页。

⑤ ［法］皮埃尔·布尔迪约等：《继承人——大学生与文化》，邢克超译，商务印书馆 2004 年版，第 31 页。

⑥ ［法］皮埃尔·布尔迪厄：《科学之科学与反观性：法兰西学院专题讲座（2000—2001 学年）》，陈圣生等译，广西师范大学出版社 2006 年版，第 94 页。

⑦ ［法］皮埃尔·布尔迪厄：《帕斯卡尔式的沉思》，刘晖译，生活·读书·新知三联书店 2009 年版，第 286 页。

和文化资本产生互动，由此带来的是教育领域中在选择面前的不平等与选择的不平等。① 这种关注关系和互动的研究态度暗合了布尔迪厄的场域论。

（四）布尔迪厄的区分概念

粗浅地看，布尔迪厄的区分概念似乎是一个打上了深深的法国烙印的概念，但其实蕴含着大量的普世价值。他一开始就鲜明地指出区分就是"一种法国的民族志……一种经济和社会条件世界与生活方式世界的关系模式"②。这种关系模式要求人们在看待社会关系时应当具备全面和发展的眼光，不能孤立地看待问题。这就为区分概念定调，它不可能成为一种单独考察社会现象的模式。因此，英国体育文化学者阿伦·汤姆林森认为，理解区分概念的"关键含义是体育不能孤立地被理解，即便它与其他文化实践和社会影响毫无关联"③。

不难看出，在布尔迪厄那里，区分概念是理解资本主义社会中体育特性的重要理论工具。他用大量的篇幅来论述体育中的趣味区分问题。例如，"为了理解不同体育运动在阶级之间的分布，应该考虑不同的阶级按照他们固有的认识和评价模式形成的与不同运动相关的（经济的、文化的和体力的）花费及利益的表象，这些利益包括即时的或延迟的'身体'利益（健康、美丽、力量：看得见的利益，比如健美，或者看不见的利益，比如保健等），经济的和社会的利益（社会晋升等），以及

---

① ［法］皮埃尔·布尔迪厄等：《再生产——一种教育系统理论的要点》，邢克超译，商务印书馆2004年版，第86页。

② Pierre Bourdieu, *Distinction*: *A Social Critique of the Judgement of Taste*, Translated by Richard Nice, London: Routledge, 2010, p. xi.

③ Alan Tomlinson, "Pierre Bourdieu and the Sociological Study of Sport: Habitus, Capital and Field", Richard Giulianotti (ed), *Sport and Modern Social Theorists*, Hampshire: Macmillan, 2004, p. 163.

与每种被考察运动的分布价值或位置价值（即每种运动按稀缺程度，按它与一个阶级或多或少的明确联系，对它产生的一切影响，拳击、足球、橄榄球或健美让人想到民众阶级，网球和滑雪让人想到资产阶级，高尔夫球让人想到大资产阶级）相关的直接或延迟的象征利益，如对身体本身产生的作用（比如修长、古铜色的皮肤，多少看得见的肌肉组织等）或进入有某些运动（高尔夫球、马球等）打开门路的高度选择性的群体所提供的区分利益"①。这段论述清晰地折射出布尔迪厄对于体育与社会阶层问题的观点。

布尔迪厄进一步指出，即便是从事类似的身体锻炼，不同阶层也存在不同的趣味诉求。他认为，"人们实际上永远无法假定不同阶级从相同的实践中期待相同的东西。比如，人们可以要求体操塑造出一个强壮的带有外在力量特征的身体——这是民众阶级的要求，由健美运动满足，或者一个健康的身体——这是资产阶级的要求，这种要求在一种基本上以保健为功能的体操中得到了满足——或者还有，通过'新体操'，一个'自由的'身体——这是资产阶级和小资产阶级的新层次的妇女的特有要求"②。这就从另一个层面证实了体育与社会阶层的区分关系。

不仅如此，布尔迪厄还发现，类似慢跑和步行这样的运动也被"中产阶级和统治阶级中文化资本最富有的那部分人"③ 所控制。在团队项目中存在着深层区分。"足球和橄榄球，或者格斗和拳击，在法国最初深受贵族喜爱，但当这些运动逐渐普及时，它们在现实中和统治者对它们形成的观念中不再是从前那样……同时也由于它所要求的价值和品德，如力量、吃苦耐劳、暴力倾向、'献身'精神、听从和服从集体纪

---

① ［法］皮埃尔·布尔迪厄：《区分：判断力的社会批判》，刘晖译，商务印书馆2015年版，第28页。
② 同上书，第325页。
③ 同上书，第331页。

律的精神——这种精神跟包含在资产阶级角色中的'与角色的距离'截然对立——以及对竞争的颂扬。"① 这一深刻的论断让人们对资本主义社会中体育占据的重要地位有了全新的认知视角，也是对葛兰西文化霸权理论在体育领域的解读。

布尔迪厄在论述中进一步指出，不仅仅在身体锻炼层面，就连在观赏体育赛事的趣味上，不同阶层也有显著的差异。统治阶级比其他阶层的人更少观看体育赛事，不管是到现场还是通过电视，除了网球和滑雪这样的项目。因此，布尔迪厄假设出一个法则，即"在某一时刻的体育运动在统治阶级的各个阶层之间分布的分析，无疑会导向这些阶层之间对立的某些最隐秘的根源，如被埋藏在无意识最深处的性别之间的劳动分工与统治的劳动分工之间关系的表象"②。这个被假设的"法则"将体育在资本主义社会中能够调和与缓解阶级之间矛盾的特性厘清，成为整体论述的核心部分。

布尔迪厄在《区分：判断力的社会批判》一书中清楚地阐明了不同运动项目之间的"区分"与阶级属性之间的微妙关系，从而提供了一种体育研究的重要思路，即对体育的分析不能仅从体育本体出发，而是应当结合不同社会群体的趣味。文化品位上的差异在特定的历史阶段造就了体育运动的"等级"差异。将体育置于社会大环境和社会关系中加以微观分析，才有可能窥见全貌。因此，正如汤姆林森所言，布尔迪厄的论述实际上"提供了一个在历史学和社会学双重语境下有关体育与社会阶层关系的复杂表述"③。甚至可以说，布尔迪厄在这本书中有关体育与

---

① ［法］皮埃尔·布尔迪厄：《区分：判断力的社会批判》，刘晖译，商务印书馆 2015 年版，第 332 页。

② 同上书，第 338 页。

③ Alan Tomlinson, "Pierre Bourdieu and the Sociological Study of Sport: Habitus, Capital and Field", Richard Giulianotti（ed）, *Sport and Modern Social Theorists*, Hampshire: Macmillan, 2004, p. 164.

社会阶层的分析不仅是对《体育与社会阶级》论述的进一步深化，也可能是他对于体育诸多论述中最为深刻的一部分。

第二节　布尔迪厄的"体育社会学计划"

布尔迪厄对体育的关注是长期的。他清醒地意识到，体育社会学研究是困难的，"因为人人对体育似乎都有发言权，能够讲出一些智慧的话语。就像涂尔干认为研究社会学的主要困难就是人人都感觉有天赋理解它"①。

布尔迪厄的《体育社会学计划》是法国乃至世界体育社会学研究的重要文本。这个研究成果是他参加1980年11月的教育方法训练中心的"体育与竞赛"研究活动时的谈话内容，之后于1983年7月在巴黎举行的国际体育社会学委员会第八次专题研讨会的开场会议"体育、社会阶级与亚文化"中发表。这个计划勾勒了当时体育社会学的状况，并对体育社会学可能的构建方式提出了建议。鉴于当时体育社会学尚未有较大的影响力，并且经常被人误解，布尔迪厄对此有充分的认知：体育社会学被社会学家所忽略，被运动员所藐视。其中一边，有一些人很懂得体育的实践方法，却不知道该如何谈论体育；在另一边，有一些人完全不懂体育的实践方法，他们可能谈论体育，然而却不屑这么做，或者是乱说一通。② 这在20世纪80年代的法国乃至全欧洲都是如此。

---

① Pierre Bourdieu, "The State, Economics and Sport", Translated by Hugh Dauncey, Geoff Hare (eds), *Culture*, *Sport*, *Society*, Vol. 1, No. 2, May 1998.

② ［法］皮耶·布赫迪厄：《所述之言：布赫迪厄反思社会学文集》，陈逸淳译，麦田出版公司2012年版，第322页。

布尔迪厄开篇即清晰地表示，"要使得体育社会学得以建立，首先必须注意到的是，我们不能独立于整体的体育实践之外，仅对某个独特的体育运动进行分析，而必须将体育实践的空间设想为一个体系，其中的每个元素都有其区分性的价值"①。离开了这个体系来探讨体育社会学，无异于搭建了一个空中楼阁。因为"不论要了解什么运动，都必须去认识到它在体育空间中所占据的位置。这个空间也许能够以整体的指标来建立……"② 他的这一观点照应了《区分：判断力的社会批判》中考察体育必须从全方位的视角展开的观点。

布尔迪厄明确指出，"我们必须避免在一种运动与一个社会位置之间建立直接的关联性……这样的对应是某种货真价实的同构，它建立于两个空间之间：一个是体育实践的空间，更精确地说是不同体育实践被精细地分析到不同模态的空间；另一个是社会位置的空间。各种体育实践的适当特质正是在这两个空间之间的关系中获得定义的。也只有在这个逻辑里，实践的变迁才能够获得理解"③。布尔迪厄的这种空间定位方式在以往的体育社会学研究中是不曾有过的。布尔迪厄进而认为，"对体育实践进行分析的其中一个困难在于，由各种统计数据所固定出来的单位，掩盖了实践方式的离散性，随着不同的运动或强或弱。当体育实践者的数量随着实践者在社会方面的多元化而增加的时候（体育实践者数量的增加，可能是既有的实践范畴的实践单纯强化所造成的效果），这种离散性也就增加了"④。

布尔迪厄指出了这种空间的开放性，这种空间实质上是众多力量相

① ［法］皮耶·布赫迪厄：《所述之言：布赫迪厄反思社会学文集》，陈逸淳译，麦田出版公司 2012 年版，第 322 页。
② 同上。
③ 同上书，第 324 页。
④ 同上书，第 325 页。

互角力的场域。他提出，"这个诸体育运动的空间，并不是一个自我封闭的万象。它安插于一个诸实践与诸消费的万象中。我们有充分的根据去把那些体育实践当成某个相对自主的空间来处理，这个空间是诸力量的场域，这些力量并不仅仅作用于这个空间而已"①。只有认识到这种开放性和自主性，才能很好地理解体育实践和体育消费的诸多现象。

以布尔迪厄对当时法国社会的考察，"对体育消费的研究，是不能独立于对饮食消费或一般娱乐消费的研究之外的，适于以统计调查来呈现的那些体育实践，能够被描述为在供给或需求间的某种关系的多重因素的结果。更准确地说，在某个特定的时刻所提供的产品的空间，以及诸禀性（这些禀性与社会空间中的某个被占据的位置有所关联，而且也能在与另一个供给的空间有关的其他消费里表现出来）的空间之间的关系的多重因素的结果"②。因此，布尔迪厄认为，"体育实践的差异分布乃来自于两个同构空间的关系得以建立，其中一个是可能的实践空间，即供给，另一个是待实践的禀性空间，即需求"③。

相较于其他场域，体育实践的空间具有相对独特的特质。对此布尔迪厄指出，"在供给方面，我们有一个被视为体育实践诸纲要的运动空间，这些纲要具有两个方面的特征，首先是在其内在的、技术性的特质中；其次在其关系性的、结构性的诸特质中，与其他同时供给的体育实践的全体纲要相较，因此而获得定义的特质，但这些特质却只有当接收到那些据为己有的特质时（这个据为己有的特质是透过其模态化的参与者，并与社会空间中的某个位置具有宰制性的关联，而被授予而来的特

---

① ［法］皮耶·布赫迪厄：《所述之言：布赫迪厄反思社会学文集》，陈逸淳译，麦田出版公司 2012 年版，第 326 页。

② 同上。

③ 同上书，第 330 页。

质），才能在某个特定时刻获得完整的实现"①。这涉及需求方面的问题，也是布尔迪厄在体育社会学领域阐发的重要观点。他指出，"在需求方面指的是一个诸体育禀性的空间，这些体育禀性作为禀性的（惯习的）系统的尺度，是理性地、结构性地被赋予如同其所对应的位置特征。这些体育禀性是在某个特定的时刻，在其特殊化的独特性中，由当下状态的供给（借由为其展现出其实现的有效可能性，这样的供给会促进需求的产生）所定义而来，也是由过去状态的供给之实现所定义而来"②。

布尔迪厄体育社会学纲要的重要性是不言而喻的。他认为，"这个纲要牵涉财富的生产以及体育的专业场域逐步建构起来的想法。在这个场域的内部会发展出其特殊的、牵涉竞争和特殊力量关系的利益。在这个相对自主的场域建构里的许多后果中，我想要提及其中一个后果，就是专业运动员与业余爱好者之间的鸿沟的持续扩大，这和与一般运动完全分隔开来的运动表演的发展是一同出现的……专业实践的演变越来越取决于专业者场域的内部逻辑，而被流放到公众地位的那些非专业者，也越来越没有能力去理解实践所给出的东西"③。

布尔迪厄对体育项目的认知并不是一成不变的，而是具有弹性的。他提出，"一个体育实践在其技术上的、本身的定义中，总是展现出某种巨大的弹性，因此也为那些彻底不同的甚至是对立的用途提供了巨大的可能性，该体育实践会改变意义……事实上，常见的状况是，一项运动同时拥有两种彻底不同的意义"④。他把体育和音乐作品进行了类比，在进行意义解读时发现了二者的相似性。"在一个特定的时刻，一项运

---

① ［法］皮耶·布赫迪厄：《所述之言：布赫迪厄反思社会学文集》，陈逸淳译，麦田出版公司2012年版，第330—331页。

② 同上书，第331页。

③ 同上书，第322页。

④ 同上。

动有点像是一部音乐作品：有一份乐谱（一个游戏规则），但也有一些相互竞争的诠释（以及所有过去累积的诠释）。也正因为如此，当每一名新的诠释者要提出'他的'诠释的时候，他就会（无意识地，而不是有意识地）遇到对抗。"①

当然，布尔迪厄对于体育社会学的考察还与暴力行为产生了某种联系。他提出，"电视传播的推波助澜会引进愈来愈多毫无实践专业技能且关注实践外在面向（如比赛结果如何、获胜者是谁）的观众。借由工作认可的终结，这甚至也会在专业者的场域运动中引发某些效应（例如，相较之下，不计代价地去追求胜利这件事会使得暴力行为在运动中激增）"②。

需要指出的是，布尔迪厄的《体育社会学计划》是一个相当宏观的发展纲要。但他本人并不认为只有宏观的体育社会学研究才是有意义的。正如他在1998年的会议中所说，描述性的微观社会学，例如有关一个和平的和没有问题的乡村体育俱乐部，或是内陆城市的青少年玩街头篮球；或者相反地，宏大到体育暴力与观众构成之间关系的理论和实证研究都应当成为体育社会学研究的主题。③

第三节　布尔迪厄的电视体育观

布尔迪厄对电视的关注也是持续的，在他的多部著作中都有相关描述。即便是在《关于电视》一书发表后，他还多次在作品中谈到电

---

① ［法］皮耶·布赫迪厄：《所述之言：布赫迪厄反思社会学文集》，陈逸淳译，麦田出版公司2012年版，第332页。

② 同上书，第336—337页。

③ Pierre Bourdieu, "The State, Economics and Sport", Translated by Hugh Dauncey, Geoff Hare (eds), *Culture*, *Sport*, *Society*, Vol. 1, No. 2, May 1998.

视。① 在《关于电视》一书中，布尔迪厄将自己参加柏林体育研究讨论会上的论文提要辟出《奥林匹克运动会——分析提纲》列为附录。这篇论文集中阐释了布尔迪厄的奥林匹克观和对电视体育具备的巨大能量的认知。布尔迪厄在 1998 年的演讲中提出，他当时的电视体育思想旨在暗喻电视体育成为越来越明显的民族主义的工具。②

首先，布尔迪厄指出了奥林匹克运动会的实质，这个概念有着双重所指。表面所指是一个纯体育的盛大场面，隐含所指是电视录制并演播的盛会场景。后者是一个"双重遮掩"的客体，一是谁也看不到它的全貌，二是谁也看不见它没有被人看见，每一个电视观众都可能错认为看到了真正的奥林匹克盛会。③ 布尔迪厄在此深刻地揭示了经过导播、音频师等多重选择后的奥运会场景，其实不过是整个奥运会的一个场景一个侧面，这种提喻不过是符号片面性的又一例证。但它却能给人带来窥一斑乃识全豹的错觉。

其次，在布尔迪厄的眼中，奥运会日益"屈从于民族的或民族主义的期待心理，特意选择演播能给某国人民带来胜利喜悦或给他们的民族主义带来满足感的体育比赛项目"④。金牌榜上的排名在很大程度上隐喻了国家的强大与否，因此不少国家和地区将奥运会上的成绩与国家软实力挂钩，以国家为名培养奥运健儿。因此，"各国鼓励可获得国际声誉的项目的体育政策的出台，对比赛的胜利在经济上和象征力上加以利用以及体育生产工业化等，后者必然会导致食用兴奋剂和采用专横的训练

---

① ［法］皮埃尔·布迪厄：《遏止野火》，河清译，广西师范大学出版社 2007 年版，第71—87 页。

② Pierre Bourdieu, "The State, Economics and Sport", Translated by Hugh Dauncey, Geoff Hare（eds）, *Culture, Sport, Society*, Vol. 1, No. 2, May 1998.

③ ［法］皮埃尔·布尔迪厄：《关于电视》，许钧译，南京大学出版社 2011 年版，第127—128 页。

④ 同上书，第129页。

方法等情况的出现"①。

再次，"不同体育项目在国际体育组织中的相对分量越来越取决于他们在电视上的成功程度及其相应的经济效益。电视转播的种种限制对奥林匹克运动项目及比赛时间、地点的选择，甚至对比赛和有关仪式的程序也有着越来越大的影响"②。2008 年北京奥运会期间，游泳和体操团体的决赛被安排在并不适合运动员发挥的北京时间上午进行，不过是为了满足奥运会最大的电视转播商——美国 NBC 的要求，他们希望在美国的晚间黄金时段直播美国观众最感兴趣的比赛项目。在此之前，布尔迪厄就指出，"每个国家播放的奥运会比赛转播都是不同的，它们反映的是自己的商业逻辑，进而建构了有关奥林匹克运动会的本国和潜在的民族奇观"③。

布尔迪厄认为，"必须把奥运会的整个生产场域当作分析对象，包括参与奥运会影像和话语生产与销售竞争的代理人与有关组织之间的全部客观关系"④。这里又回到了体育场域的关系问题的讨论。一切与奥运会相关的关系，包括经济资本、文化资本和符号资本等都被纳入考量的范畴。因为奥运会绝不仅仅只是竞技场上的角力，它是各种资本相互竞争、相互渗透的综合场域，即使是记者之间也同样处于竞争的关系。"无论是影像的选择、调整、剪辑，还是评论的撰写，无论是集体合作，还是个人制作，都不得不采取与竞争关系相适应的组织构成方式。"⑤

最后，布尔迪厄通过对奥运会电视转播的分析得出结论：受众目

① ［法］皮埃尔·布尔迪厄:《关于电视》，许钧译，南京大学出版社 2011 年版，第 131 页。

② 同上书，第 129 页。

③ Pierre Bourdieu, "The State, Economics and Sport", Translated by Hugh Dauncey, Geoff Hare (eds), *Culture*, *Sport*, *Society*, Vol. 1, No. 2, May 1998.

④ ［法］皮埃尔·布尔迪厄:《关于电视》，许钧译，南京大学出版社 2011 年版，第 129 页。

⑤ 同上书，第 131 页。

睹的奥运会是由两次表演组成的。一次是"赛场赛事"表演，包含全部经纪人、运动员、教练、医生组织者、裁判、计时员和所有仪式的导演。另一次是"媒介赛事"表演，包含有关这一表演的影像与话语的所有制作人员。这个"两级的社会构建行动"组成了人们看到的奥运盛会。因此，要对奥运会展开全面的分析，对象不仅仅只限于赛场内，也包含了框架结构的外部。布尔迪厄的这一观点深度符合前国际奥运会主席萨马兰奇的观点：体育运动无外乎只有两大类，符合电视转播和不符合电视转播的，不符合电视转播的运动项目将被请出奥运会。

第四节　布尔迪厄的体育经济观

布尔迪厄的资本概念虽然已经涉及经济，但他并没有明确地对体育经济做出阐释。1998年是世界杯年，法国正好作为东道主承办该届赛事。在比赛之前的5月13—16日，法国国家科学研究中心会议在巴黎举行，会议的主题就是"足球与文化"。布尔迪厄作为发言嘉宾作了《国家、经济与体育》的大会报告。这份报告清晰地阐述了他的体育经济观，同时也成为研究布尔迪厄的体育与国家关系的重要理论成果。

布尔迪厄通过对20世纪90年代中后期体育现象的考察，尤其是益发明显的体育商业化的认知，指出这种商业化的趋势影响了整个体育运动的空间，但又根据每个运动项目不同的内在逻辑有所区分，尤其是体育从业者与电视之间关系的特殊逻辑，这是一个名副其实的体育商业逻辑路径的特洛伊木马。① 布尔迪厄对于体育经济的考察从一开始就直指问题的深层结构。

布尔迪厄举出了北非和塞内加尔儿童用铁罐和破布球来代替昂贵的足球的例子。这可能是体育商业化过程中被隐藏的一部分，因为欠发达国家的弱势阶级通常被称为足球托儿所，职业足球的经纪人就是在这里寻找他们需要的球员来让俱乐部变得更有竞争力。与此同时，小的业余俱乐部的生存也是举步维艰，总是依赖牺牲自己、不计报酬的志愿者的奉献。小城镇里的俱乐部只能依靠业余运动员来维系。在这种大背景下，体育的商业化形式——电视奇观就应运而生了。布尔迪厄解释，这是一种商业化产品。因为足球已经深入人心、万众瞩目，所以这种产品的利润极其丰厚，因为它几乎无须解释成本：人人都可以踢，人人都可以谈论，这跟其他体育项目是截然不同的。因此，足球俱乐部越来越类似（成为）资本主义企业，就像证券交易所和通过合法或非法盈利的企业一样。②

布尔迪厄提到造成体育商业化趋势日益明显的另一个原因是新自由主义经济下的体育规则，例如几乎尽人皆知的博斯曼法则。③ 这项法则的实质就是鼓励自由市场经济，市场的开放导致中小俱乐部即使花巨资也无法引进顶尖运动员，而顶级俱乐部却可能不用花费转会费就能得到心仪的球员。不过，即使是在足球这一个项目上，不同国家的自由市场逻辑也是完全不一样的。

体育商业化的另一个表征，用布尔迪厄的话来说，就是资本市场的垄断和竞争格局发生了新变化。从 20 世纪 90 年代开始，国际体育产业

---

① Pierre Bourdieu, "The State, Economics and Sport", Translated by Hugh Dauncey, Geoff Hare (eds), *Culture*, *Sport*, *Society*, Vol. 1, No. 2, May 1998.

② Ibid. .

③ Ibid. .

开始发生结构性的变化。一些过往的媒体财团开始收购职业体育俱乐部，反之，一些过往的职业体育俱乐部也开始将目光投向传媒市场。曾经三次担任意大利总理的贝卢斯科尼同时掌控着意大利最大的私营传媒企业菲宁维斯特集团和举世闻名的 AC 米兰足球俱乐部。靠 CNN 起家的美国传媒巨擘泰德·特纳先后收购了亚特兰大职业俱乐部勇士队（MLB）和老鹰队（NBA），并在自己旗下的 TBS 和 TNT 等电视台播出他们的比赛。布尔迪厄指出，"体育产业的老板控制了电视和赞助权，电视频道的老板为国内的转播权而竞争（或者是控制语言领域的权力），阿迪达斯和可口可乐这样的大企业老板相互竞争，以获得与体育赛事相连接的独家转播权，最后是电视制作商"①。这样一种你中有我、我中有你的经营模式事实上加剧了新自由主义体育市场的竞争。因此，"足球世界杯就成了媒体和财团轻率地锁定竞争的世界杯"，因而也就产生了布尔迪厄罗列的一系列足球"媒介化"的表象：比赛场次的增多（欧洲和各国足球赛事）；电视转播场次的增多；付费电视频道获得更多的独家赛事转播权；比赛的日期和时间越来越多地由电视的需求来决定；竞争结构的转变；腐败丑闻；周游列国的世界运动员的诞生，他们通常来自经济上不发达的国家和地区，每两到三年转投一家俱乐部。② 这一系列表象深刻地改变了支持者与运动员之间的关系：由过往单纯的精神支持转换为利益关系，为高昂的票价、俱乐部纪念品和水涨船高的电视转播费埋单的是球迷。因此，布尔迪厄指出，俱乐部与媒体之间的竞争最终成为广大民众无法看到的一场对决。③

　　体育商业化带来的后果可能是各种抵制情绪的滋生和蔓延。实力突

---

① Pierre Bourdieu, "The State, Economics and Sport", Translated by Hugh Dauncey, Geoff Hare (eds), *Culture*, *Sport*, *Society*, Vol. 1, No. 2, May 1998.

② Ibid..

③ Ibid..

出的足球俱乐部开始切断与低级别联赛甚至是与同级别联赛中弱势俱乐部的联系，俱乐部以有限公司的方式上市，开始完全按照资本主义盈利模式来募集资金，建造远离工人阶级和平民阶层的豪华专业足球场，打造全商业的赞助模式，购买来自世界各地的优秀球员，尤其是来自非洲的球员，挑战俱乐部球迷的本土价值观，隔断优秀俱乐部球员输送到国家队的传统模式。正如布尔迪厄提出的，"在草根体育与作为奇观的体育之间，在小型的业余体育俱乐部和大的职业俱乐部之间有一个非常重要的体育功能的联系，以及体育作为实操和体育作为奇观之间的联系。这种联系在民主价值方面也是非常重要的"①。

与布尔迪厄的其他体育社会学理论类似的是，布尔迪厄的体育经济观仍然是将视点投向深层结构和普通人看不到的层面。当然，他的体育经济观是与资本、场域、区分和电视体育观密切相连的。

第五节　布尔迪厄的体育史观

布尔迪厄对于体育史的考察，集中体现在他的《区分：判断力的社会批判》一书中。书中对国际象棋、体操、橄榄球、网球、健身等体育项目进行了历史考察。在这些篇章的话语中清晰无误地传递着布尔迪厄的体育史观。他认同体育起源于近代说，支持近代体育是源于英国的社会精英阶层的公共学校的说法。② 但他更加重视这种锻炼行为在欧洲的

---

① Pierre Bourdieu, "The State, Economics and Sport", Translated by Hugh Dauncey, Geoff Hare (eds), *Culture*, *Sport*, *Society*, Vol. 1, No. 2, May 1998.

② ［法］皮埃尔·布尔迪厄：《区分：判断力的社会批判》，刘晖译，商务印书馆 2015 年版，第 324 页。

转变，由此来判定现代体育的起源究竟在哪里。

布尔迪厄认为，橄榄球集中了大球（或小球）游戏和格斗的民众特征，它拿身体本身当赌注并且准许对身体暴力的——有部分节制的——表达和对"自然的"体质（力量、速度等）的直接利用，因此它与典型的民众配置即崇拜男子气概和喜欢争斗、不惧怕"接触"、耐得住疲劳和痛苦、有团结意识（"伙伴"）和节日意识（"第三个下半场"）等有关。① 橄榄球运动从诞生初期就代表了一种模糊。它发源于英国的公学，但后来在法国却变成了卢瓦尔河南部地区的普通民众和中产阶级的专利。② 布尔迪厄认为，橄榄球就是一项充满了男性气概的运动，比赛中充斥着美学、伦理学和阶级意识。"对坚韧的寻求，对男性美德的崇拜——尽管这种崇拜有时夹杂着对暴力和角斗的一种唯美主义态度。"③ 不难看出，布尔迪厄对于橄榄球的考察既有时间和空间向度上的跨度，也有深度和延展度。

在布尔迪厄看来，有些体育项目就是与"品质"相连的。他举了网球的例子。在私人俱乐部长期从事网球训练的人有严格的衣着限制：鳄鱼牌衬衣、白色短裤或短裙、特别的运动鞋。这些都是强大的符号，表明了从事网球运动的人的身份。如果参与者穿齐膝盖的短裤和 T 恤衫，穿厚运动衫甚至紧身衣和阿迪达斯运动衣，那么打的就是另一种网球了。④ 从这个案例中，我们依然可以清晰地感受到布尔迪厄对于体育在不同阶级之间差异的敏感性。

还有另一类体育运动是与社会传统和社会资本的积累关联度不大的

---

① ［法］皮埃尔·布尔迪厄：《区分：判断力的社会批判》，刘晖译，商务印书馆 2015 年版，第 329 页。

② 同上书，第 324 页。

③ 同上书，第 329—330 页。

④ 同上书，第 328 页。

项目，例如国际象棋。不过布尔迪厄仍然认为这与文化资本的社会空间
有更加密切的联系。

回顾布尔迪厄的体育史观，不难发现这仍然与他的社会学理论有着
密切的联系，处处映衬着他的体育社会学观点。正如高强所说，布尔迪
厄的体育观在很大程度上否定了体育起源古典说中强烈的身体机械论色
彩，发展了体育起源近代说中将身体置于社会构建、历史变迁中的这一
研究取向，体现了一种身体中介性特征。①

第六节　布尔迪厄的体育观对体育研究的影响

由于布尔迪厄对体育多视角和多层次的论述，因此他的体育观对于
当代体育研究的影响是持久而深远的。英国学者理查德·朱里亚诺蒂在
整理了布尔迪厄的体育思想后，总结了布尔迪厄提出的一个连贯而普世
的模型的内涵，其中包括：体育的教育功能；国家对没有收入来源的体
育官员的支持；反腐败的倡议；更多教练和年轻运动员的发展；密切草
根体育与精英阶层体育的联系；年轻人对精英职业化体育中的现实认同
形式；通过体育在社会层面联系移民；建立一个能够管辖所有运动员、
官员和媒介评论者的体育宪章；让体育记者能够成为体育世界的批判良
知。② 据不完全统计，直接或间接受到布尔迪厄体育思想影响的西方体
育研究成果数以千计，布尔迪厄体育社会学学派也是目前西方体育社会
学当中的一股重要的力量。

---

① 高强：《布尔迪厄体育社会学思想研究》，知识产权出版社 2014 年版，第 54—55 页。
② Richard Giulianotti, *Sport: A Critical Sociology*, Cambridge: Polity Press, 2005, p. 167.

　　国内体育学界对于布尔迪厄的研究由来已久，而且目前已经颇具规模。高强对体育社会学计划的推介①是国内较早关注布尔迪厄体育思想的研究之一。在其指引下，国内体育学界开始注重对布尔迪厄体育观的认识。他对场域论和体育社会学的考察勾勒了布尔迪厄体育社会学理论的基本框架，②尤其是体育场域的构建基本已经明确。以他的博士后出站报告为基础的著作《布迪厄体育社会学思想研究》③是目前国内研究布尔迪厄体育社会学思想的代表作品。

　　曹祖耀对于布尔迪厄理论中的场域和惯习给予了较多的关注。④在他的研究《"何谓体育社会学"与"体育社会学何为"——布迪厄社会实践理论的运用与启示》中，体育场域的建构是厘清什么是体育社会学和体育社会学能够做什么的重要前提。蒋国权的研究《体育实践中的身体资本——基于布迪厄社会理论的探讨》注重对布尔迪厄身体的社会差异性的关注，身体观也是布尔迪厄体育思想中的重要组成部分，另外他对场域概念也有一定的关注。⑤李琛的研究《布迪厄体育思想研探》⑥比较注重对体育惯习和体育场域的勾勒，同时布尔迪厄对社会阶层的特别关注也在她的研究中有所体现，同时她还对布尔迪厄研究的不足展开了讨论。侯迎锋在对布尔迪厄的主要体育思想，包括惯习和场域以及布尔迪厄的三篇体育社会学代表作品进行了回顾之后，还对西方体育社会

　　①　高强：《体育社会学溯源——评析皮埃尔·布迪厄〈体育社会学计划〉》，《体育学刊》2008 年第 11 期。

　　②　高强：《场域论与体育社会学研究》，《体育学刊》2010 年第 1 期。

　　③　高强：《布迪厄体育社会学思想研究》，知识产权出版社 2014 年版，第 54—55 页。

　　④　曹祖耀：《"何谓体育社会学"与"体育社会学何为"——布迪厄社会实践理论的运用与启示》，《体育学刊》2010 年第 10 期。

　　⑤　蒋国权：《体育实践中的身体资本——基于布迪厄社会理论的探讨》，《浙江体育科学》2014 年第 4 期。

　　⑥　李琛：《布迪厄体育思想研探》，《山东体育科技》2012 年第 5 期。

学中布尔迪厄思想的运用进行了较为简要的说明。[①] 孟献峰的《体育社会学的身体维度探析》[②] 将福柯和布尔迪厄的相关研究进行了对比，从而推导出两种完全不同的研究模式。魏伟的研究以布尔迪厄的电视体育观为切入点，从这里开始探讨电视的体育生存化和体育的电视生存化问题。[③]

　　除了以上的体育基础理论探究以外，国内体育研究已经越来越注重将布尔迪厄的理论运用于实际案例中。由于布尔迪厄的体育社会学理论有一定的深度，并且需要有相当的社会学功底才能更好地理解，因此布尔迪厄体育社会学在国内的发展还有较大的提升空间，在与中国体育研究的碰撞中还将有更多优秀的理论作品问世。

---

　　① 侯迎锋：《对体育社会学理论的重新思考：布迪厄和体育社会学》，《体育科学》2015年第3期。

　　② 孟献峰：《体育社会学的身体维度探析》，《武汉体育学院学报》2011年第9期。

　　③ 魏伟：《重访电视与体育的"天作之合"：从布尔迪厄说起》，《成都体育学院学报》2015年第2期。

第十四章

锦标主义之狭隘：翁贝托·艾柯的
"消极主义"体育观

　　翁贝托·艾柯（Umberto Eco，1932—2016）是当代欧洲公认的一流思想家，意大利著名的哲学家、历史学家、文学评论家和美学家。他为公众所熟知的是他的畅销小说家的身份。从 20 世纪 80 年代至今推出的《玫瑰的名字》《福柯摆》《昨日之岛》和《波多利诺》等小说被译成 47 种文字，几乎成了畅销小说的代名词。因此，他曾被《剑桥意大利文学史》誉为 20 世纪后半期最耀眼的意大利作家。当然，他最为学术界所熟知的还是符号学家的身份，身为博洛尼亚大学符号学教授的他曾长期担任国际符号学会秘书长。他的《缺席结构：寻找符号学结构方法》（*La Strattura Assente：Introduzione alla Ricerca Semiologica*）、《符号学理论》（*A Theory of Semiotics*）、《开放的作品》（*Opera Aperta：Forma e indeterminazione nelle poetiche contemporanee*）、《读者的角色：文本的符号学阐释》（*The Role of the Reader：Explorations in the Semiotics of Texts*）、《符号学与语言哲学》（*Semiotica e Filosofia del Linguaggio*）等都可谓符号学史上的不朽著作，这使他成为欧洲在世的学者中唯一能够与福柯、拉康、阿尔都塞、德里达和巴尔特等思想家齐名的主流知识分子。① 更为难能可贵的是，他是把欧洲结构主义符号学和美国实用主义符号学结合起来进行研究的第一人。用他的学生洛克·卡波齐的话来说，艾柯是那种对许多类型的知识都有贪心占有欲的人，他是几乎所有学术团队都想据为己有，但又时刻担心其朝秦暮楚的人。②

足球是意大利的第一运动。艾柯的意大利学者身份和早期在意大利国家电视台 RAI 的工作经历很容易让人把他与足球联系在一起。但在他的几部作品中却弥漫着对足球浓郁的消极主义色彩，他对于足球的批判起自 20 世纪 60 年代并延续至 21 世纪。他自己明确提出，"在我这里，足球（体育）总是与消极哲学联系在一起"③。因此，把艾柯的体育观称为"消极主义"体育观应当是贴切的。但不可忽视的是，艾柯是一个经常将反讽手法运用到极致的方家，在他的笔墨中充满戏讽之调，他的"仿讽体"（parody）风格充斥着他的各种作品，甚至学术专著。他在《符号学理论》中对符号学的"谎言理论"定义就被很多学者认为颇具仿讽风格："符号学是这样一门学科，它研究可用以说谎的某物。倘若某种东西不能用来说谎，那么，反过来，也就无法用以阐明真理。事实上，等于压根无法用来'诉说'什么。"④ 1975 年，在他的第一本"小记事体"杂文集《误读》英文版出版时他强调，"仿讽体绝对不要怕走得太远，如果目标正确，它只不过是不动声色、极其庄严自信地向人们

① Peter Bondanella, "Preface", Peter Bondanella (ed), *Umberto Eco and the Open Text*: *Semiotics*, *Fiction*, *Popular Culture*, New York: Cambridge University Press, 1997, p. xi.

② Rocco Capozzi, "An Introduction to Umberto Eco", Rocco Capozzi (ed), *Reading Eco*: *An Anthology*, Bloomington: Indiana University Press, 1997: p. XVIII.

③ Umberto Eco, "Il Mundial e le Sue Pompe", Umberto Eco, *Sette Anni di Desiderio*, Milano: Bompiani, 1983, pp. 40 – 44.

④ Umberto Eco, *A Theory of Semiotics*, Bloomington: Indiana University Press, 1979, pp. 58 – 59.

预示今后可能进行的写作，而无须有任何愧色"。17 年后在他的第二本
"小记事体"杂文集《带着鲑鱼去旅行》的序中，他不惜重复了这段
话，① 表明自己对"仿讽体"自始至终的偏爱。正如卡波奇所言，艾柯的
智慧、文本间性的能力和生动的想象力，加上他精通意大利语、法语、德
语、英语和西班牙语，有时需要读者具备百科全书式的能力来解读他的作
品。在他这里，幽默和博学被绝妙地融合在了一起。② 因此，在对艾柯的
作品，尤其是小记事体文章、杂文、随笔和评论集展开解读时，读者应当
格外谨慎地处理艾柯编码时的"言外之意"，读出艾柯的真实表意。

事实上，艾柯在《没有冠军的价值》一文中清晰地表达了自己对于
冠军和锦标主义的蔑视，以及对于全民健身的积极态度和社会应当是全
民健身推动力的重要观点。

第一节 "体育闲谈"不过是政论的替代品

《体育闲谈》写就于 1969 年，是艾柯作品中较早论及体育的篇章，
被辑录在论文集《时装之屋：意大利意识形态的证据和神秘性》中。艾
柯在行文伊始并没有直接言说"体育闲谈"，而是起笔于足球在社会中
的地位。他一如既往地以戏谑的笔调强调了足球在意大利社会中不可替
代的作用。"人们可以占领一座教堂，劫持一位保护着一群失望的天主
教徒、一群志得意满的持异见者、一个放纵的左派人士的大主教，传统

---

① ［意］安伯托·艾柯：《带着鲑鱼去旅行》，殳俏、马淑艳译，新星出版社 2009 年版，
第 3 页。

② Rocco Capozzi, "An Introduction to Umberto Eco", Rocco Capozzi（ed）, *Reading Eco：An
Anthology*, Bloomington：Indiana University Press, 1997：p. XVIII.

的世俗政党会偷着乐。当人们占领一个政党的总部，那么无论是否显示了团结性，其他党派都会认为这是正义之举。但一旦足球场被占据，那么教会、左派、右派、国会、法院、中国人、离婚联盟、无政府主义者联盟都会迅速做出免责声明，而且会给罪犯戴上枷锁。"① 显然，艾柯是在讽谑足球在当代意大利社会中被毫无原则地溺爱。这在之后几十年被现实多次验证。一位足球俱乐部主席后来三次担任意大利总理，足球明星成为这个国度里最被宠爱的人，一次世界杯冠军几乎可以让人们忘却所有由"电话门丑闻"带来的恶劣影响。因此，艾柯认为"这是一个社会集体感知中的深层区域，无论通过定罪还是哗众取宠的计算，都没有人能够触碰"。因为"一旦这个社会深层结构被打破，所有可能的关联原则通通卷入危机，包含人类在地球业已存在数万年这样的事实"②。

艾柯随后界定了什么是所谓的"体育闲谈"。他认为，当代社会的"体育闲谈"，其实是对体育媒体的谈论。"作为锻炼和身体活动的体育早已不复存在，或者只因为经济原因而存在。因为让一个运动员跑比拍摄一部电影让演员假装跑要容易。因此，仅剩的是对体育闲谈的闲谈。"③ 体育，尤其是竞技体育成了一种虚幻。同时，他指出"对体育媒介闲谈的闲谈又构成了一整套法则：作为受众的你只能在星期天早晨听听收音机里他们假装比赛的转播。一些市民聚集在理发店里谈论体育，要么你就只能到比赛发生的地方去听这类谈话了"④。在这里，艾柯清晰地表达了对体育闲谈的消极态度。

随后，艾柯让体育闲谈与政论发生了联系。对于体育事件、人物的

① Umberto Eco, "La Chiacchiera Sportiva", Umberto Eco, *Il Costume di Casa：Evidenze e Misteri dell' ideologia Italiana negli anni Sessanta*, Milano：Bompiani, 1973, pp. 237 – 242.

② Ibid. .

③ Ibid. .

④ Ibid. .

各种评价、判断、争论、诋毁和赞歌就接踵而至，"于是一场口头仪式正式降临，在这场仪式中，知性力量开始挥洒和中性化；体能消耗告一段落。竞争转向了纯粹的政治层面"①。而且，重要的是"对体育闲谈的闲谈带有政论的一切特点"②。在政论中，人们会讨论领导人应当做的、他们实际上做的、我们希望他们做的，已经发生的和将会发生的，不一而足。体育闲谈则是把对象由城市（国家）换成了体育场和更衣室。如果说政治话题还有禁忌的话，那么有关体育的闲谈就可以肆无忌惮。在体育闲谈里，男人可以展示自己的判断力、语言暴力、政治竞争力等。因此，在这里，"体育起到了填补虚假意识的作用"③。这被艾柯认为是体育起到的一个意想不到的作用。因为"体育锻炼的观念开始与体育闲谈的观点混淆起来。闲谈者会将自己等同于运动员，不再感觉到他自己并没有介入体育。而且，他会意识不到他根本不会再介入到体育中去，因为他没有闲谈时的正式工作已经让他耗尽了本应在体育活动中消耗的体能和时间"④。因此，艾柯认为，这里的体育闲谈就是德国哲学家马丁·海德格尔在《存在与时间》中所指出的"闲话"。

随后，艾柯将"体育闲谈"与符号学家罗曼·雅克布森的符指过程理论结合起来。他认为，这些闲谈没有任何实际意义，就如同日常接触中"你好""谢谢"这样的话语，"也如同一台开着的收音机没有调准点播，嘈杂的电流声无法提供任何信息，只能提醒大家处在一种传播状态中"⑤。体育闲谈甚至还不如一般的闲谈，因为"它是一种不间断的欺

---

① Umberto Eco, "La Chiacchiera Sportiva", Umberto Eco, *Il Costume di Casa*：*Evidenze e Misteri dell' ideologia Italiana negli anni Sessanta*, Milano：Bompiani, 1973, pp. 237 – 242.

② Ibid. .

③ Ibid. .

④ Ibid. .

⑤ Ibid. .

骗式的交际话语，总令你在对城市和终结的谈论中收场"①。最后，艾柯指出，体育闲谈"实质上就是对浪费的赞美，也就是消费的最高点。消费文明的男性其实消费的就是自己"②。

不难看出，艾柯极尽嘲讽之能事对体育闲谈的大肆批判表明其对体育闲谈持否定的态度，用他自己的话来讲，体育闲谈是"肿瘤"级别的贬义词。这"是'应酬'语言中的最大偏差类型。因此最终，才有了对所有语言的否定。因此，男人非人性化的肇始或者人类有关'人文'的观念在一开始就是骗人的"③。艾柯在这里得出的终极结论是："体育就是男人，体育就是社会。"

第二节　冠军和锦标主义的狭隘

艾柯于 1971 年发表的《没有冠军的价值》也被收录在《时装之屋：意大利意识形态的证据和神秘性》中。由于这篇文章没有被辑录在英语、法语和其他主要语言的论文集中，因此几乎被学者们忽略。这其实是艾柯论述自己体育观最为重要的一篇作品。尼古拉·阿巴加诺（Nocola Abbagnano）是艾柯在都灵求学时的老师，但艾柯对老师发表在报纸 *La Stampa* 上有关体育哲学观点的文章不敢苟同，于是他借用老师授课时的语言"要勇于对哲学家的观点展开批判，以维持自己对其教学的忠

---

①　Umberto Eco，"La Chiacchiera Sportiva"，Umberto Eco，*Il Costume di Casa：Evidenze e Misteri dell' ideologia Italiana negli anni Sessanta*，Milano：Bompiani，1973，pp. 237 – 242.

②　Ibid. .

③　Ibid. .

诚"①，撰文批驳了阿巴加诺的锦标主义思想。

艾柯认为，阿巴加诺对于冠军过于看重，对精英主义过于倚重。在阿巴加诺的眼中，"通过冠军，人们总能得到很多鼓舞和激励，观众也乐于欣赏冠军的表演。因此这些冠军总是参与成功的表演"②。这其实就是一种典型的锦标主义思想。这种思潮让普通民众忽略了只有自己亲身参与体育才能得到真正的身体锻炼。艾柯认为，那种"沉迷于偷窥别人创造纪录的行为"成了自己不曾经历过的事情的"神秘替代品"。③ 如果民众留恋于对他人精彩演出的欣赏而忽略了自身的身体锻炼只会得不偿失。更令人难以接受的是，欣赏冠军的表演"让人从更好的身体锻炼中放松下来，并最终把不锻炼的原因归结为压抑"④。这事实上恰好是不少欣赏赛场赛事和媒介赛事的体育迷的重要观赏诱因：逃避现实。艾柯在 20 世纪 70 年代初就已经认识到媒介赛事可能给普通民众带来的身体锻炼的缺失，不能不说是先见之明。

接下来艾柯表达了更为重要的体育观点。他驳斥了阿巴加诺所谓冠军是精英阶层的理论，指出"那些体育观赏者代表的'贱民阶层'其实才是希腊文明中已经诞生的冠军概念"⑤。用通俗的语言来理解，艾柯其实是意指只有全民健身才能够真正强国强种，而不是欣赏几个冠军的表演就能证明国民体质的全面提升。这一点在当今中国具有相当典型的现实意义。2008 年北京奥运会上，中国体育代表团历史性地获得了金牌榜首席的殊荣。至此，体育激励国民的历史时期基本上告一段落，大力推动全民健身运动的开展成了新的历史阶段体育发展的首要目标。诚然，

---

① Umberto Eco, "Volari Senza Campioni", Umberto Eco, *Il Costume di Casa：Evidenze e Misteri dell'ideologia Italiana negli anni Sessanta*, Milano：Bompiani, 1973, pp. 262 – 264.

② Ibid. .

③ Ibid. .

④ Ibid. .

⑤ Ibid. .

冠军可以提升民族自豪感，但它完全无法替代民众自身参与到体育锻炼中来。这恐怕正是艾柯批判自己老师的重要内涵。

艾柯随后继续批判阿巴加诺的观点。阿巴加诺认为，"人类从远古至今就是选择的过程，那些组织得更好的，更强壮的，接受过更好教育的人就存留了下来。冠军也是这样一个自然选择的模式"①。艾柯认为阿巴加诺的观点是让人们被动接受自然化的选择。但事实上，社会是可以给予人们更多的选择方式的。他举了溺水者的例子，如果一个人在溺水时只依靠本能，那么他（她）大抵只能身亡了。一个社会如此接受这样的自然选择的话，那么溺水身亡者将不胜枚举，好在一种文化总在人们学会游泳之前就已经被界定了。因此，他认为普通民众应当"与救生员和游泳教练分享游泳池"，同时认为社会"不应当抛弃那些不会游泳的人，应当让他们在教练的带领下学会游泳"。② 这恐怕是艾柯体育观的核心价值。社会在对体育的弘扬中应当积极推动它的教化功能，让更多的人参与到体育锻炼中而不是只让极少数精英掌握体育技能。

最后，艾柯认为"应该给每个人以锻炼的机会"。但现实社会中"从不锻炼的人大量参与锻炼之后，便使竞技不再具有以往的优越地位，这一切似乎是被人为操控的。"③ 因此对普通民众来说，锦标主义几乎是无法避免的，人们总是只能通过对冠军的顶礼膜拜与体育疏离。

艾柯有关冠军和锦标主义的观点是其体育观的核心内容。与其他论述中有关体育的"消极主义"不同的是，在这里他明确地指出了民众参与日常身体锻炼的必要性。这其实鲜明地表达了自己所谓"消极体育观"的实质。

---

① Umberto Eco, "Volari Senza Campioni", Umberto Eco, *Il Costume di Casa: Evidenze e Misteri dell' ideologia Italiana negli anni Sessanta*, Milano: Bompiani, 1973, pp. 262 – 264.

② Ibid..

③ Ibid..

第三节　足球并不等同于体育

1978 年是阿根廷世界杯年。艾柯在这一年成稿的《世界杯与它的盛况》其实是应《表达》（*L'espress*）杂志的邀请撰写的一篇应景杂文。这篇文章被收录在论文集《七年之欲》（*Sette Anni di Desiderio*）中。在那个足球被万众瞩目的时间，杂志社当然想通过公共知识分子的力量来传播一些与众不同的观点，因此艾柯认为杂志社"不可能有更好和更聪明的选择了"①。

艾柯在文章的开头用了大量的篇幅来尽力"撇清"自己与足球的关系，来阐释自己作为异见者的合法身份。他表示"我不爱好足球就像足球也不爱我一样。从童年起，我就是那种'踢球时专踢乌龙球，或者最理想就是传球到对手脚下，或者执拗地将球踢出场外，踢出围栏，让足球掉进地下室、河里或是扎进带着冰淇淋香味的大车上的人'"②。显然，艾柯再一次运用他已经使用纯熟的仿讽体，在这里过度夸张的表达无非是想证明杂志社找了一个他所谓的"绝对外星人观点"来点评足球是多么明智。他用他小时候乞求理性又忠诚的足球迷父亲带他去现场看足球比赛为例，证明了自己与足球是多么的无缘。"星期天中午的寒冷的阳光洒在人和这些东西上，我眼前呈现的是宽广但却毫无意义的进程。"③以至于 13 岁的他就开始怀疑上帝的存在。于是在艾柯的笔下，足球成

---

①　Umberto Eco, "Il Mundial e le Sue Pompe", Umberto Eco, *Sette Anni di Desiderio*, Milano：Bompiani, 1983, pp. 40 – 44.

②　Ibid. .

③　Ibid. .

了"目的缺失和所有虚荣心的代名词",因此他坦承"在我这里,足球总是与消极哲学联系在一起的"①。艾柯在论述中第一次提出了"消极哲学"的概念,但不难看出,这种所谓的"消极"中其实饱含着他对于足球事件的关注。

接下来艾柯话锋一转,突然提到"我绝不是要反对对足球的热情。相反,我还要鼓掌欢迎这天赐的运动"②。不过,这似乎只是假象,艾柯用了极端的比喻来讽刺意大利社会中足球至上的各种乱象。"那些在看台上的球迷突发心脏病,那些周末为了名誉而在残忍的身体伤害面前曝光的裁判,那些爬山的短途旅游者被乱石砸坏的车窗玻璃所伤血流满地的场景,那些晚上醉醺醺地超速行驶在马路上的年轻人,站在插满旗帜并严重超载的菲亚特 500 上,直到连人带车冲进无敌卡车里面。"③ 艾柯几乎用尽毒舌之能事讽刺挖苦与足球相关的所有人和事物。"我对足球的热情一如我喜欢在悬崖边上飙车、疯狂的跳伞、神秘攀岩、用橡皮艇跨越大洋、俄罗斯轮盘赌和服用毒品。"④

不过,艾柯很快就把足球和体育运动剥离开来。他指出"体育是非常美好的东西,它直接调动人的身体,促进体质锻炼。人们可以活动肌肉筋骨,促进血液循环,让自己的肺活量增加到最大值。这是与性爱、哲学反思同样美好的事物"⑤。艾柯在这里阐明了他对体育内涵的理解,自发参加体育运动在艾柯看来从来就是一件令人身心愉悦的事情。但"足球在这个层面上与体育毫无瓜葛。职业足球已经超越了体育运动的范畴,在这里,足球运动员就像拿着不同薪水的组装线上的工人,球迷

① Umberto Eco, "Il Mundial e le Sue Pompe", Umberto Eco, *Sette Anni di Desiderio*, Milano: Bompiani, 1983, pp. 40 – 44.

② Ibid..

③ Ibid..

④ Ibid..

⑤ Ibid..

们的举动就像一群性痴迷者定期去看别人做爱，或者像我们穷人家的孩子被许诺去看富人们吃冰淇淋"①。

　　艾柯不断地在反讽和正说之间切换，这让一般读者很难把握他究竟意指什么。他给出了很多不愿意回应世界杯为什么会那么病态般地受欢迎和媒体趋之若鹜的原因，但"外部的压力"驱使他不得不做出某种回应，那就是"意大利的舆论比任何时候都需要球队真正获得一次国际锦标"②。在这里，艾柯表面上把这种"外部的压力"指向约稿的杂志社和其他媒体，但事实上这种所谓的"压力"又何尝不是自己施加的呢？他持续不断地关注各种与足球和世界杯相关的事件、人物，却囿于自己的学者身份耻于从善如流。这难道不是又一种反讽吗？为了清晰地划清自己与足球的界限，艾柯不惜又抛出了体育闲谈的观点并进行了深入阐述。对体育闲谈的痴迷可以淡化人们对政治的关心，是政论最完美的替代品。"它是有限的、严格聚焦的，能允许你站队，表达观点，提出对策，而且不至于因为表达而坐牢。"③ 最终艾柯点出了足球的真正内涵，"对于成年男性来说，就像小女孩儿玩洋娃娃一样，这就是一场有关教育的游戏，它教会你如何处在适合自己的位置上"④。这再一次呼应了前文当中"体育就是男人，体育就是社会"的表述，而且表达得更加清晰具体。

　　文章的最后不可避免地从足球延伸到了政治范畴。在绝大多数西方人眼中，1978 年阿根廷世界杯是被当时阿根廷军政府操控的一届"非常规状态"下的世界杯。艾柯的表达较为隐晦，他指出"在这样的时刻，

---

① Umberto Eco, "Il Mundial e le Sue Pompe", Umberto Eco, *Sette Anni di Desiderio*, Milano: Bompiani, 1983, pp. 40 – 44.

② Ibid. .

③ Ibid. .

④ Ibid. .

如果自己身在这样的政府中是很受伤的事情。试想我们都是阿根廷人，一小撮阿根廷捣乱分子在那里不断地提醒大家要一直'消失'，不要在这样一个神圣又神秘的比赛时间破坏大家的欢乐"。于是，艾柯指出"世界杯就像圣诞老人般地来临了，终于新闻里有了一些不是政治类的东西"。最后，艾柯终于提出了自己酝酿已久的观点：有可能在星期天足球比赛时发动一场革命吗？[①]

第四节　不谈论足球不等于不关注体育

在杂文集《第二部小日记》中，艾柯于 1990 年写就的《怎样不谈论足球》一文似乎又一次印证了他的消极主义体育观。不过这一次他首先旗帜鲜明地提出"我心血来潮的时候也会专注于足球实况转播而且兴致很高，因为我认知到并且欣赏这种高贵运动的所有优点"[②]。文字中的戏谑成分依然浓厚。不过他话锋一转，马上提出"我恨的只是足球迷"[③]。为此，他甚至不惜借助排外主义、沙文主义和种族主义来渲染自己对足球迷的抱怨。

艾柯随后提出了他憎恨足球迷的原因，"因为他有一个很奇怪的缺点：他会惊异于为什么你不是个球迷，而且他会持续不断地跟你交流，仿佛你就是一个球迷一般"[④]。接下来艾柯习惯性地用一系列夸张的类比

---

①　Umberto Eco，"Il Mundial e le Sue Pompe"，Umberto Eco，*Sette Anni di Desiderio*，Milano：Bompiani，1983，pp. 40 – 44.

②　Umberto Eco，"Come non Parlare di Calcio"，Umberto Eco，*Il Secondo Diario Minimo*，Milano：Pombiani，1992，pp. 137 – 138.

③　Ibid. .

④　Ibid. .

手法喻指了足球迷与非足球迷之间基本上是处于非对等话语的情境中。对牛弹琴是足球迷与非足球迷之间交流的基本形态，他们无法分享相近的意义和符码，因此对话中充斥着不足解码和过度解码。这与艾柯在20世纪70年代提出的"异常解码"（aberrant decoding）① 有异曲同工之妙。例如，艾柯举例道："那么维亚利怎么样啊？""我一定是错过了。""可是你今晚不会再错过了，是不是？""不，我必须要读一读《形而上学》中的Z书，你知道吗？就是斯塔吉里特。""好的，你看了就会知道我说的对不对。我预测范·巴斯滕会成为新马拉多纳。你怎么看？当然我还会关注阿尔戴斯。"② 他的这个例子当然有些夸张，但这是为了证明他随后提出的观点"即使我有三只眼睛，并且在颈背上突然长出一对带绿色鳞片的天线，他也不会明白我说的是什么。这种人对世界万物大抵都熟视无睹，眼睛里只有那个黑白两色的东西"③。艾柯在言语之中充满了对足球迷话语体系的嘲讽，这在一定程度上呼应了20多年前《体育闲谈》中的观点。

　　不过，从艾柯的话语中，我们还是可以清晰地读出他对足球事件的关注。"对我来说，如果利物浦球迷到这儿来看球还是不错的，因为这样我可以用娱乐的心态来阅读报纸。"④ 显然，1985年发生的"海瑟尔惨案"——由混入利物浦队球迷中的少数足球流氓造成数十名尤文图斯队球迷丧生，这让所有意大利人都难以释怀。在这篇文章成文前的1989年又发生了利物浦队与诺丁汉森林队在英格兰足总杯半决赛的

---

① Umberto Eco, "Towards a Semiotic Inquiry into the Television Message", Toby Miller (ed), *Television: Critical Concepts in Media and Cultural Studies*, *Volume* 2, London: Routledge, 2003, p. 4.

② Umberto Eco, "Come non Parlare di Calcio", Umberto Eco, *Il Secondo Diario Minimo*, Milano: Pombiani, 1992, pp. 137 - 138.

③ Ibid. .

④ Ibid. .

"希尔斯堡惨案"，因此在那一时期，忠诚的利物浦队球迷由于少数足球流氓的存在，几乎成为邪恶的符码。"至少有一些鲜血应该洒在这个马戏团里。"在这里，我们恰好读出的是艾柯对于足球和其衍生的社会事务的关注。因此，"如何不谈论足球"似乎可以理解为"如何以适当的方式谈论足球"。1982 年，意大利队第三次获得世界杯冠军以后，职业足球在意大利真正开始兴盛，全世界多数伟大的球员开始在意大利顶级足球联赛中淘金。足球在 20 世纪 80 年代和 90 年代几乎成了意大利社会中不可或缺的话题，这是令身为知识分子的艾柯感到沮丧的。因此，他用这种批判的方式表达了自己的观点，但同时也有力地证明了，在这样一个为足球疯狂的国度里，真正充耳不闻足球的人是几乎不存在的。

第五节　嘉年华化让体育迷失

2007 年出版的杂文集《虾的步骤：热战争与媒介民粹主义》辑录了他在 2001 年 1 月意大利《共和报》上发表的《从游戏到嘉年华》，其中谈到他对体育的态度。[①] "体育已经被嘉年华化……它不再是它本身所意味的插曲（一周一场足球赛和几年才一次的奥运会）而是成为一种无所不在的存在。它不再是一个以自身为终结的活动，而成了一种商业企业。"[②] 显然，职业足球乃至奥运会的过度商业化是艾柯对今日体育的重新认知，这种过度商业化让体育正在迷失自己的本质。体

---

① Umberto Eco, "Illuminismo e Senso Comune", Umberto Eco, *A Passo di Gambero：Guerre Calde e Populismo Mediatico*, Milano：Pombiani, 2006, pp. 74 – 75.

② Ibid. .

育迷们需要在更短的时间里不断获得刺激和嘉年华的机会才能得到满足。

　　艾柯在揶揄体育过度商业化的同时，也谈到了兴奋剂的问题。他指出，"现在的比赛已经转化为一项极度困难的任务，需要服用提高表现能力的药物"①。这与意大利足坛、自行车坛和20世纪末国际体坛上频繁爆出的兴奋剂丑闻不谋而合。为了抑制兴奋剂给体育带来的负面效应，不少体育组织从21世纪前后开始从之前的尿检升级到血检。即便如此，仍然有不少项目的运动员置若罔闻，对服用违禁药物趋之若鹜，用以不断满足受众的嘉年华需求。这从另一个角度证明了当代职业体育存在的弊端。

　　这篇文字最重要的是结尾部分。在这里，他观照了自己几十年前的体育观点。"在盛大的嘉年华会之前、进行中和之后，是那些观众而不是运动员们在没日没夜地游戏。"② 这与《体育闲谈》中有关体育观赏者的观点似乎是矛盾的，但细细一想不无道理。那些置身庞大的体育嘉年华会的观众有时看上去比运动员本人更尽兴，他们在这场游戏中让自己在身心方面都得到了释放，颇有喧宾夺主之嫌。其实，艾柯通过这样的反讽揭示了当代职业体育的本质，那就是已经由过去纯粹的赛场赛事逐渐转变为赛场和媒介赛事并存，媒介赛事成为主导的事实。当然，嘉年华式的当代体育模式颠覆了传统体育模式，受众可以得到各种各样的刺激和快感享受，以至于纯竞技的内容在这里已经不再是主导。

---

　　① Umberto Eco, "Illuminismo e Senso Comune", Umberto Eco, *A Passo di Gambero*: *Guerre Calde e Populismo Mediatico*, Milano: Pombiani, 2006, pp. 74 – 75.

　　② Ibid. .

第六节 艾柯的体育理论对体育研究的影响

艾柯在当代欧洲崇高的学术地位使他的体育观对于很多学者都产生了重大影响。芬兰学者阿尔亚·莱蒂宁和阿尔托·蒂霍宁的《体育中男性体验的叙述》在很大程度上受到了艾柯《体育闲谈》的影响，这一点在论文的注释中有明确的提示。① 英国学者理查德·朱利亚诺蒂在论述足球与嘉年华政治中引用了艾柯提出的"大众嘉年华"的概念，这篇论文在足球社会学中占据相当重要的地位。② 辛西娅·斯洛维卡夫斯基在论述文化表现与体育吉祥物的时候，用到了艾柯的作品被翻译成英文之后的论文集《超真实之旅》当中的"超真实"的概念，③ 其实这个概念不仅后来被波德里亚大量转述，还成了人文社会学者论及后现代的一个核心概念。以色列学者阿米尔·本－波拉特在谈到以色列球迷的英国足球情结时直接引用了艾柯在《怎样不谈论足球》中的篇首语。④ 澳大利亚文化学者大卫·洛弗在谈到流行新闻的组成部分时，也特意将艾柯的"体育闲谈"列为其中之一。⑤ 以色列学者约纳姆·卡梅利等在探讨足球新闻时，也将艾柯在《体育闲谈》中有关体育本质的讨论作为重要的切

① Arja Latinen, Arto Tiihonen, "Narratives of Men's Experiences in Sport", *International Review for the Sociology of Sport*, Vol. 25, No. 3, September 1990.

② Richard Giulianotti, "Football and the Politics of Carnival: An Ethnographic Study of Scottish Fans in Sweden", *International Review for the Sociology of Sport*, Vol. 30, No. 2, June 1995.

③ Synthia Slowikowski, "Cultural Performance and Sport Mascots", *Journal of Sport & Social Issues*, Vol. 17, No. 1, April 1993.

④ Amir Ben-Porat, "Overseas Sweetheart: Israelis Fans of English Football", *Journal of Sport & Social Issues*, Vol. 24, No. 4, November 2000.

⑤ David Rowe, "Accommodating Bodies: Celebrity, Sexuality, and 'Tragic Magic'", *Journal of Sport & Social Issues*, Vol. 18, No. 1, February 1994.

入点，这"一整套规则"成了作者理论的核心。① 丹麦学者汉斯·邦德在谈到体操运动文化的符号意义时，也借用了艾柯早期在《缺席结构》中的符号学思想。② 英国学者皮特·特里弗纳斯在出版的小册子《翁贝托·艾柯与足球》中，集中论述了艾柯的足球思想与符号学的关系。③ 但他的观点后来也遭到了美国学者埃弗隆的批判。他借用贡布里希对运动之美的描述否定了特里弗纳斯认为"足球在介入文化本体的时候，对作家和思想家而言的智慧途径来说既是隐喻又是主题"④ 的观点。英国学者康内尔·桑德沃斯则运用了艾柯的"超真实"观点来分析欧洲职业足球俱乐部球迷对于赛场赛事和媒介赛事的不同需求。⑤ 英国学者加里·阿姆斯特朗和马尔康姆·扬在论述足球俱乐部的队歌时也运用了艾柯的这一理论。⑥

此外，艾柯的一般符号学理论也被运用到体育科学研究中。例如，沃特雷在探讨用符号学方法研究运动主义时就借用了艾柯在《诠释与过度诠释》中的符号学理论。⑦ 魏伟在对体育符号的综述中也不可避免地借用了艾柯的符号学观点。⑧ 事实证明，虽然艾柯在对体育的论述上远

① Yoram Carmeli, Ronit Grossman, "'It's a Game between Jews and Arabs': Soccer Journalism, Otherness and Abjection in the Israeli Context", *Culture*, *Sport*, *Society*, Vol. 3, No. 2, June 2000.

② Hans Bonde, "Farmer's Gymnastics in Denmark in the Late nineteenth and early Twentieth Centuries: A Semiotic Analysis of Exercise on Moral Action", *The International Journal of History of Sport*, Vol. 10, No. 2, March 1993.

③ Peter Trifonas, *Umberto Eco and Football*, Cambridge: Icon Books Ltd. , 2001.

④ John Efron, "Critique of Pure Football", *Sport in History*, Vol. 28, No. 1, February 2008.

⑤ Cornel Sandvoss, *A Game of Two Halves: Football, Television and Globalization*, London: Routledge, 2003, pp. 148 – 151.

⑥ Gary Armstrong, Malcolm Young, "Fanatical Football Chants: Creating and Controlling the Carnival", *Culture*, *Sport*, *Society*, Vol. 2, No. 3, September 1999.

⑦ Sebastião Votre, "On Athleticism in the Victorian and Edwardian Public School: A Semiotic Analysis of J. A. Mangan's Approach to Historical Knowledge", *Culture*, *Sport*, *Society*, Vol. 3, No. 3, September 2000.

⑧ 魏伟：《体育符号研究的发展述评》，《成都体育学院学报》2012 年第 8 期。

不如布尔迪厄和波德里亚那么全面透彻，但这些观点对于体育科学研究来说依然是相当重要的。

第七节　艾柯的思想对体育研究的影响

　　翁贝托·艾柯是当代西方少有的以抨击体育，尤其是世界第一大运动足球为乐趣的思想家之一。在他的笔下，体育总是与无聊、浪费、虚荣等词汇联系在一起。但如果只看到了事件的表象，很容易被他的隐喻和仿讽体所蒙蔽。他其实一直在关注与体育相关的人物、事件及其在社会中的影响力。不仅如此，他还批判过冠军和锦标主义，并支持全民健身的观点，还指出社会应当在全民健身活动中起到重要的推动作用。因此，如果我们说艾柯持消极主义体育观，那么这个消极主义有必要加上引号。在运用仿讽体和反讽的修辞手法上，艾柯鲜有对手。当他号召大家不再谈论足球的时候，他却端坐在家中，安静地欣赏星期天下午意大利足球甲级联赛博洛尼亚俱乐部的比赛。因为在他看来，符号学就是研究可用以说谎的某物。因此，这样的"消极主义"体育观就不难理解了。

第十五章

结构化与现代性：安东尼·吉登斯的体育观

安东尼·吉登斯（Anthony Giddens，1938—　）是当代英国著名思想家。他被学者查尔斯·勒莫特誉为"我们这个时代最杰出的英国社会学家，最根本地、最成功地改写了社会科学语言的社会学理论家"[1]。美国学者斯捷潘·梅斯特洛维奇把吉登斯称为"最后一位现代主义者"，认为传统社会学到他这里就终结了。[2] 学者克里斯托弗·布莱恩特和大卫·杰里指出，吉登斯把自己塑造为一个公共知识分子和世界级的社会学家。[3] 他创建了关于人类行动的结构化理论，这是当代社会学发展的重要里程碑。

吉登斯1938年出生于伦敦北部的埃德蒙顿。他早年就读于英国霍尔大学社会学系。大学毕业后到伦敦政经学院深造，他硕士毕业论文的题目是《当代英格兰的体育与社会》。之后他进入莱斯特大学社会学系

---

① Charles Lemert, *Sociology after the Crisis*, Boulder：West View Press，1999，p. 183.

② Stjepan Meštrovć, *Anthony Giddens*：*The Last Modernist*, London：Routledge，1998，p. 17.

③ Christopher Bryant, David Jary, "Anthony Giddens", George Ritzer（ed），*The Blackwell Companion to Major Social Theorists*, Malder：Blackwell，2000，pp. 247 – 373.

任教，与埃利亚斯和邓宁等型构社会学专家成为同事，埃利亚斯和邓宁有关体育和休闲的理论对吉登斯的影响很大，其间他还撰写了论文《游戏与休闲的概念》。离开莱斯特大学以后，他还先后在西蒙·弗雷泽大学和加州大学洛杉矶分校任教。1969 年吉登斯来到剑桥大学任教，并于5 年后获得博士学位。在剑桥他受到了英国社会人类学家约翰·巴恩斯的指点，他的理论向着多元化的方向发展，终成名家。在剑桥期间，他帮助成立了政策出版社，该出版社成了社科领域的一家相当重要的出版社。1997 年，他重返伦敦政经学院并成为院长，让这里重新成为英国社会科学发展的重要平台。

吉登斯对于社会学的贡献令人惊叹。他主编的教材《社会学》一直是世界范围内研究社会学的基础教材，被许多国家和地区列为大学生和研究生必读书目。[①] 他大量阅读了包括马克思、马克斯·韦伯、涂尔干等社会学三大奠基人的著作并对这些作品进行了自己的解读。[②] 此外，他对欧洲文明思想史上的很多先哲的观点都有自己独到的见解。他对与他同时代的思想家、哲学家、社会学家、文化研究学者的理论也是信手拈来，他对孔德、尼采、帕森斯、马尔库塞、加芬克尔、哈贝马斯、福柯等人的理论解读同样深刻。[③] 同时，他把过往这些思想家的理论与自己有关社会、民族国家和资本主义的观点融会贯通并进行了深入细致的分析。[④] 这些研究成果直接塑造了他理论的多元化、复杂化和学科的交叉化。他认为社会学是一门毁誉参半的学科，他坚持社会学应当与颠覆

---

① ［英］安东尼·吉登斯：《社会学》（第五版），李康译，北京大学出版社 2009 年版。

② ［英］安东尼·吉登斯：《资本主义与现代社会理论：对马克思、涂尔干和韦伯著作的分析》，郭忠华、潘华凌译，上海译文出版社 2013 年版。

③ ［英］安东尼·吉登斯：《政治学、社会学与社会理论：经典理论与当代思潮的碰撞》，何雪松、赵方杜译，上海人民出版社 2015 年版。

④ ［英］安东尼·吉登斯：《历史唯物主义的当代批判：权力、财产与国家》，郭忠华译，上海译文出版社 2010 年版。

性联系在一起，而不是多数社会学研究者宣扬的陈词滥调。① 当社会学家都在唱衰社会学之时，他却主动为社会学辩护，认为社会学依然可以赢得一个世界或者至少可以说明和解释这个世界。② 吉登斯著作等身，一共发表过 30 多部著作和数百篇论文。学者们比较熟悉的他的作品包括《社会的构成》《现代性与自我认同》《亲密关系的变革》《社会理论的核心问题》《历史唯物主义的当代批判》《现代性的后果》《失控的世界》等。他的代表作《第三条道路》中的理论深刻地影响了英国前首相托尼·布莱尔的新劳动党，甚至影响到前任美国总统克林顿和一众欧洲国家领导人。③ 他对于当代体育也有小篇幅的论述。当然，他的结构化理论对于当代体育研究的发展有着举足轻重的作用。

第一节　吉登斯的结构化理论

一般认为，吉登斯思想体系的发展大致可以分为三个阶段。第一阶段是 20 世纪 60 年代末到 20 世纪 70 年代初。这一时期他主要受到孔德、马克思、涂尔干和韦伯的影响。第二阶段是 20 世纪 70 年代中期到末期，他把主要精力投入到对社会理论方法论的研究上，这一阶段的代表作是 1976 年出版的《社会学方法的新规则———一种对解释社会学的建设性批判》。第三阶段是 20 世纪 70 年代末一直持续至今。1979 年出版的《社

---

① ［英］安东尼·吉登斯：《社会学：批判的导论》，郭忠华译，上海译文出版社 2013 年版，第 1 页。

② ［英］安东尼·吉登斯：《为社会学辩护》，周红云、陶传进、徐阳译，社会科学文献出版社 2003 年版，第 7 页。

③ John Horne, David Jary, "Anthony Giddens: Structuration Theory, and Sport and Leisure", Richard Giulianotti（ed）, *Sport and Modern Social Theorists*, New York: Palgrave MacMillan, 2004, p. 129.

会理论的核心问题：社会分析中的行动、结构与矛盾》是这一时期的开篇作品。在这一阶段中，1984 年出版的《社会的构成：结构化理论大纲》占有特别重要的地位，这本著作清晰地呈现了吉登斯的结构化理论，并且澄清了过往较为模糊的一些概念和理论。

吉登斯提出，在结构化理论看来，社会科学研究的主要领域既不是个体行动者的经验，也不是任何形式的社会总体的存在，而是在时空向度上得到有序安排的各种社会实践。人类的社会活动与自然界里某些自我再生的物种一样，都具有循环往复的特性。它们虽然不是由社会行动者一手塑成，但却持续不断地由他们一再创造出来。社会行动者正是通过这种反复创造社会实践的途径，来表现作为行动者的自身。同时，行动者们还借助这些活动，在活动过程中再生产出使它们得以发生的前提条件。①

吉登斯的结构观念完全不同于功能主义者，而是更趋近于结构主义和后结构主义的观点，是在场与缺席之间的相互交织，要从表面的现象中推断出潜在的符码。他指出，"在社会研究里，结构指的是使社会系统中的时空'束集'在一起的那些结构化特性，正是这些特性，使得千差万别的时空跨度中存在着相当类似的社会实践，并赋予它们以'系统性'的形式"②。也就是说，结构是聚合向度的虚拟秩序。例如，社会秩序并不具有可见的结构，只不过体现着结构性特征。因此，吉登斯把社会总体再生产中包含的最根深蒂固的结构性特征称为结构性原则。在这些总体中时空伸延程度最大的实践活动称为制度。③

吉登斯一直致力于寻找一种建立在本体论基础上，但又超越传统结

---

① ［英］安东尼·吉登斯：《社会的构成：结构化理论大纲》，李康、李猛译，生活·读书·新知三联书店 1998 年版，第 61—62 页。
② 同上书，第 79 页。
③ 同上书，第 80 页。

构功能主义的二元理论，也就是行动（agency，也译为组织、能动、能动行为等）与结构的二元论。在吉登斯的结构化理论中，行动和结构是两个基本概念。行动不是人们做事情时的计划，而是开始做事情时人们的能力。行动主体是事情发生的原因。人们行动的关键不是动机和自我利益，而是人们在任意情境下知道应当如何应对事情的能力，以及人们适应环境需要的能力。行动是一个不间断的过程。行动的特点是行为主体在执行之前就知道或确定该行为具有某种品质或者能够带来某种后果。①　行动可以是有目的的，也可以是无目的的。随着时空的推移，行动的后果距离行为的原始动机越远，其结果的目的性越低。②

　　另一个核心概念就是结构。社会结构的中心是规则和资源。规则和资源是构成社会秩序和有序的人类行为的基础。结构是作为规则和资源的形式存在的，规则和资源构成了包括时间和空间的社会现实，是实际行动的附属物，具有真实的作用。规则是导致资源分配差别的要素。资源和规则的关系是抽象的，只能通过具体行动表现出来。资源包括配置性资源和权威性资源。配置性资源是指在权力实施过程中使用的物质性资源，权威性资源是指在权力实施过程中的非物质性资源。资源为规则提供条件，规则凭借资源条件使规则在实践中得到体现。③

　　在吉登斯看来，结构和行动是相互交织在一起的。结构二重性原理是结构化理念的关键。"在结构二重性观点看来，社会系统的结构性特征对于它们反复组织起来的实践来说，既是后者的中介，又是它的结果……从某种特定的意义上来说，结构作为记忆痕迹，具体体现在各种

① ［英］安东尼·吉登斯：《民族—国家与暴力》，胡宗泽、赵力涛译，生活·读书·新知三联书店1998年版，第7—11页。

② ［英］安东尼·吉登斯：《社会学方法的新规则——一种对解释社会学的建设性批判》，田佑中、刘江涛译，社会科学文献出版社2003年版，第156—162页。

③ ［英］安东尼·吉登斯：《社会的构成：结构化理论大纲》，李康、李猛译，生活·读书·新知三联书店1998年版，第378—382页。

社会实践中，内在于人的活动……结构总是同时具有制约性和使动性。"① 结构的二重性原理体现了时空结构中社会再生产最主要的基础的连续性。人作为行动者是有知识有才智的，这些知识支持人们在行动时进行反思，并观察行动进行的情况以及其他人的反应，这体现了行动者的能动性。

吉登斯也注意到了结构当中的权力运用。他认为，权力的运用是所有行动的普遍特征。权力本身并不是一种资源。资源是权力得以实施的媒介，是社会再生产通过具体行为得以实现的常规要素……社会系统里的权力具有一定的时空连续性，它的前提是行动者或集合体在社会互动的具体情境中，彼此之间例行化了的自主与依附关系。所有的依附形式都提供了某些资源，臣属者可以借助它们来影响居于支配地位的人的活动。这就是社会系统里控制的辩证法。② 吉登斯的这一权力观点在体育研究中比较重要，经常用以分析体育组织和机构的权力分配问题。

在吉登斯看来，结构化理论的主要立场认为以社会行动的生产和再生产为根基的规则和资源同时也是系统再生产的媒介。③ 因此，社会理论研究的核心应当是抓住在日常社会实践的环境中行动是怎样被结构化的，与此同时结构化了的行动要素又是怎样被行动重塑的。

综上所述，结构化理论是一种以结构主义为核心的社会学理论，它提供一种完全不同于其他类型社会学的本体论。正如科恩所指出的，结构化理论提供了一种超过固定社会特质本体论的潜在本体论。④

---

① ［英］安东尼·吉登斯：《社会的构成：结构化理论大纲》，李康、李猛译，生活·读书·新知三联书店1998年版，第89—90页。
② 同上书，第77—78页。
③ 同上书，第81—82页。
④ Ira Cohen, "Structuration Theory", Williams Outhwaite, T. B. Bottomore（eds），*Blackwell Dictionary of Twentieth Century Social Thought*, Oxford：Blackwell, 1994, p. 649.

第二节　吉登斯的其他社会学观点

在完整地提出结构论以后，吉登斯还发展了多个重要的概念。这些概念让他在很多学术领域都成为屈指可数的顶尖学者。

一　全球化

今天，几乎所有人文社会科学的学者都绕不开全球化这个概念。这个概念虽然不是吉登斯最先提出来的，在他之前马歇尔·麦克卢汉的"地球村"概念和沃勒斯坦的"世界体系理论"都对全球化有一定的描述，但在吉登斯这里却有更加明晰的阐释。在1990年和2000年分别撰写的《现代性的后果》和《失控的世界——全球化如何重塑我们的生活》两本书中，他对全球化有了与以往不同的全新认知。吉登斯指出，全球化是世界范围内的社会关系的强化，这种关系以这样一种方式将彼此相距遥远的地域连接起来，即此地所发生的事件可能是由许多英里以外的异地事件而引起，反之亦然。[①] 全球化是一种"在其中"的现象，影响着每个人生活中亲密的个人方面。它是一系列复杂的过程，这些过程是以一种矛盾的或者相反的方式运作的。它是政治的、技术的、文化的以及经济的，它是革命性的。全球化不以公平的方式发展，而且它带来的结果绝对不是完全良性的。[②]

在吉登斯看来，全球化只能从多角度来看待。但在政治、经济、文

---

① 〔英〕安东尼·吉登斯：《现代性的后果》，田禾译，译林出版社2011年版，第56—67页。

② 〔英〕安东尼·吉登斯：《失控的世界——全球化如何重塑我们的生活》，周红云译，江西人民出版社2001年版，第6—15页。

化、技术等诸多要素中，传播系统中的信息传输尤为重要。吉登斯对莫尔斯电码的彻底废除和苏联与东欧政权止于电视革命做了生动的阐述，互联网的普及是更直接地影响到每个人生活的实例。① 关于学者马努埃尔·卡斯特尔斯提出的"网络社会"②，吉登斯认为社会的不同作用可能使以往的不平等更加显著，"知识沟"会益发明显。根据吉登斯的观点，在全球化与本土化之间最重要的关系可能就是休闲。③

二　激进的现代性

激进的现代性问题是吉登斯在《现代性的后果》和《现代性与自我认同：现代晚期的自我与社会》两本书中的核心观点。这一概念是为了对抗日益高涨的后现代主义社会而提出的。正如前文所提到的，吉登斯被誉为最后一位现代主义者，他对现代性的捍卫是不遗余力的。他认为，在整个社会科学中，人们对现代性的理解仍然极为肤浅。我们实际上并没有迈进一个所谓的后现代性时期，而是正在进入这样一个阶段，在其中现代性的后果比从前任何一个时期都更加剧烈化更加普遍化了。④

吉登斯眼中的现代性是 17 世纪出现在欧洲的社会生活或组织模式。在随后的岁月里，程度不同地在世界范围内产生着影响。⑤ 或者简单地说，就是现代社会或工业文明的缩略语。它涉及对世界的一系列态度、关于实现世界对人类干预所造成的转变开放的思想；复杂的经济制度，

---

① ［英］安东尼·吉登斯：《全球时代的欧洲》，潘华凌译，上海译文出版社 2015 年版，第 7—8 页。

② Manuel Castells, *The Rise of the Network Society*, Malden：Blackwell Publishers, 1996.

③ John Horne, David Jary, "Anthony Giddens：Structuration Theory, and Sport and Leisure", Richard Giulianotti（ed），*Sport and Modern Social Theorists*, New York：Palgrave MacMillan, 2004, p. 137.

④ ［英］安东尼·吉登斯：《现代性的后果》，田禾译，译林出版社 2011 年版，第 2—3 页。

⑤ 同上书，第 1 页。

特别是工业生产和市场经济；一系列政治制度，包括民族国家和民主。[①]
现代性有四个制度性的维度，分别是工业主义、资本主义、监督机器和
军事实力。[②] 这四个维度并不是截然分开而是彼此有联系的。此外，现
代性还有三个独特品质，分别是时空分离、社会制度的抽离化和内在反
思性。[③] 之所以要为现代性披上激进的"外衣"，是因为传统和自然界的
日益被侵蚀。现代社会的激进化意味着被迫以一种反射性较强的生活方
式，直面一个较为开放的和棘手的未来。[④]

三　自我认同与自反性

自我认同和自反性的概念是吉登斯在阐述现代性的时候提出来的。
吉登斯提出，每个个体都意识到现代社会活动的反思性建构及它对于个
人生活所蕴藏的含义……我们每个人不仅具有而且实践着一种个人经
历，依据有关可能的生活方式的社会或心理信息流，这种个人经历被反
思性地组织起来了。现代性是一种后传统的秩序，在其中，"我将如何
生活"的问题，必须在有关日常生活的琐事如吃穿行的决策中得到回
答，并且必须在自我认同的暂时呈现中得到解释。[⑤] 自我认同的途径是
通过个人叙事的建构来完成的。在这种语境下，生活方式的概念就显得
比较重要了，这又与全球化中的休闲联系在一起。正如学者大卫·切尼
模拟吉登斯的口吻提出的，生活方式就是一个自我现实化的过程，在这

---

① ［英］安东尼·吉登斯、克里斯多弗·皮尔森：《现代性——吉登斯访谈录》，尹宏毅
译，新华出版社2001年版，第69页。

② ［英］安东尼·吉登斯：《现代性的后果》，田禾译，译林出版社2011年版，第49—51页。

③ ［英］安东尼·吉登斯：《现代性与自我认同：现代晚期的自我与社会》，赵旭东、方
文译，生活·读书·新知三联书店1998年版，第17—21页。

④ ［英］安东尼·吉登斯、克里斯多弗·皮尔森：《现代性——吉登斯访谈录》，尹宏毅
译，新华出版社2001年版，第92页。

⑤ ［英］安东尼·吉登斯：《现代性与自我认同：现代晚期的自我与社会》，赵旭东、方
文译，生活·读书·新知三联书店1998年版，第15页。

之中主角终会反思他们应当如何在全球相互依赖的语境下生存。①

在自我认同的基础上，吉登斯对自反性的定义是自我对多数社会活动以及人与自然的现实关系依据新的知识信息而对之做出的阶段性修正的那种敏感性。② 在吉登斯看来，传统是可以改变的，但这种改变不能靠传统自身的力量，而是要靠在社会实践中所产生的自反性。现代社会生活的自反性存在于社会实践的事实中，这些社会实践在新信息的指引下不断地自我改变。只有在现代化时代，对习俗的改变才能发生并出现在人类生活的方方面面。

四　第三条政治道路

吉登斯在社会学方面的成就使其无法独立于政治之外。布莱尔领导的新工党需要政治上的全新解读，因此从 20 世纪 90 年代开始，吉登斯开始更加关注政治的走向，尤其是英国的未来。他从 1991 年到 2000 年连续出版了《第三条道路：社会民主主义的复兴》《超越左与右：激进政治的未来》和《第三条道路及其批评》三本著作。

在政治方面，吉登斯提出应当超越包含激进主义的保守主义和退出激进主义的社会主义两条路线，超越左与右的束缚。③ 吉登斯认为，从 20 世纪 70 年代开始，有关全球化、个人主义、左和右、政治的行动主体以及生态五个问题就陷入了根本性的两难困境。这五个两难问题是通过第三条道路——政治相联系的。因为在冷战期间，许多人就把社会民主主义视为第三条道路，既不站在美国的市场自由主义一边，也不站在

---

① David Chaney, *Lifestyles*, London：Routledge, 1996, p. 86.

② ［英］安东尼·吉登斯：《现代性与自我认同：现代晚期的自我与社会》，赵旭东、方文译，生活·读书·新知三联书店 1998 年版，第 22 页。

③ ［英］安东尼·吉登斯：《超越左与右：激进政治的未来》，李惠斌、杨雪冬译，社会科学文献出版社 2009 年版。

苏联的共产主义一边。吉登斯认为，"第三条道路的政治总目标，应当是帮助公民在我们这个时代的重大变革中找到自己的方向，这些变革是：全球化、个人生活的转变，以及我们与自然的关系。第三条政治道路应当被视作范围比全球市场还要宽得多的一种现象"①。第三条道路价值包括平等、对弱者的保护、作为自主的自由、无责任即无权利、无民主即无权威、世界性的多元化和哲学上的保守主义。吉登斯的这些观点成了新工党的基本路线，因此吉登斯也被誉为布莱尔的精神导师。布莱尔本人甚至在 1998 年也出版了同名著作，② 放弃了自己的"老进步主义"，即工党党纲中的第四款，布莱尔甚至用发展第三条道路来指导新工党，可见这种影响的力度之大。吉登斯的第三条道路理论甚至影响了当时的美国总统比尔·克林顿，推动了两届克林顿政府采用或准备采用的政策，如紧缩财政、医疗保障改革、教育培训投资、由福利转向工作的计划、城市新建计划、严惩犯罪，在国际方面积极倡导干预主义。③不仅如此，第三条道路还影响了时任德国总理施罗德、时任荷兰首相科克、时任意大利总理达莱玛等欧洲领导人，成为当时国际政治的一股新鲜势力。

五　风险社会理论

吉登斯在《现代性的后果》中提出了自己的风险理论。由于现代社会具有自反性，在与传统社会系统的比较中，新的社会系统就出现了信任危机，社会风险随之产生。相关风险不仅体现在资本主义经济上，还

---

① ［英］安东尼·吉登斯：《第三条道路：社会民主主义的复兴》，郑戈译，北京大学出版社 2000 年版，第 67 页。

② Tony Blair, *The Third Way*, London: Fabian Society, 1998.

③ ［英］安东尼·吉登斯：《第三条道路及其批评》，孙相东译，中共中央党校出版社 2002 年版，第 3 页。

体现在人们对社会的基本认知层面。吉登斯提出的现代世界的风险主要包括七个层面：第一，高强度意义上风险的全球化，以核战争为代表；第二，突发事件不断增长意义上风险的全球化，如全球化劳动分工的变化；第三，来自人化环境或社会化自然的风险，例如人类的知识进入物质环境；第四，影响着千百万人生活机会的制度化风险的发展，如投资市场；第五，风险意识本身作为风险，譬如风险中的"知识沟"不可能被宗教或巫术转变为确定性；第六，分布趋于均匀的风险意识，比如我们共同面对的许多危险已被大众所了解；第七，对专业知识局限性的意识，没有任何一种专家系统能够称为全能的专家。①

风险社会这个概念可能让人联想到危险性增大的世界，但情况未必如此。实际上它是一个越来越关注未来安全的社会。所谓的新型风险是否真的存在也是有争议的。②

风险社会这个概念由吉登斯提出以后，德国学者乌尔里希·贝克对其进行了拓展，后者的《风险社会：面对一个新的现代性》对吉登斯的理论进行了补充阐释，③ 整个理论体系显得更加完整。

六　脱域

脱域是吉登斯在谈及现代性问题时提出的概念。吉登斯所指的脱域是指社会关系从彼此互动的地域性关联中，从通过对不确定的时间的无限穿越而被重构的关联中脱离出来。④ 吉登斯把脱域分为象征标志的产

---

① ［英］安东尼·吉登斯：《现代性的后果》，田禾译，译林出版社 2011 年版，第 109—110 页。

② ［英］安东尼·吉登斯：《风险社会的政治》，载安东尼·吉登斯、克里斯多弗·皮尔森《现代性——吉登斯访谈录》，尹宏毅译，新华出版社 2001 年版，第 193—196 页。

③ Ulrich Beck, *Risk Society: Toward a New Modernity*, London: Sage Publications, 1992.

④ ［英］安东尼·吉登斯：《现代性的后果》，田禾译，译林出版社 2011 年版，第 18 页。

生和专家系统的建立两种类型。象征标志是指相互交流的媒介，能将信息传递开来，用不着考虑任何特定场景下处理这些信息的个人或团体的特殊品质。专家系统是指由技术成就和专业队伍组成的体系，这些体系编织着人们生活于其中的物质与社会环境的博大范围。① 脱域是现代性的重要性质之一，也是经常被其他社会学者提及的概念。

第三节　吉登斯的体育观

吉登斯虽然著述颇丰，但却很少直接论述体育。不过在一些学者对吉登斯的采访中，我们还是可以看到一些端倪。不过，他在伦敦政经学院获得硕士学位时撰写的毕业论文《当代英格兰的体育与社会》② 就是一篇直接论述体育的学位论文。此外，吉登斯还有一篇专门论述游戏和休闲概念的文章。因此，从这些线索入手，不难厘清吉登斯的体育观。

一　吉登斯的早期体育观

吉登斯主要的体育思想，都体现在他的硕士论文中。根据吉登斯介绍，他最后提交了一份篇幅相当于博士论文的文章，并且认为这个论题十分引人入胜。③

吉登斯之所以考察 19 世纪英国体育运动的发展，据皮尔森对他的访谈，是因为"英国是工业革命的大本营，也是与现代性普遍联系在一

---

① ［英］安东尼·吉登斯：《现代性的后果》，田禾译，译林出版社 2011 年版，第 19—24 页。

② Anthony Giddens, *Sport and Society in Contemporary England*, MA Thesis of London School of Economics, 1961.

③ ［英］安东尼·吉登斯、克里斯多弗·皮尔森：《现代性——吉登斯访谈录》，尹宏毅译，新华出版社 2001 年版，第 8—9 页。

起的沧桑巨变的策源地，后来在全世界普遍受欢迎的许多运动项目的起源地"①。吉登斯充分考察了几者之间的联系，发现这其实并不是偶然的。足球、英式橄榄球、曲棍球、网球和其他运动项目大多是到 19 世纪才具备了今天的形式。他运用了马克斯·韦伯的理性化观点证实体育运动变得更理性化了。"体育运动不仅有固定的竞赛场地，而且还产生了规则与规章，这些东西都是它们从前基本上没有的，体育运动在此之前要粗陋得多。"② 为此，吉登斯钩沉了网球的发展。草地网球实际上是由个人发明的。真正的网球，也就是庭院网球已经存在了几个世纪，一个名叫文菲尔德的上尉首先为草地网球这个新的竞赛项目制定了规则。此后，草地网球成为网球，取代了其他形式的网球。③ 通过吉登斯对体育运动的考察我们不难发现，他对运动项目发展的观察视角的确有异于常人之处。

吉登斯在这篇论文中还"试图把体育运动与休闲的发展同阶级的划分联系起来。工人阶级的体育运动项目往往具有较强的竞争性和职业化。中产阶级体育则渗透着业余精神，贬低了竞争性"④。用社会阶层来考量体育运动的分化，这虽然是布尔迪厄体育社会学的思想，但吉登斯早在 20 世纪 60 年代初就已经敏锐地察觉到这一点，这再次证明了他对于两者关系的敏感。吉登斯指出，"体育运动的这些不同反映了截然相反的工作环境，工人阶级的工作岗位是不提供事业上进取机会的，工人捞到好处的唯一途径是通过合作和集体工会的压力。在体育方面，他们便寻求一种激烈竞争的个人主义。中产阶级的职业恰恰建立在带有浓厚

---

① ［英］安东尼·吉登斯、克里斯多弗·皮尔森：《现代性——吉登斯访谈录》，尹宏毅译，新华出版社 2001 年版，第 9 页。

② 同上。

③ 同上。

④ 同上。

个人主义色彩的竞争基础上。因此，工作之余，中产阶级体育就强调同事之间的平等与合作"①。

　　不仅如此，对体育的考察还把吉登斯吸引到礼仪的主题上。他指出，对许多人而言，体育竞赛是唯一尚存的发泄旧式宗教意义上的情感的机会，所有体育赛事都是一种礼仪。② 这与涂尔干的观点不谋而合。不难看出，虽然吉登斯当时在学术上只是初出茅庐的青年才俊，但他对于社会和历史的观察已经具有独特的视角和见解，这为他之后的社会学研究奠定了坚实的基础。

二　吉登斯的游戏和休闲理论

　　吉登斯于 1964 年发表在《社会学评论》上的《关于游戏和休闲概念》③ 是他在莱斯特大学任教时的作品，这篇文章集中展现了他的游戏和休闲理念。他在文章开篇就对学术界长期以来对于游戏的两种定义展开论述，并引述了荷兰学者赫伊津哈在《游戏的人：文化的游戏要素研究》和罗杰·凯鲁瓦在《男人、游戏与比赛》中的观点，提出了自己对于游戏的观点：游戏不是与心理上的活动和决定这种性质的外部目的相连接的。在社会层面，游戏是相对独立的活动，这一行为与外界活动本身的表现无关。游戏本身是非生产性活动，由于它自成体系，所以它有别于经济和艺术生产。正是由于这些特性，游戏通常被看作微不足道或不重要的。非工具性和非生产性的游戏自然被人视为不重要的。④

---

　　① ［英］安东尼·吉登斯、克里斯多弗·皮尔森：《现代性——吉登斯访谈录》，尹宏毅译，新华出版社 2001 年版，第 9 页。

　　② 同上。

　　③ Anthony Giddens，"Notes on Concepts of Play and Leisure"，*Sociological Review*，Vol. 12，No. 1，March 1964.

　　④ Ibid..

随后，吉登斯提出了一个重要的理论：比赛，不总是游戏。他以职业体育运动员为例加以说明。"比赛不是一项游戏活动，因为它发生在有经济责任的语境中，被赋予了一个主要的工具特性。"由于有了与经济利益直接挂钩的胜负，因此游戏不再纯粹。所以，吉登斯认为，"成年人参与有经济责任的比赛是工作，孩子们模仿他们的活动就是游戏"①。

吉登斯在回顾了游戏理论发展的历史后提出，"游戏在文化传播和个性发展的过程中发挥着重要的作用"。他从心理学角度对游戏的功能展开论述：首先，游戏活动，至少在儿童层面上，部分来源于生物性；其次，游戏满足了参与其中的个人的特定心理功能；最后，游戏在学习过程中发挥了重要作用。②

随后，吉登斯在考证游戏的社会学功能时指出，游戏的社会学功能很自然地归入休闲社会学的研究领域。但在这个领域里有两个问题有待解决，一个是休闲被直接视为社会生活中不重要的和细节的部分，它是经济体制中的配套产品；另一个是休闲、游戏和娱乐的概念始终纠缠不清。吉登斯认为，现代工业社会的主要特征就是工作与休闲之间的严格分工。

吉登斯接下来对比赛做了一个定义。他认为，比赛首要是一种游戏形式，但比赛不总是游戏。比赛依赖运动员对一系列规则的临时承认，这些规则把比赛与真实世界中的活动切割开来。比赛通常是在一个特殊的物理空间中游戏——赛场、球场、卡表——强调这种与现实结合起来的游戏行为的社会和心理分隔。③

吉登斯最后得出的结论是道德价值普遍依附于不同类别的游戏，可

---

① Anthony Giddens, "Notes on Concepts of Play and Leisure", *Sociological Review*, Vol. 12, No. 1, March 1964.

② Ibid. .

③ Ibid. .

以作为一个整体来发挥作用。工作与休闲之间关系研究的发展给几乎所有群体拓展休闲提供了理由，但同时也带来了相当大的思想模糊。人们似乎总是能认知到工作在日常生活中的重要性，却对休闲缺乏兴趣。但工作日的不断减少意味着休闲问题越来越可能成为理论和实际应用的前沿。① 今天，在全民健身运动和休闲娱乐活动日益昌盛的中国，吉登斯的这一理论显得格外有现实意义。

三　吉登斯的其他体育思想

吉登斯对于体育的偏好还可以在不少细枝末节中找到痕迹。在 1998年 6 月 13 日的《卫报》书评中，吉登斯公开宣称自己是英超俱乐部托特纳姆热刺队的球迷。② 这正式终结了伦敦多家俱乐部球迷关于吉登斯是哪家球队球迷的猜测。1990 年意大利世界杯之后，时年 23 岁的英格兰队天才球员加斯科因声名鹊起，但在随后却因酗酒滋事导致声名受损。吉登斯在当年的《泰晤士报高等教育增刊》上撰写《加扎的进球贬值》一文，表达了自己对这位球星自毁前程的担忧。③ 再比如，皮尔森在问到吉登斯对结构主义的认知时，他举出的例子是苏格兰格拉斯哥球迷的选择。他设问道，一个 18 岁的信奉天主教的格拉斯哥工人小伙子是支持凯尔特人队，还是支持流浪者队？吉登斯从社会学的影响角度提出，有些信天主教的格拉斯哥人并不支持凯尔特人队，大概还有一些甚至根本不看足球新闻。④ 但吉登斯承认他比较重视人们所说的话。所以

---

① Anthony Giddens, "Notes on Concepts of Play and Leisure", *Sociological Review*, Vol. 12, No. 1, March 1964.

② Anthony Giddens, "Book Review", *The Guardian*, 1998 – 06 – 13, p. 8.

③ Anthony Giddens, "Gazza's Goal Slump", *Times Higher Education Supplement*, 1990 – 12 – 21, p. 11.

④ ［英］安东尼·吉登斯、克里斯多弗·皮尔森：《现代性——吉登斯访谈录》，尹宏毅译，新华出版社 2001 年版，第 54—55 页。

总体上讲人们对自己行动的了解往往比社会学家所认为的要多。因此，那个不支持凯尔特人队的年轻人如果转而支持凯尔特人队，有可能是因为家族传承或是社区或宗教的影响。① 这个事例再次证明了吉登斯这种从一件小事推导出社会学大问题的以小见大的能力。

第四节　吉登斯的理论对体育研究的影响

吉登斯的思想对当代体育研究的影响是全方位的。不管是他的结构化理论，还是他的全球化理论、现代性理论、自我认同理论，都是当代体育研究中不可或缺的基础理论。

一　吉登斯的结构化理论对体育研究的影响

美国学者迈克尔·梅斯纳在研究体育与男性问题时，大量运用了吉登斯结构化理论中的权力理论。他提出，"体育必须被视为一种制度，通过它不仅可以施加统治，还可以用来竞争。在这个制度中权力持续地被加以使用"②。

英国学者约翰·哈格里弗斯是吉登斯理论的忠实拥趸。在他的代表作《体育、权力与文化：英国大众体育的社会和历史分析》中，他提出权力是一种资源和结果相互斗争的关系，这一关系在社会主体中广泛存

---

① ［英］安东尼·吉登斯、克里斯多弗·皮尔森：《现代性——吉登斯访谈录》，尹宏毅译，新华出版社 2001 年版，第 55 页。

② Michael Messner, *Power at Play：Sports and the Problem of Masculinity*, Boston：Beacon Press，1992，p. 13.

在并且广泛传播。① 后来他在考察休闲运动的霸权问题时，再次用吉登斯、福柯和图雷内的新多元主义分析道："权力被分散和商榷，处于从属地位的组织拥有比预料更多的自主权和能力去发展战略。"② 与之相似的是英国学者阿伦·汤姆林森的观点，他运用的也是吉登斯的"权力运用是所有行动的普遍特征"这一观点，体育在文化统治、协商和抵抗时有不可忽视的作用。③

加拿大学者理查德·格鲁诺在分析加拿大体育发展的研究中指出无论是占据统治地位的权力还是占据统治地位的社会组织都会为社会文化和意识形态实践定性，这其中也包括体育和休闲。④

英国学者约翰·霍尔内和大卫·杰里长期致力于将吉登斯的理论与体育结合在一起。他们曾经在研究埃利亚斯和邓宁的结构体育社会学时，借用伯明翰学派反对形式的拼装理论，来直接挑战均质化文化的理念。⑤ 他们与汤姆·巴克在对足球迷和足球文化的研究中，又借用了吉登斯"控制的辩证法"⑥ 的思想，在商业化足球和文化之中找到了一个切入点。他们后来还直接撰写了吉登斯的结构化理论与体育和休闲的

---

① John Hargreaves, *Sport, Power, and Culture: A Social and Historical Analysis of Popular Sports in Britain*, Cambridge: Polity Press, 1986, pp. 3 – 4.

② John Hargreaves, "Revisiting the Hegemony Thesis", John Sudgen, C. Knox, *Leisure in the 1990s: Rolling Back the Welfare State*, Eastbourne: Leisure Studies Association, 1992.

③ Alan Tomlinson, "Domination, Negotiation, and Resistance in Sports Cultures", *Journal of Sport & Social Issues*, Vol. 22, No. 3, August 1998.

④ Richard Gruneau, Class, Sport and Social Development, Amherst: University of Massachusetts Press, 1983.

⑤ John Horne, David Jary, "The Figurational Sociology of Sport and Leisure of Elias and Dunning: An Exposition and Critique", John Horne, David Jary, Alan Tomlinson (eds), *Sport, Leisure and Social Relations*, London: Routledge, 1987, pp. 86 – 112.

⑥ David Jary, John Horne, Tom Bucke, "Football 'Fanzines' and Football Culture: A Case of Successful 'Cultural Contestation'", *Sociological Review*, Vol. 39, No. 3, August 1991.

关系。①

英国学者格兰特·贾维和约瑟夫·马奎尔在《社会思维中的体育与休闲》中声称，在理论方面他们借用的是布尔迪厄和埃利亚斯的观点，但在阐述中却处处体现着来自吉登斯社会学的影响。他们总结了这些影响。首先是个人生活和结构语境下有意义的互动。其次是对结构化过程中质询的必要性。再次是不同社会变迁中有意或无意的结果；除此之外，吉登斯提出的全球化过程中资本主义、工业主义、监督及军事实力四个制度性的维度，以及在一个更激进的现代化发展过程中谈论后现代主义更有意义；另外，在缺乏全球化趋势的情况下很难理解本土和国内经验。最后，全球性的实践仍然藏匿于人类行动之中。② 马奎尔和麦克·巴罗斯在对德国足球的认同研究中，也运用了吉登斯的结构化理论。③

英国学者弗朗西斯·克由在论述比赛规则的演进④时，运用了吉登斯在《社会理论的核心问题》中有关制度、再生产和社会化理论中的含义与编码观点，⑤ 这一观点是理解制度问题的一个基础。

英国学者凯文·迪克森有关足球迷第三条道路的研究，大篇幅地引

---

① John Horne, David Jary, "Anthony Giddens: Structuration Theory, and Sport and Leisure", Richard Giulianotti (ed), *Sport and Modern Social Theorists*, New York: Palgrave MacMillan, 2004, pp. 129 – 144.

② Grant Jarvie, Joseph Maguire, *Sport and Leisure in Social Thought*, London: Routledge, 1994, pp. 224 – 256.

③ Joseph Maguire, Mike Murrows, "'Not the Germans Again': Soccer, Identity Politics and the Media", Joseph Maguire (ed), *Power and Global Sport: Zones of Prestige, Emulation and Resistance*, Abington: Routledge, 2005, pp. 130 – 142.

④ Francis Kew, "Contested Rules: An Explanation of How Games Change", *International Review for the Sociology of Sport*, Vol. 22, No. 2, June 1987.

⑤ ［英］安东尼·吉登斯：《社会理论的核心问题：社会分析中的行动、结构与矛盾》，郭忠华、徐法寅译，上海译文出版社 2015 年版，第 106—110 页。

用了吉登斯的结构化理论中的多个观点，[1] 这些观点让迪克森的研究具有较为扎实的理论框架。令人略感意外的是，这一研究基本上没有使用吉登斯的第三条道路理论。

二　吉登斯的全球化理论对体育研究的影响

全球化理论在体育研究中有举足轻重的地位。在西方体育社会学研究中，全球化理论是被提及和引用次数最多的理论之一。吉登斯曾经以国际奥委会和现代奥运会的成立为例来说明最基本的现代化和全球化的特征，这是一种融合传统模式与现代需求所必需的创造。全球资本对文化产业发展的影响以及现代信息传媒的全球性扩张都是这种特征的体现。吉登斯的全球化概念不仅仅给我们带来了诸如"西方化""美国化""麦当劳化""耐克化""可口可乐殖民化"这样一系列全球化特征明显的名词，更给我们带来了一种多维度的思维方式，而不是以往的单向度思考。

加拿大学者让·阿维、热内维弗·雷尔和露西·蒂博在探讨体育与全球化的关系时，对全球化一词进行了溯源和重新定义。他们认为，吉登斯和罗伯特森的全球化观点是他们谈论这个问题的基础。[2] 杰里对体育的"麦当劳化"和"耐克化"的发展趋势表示担忧，他探讨了如何抵制和抗拒这两种商业气氛浓重的全球化模式。[3]

文化研究学者托比·米勒、吉奥弗雷·劳伦斯、吉姆·马凯和大

---

[1]　Kevin Dixon, "A 'Third Way' for Football Fandom Research: Anthony Giddens and Structuration Theory", *Soccer & Society*, Vol. 12, No. 2, May 2011.

[2]　Jean Harvey, Geneviéve Rail, Lucie Thibault, "Globalization and Sport: Sketching a Theoretical Model for Empirical Analyses", *Journal of Sport & Social Issues*, Vol. 20, No. 3, August 1996.

[3]　David Jary, "The McDonaldization of Sport and Leisire", Barry Smart (ed), *Revisiting McDonalization*, London: Routledge, 1991, pp. 116 – 134.

卫·洛弗在《全球化与体育：玩转世界》中论述了体育世界的美国化，这也是在吉登斯的全球化理论基础上的论述。他们还运用了吉登斯在《民族—国家与暴力》中提出的有关民族—国家会逐渐走向衰亡的观点。① 英国学者理查德·朱里亚诺蒂和罗兰德·罗伯特森在研究足球的全球化发展时，也引用了吉登斯的全球化观点，并且对这一观点进行了理论上的拓展。② 随后他们在更加系统的研究中再次将这一观点加以强化。③

英国学者约瑟夫·马奎尔也一直在做类似的工作。他在体育与全球化的探讨中把吉登斯在《失控的世界》中的全球化观点作为一大支撑理论。④ 新西兰学者史蒂文·杰克逊和霍克维图在研究新西兰橄榄球队全黑队的认同时也运用了吉登斯在《失控的世界》里的全球化观点。⑤

三　吉登斯的其他理论对体育研究的影响

澳大利亚学者维尔是研究生活方式问题的专家。他在《生活方式与休闲理论》⑥ 中，精心地梳理了吉登斯在《现代性与自我认同》中关于

---

① Toby Miller, Geoffrey Lawrence, Jim MaKay, David Rowe, *Globalization and Sport*：*Playing the World*, London：Sage Publications, 2001.

② Richard Giulianotti, Roland Robertson, "Recovering the Social：Globalization, Football and Transnationalism", Richard Giulianotti, Roland Robertson (eds), *Globalization and Sport*, Malden：Blackwell Publishing, 2007, pp. 58 – 78.

③ Richard Giulianotti, Roland Robertson, *Globalization & Football*, London：Sage Publications, 2009.

④ Joseph Maguire, "Introduction：Power and Global Sport", Joseph Maguire (ed), *Power and Global Sport*：*Zones of Prestige*, *Emulation and Resistance*, Abington：Routledge, 2005, pp. 1 – 20.

⑤ Steven Jackson, Brendan Hokowhitu, "Sport, Tribes, and Technology：The New Zealand All Blacks Haka and the Politics of Identity", *Journal of Sport & Social Issues*, Vol. 26, No. 2, May 2002.

⑥ A. J. Veal, "Lifestyle and Leisure Theory", Tony Blackshaw (ed), *Routledge Handbook of Leisure Studies*, London：Routledge, 2013, pp. 266 – 279.

生活方式的理论，这一理论是整个研究的核心和难点。

英国学者大卫·霍兰德-史密斯和史蒂夫·奥利弗在研究野外攀岩问题时，借用了吉登斯和贝克的风险社会理论①，而且以吉登斯的理论为基础。挪威学者冈纳·布雷维克在探讨后现代社会中极限挑战运动的趋势时，也把吉登斯的风险社会观点作为研究的框架理论并进行了较为充分的阐释。② 他指出这类运动必须同时在体育领域和社会领域内加以探讨。

英国学者埃德·梅恩沃灵和汤姆·克拉克在研究英国低级别足球联赛中球迷的身份认同问题时，运用了吉登斯在《现代性的结果》和《现代性与自我认同》中阐述的现代性和自我认同理论，③ 这两种理论在该研究中显得恰如其分。

英国学者克里斯·拉姆福德在探讨板球运动员的全球化脱域问题时，借用了吉登斯的脱域理论④，这一理论成了整个研究的核心，因此拉姆福德在文中多次直接引用了吉登斯的观点。这一研究对于今后还将探讨运动员脱域问题的学者具有借鉴意义。英国学者尼克·安斯泰德和本·奥拉赫林在研究作为媒介事件的板球2020联赛时，⑤ 运用了吉登斯

① David Holand-Smith, Steve Olivier, "'You don't Understand us!' An Inside Perspective on Adventure Climbing", *Sport in Society*, Vol. 16, No. 9, November 2013.

② Gunnar Breivik, "Trends in Adventure Sports in a Post-modern Society", *Sport in Society*, Vol. 13, No. 2, March 2010.

③ Ed Mainwaring, Tom Clark, "'We're Shit and we Know we are': Identity, Place and Onto-logical Security in Lower League Football in England", *Soccer & Society*, Vol. 13, No. 1, February 2012.

④ Chris Rumford, "Twenty20, Global Disembedding, and the Rise of the 'Portfolio Player'", *Sport in Society*, Vol. 14, No. 10, December 2011.

⑤ Nick Anstead, Ben O'Loughlin, "Twenty20 as Media Event", *Sport in Society*, Vol. 14, No. 10, December 2011.

在《生活在后传统社会中》对于全球化时代中脱域的经典论述。① 他们的结论是作为媒介事件的这一联赛的产生可能是职业板球历史上最具深刻影响力的变革之一。西班牙学者米格尔·比亚蒙等在反思从 1946 年到 2000 年悉尼奥运会柔道运动的现代化和脱域问题时,② 也把吉登斯的现代性理论和脱域理论与柔道运动进行了充分的杂糅,使得这一研究更加具有现实意义和理论性。

英国学者加文·梅洛在探讨新工党执政时期英国足球社区问题的第三条道路时,③ 大篇幅地引述了吉登斯在 20 世纪 90 年代政治三部曲中阐发的第三条道路理论,并且将其与布莱尔的政治主张结合在一起,指出其为这一时期英国足球发展的重要遗产。

丹麦学者扬·尼尔森在探讨教练员和运动员之间的亲密关系、性关系和不当行为这种"禁区"④ 问题时,运用了吉登斯在《亲密关系的变革》中有关亲密关系和性关系的论述。⑤ 吉登斯的这一理论在体育学研究中虽然运用不多,但由于他的研究与福柯的研究有密切的关联性,所以仍然是体育研究中不可忽视的部分。

加拿大学者斯科特·皮特在研究加拿大新斯科舍省的体育娱乐、健

① 〔英〕安东尼·吉登斯:《生活在后传统社会中》,载〔德〕乌尔里希·贝克、〔英〕安东尼·吉登斯、斯科特·拉什编《自反性现代化:现代社会秩序中的政治、传统与美学》,赵文书译,商务印书馆 2001 年版,第 72—138 页。

② Miguel Villamón, David Brown, Julián Espartero, Carlos Gutiérrez, "Reflective Modernization and the Disembedding of Judo from 1946 to the 2000 Sydney Olympics", *International Review for the Sociology of Sport*, Vol. 39, No. 2, June 2004.

③ Gavin Mellor, " 'The Janus-faced Sport': English Football, Community and the Legacy of the 'Third Way'", *Soccer & Society*, Vol. 9, No. 3, July 2008.

④ Jan Nielson, "The Forbidden Zone: Intimacy, Sexual Relations and Misconduct in the Relationship between Coaches and Athletes", *International Review for the Sociology of Sport*, Vol. 36, No. 2, June 2001.

⑤ 〔英〕安东尼·吉登斯:《亲密关系的变革——现代社会中的性、爱和爱欲》,陈永国、汪民安译,社会科学文献出版社 2009 年版。

康和环境政策问题时，① 运用了吉登斯在《现代性的后果》《现代性与
自我认同》《第三条道路》《超越左与右》等多本著作中的观点，他还
将吉登斯在《气候变化的政治》中提出的环境问题②运用到研究当中。
该研究可能是运用吉登斯诸理论元素最多的体育研究之一。

丹麦体育史学者汉斯·邦德在研究体操发展史的过程中，③ 借用了
吉登斯在《社会理论与现代社会学》一书中提到的"双向解释"④ 概
念。这是社会科学研究区别于自然科学研究的一个重要特性。

四　吉登斯的体育思想对中国体育研究的影响

中国学术界早在 20 世纪 80 年代就开始关注吉登斯在社会学领域的
成就，但体育学领域对吉登斯思想的引介时间较晚。姜磊磊在论述体育
文化的全球化和民族化的问题时，提到了吉登斯的全球化理论。⑤ 杨黎
明在对体育民族主义和全球化的综述中，也提到了吉登斯在《现代性的
后果》中有关全球化的叙述。⑥ 这两个研究对于吉登斯的全球化理论只
是做了简要的介绍，没有进行较为细致的描述。秦文宏在论文《命题与
方法：社会转型期中国竞技体育风险研究》中借鉴了吉登斯的现代性理
论（结构化理论），⑦ 但他却没有提到吉登斯本人已经阐释过的、与论题
有直接关联的"风险社会"理论，着实令人遗憾。

---

① Robert Pitter, "Finding the Kieran Way: Recreational Sport, Health, and Environmental Policy in Nova Scotia", *Journal of Sport & Social Issues*, Vol. 33, No. 3, August 2009.

② ［英］安东尼·吉登斯：《气候变化的政治》，曹荣湘译，社会科学文献出版社 2001 年版。

③ Hans Bonde, "Projection of Male Fantasies: The Creation of 'Scientific' Female Gymnastics", *The International Journal of the History of Sport*, Vol. 29, No. 2, February 2012.

④ ［英］安东尼·吉登斯：《社会理论与现代社会学》，文军、赵勇译，社会科学文献出版社 2003 年版，第 19 页。

⑤ 姜磊磊：《论体育文化的全球化与民族化》，《江西金融职工大学学报》2008 年第 3 期。

⑥ 杨黎明：《体育民族主义与全球化文献综述》，《当代小说》2010 年第 3 期。

⑦ 秦文宏：《命题与方法：社会转型期中国竞技体育风险研究》，《体育科研》2006 年第 6 期。

　　吉登斯的社会学理论在当代社会学中占据着重要的地位，中国体育研究要在深度和广度上继续发展，就必须对吉登斯的理论进行更加深入细致的分析和研究。这在全球化程度越来越高的今天显得尤其重要。

第十六章

电视体育之魅惑：约翰·费斯克的体育观

约翰·费斯克（John Fiske，1939—　），也译为菲斯克，是蜚声世界的思想家，有"当代大众文化之父"之称。这位出生在英国的文化学者在剑桥大学完成自己的学业。他曾先后在英国和澳大利亚任教，后期到美国大学中任教，在威斯康星大学麦迪逊分校退休。他对文化研究、传播学、符号学、叙事学等诸多研究领域都有涉猎。尤其是他的符号学思想，兼具欧洲传统的索绪尔二元思想和美国传统的皮尔斯三元思想，秉承了罗兰·巴尔特在微观层面的分析范式，又有英国文化研究的批判风骨，受到世界范围内各种相关流派研究者的普遍重视。他的著作主要有《解读电视》（*Reading Television*）、《传播研究导论》（*Introduction to Communication Studies*）、《电视文化》（*Television Culture*）、《理解大众文化》（*Understanding Popular Culture*）、《解读大众文化》（*Reading the Popular*）、《澳洲神话：解读澳大利亚流行文化》（*Myth of Oz：Reading Australian Popular Culture*）、《媒体关切：日常文化与政治变迁》（*Media Matters：Everyday Culture and Political Change*）和《权力运作、权力操演》（*Power Plays，Power Works*）等。此外，他还发表了数十篇学术论文，在当代大众文化的理解和把握上有独到的见解。他的绝大多数著作已经被译介为中文，成为国内文化研究领域的重要理论工具。

约翰·费斯克先后在英国、澳大利亚和美国的长期生活和工作经历让他有机会深度接触到这些国家的大众文化，并自觉地对这些文化展开对比研究。因此，费斯克的研究深入浅出，在微观层面深入透彻，契合英国、澳大利亚和美国大众文化的特性，是研究当代西方流行文化的重要文本。

费斯克对电视体育的理解是当代大众文化中颇具代表性的理论。他本人对英式足球、橄榄球、板球等运动项目颇为青睐，有较多的理论阐释和分析。此外，他对体育奇观理论、体育阶级理论和身体观也有自己独到的见解。当然，他对于电视体育在微观层面的理解可能是在体育部分最为人所熟知的。因此，约翰·费斯克的体育观在一定程度上是与电视体育思想紧密结合在一起的。

第一节　费斯克的电视体育思想

费斯克对电视的研究从宏观到微观，几乎无所不包。例如，他曾经对电视受众的群体和亚文化做过细致的分析，从而得出结论：电视节目必须是多义的，因此不同的亚文化群体才能够读出与自身的社会关系相联系的意义。[①] 这一观点在很大程度上丰富了之后电视多义性研究的格

---

① John Fiske, "Television: Polysemy and Popularity", *Critical Studies in Mass Communication*, Vol. 3, No. 4, December 1986.

局。此外，他曾经对电视的符号学研究进行过深入探讨，[1] 这是之后电视符号研究逐渐勃兴的一个重要起点。费斯克认为是电视重新定位了大众流行文化。[2] 他还从意识形态的视角探讨了电视与英国文化研究之间的关联。[3] 这一系列的研究都为他的电视体育思想做了重要的铺垫。

费斯克对于电视体育的认知是一步步深入展开的。他认为，体育"是一个仪式化的行为"，电视体育节目是将体育"再度重现"。[4] 费斯克的这一观点并不新鲜，法兰克福学派的代表人物特奥多・阿多诺先于费斯克提出"体育本身并不是游戏而是仪式"[5] 的观点，但阿多诺的理论更多的是从文化批判的角度来阐述的。费斯克将"再度重现"置于电视体育的基本思想，确定了电视体育的中介属性。但他在这里还没有明确地提出电视体育是否能"改写"体育仪式本身。

在费斯克的眼中，在电视中看到的体育赛事，和现场观看的感觉相去甚远。他认为，"用以象征现实的符号，并不是现实的完全翻版"[6]。为此，他指出 1976 年 9 月 18 日 BBC 播出的《今日最佳》（*Match of the Day*）中 9 个进球中的 8 个都是用同样的手法来表现：镜头 1 是中远景俯拍进球；镜头 2 为特写，进球者的平视展示他胜利的表情和手势；镜头 3 是被击败的门将的快速镜头；镜头 4 为进球者接受队友们祝贺的镜头；镜头 5 是欢呼球迷们的平视镜头。[7] 这些镜头使用的共性事实上在

① John Fiske, "The Semiotics of Television", *Critical Studies in Mass Communication*, Vol. 2, No. 2, June 1985.

② John Fiske, "TV: Re-situating the Popular in the People", *Continuum: Journal of Media & Cultural Studies*, Vol. 1, No. 2, June 1988.

③ ［英］约翰・费斯克：《英国文化研究与电视》，载［美］罗伯特・艾伦编《重组话语频道》，麦永雄、柏敬泽等译，中国社会科学出版社 2000 年版，第 286—331 页。

④ John Fiske, John Hartley,《解读电视》，郑明椿译，远流出版公司 1993 年版，第 105 页。

⑤ Theodor Adorno, *The Culture Industry: Selected Essays on Mass Culture*, London: Routledge, 2005, p. 89.

⑥ John Fiske, John Hartley,《解读电视》，郑明椿译，远流出版公司 1993 年版，第 106 页。

⑦ John Fiske, John Hartley, *Reading Television*, London: Routledge, 2003, p. 114.

一定程度上体现了制作团队的思想和意识形态，只是可能连导播本人都未意识到这种潜意识层面的模型控制。

约翰·费斯克对电视体育的认知不仅仅只在镜头模式的层面，更重要的在于对文化意义的挖掘。他提出，"电视不仅将体育比赛本身送进我们家里，它还借体育为符码，和观众做有关个人与文化价值的交谈"①。这一点清晰地表明电视体育节目是携带文化意义的，只不过这种携带方式可能是比较隐晦的，需要进行深入的解读。事实上，美国学者玛嘉雷特·摩尔斯就在文化意义的基础上对电视体育进行了解读，② 这是后来不少研究电视体育的学者必须精读的作品。丹麦学者劳斯博格在摩尔斯的基础上对电视体育节目的文化价值和美学价值进行了更进一步的探讨，③ 他把电视体育赛事转播划分为六个部分的结构主义方法是值得借鉴的。魏伟在上述学者的研究基础上对世界杯电视体育转播进行了神话学和三层符号学意义上的解读，继续就电视体育的文化意义展开深入探讨。④ 可以说，后面的一系列研究都是在费斯克这一理论基础上的深化。

费斯克认为，"电视上呈现出的体育比赛，是不偏袒的、客观的、评论性的，与贬斥不合运动员作风精神的球场暴力事件"，这与"社会主流支配意义体系的观念不谋而合"。⑤ 这一理论其实是出自马克斯·韦

① John Fiske, John Hartley, 《解读电视》，郑明椿译，远流出版公司1993年版，第107页。

② Margaret Morse, "Sport on Television: Replay and Display", Toby Miller (ed), *Television: Critical Concepts in Media and Cultural Studies Vol.* 2, London: Routledge, 2003, pp. 376 – 398.

③ Preben Raunsbjerg, "TV Sport and Aesthetics: The Mediated Event", Gunhild Agger, Jens Jensen (eds), *The Aesthetics of Television*, Aalborg: Aalborg University Press, 2001, p. 212.

④ 魏伟：《解读神话：南非世界杯电视转播的符号学研究》，《中国体育科技》2011年第2期。

⑤ John Fiske, John Hartley, 《解读电视》，郑明椿译，远流出版公司1993年版，第108页。

伯的"理想类型"① 理论。事实上，电视呈现的体育赛事经常是带偏见的，甚至是具有歧视意味的。只不过在电视体育赛事中这种偏见和歧视是隐性的，有时深藏在制作人员的潜意识里，但却可以在"重要时刻"被适时地"激活"。此外，今天的电视体育赛事也乐于呈现球场暴力事件，虽然他们会刻意将其与主流意识形态切割。费斯克的电视体育客观性理论在原则上是成立的，但却与娱乐至上和消费主义理念下的电视体育赛事转播的现实有一定距离。

费斯克还指出，电视足球节目"播报的不是足球"，其"意义比播出主题本身的一度层次更广。收看电视二度表意的观众数目，比观看现场真实比赛的多，其不同处，正在电视对播出主题事物的'扭曲'"②。这一观点正好是对理想类型理论的现实批判，也从理论上宣告电视体育可以畸形解读体育赛事本身。今天，"体育爱好者"的概念绝不仅仅限于参加体育运动和到现场观看比赛的观众，在电视机前和网络上欣赏体育赛事的人群也被理所当然地归入体育爱好者的范畴。电视体育强大意义的表现形态之一，就是能够对赛事本身进行"误读"，从而深刻地改变受众对于体育赛事的认知。因此，费斯克的这一理论是富有现实意义的。

费斯克进而认为，比赛胜利的成就来自竞争冲突。在运动中，"冲突"经由比赛的"规则"，仪式化为"球"的持有，并随"球"转进。可是规则也有被破坏的时候，于是真正的冲突就冲破了仪式的限制，结果可能是两队球员大打出手。因此，费斯克提出，"电视对体育的中介

---

① ［德］马克斯·韦伯：《社会科学方法论》（修订译本），韩水法、莫茜译，商务印书馆 2013 年版，第 45 页。

② John Fiske, John Hartley,《解读电视》，郑明椿译，远流出版公司 1993 年版，第 108 页。

功能，就变得具有很大的干扰强制作用了"①。这一观点照应了费斯克前述的体育仪式化的理论，并将这一仪式过程清晰地展现出来。事实上，在现在的电视体育赛事转播中，有相当多的机位被用于"凝视"运动员之间的敌意或冲突，这再一次证实了理想类型理论在现实中遭遇的反讽格局。

费斯克提出了图 16－1 中横向和纵向的二度层次结构关系。他提出，"参赛者之间的横向关系，透过经由一套以规则控制的冲突形式表现，而其规则的设计精神，则在保障全体参与者机会的均等，以及可以测量的结果"②。与此同时，费斯克认为纵向的评估关系，"让观众注意到他真实的身份。观众其实并不是真正的参与者，因此他够资格做一名客观的评审，分享裁判崇高的地位，并借此发挥他真正的、为文化价值主导的鉴识评价能力"③。这一理论的重要性在于它引入了受众的评判标准。尤其是经常收看电视体育赛事转播的重度体育迷，他们的经验会为他们带来一系列有关体育赛事的符码，这形成了他们对于电视体育赛事转播的评价体系。他们可以对自己不熟悉的赛事转播方式说三道四，更可以对不符合自己欣赏标准的体育解说展开彻头彻尾的批判。④

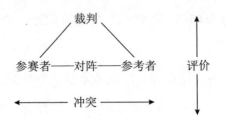

图 16－1　电视体育节目的二度层次结构关系

---

① John Fiske, John Hartley,《解读电视》，郑明椿译，远流出版公司 1993 年版，第 107—108 页。

② 同上书，第 108—109 页。

③ 同上书，第 109 页。

④ 魏伟：《体育解说的符号学审视》，《青年记者》2014 年第 9 期。

　　费斯克对于电视体育的认知是"电视体育与体育有显著的差异"[1]。因为电视版的体育报道，为体育比赛加上了一种现场观众感受不到的文字意味：现场观众本身的经验，则偏向于集体、地域基础和阶级意识。[2]因此，在受众对于体育赛事的认知上，我们经常会听到两种截然不同的感受。一种来自现场观赛，另一种来自电视（新媒体）观赛。从欣赏动机来考察，通过电视观看体育赛事的动机更加多元化，经常可以给受众带来"超真实感"[3]。因此，电视体育之于体育本身的差异，如同费斯克所言，是显而易见的。

　　费斯克进而提出，电视体育添加了其他价值："赛事变成叙述的一部分，体力的色彩被冲淡许多，裁判永远是对的（代表着外在界定的绝对权威），胜负之争深受偶像崇拜的影响。"[4] 在体育赛事转播中，叙述者全隐身叙述加绝对旁观者视角是理论上的公正视角，[5] 但事实上转播的图像叙述始终无法做到绝对公正公平。这就给受述者提供了各种解读的可能性。此外，电视转播在无形中构建了多重神话，尤其是电视转播本身的神话，它远远高于裁判的判罚，成为受众心目中公正的化身。[6]再有，电视体育呈现的胜负结果会催生出受众一轮又一轮的偶像崇拜，有时甚至会反过来影响比赛结果。比赛场上最后时刻出现的明星绝杀反复印证了竞赛型演示叙述带来的"叙述惊喜"[7]。

　　费斯克认为，"观看电视体育比赛和在现场观看比赛的积极矛盾被

---

① John Fiske, John Hartley, *Reading Television*, London：Routledge, 2003, p. 156.

② John Fiske, John Hartley,《解读电视》, 郑明椿译, 远流出版公司1993年版, 第147页.

③ 魏伟：《体育赛事电视转播的受众收视动机分析》,《北京体育大学学报》2011年第5期.

④ John Fiske, John Hartley,《解读电视》, 郑明椿译, 远流出版公司1993年版, 第147页.

⑤ 魏伟：《2011年亚洲杯足球赛电视转播的图像叙述研究》,《电视研究》2011年第4期.

⑥ 魏伟：《解读神话：南非世界杯电视转播的符号学研究》,《中国体育科技》2011年第2期.

⑦ 魏伟：《叙述公正与叙述惊喜：竞赛型演示叙述研究》,《符号与传媒》2015年第1期.

结构化为一种调解功能，总在电视节目中在场，并且能够令人尴尬地为粗心的解说员所运用"①。对此，他在《电视文化》一书中有更清晰的论述。费斯克提出，在电视体育节目中，作者力图以话语方式解释所发生事件的意义。这使叙事过程变成开放式的，由摄像机所表现的直播事件与叙事之间的差异，使表现过程成为可见的，使节目的部分意义与快乐也成为可见的。② 费斯克进而指出，这种叙述中的作者角色其实是由解说员赋予的。解说员在讲述故事的时候，观众正在观看现场比赛。现场比赛是经过处理的，形态上要高于解说。比赛的高形态表现与解说员的低形态评述之间的矛盾，会引起观众的不同意见，从而形成他们自己的意义。③ 因此，费斯克指出了电视体育节目的一个重要元素：它的播出就是要准备引起争议，因为它的生产者式文本促使观众形成自己的意义。因此，当解说员或专家对比赛有不同评述时，引起争议就是一种作者功能。话语式的节目使观众获得了作者所知道的东西，以及与之俱来的创造意义的权力——"屏幕上经常介绍背景知识和统计数字，有从各种角度、以各种速度播放的重放镜头，还有对战术的图示讲解，这些都给了观众通常只有作者才特有的内幕信息，并由作者在叙述过程中逐步向读者透露"④。在这里，费斯克提出了由电视体育节目带来的快乐和文本性的关系。他提出，尽管福柯提出了对社会影响最大的知识/权力/快乐三者之间的关系，但人们不需要他来告诉知识与权力是紧密相连的。因为"观众能分享作者的知识和权力，就能产生快乐"⑤。

在《权力运作、权力操演》中，费斯克论述了电视体育对于观赏和

---

① John Fiske, John Hartley，《解读电视》，郑明椿译，远流出版公司 1993 年版，第 157 页。
② ［英］约翰·费斯克：《电视文化》，祁阿红、张鲲译，商务印书馆 2005 年版，第 342—343 页。
③ 同上书，第 343 页。
④ 同上。
⑤ ［英］约翰·费斯克：《电视文化》，祁阿红、张鲲译，商务印书馆 2005 年版，第 343 页。

知悉之间权力关系的嬗变。他指出："多镜头拍摄和慢镜头回放增强了知悉的权力。一个镜头通常被认知为'教练'，给了体育迷一种清晰的'管理'权力。教练和裁判等同于工作中的导师或监工，也有告知体育迷的功能。重放镜头不仅给了体育迷与监视器同等的知识，也提供了有关自身的知识。他们做出的决定会经由体育迷的考验和判断来揭晓。"因此，网球比赛中不同运动员在不同场次中的发球时速可以用来比较，篮球比赛中的诸多即时数据也可以跨越历史成为"关公战秦琼"式的比较途径。这就让"乔丹、科比和勒布朗谁更伟大"的比较成为可能。因此，费斯克提出，"在体育观赏中，运动员、教练员和裁判员都成了知识的客体，人们有意愿知晓他们在工作日时间是受挫沮丧的"①。

　　费斯克进而提出了女性在收看电视体育赛事时区别于男性的动机。费斯克认为，男性比女性更看重自己的收视地位，可以将其并入自身的权力知识系统之中。与之相对应的是，女性观众对此表示怀疑，她们会将自己的收视动机与男性刻意保持距离。"她们运用体育知识来验证她们对男性的认知，因此她们愉悦和欣赏的不是体育赛事，而是男性。"②这一理论深刻地揭示出相当部分女性欣赏电视体育赛事的动机。除了家庭动机和陪伴动机以外，"凝视"男性体育明星的动机是不可忽视的。

　　与其他学者不同的是，费斯克比较重视电视体育赛事转播中的镜头使用。他认为，在电视节目中，图像是重要的。"电视体育节目是肌肉图像、技能图像和痛苦图像的万花筒。"③ 在谈论内容分析方法时，他举了 1974 年世界杯赛上联邦德国电视台与英国 BBC 在转播中不同的镜头运用的例子。西德电视台和 BBC 显然使用了截然不同的镜头语言方式。

---

① John Fiske, *Power Plays*, *Power Works*, London：Verson, 1993, pp. 84–85.
② Ibid., p. 87.
③ ［英］约翰·费斯克：《电视文化》，祁阿红、张鲲译，商务印书馆 2005 年版，第 168 页。

用行家的话来说，就是重播镜头和其他特写镜头是为妈妈们和女孩们准备的。球迷只要看一部摄影机从头拍到尾就满意了。显然，费斯克的这一理论有悖于当代电视体育赛事转播视角多元化的美学观点。[①] 费斯克认为，"特写镜头聚焦球星，聚焦个人动作技巧，聚焦人与人之间的戏剧性冲突。长镜头则用来显示团队行动，没有什么戏剧性，但是能显示技术性运球、更专业的球员策略性走位"[②]。因此，费斯克得出的结论是"或许英国观众不太专业，所以需要摄影和剪辑的技巧来使足球比赛更加戏剧性"[③]。费斯克的结论有戏谑英国电视媒体和观众的嫌疑，但电视体育赛事转播中镜头的使用显然具有重大的叙事意义和审美价值，这是费斯克在 20 世纪 70 年代就已经预见到的。

第二节　费斯克的体育奇观理论

约翰·费斯克在 1993 年出版的著作《权力运作、权力操演》中专门辟出一章《体育奇观：可见的身体》来探讨体育奇观理论。由于该书的影响力远远不及他早期的几本书，因此这一理论并没有被广泛知悉。事实上，他的这一体育奇观理论是研究体育媒介、体育迷群等问题不可或缺的理论基础。用学者章辉的话来说，"费斯克的高明之处，是在看似远离意识形态的身体中，发现了压制和抵抗，进而发掘身体逾越的政

---

① 魏伟：《体育解说论》，中国广播电视出版社 2013 年版，第 227—229 页。
② ［英］约翰·费斯克：《传播研究导论：过程与符号》，许静译，北京大学出版社 2008 年版，第 119 页。
③ 同上。

治意义，从而赋予大众层理以能动性"①。事实上，费斯克的这一观点在一定程度上是对自己过往理论的修订和补充。

费斯克认为，"足球场是从内部反转的圆形监狱。不同于在中心的个人监控数以百计的周围人，它是由数千人来监控处于中心的几个人的身体和行为。作为一项欣赏运动，体育流行的原因之一是它有能力反转工作世界中的权力与知识机制"②。因此，体育观赏之所以流行是因为"它所改变的是观众在这个系统中的位置"③。

在体育欣赏这个系统中，统计成了重要的组成部分。正如费斯克所言，"足球变成在图表上玩游戏。人工草皮上的网格和记分牌上的电子时钟把这个世界分割为时空场所，每场比赛、每名球员都被精准地设计并被输入电脑而知名"④。比赛似乎不再为身体所驾驭，而是成为计算机的臣民。"球队和战术，比赛和球员被摄像机、慢动作、定帧回放技术和计算机数据库多重监视，计算机通过打印数据知悉比赛的细节……"⑤通过统计，运动的年龄、身高、体重以及运动员跑动、带球、传球的距离，完成射门的次数和射正数等全部通过大数据被储存在足球世界里。"整个足球的历史和地理阈以十进制的统计学规则（即两位数）而为人熟知。当然，这些规则并不存在。"⑥

费斯克认为，队服的运行机制也是统计学方式的，它仅仅根据运动员的身高、体重、速度和在场上的位置便转化至可知的身体信息。"背后的号码和姓名首先赋予这个身体不同于他者的个性，然后再

---

①　章辉：《身体是权力斗争的据点——约翰·菲斯克的身体观述略》，《文化研究》2013年第 2 期。

②　John Fiske, *Power Plays*, *Power Works*, London：Verson，1993，p. 82.

③　Ibid. , pp. 82 - 83.

④　Ibid. , p. 83.

⑤　Ibid. .

⑥　Ibid. .

将其插入统计知识的数据库。在这里姓名赋予个性但并未个性化。"①
这种统计学的研究方法颇具悖论色彩。"在本地知识里，姓名由承载
个体认同与家族历史被赋予个性，但在帝国知识里，数据库、工作表
和外籍居民卡是被赋予个性的。身份认同和社会生产的矛盾是有关我
们是谁和我们怎么与社会秩序相连的自上至下和自下至上的知识
体系。"②

在这种体系之中，体育迷对于运动员个性的认知超出了统计学的领
域。尽管如此，统计学依然发挥着作用。费斯克以体育迷为例展开说
明：一个体育迷在工作场所是被监控并被全知的，在体育场所里他却改
弦更张，变成监视器，"体育迷有填充权力机器的知识渠道"③。因此，
费斯克才会将足球场类比为一个颠倒的圆形监狱，因为它颠覆了传统的
监控机制，使体育迷摆脱了日常的被动局面，成为控制他人的主体。这
种革命性的颠覆是体育迷观赏体育赛事的重要诱因。

费斯克认为，颠倒的圆形监狱放松了个体化的权力。体育观赏还卷
入了提升的与其他球迷在群体中的水平关系，无论是在大规模的体育场
内，还是在小规模的家庭客厅里或是球迷吧的电视机前。"这种通用的
身体表达和体验是高度愉悦的。"④ 无论是体育场内由现场观众制造的墨
西哥人浪还是球迷吧里的击掌庆祝都是这种交融的表达形式。因此，
"释放"成了球迷共同体验中的重要动机。在费斯克看来，"释放不仅仅
只是本身的愉悦，它同样制造了体育迷可以建构身份认同和使他们能够
认识到能以被监控秩序不同的身份出现的关系"⑤。

---

① John Fiske, *Power Plays*, *Power Works*, London：Verson, 1993, p. 84.
② Ibid. .
③ Ibid. .
④ Ibid. , p. 85.
⑤ Ibid. .

费斯克借用了布尔迪厄在《区分：判断力和社会批判》一书中提出的经济资本与文化资本之间的转换①理论。他提出体育迷知识是一种"自学式"的知识，这与教育和文化体制下的文化资本中获取的知识不同。因此体育迷的知识不是机构化的，不能转化为经济资本。② 费斯克以棒球卡片为例说明了体育迷当中的影子经济现象——知识资本是可以用经济资本来量化的。球迷之间交换卡片如同俱乐部之间的球员交换。影子经济类似物质经济，球星的卡片价值更高，这恰好是现实世界的投影。但另一方面，体育迷的交易是为了改善收藏和提升文化资本，而不是为了获取经济利益。因此以获利为目的的球迷会被清除出群体。这就是费斯克曾经提到的"影子文化经济"③ 的概念。因此，体育迷知识的力量只在体育迷之间的交融中有效，体育迷中的专家会借此赢得自己的地位，这种地位的获取标准只在体育迷之间共享。因此，男性体育迷会经常主动与官方专家——体育解说员们展开"争论"④。这可能就是体育解说员是"最容易受伤"的传媒人⑤的重要原因。当然，这种专家的区分也不能转化为经济和社会上的优势，它毕竟不同于教育区分，无法成为社会秩序结构不平等的一部分。⑥

费斯克还指出，体育总是能够跳出所谓"官方"局限的束缚，为受众带来日常生活之外释放的意外，也就是"奇妙"或者"奇迹"。因此，每当出现足球场上的"凯泽斯劳滕式神话"⑦ 时，总能引起大众狂欢。

---

① ［法］皮埃尔·布尔迪厄：《区分：判断力的社会批判》，刘晖译，商务印书馆 2015 年版。

② John Fiske, *Power Plays*, *Power Works*, London：Verson, 1993, pp. 85 – 86.

③ John Fiske, "The Cultural Economy of Fandom", Lisa Lewis（ed）, *The Adoring Audience*：*Fan Culture and Popular Media*, London：Routledge, 1992, p. 30.

④ John Fiske, *Power Plays*, *Power Works*, London：Verson, 1993, p. 87.

⑤ 魏伟：《体育解说论》，中国广播电视出版社 2013 年版，第 147 页。

⑥ John Fiske, *Power Plays*, *Power Works*, London：Verson, 1993, p. 87.

⑦ 1997 赛季，雷哈格尔教练接手德国足球乙级联赛的凯泽斯劳滕队，当年就带队冲入德国足球甲级联赛，并在第二年获得德甲联赛冠军，被称为"凯泽斯劳滕神话"。

"体育的'奇妙',是一种超出常规的体验,展示了制造常规的倒转权力知识的愉悦,仅仅只是故事的一部分。"①

对体育迷来说,关键在于激情是失去了控制的高峰体验,这种体验根植于经验中的身体在场。在这种强烈的体验之中,身体感觉和热情都完全投入比赛和体育场的环境中。这是在日常生活环境中无法体验到的。因此,费斯克提出,"工作地、学校和家庭的纪律从外界控制了我们的身体,它需要我们根据他们的而不是我们的标准来表现和认同自己。这意味着我们认为我们是谁(内在的或个体化的认同)和我们知道他们需要我们是谁(外在的或个体化的认同)之间的分裂"②。于是,费斯克提出了一个至关重要的观点:"流行文化对于人们来说如此重要的原因之一,是它有能力在身体与外界条件协调时提供激烈体验的高峰,因此能够自由地在他们的控制和我们感知到的我们的身份之间压制性的差异中摇摆。"③ 这就是为什么体育迷经常把自己从体育中获得的快感称为疯狂的原因。正是这种"疯狂"带来了体育场边的自由。体育迷会清楚地认知到体育体验与日常生活纪律之间的矛盾,并从中进行协调。

费斯克还提到,"在许多国家,政府发展体育事业,试图用其来驾驭民族主义,进而构建民族主义情绪,来消除权力集团与民众之间的利益差异。这种差异的消除是希望否定大众的知识,因为国家通常是通过权力集团也是为权力集团构造的。因为体育是这样一种文化形式,在其中,权力集团和民众的利益经常是紧密结合的"④。苏联和东欧国家的体育事业采用的就是这种模式,国家通过在奥运会或其他重大体育赛事中的优异表现来凝聚人心,激发爱国主义热情。但费斯克却指出,这种体育的

---

① John Fiske, *Power Plays*, *Power Works*, London: Verson, 1993, p. 87.
② Ibid., p. 88.
③ Ibid., p. 89.
④ Ibid., p. 90.

显著强度多服务于地方而非国家关系和认同。① 另外，体育还能提升家庭成员之间的关系，家庭成员之间通过分享体育经验来稳固关系。

除此之外，体育还能将过去与现在重新连接。成年体育迷经常通过组织围绕体育经验的记忆来回忆过往的时间和地点。因此，费斯克指出，"有关体育的经验知识就在身体之内，也通过身体而为人所知"②。这可能是体育奇观理论的另一个核心内容。

综上所述，体育颠覆了圆形监狱的概念，但它却几乎无力挑战监视的权力，并且很容易与自上至下的权力共谋。体育迷可以接纳那些参与到权力运作中的人，因为体育迷的知识补偿了监控知识的局限。因此，"对全景式权力的颠覆是一种镜像，它是一种补偿而不是批判"③。费斯克的体育奇观理论从深层挖掘了体育赛场与体育迷之间的关系，对这种关系的概述在以往是极其罕见的。

第三节　费斯克的体育社会阶级理论

费斯克在《理解大众文化》一书中清晰地表达了自己对体育社会阶级的认知。他指出，"大众的快感通过身体来运作，并经由身体被体验或被表达，所以就对身体的意义与行为的控制而言，便成为一种主要的规训机器"④。他通过对大众文化的考察对不同体育项目的历史和现实进行对比，从而更加明确了"草根"体育、中产阶级体育的差异。这种认

---

① John Fiske, *Power Plays*, *Power Works*, London：Verson，1993，p. 90.

② Ibid. , p. 91.

③ Ibid. , p. 121.

④ ［英］约翰·费斯克：《理解大众文化》，王晓珏、宋伟杰译，中央编译出版社 2001 年版，第 85 页。

知的重要性对于体育研究来说是不言而喻的。

费斯克把荷兰学者约翰·赫伊津哈的游戏理论运用到了自己的研究中。赫伊津哈认为，游戏的主要结构原则就是社会秩序与无政府的自由或与机会的自由之间的紧张关系。① 因此，费斯克提出在体育中这种紧张关系是受控制的："技术上的控制靠裁判，社会上的控制靠'责任'这个道德体系——它把体育纳入了主流意识形态。"② 从这个层面上来说，费斯克认为，"负责任的"电视报道和评论巩固了裁判的权威，也巩固了"公平"的意识形态。但大众文化却从相反的方向来展开解读。大众化的欣赏口味要求电视把违反规则、犯规和争斗的画面放大，这些都是位于规则边缘或打破规则界限的职业游戏。③

不仅如此，费斯克还在另一本书中对体育运动中遵守规则和违反规则的制衡关系进行了精彩的描述："许多运动的目的，就是要把规则推到最远处，而在合法与非法的边界进行游戏。一方是秩序与控制的力量，另一方是破坏与搅扰的力量。"④ 田径和射箭起源于军事技能的社会功用，因此是秩序与控制的力量主导的。相反，"足球和拳击的起源却在大众那里暴露出更明显的痕迹。既提供身心解脱，也提供身心调剂，既公开允许捣乱的力量，也接纳秩序的力量"⑤。这就为足球和拳击在当今社会中经常引发各种混乱找到了历史和理论依据。因此，"拳击比赛可以引发'非体育的'并且通常是非法的行为，网球却不会"⑥。

---

① ［荷］约翰·赫伊津哈：《游戏的人：文化的游戏要素研究》，傅存良译，北京大学出版社 2014 年版，第 1—29 页。

② ［英］约翰·费斯克：《电视文化》，祁阿红、张鲲译，商务印书馆 2005 年版，第 339 页。

③ 同上。

④ ［英］约翰·费斯克：《理解大众文化》，王晓珏、宋伟杰译，中央编译出版社 2001 年版，第 83 页。

⑤ 同上书，第 83—84 页。

⑥ ［英］约翰·费斯克：《理解大众文化》，王晓珏、宋伟杰译，中央编译出版社 2001 年版，第 84 页。

此外，费斯克提出了业余体育与职业体育之间的差异。过分功利的职业体育与大众文化联系起来。"所谓'干净的'拳击和摔角，是在大学、男生俱乐部以及奥林匹克比赛场合进行的[①]；而'较脏的'拳击与摔角则是职业性的、大众式的体育运动。"[②] 尽管中产阶级试图控制并组织职业拳击，使之顺从于中产阶级具有的运动家品格，但这种成功只是相对的。"职业拳击和业余拳击有密切的相似性。"但在业余的摔角运动和职业的摔角比赛中却是失败的。中产阶级的运动家品格对这一运动无能为力。摔角比赛"比任何其他体育运动都更可能让无秩序的大众的快感，获得自由而公开的表达"[③]。

费斯克提出，体育运动"是中产阶级企图殖民化的休闲领域"[④]。这一表达一针见血地指出了当代体育运动的实质。他认为，整个 19 世纪，中产阶级一直试图把他们的精神风尚和组织形式强加在体育运动上。以足球和板球为例，这两种运动"是从他们大众的、无秩序的起源那里'偷'来的，并被重新组织而变得体面，再被转化为塑造年轻绅士的品质乃至民族国家的性格手段"[⑤]。这种策略只在某些方面取得了成功，但并没有将运动本身与阶级割裂开来。今天，从事职业足球运动的人绝大部分出自工人阶级。他们从小就梦想着通过踢球来改变自己的命运。但当他们跻身顶级联赛并名噪一时之后，他们就不再隶属工人阶级而是中产阶级，甚至是精英阶层。因此，职业足球联赛成了传统意义上的工人

---

① 费斯克的这本书最初于 1990 年出版，当时奥林匹克运动会尚未接纳职业体育。1992年巴塞罗那奥运会成为重要拐点。奥运会首次允许职业选手参加，例如美国篮球"梦之队"就是从那时起开始参加世锦赛和奥运会等重大体育项目。也就是从那时起，许多专家学者认为奥运会过往的纯洁性受到了玷污。

② ［英］约翰·费斯克：《理解大众文化》，王晓珏、宋伟杰译，中央编译出版社 2001 年版，第 84 页。

③ 同上。

④ 同上书，第 83 页。

⑤ 同上。

阶级的运动。反之，以娱乐消遣和锻炼身体为目的的中产阶级却成为实力平平的业余联赛的主体部分。类似的，费斯克梳理了赛艇这项运动的历史变迁。它本来就是船夫之间的划船比试，"现在它已经完全丧失了其大众的起源与要求，仅仅是属于中产阶级的身体力行者带着中产阶级实践与精神风尚的一项体育运动"①，抑或是知名的高等院校间展现自己身体力量和团队协作能力的"高雅运动"。

费斯克运用布尔迪厄的区分理论，揭示了中产阶级和工人阶级在对待不同体育项目时的文化差异。"中产阶级的文化形式以及对这些情景所做的合适反应，其特征是疏远以及批判式的欣赏。身体的参与仅限于鼓掌，或偶尔高喊'安可'。"② 这就解释了斯诺克等项目要求运动员身着礼服参赛，并拒绝观众在欣赏比赛时出声和拍照。与此同时，费斯克提出"工人阶级的文化形式包含了言语上和身体上的热烈参与，那种强烈的派性与亲身投入。欢呼、揶揄以及各种形式的粗话，对体育场或舞台的'入侵'，将摔角台或比赛场上的体育冲突真正转变为露台阶梯看台或座席间的纵直通道上的社会冲突……"③ 由这类运动项目带来的狂欢情绪也并不鲜见。显然，足球、拳击等符合这一类体育项目的特征，因此被认为是工人阶级体育项目的代表。

费斯克的体育社会阶级理论揭示了不同阶级的人群与体育项目之间的微妙关系以及背后的深层原因。他的这一理论深受布尔迪厄体育社会学的影响，但在此基础上又有突破，对于研究当代大众文化下的体育社会阶层问题有重要的影响力。

---

① ［英］约翰·费斯克：《理解大众文化》，王晓珏、宋伟杰译，中央编译出版社 2001 年版，第 83 页。
② 同上书，第 95 页。
③ 同上。

第四节　费斯克的身体观

费斯克在《理解大众文化》中还通过电视中播出的《摇滚与摔角》节目清晰无误地阐释了自己的身体观。显然，费斯克的身体观源于米哈伊尔·巴赫金的狂欢理论和罗兰·巴尔特的神话学理论。他对摔角（职业摔角运动）的微观分析是在巴尔特《神话学》中的开篇巨作《摔角世界》基础上的深入探讨，对微观符号学研究具有相当重要的启发意义。

费斯克认为，体育运动对美的身体的称颂，成为对资本主义体力劳动的去政治化意识形态的称颂。因为"体育运动中男性的身体，是主动的、霸权的行为人。所有参赛者均公正、平等，对失败者保持尊敬，对胜利者适当赞扬。这些体育价值观念，是美的身体的道德对等物，代表了民主资本主义自我标榜的统治意识形态"[1]。也就是说，大凡与资本主义统治意识形态不符的身体行为，都被视为工人阶级的行为。

在费斯克看来，《摇滚与摔角》节目揭露了职业摔角运动的实质：一方面，它是对"体育运动的戏仿，夸大了体育运动中的某些要素，以便能够质疑这些要素本身，以及这些要素通常所承载的价值观念"[2]；另一方面，它是对正义的滑稽模仿。应得奖赏者与好人输多赢少，邪恶的、不公平的最终获得胜利。这种"现实主义"与社会秩序中理想化的"普遍真理"形成了对比。

费斯克认为，在职业摔角比赛中，男性的身体不是美的对象，而是

---

[1]　［英］约翰·费斯克：《理解大众文化》，王晓珏、宋伟杰译，中央编译出版社2001年版，第104页。

[2]　同上书，第91页。

"怪诞"的。"怪诞的男性身体提供给女性的快感，不同于体育运动所能提供的。观看那些在怪诞中体现的、在邪恶中奏效的男性的力量与权力，使女性远离社会的权力，并产生出既受到吸引又对之排斥的矛盾式快感。"① 因此，摔角带来的狂欢"颠覆了电视的规范，其成功的程度就像它反转了社会规范一样"②。由此可见，费斯克的身体观还是在社会学和文化研究范式中的延展，具有较为深刻的现实意义。

第五节　费斯克的理论在体育研究中的运用

　　费斯克的体育观在体育研究，尤其是体育文化研究中占有相当重要的地位。不少学者都在研究中运用了费斯克的理论。澳大利亚学者约翰·休森在对足球支持者和社会身份认同的研究中运用了费斯克的体育奇观理论，尤其是社会群体中的交流理论。③ 无独有偶，丹麦学者博格·佩特森在研究丹麦的体育迷文化时也借用了费斯克的这一理论，而且阐述得更加深入。④ 以色列学者大卫·列文在研究足球话语与日常生活时也借用了费斯克在《解读大众文化》中的大众娱乐理论，⑤ 对费斯克的理论进行了深入的阐释和研究。加拿大学者史蒂夫·马凯和克里斯丁·达雷尔在研究年轻女性的滑雪板运动叙事时，借鉴了费斯克在《理解大

---

　　① ［英］约翰·费斯克：《理解大众文化》，王晓珏、宋伟杰译，中央编译出版社 2001 年版，第 94 页。
　　② 同上。
　　③ John Hughson, "Soccer Support and Social Identity: Finding the 'Thirdspace'", *International Review for the Sociology of Sport*, Vol. 34, No. 4, December 1998.
　　④ Birger Peitersen, "Supporter Culture in Danmark: the Legacy of the 'World's Best Supporters'", *Soccer & Society*, Vol. 10, No. 3 - 4, September 2009.
　　⑤ David Levin, "Soccer Discourse and Daily Life of Adolescents in a Small Israeli Town", *Soccer & Society*, Vol. 13, No. 1, February 2012.

众文化》中提到的媒介文本中的多义性概念。[①] 这个概念在体育文化研究中有不可小觑的作用。

美国学者苏珊·伊斯特曼和阿瑟·兰德在对体育迷的研究中运用了费斯克的迷群文化经济学理论。[②] 这一理论在费斯克的诸多研究中并不起眼，但却有较强的针对性，对后继研究颇具启发性。由于费斯克在迷群理论中的贡献，他成了研究迷群的学者中唯一一个既在体育研究领域也在大众文化研究领域被提及的学者。[③]

英国学者约瑟夫·马奎尔在解读体育带来的快乐时运用了费斯克在《电视文化》中对电视文本的心理分析方法。[④] 事实上，这种方法在解读多重文本时也能发挥重要作用。美国传播学者切里·库基等在研究有性别争议的南非田径运动员塞门娅时，运用了费斯克的媒介构建新闻阐释理论。[⑤] 美国学者莱斯利·柯林斯在分析有氧健身运动与女性主义的关系时，运用了费斯克研究巴赫金的狂欢理论时提出的"身体政治中的社会对抗在狂欢的身体倒置和型变中是显著的物质形式"[⑥] 的观点。奥地利学者奥特玛·维斯在研究媒介体育时运用了费斯克在《传播研究导

---

① Steph MacKay, Christine Dellaire, "Skirtboarder net-a-narratives: Young Women Creating Their Own Skateboarding (re) Presentations", *International Review for the Sociology of Sport*, Vol. 48, No. 2, April 2013.

② John Fiske, "The Cultural Economy of Fandom", Lisa Lewis (ed), *The Adoring Audience: Fan Culture and Popular Media*, London: Routledge, 1992, pp. 30 – 49.

③ Kimberly Schimmel, Lee Harrington, Denise Beilby, "Keep your Fans to Yourself: The Disjuncture between Sports Studies and Pop Culture Studies Perspectives on Fandom", *Sport in Society: Cultures, Commerce, Media, Politics*, Vol. 10, No. 4, July 2007.

④ Joseph Maguire, "Welcome to the Pleasure Dome?: Emotions, Leisure and Society", *Sport in Society: Cultures, Commerce, Media, Politics*, Vol. 14, No. 7 – 8, September 2011.

⑤ Cheryl Cooky, Ranissa Dycus, Shari Dworkin, "What Makes a Woman a Woman?" Versus "Our First Lady of Sport": A Comparative Analysis of the United States and the South African Media Coverage of Caster Semenya, *Journal of Sport and Social Issues*, Vol. 37, No. 1, February 2013.

⑥ John Fiske, "Cultural Studies and the Culture of Everyday Life", Lawrence Grossberg, Cary Nelson, Paula Treichler (eds), *Cultural Studies*, New York: Routledge, 1992, p. 162

论》《解读大众文化》和《理解大众文化》中的多重理论，[1] 使研究显得比较厚重。瑞典学者卡尔·帕尔玛斯在研究冲浪的亚文化特征时，运用了费斯克在符号学与文化研究领域的理论，[2] 这种研究对之后的类似研究具有借鉴意义。

费斯克的体育观同样对中国的体育研究有一定影响，但这种影响多数是在身体文化层面。因此相关研究主要在文化研究学者而不是体育学者中展开。王军在对费斯克的狂欢理论展开研究后区分了其与巴赫金理论的差异。[3] 章辉的研究是对费斯克身体观较为系统的引介和推广。[4] 总体而言，在中国，费斯克的体育观还有大量学术研究的空白点，值得体育学者和文化研究学者继续挖掘。

---

[1] Otmar Weiss, "Media Sports as a Social Substitution: Pseudosocial Relations with Sports Figures", *International Review for the Sociology of Sport*, Vol. 31, No. 1, March 1996.

[2] Karl Palmås, "From Criminality to Creativity: How Studies of Surfer Subcultures Reinvented Invention", *Sport in Society*, Vol. 17, No. 10, December 2014.

[3] 王军：《大众文化：何来狂欢——谈约翰·菲斯克对狂欢理论的运用》，《江淮论坛》2007年第4期。

[4] 章辉：《身体是权力斗争的据点——约翰·菲斯克的身体观述略》，《文化研究》2013年第2期。

结　论

西方思想家体育观的中国解读和应用

　　自马克思以降的近现代西方思想家为我们勾勒了一幅幅生动的体育画卷，为当代西方体育研究提供了大量的研究方法论。当这些思想与中国学界，尤其是中国体育学界发生碰撞时，会产生怎样的火花？

　　本书中提到的 16 位西方思想家，可以按照社会科学和人文科学来划分为两类。但这些学富五车、著作等身的思想家绝大多数都横跨两大学科，有的甚至还涉猎自然科学，因此很难将他们断然归入某一领域。而且，他们的理论在一定程度上有着显著的承继关系。本书的绪论部分尝试通过谱系学图示对他们之间的思想关联进行阐释。例如，卡尔·马克思的观点显然影响到了马克斯·韦伯，后者的观点又影响了诺贝特·埃利亚斯和特奥多·阿多诺，以上所有德国思想家的理论都深刻地影响了尤尔根·哈贝马斯，这几乎是日耳曼民族从 19 世纪到 20 世纪末的思想体系的变迁史。与此同时，法兰西学术思想的传承也在本书中有明显的体现。爱弥儿·涂尔干的研究对罗兰·巴尔特、米歇尔·福柯、让·波德里亚和皮埃尔·布尔迪厄的理论有重要的影响，后面几位几乎同时代的法国学者彼此之间在学术上也有不小的影响。意大利马克思主义思想家安东尼奥·葛兰西的思想继承于马克思，影响力波及法兰克福学派和英国文化研究学派，对约翰·费斯克和安东尼·吉登斯的研究也有深远的影响。翁贝托·艾柯的理论则勾连欧洲和美国几大学派。由此可见，这些思想家的体育观之间是有充分的联系和互动的。

中国体育的发展，尤其是中国体育科学的发展，既应当有博大精深的国学作为支撑，还应当有国外已经比较成熟的体育思想作为佐证，尤其是西方重要思想家体育观的支撑，在面对现实问题，尤其是复杂而变化多端的问题时才能迎刃而解。例如，马克思主义体育观，尤其是新马克思主义体育观在面对当前中国的体育问题时能够发挥重要的作用。"全面发展"理论、"完整的人"理论和"剩余价值"理论本身对体育社会学研究的影响就很大；爱弥儿·涂尔干的结构功能主义、自杀论和宗教理论在面对中国体育社会结构化过程中的一些具体问题时，例如不同体育人群与宗教信仰的关系、体育明星的崇拜机制、体育竞赛中主场的优势等具有重要的参考价值；马克斯·韦伯的理想类型是研究中超和CBA球队的重要理论依据，他的社会行动理论和解释社会学理论可以用于研究体育重大事件的因果关系；安东尼奥·葛兰西的文化霸权理论已经深刻地影响了法兰克福学派和伯明翰学派，也对西方体育研究有相当重要的影响，尤其是体育中的女性主义和被统治阶级的体育地位等问题，这种影响当然也可以为中国体育的现实所借鉴；诺贝特·埃利亚斯丰盈的型构体育社会学思想多数可以直接用于中国体育社会发展研究，他的游戏观、体育休闲观是研究中国体育游戏和体育休闲理论的直接指导思想，以他为代表的莱斯特学派的观点也是当代国际体育社会学研究的中流砥柱；C. L. R. 詹姆斯的理论是研究当代体育殖民主义思想的重要武器，他的《超越界限》一书至今仍被认作这一领域最为经典的书目，中国体育学者在研究体育在不同国家，尤其是有殖民、半殖民背景的国家的发展和一些后殖民主义特色突出的体育运动变迁等问题时不得不借助这样的理论武器；特奥多·阿多诺的否定辩证思想和他的体育观在研究体育与阶级、体育教育、体育美学等话题，例如兴奋剂、体育技术的虚无主义等问题时格外有说服力；罗兰·巴尔特的思想是从微观研究体育符号的重要理论源泉，他的《摔角世界》《作为史诗的环法大赛》《什么是体育》等论述对体育符号研究的影响重大，这从近两年的国内体育研究中已经可以看出端倪；厄尔文·戈夫曼的理论同样注重微观，他的拟剧理论和自我呈现理论特别适合用于体育表演类的文本分析，精神病患理论和污名理论在面对明星运动员和重大突发事件时是很有针对性的，他的符号互动理论更是阐明运动员与运动员、运动员与教练员、运动队之间关系的重要理论武器；米歇尔·福柯对于权力、规训等问题的探讨适合用于体育教育、体育训练甚至全民健身等中国现实问题，同时对女性主义体育研究有直接的影响；尤尔根·哈贝马斯的交往行为理论、公共领域概念和体育思想在探讨体育道德、男性气质、体育商业化和技术革新问题等有关体育的宏观和中观问题时具有重大的价值；让·波德里亚的体育思想虽然零散，但却深刻有力，特别适合后现代语境下我国体育理论的研究，尤其是对身体锻炼、体育暴力和体育媒介呈现等问题的研究具有相当的现实意义；皮埃尔·布尔迪厄本人对于体育的论述是最直接最有建设性的，他对于体育与阶级问题的论述、他的区分理论、他的体育社会学计划和电视体育观都是研究相应问题的重要理论依据，近几年来，国内已经有不少体育学者开始自觉运用布尔迪厄的体育思想；翁贝托·艾柯的理论晦涩难懂，但却博大精深，适合用于解释关于锦标主义问题的讨论和近年来国内不断掀起的足球热潮；安东尼·吉登斯的结构化理论和体育思想是解决中国体育研究中的全球化问题、现代性问题以及体育发展道路等问题的重要理论指导，此外，他的观点在理解体育比赛规则、脱域问题和自我认同等问题时也有不可忽视的作用；约翰·费斯克的电视体育思想和体育奇观理论是解决纷繁复杂的当代中国体育问题的一把钥匙，这把钥匙是丰富而深刻的理论武器，他的大众体育文化理论深刻地揭示了体育在晚期资本主义社会中起到的调和作用。

综上所述，近现代西方思想家的体育观几乎在全方位观照着中国体育研究的发展。我们必须回到诸思想家体育观的文本本身，才有可能深刻地理解这些观点，并自觉地运用这些观点来批判中国和西方体育的现实问题。这有待于中国体育学界的集体努力。过程虽然艰辛，但它可以起到的作用是不可低估的。

参考文献

中文参考文献

［德］阿多尔诺：《否定的辩证法》，张峰译，重庆出版社 1993 年版。

［德］T. W. 阿多诺：《克尔凯郭尔：审美对象的建构》，李理译，人民出版社 2008 年版。

［德］T. W. 阿多诺：《道德哲学的问题》，谢地坤、王彤译，人民出版社 2007 年版。

［德］阿多诺：《文化工业再思考》，高丙中译，《文化研究》2000 年第 1 期。

［德］阿多诺：《美学理论》，王柯平译，四川人民出版社 1998 年版。

［德］阿多诺：《电视和大众文化模式》，《外国美学》1992 年第 9 期。

［德］阿多诺：《艺术与社会》，戴耘译，《文艺理论研究》1988 年第 3 期。

［美］阿伦·古特曼：《从仪式到纪录：现代体育的本质》，花勇民等译，北京体育大学出版社2012年版。

［美］爱德华·萨义德：《文化与帝国主义》，李琨译，生活·读书·新知三联书店2003年版。

［美］爱德华·萨义德：《东方学》，王宇根译，生活·读书·新知三联书店1999年版。

［意］艾柯等：《诠释与过度诠释》，王宇根译，生活·读书·新知三联书店1997年版。

［德］爱里亚斯：《什麽是社会学》，郑義恺译，群学出版有限公司2007年版。

［法］埃米尔·迪尔凯姆：《迪尔凯姆轮宗教》，周秋良等译，华夏出版社2000年版。

［法］埃米尔·迪尔凯姆：《社会学方法的规则》，胡伟译，华夏出版社1999年版。

［法］埃米尔·迪尔凯姆：《自杀论：社会学研究》，冯韵文译，商务印书馆1996年版。

［法］埃米尔·涂尔干：《社会分工论》，渠东译，生活·读书·新知三联书店2013年版。

［法］爱弥尔·涂尔干：《哲学讲稿》，渠敬东、杜月译，商务印书馆2012年版。

［法］爱弥尔·涂尔干：《宗教生活的基本形式》，渠东、汲喆译，商务印书馆2011年版。

［法］爱弥尔·涂尔干：《社会学与哲学》，梁栋译，上海人民出版社2002年版。

［法］爱弥尔·涂尔干：《实用主义与社会学》，渠东译，上海人民

出版社 2000 年版。

[法] 爱弥尔·涂尔干、马塞尔·莫斯：《原始分类》，汲喆译，商务印书馆 2012 年版。

[瑞士] 埃米尔·瓦尔特－布什：《法兰克福学派史：评判理论与政治》，郭力译，社会科学文献出版社 2014 年版。

[意] 安贝托·艾柯：《倒退的年代：跟着大师艾柯看世界》，翁德明译，漓江出版社 2012 年版。

[意] 安伯托·艾柯：《带着鲑鱼去旅行》，殳俏、马淑艳译，新星出版社 2009 年版。

[意] 安拍托·艾柯：《误读》，吴燕莛译，新星出版社 2009 年版。

[意] 安贝托·艾柯：《悠然小说林》，俞冰夏译，生活·读书·新知三联书店 2005 年版。

[意] 安伯托·艾柯：《开放的作品》，刘儒庭译，新星出版社 2005 年版。

[意] 安贝托·艾柯等：《诠释与过度诠释》，王宇根译，生活·读书·新知三联书店 2005 年版。

[英] 安德鲁·埃德加：《哈贝马斯：关键概念》，杨礼银、朱松峰译，江苏人民出版社 2009 年版。

[意] 安东尼奥·葛兰西：《葛兰西文选》，李鹏程译，人民出版社 2008 年版。

[意] 安东尼奥·葛兰西：《火与玫瑰》，田时纲译，人民出版社 2008 年版。

[意] 安东尼奥·葛兰西：《狱中书简》，田时纲译，人民出版社 2007 年版。

[意] 安东尼奥·葛兰西：《现代君主论》，陈越译，上海人民出版

社 2006 年版。

　　［意］安东尼奥·葛兰西：《狱中札记》，曹雷雨等译，中国社会科学出版社 2000 年版。

　　［意］安东尼奥·葛兰西：《实践哲学》，徐崇温译，重庆出版社 1990 年版。

　　［意］安东尼奥·葛兰西：《论文学》，吕同六译，人民文学出版社 1983 年版。

　　［英］安东尼·吉登斯：《政治学、社会学与社会理论：经典理论与当代思潮的碰撞》，何雪松、赵方杜译，上海人民出版社 2015 年版。

　　［英］安东尼·吉登斯：《社会理论的核心问题：社会分析中的行动、结构与矛盾》，郭忠华、徐法寅译，上海译文出版社 2015 年版。

　　［英］安东尼·吉登斯：《全球时代的欧洲》，潘华凌译，上海译文出版社 2015 年版。

　　［英］安东尼·吉登斯：《资本主义与现代社会理论：对马克思、涂尔干和韦伯著作的分析》，郭忠华、潘华凌译，上海译文出版社 2013 年版。

　　［英］安东尼·吉登斯：《社会学：批判的导论》，郭忠华译，上海译文出版社 2013 年版。

　　［英］安东尼·吉登斯：《现代性的后果》，田禾译，译林出版社 2011 年版。

　　［英］安东尼·吉登斯：《历史唯物主义的当代批判：权力、财产与国家》，郭忠华译，上海译文出版社 2010 年版。

　　［英］安东尼·吉登斯：《超越左与右：激进政治的未来》，李惠斌、杨雪冬译，社会科学文献出版社 2009 年版。

　　［英］安东尼·吉登斯：《亲密关系的变革——现代社会中的性、爱

和爱欲》，陈永国、汪民安译，社会科学文献出版社2009年版。

　　［英］安东尼·吉登斯：《社会学》（第五版），北京大学出版社2009年版。

　　［英］安东尼·吉登斯：《为社会学辩护》，周红云、陶传进、徐阳译，社会科学文献出版社2003年版。

　　［英］安东尼·吉登斯：《社会学方法的新规则——一种对解释社会学的建设性批判》，田佑中、刘江涛译，社会科学文献出版社2003年版。

　　［英］安东尼·吉登斯：《社会理论与现代社会学》，文军、赵勇译，社会科学文献出版社2003年版。

　　［英］安东尼·吉登斯：《第三条道路及其批评》，孙相东译，中共中央党校出版社2002年版。

　　［英］安东尼·吉登斯：《失控的世界——全球化如何重塑我们的生活》，周红云译，江西人民出版社2001年版。

　　［英］安东尼·吉登斯：《气候变化的政治》，曹荣湘译，社会科学文献出版社2001年版。

　　［英］安东尼·吉登斯：《生活在后传统社会中》，载［德］乌尔里希·贝克、［英］安东尼·吉登斯、斯科特·拉什编《自反性现代化：现代社会秩序中的政治、传统与美学》，赵文书译，商务印书馆2001年版。

　　［英］安东尼·吉登斯：《第三条道路：社会民主主义的复兴》，郑戈译，北京大学出版社2000年版。

　　［英］安东尼·吉登斯：《杜尔凯姆》，李俊青译，昆仑出版社1999年版。

　　［英］安东尼·吉登斯：《民族—国家与暴力》，胡宗泽、赵力涛译，

生活·读书·新知三联书店 1998 年版。

［英］安东尼·吉登斯：《社会的构成：结构化理论大纲》，李康、李猛译，生活·读书·新知三联书店 1998 年版。

［英］安东尼·吉登斯：《现代性与自我认同：现代晚期的自我与社会》，赵旭东、方文译，生活·读书·新知三联书店 1998 年版。

［英］安东尼·吉登斯、克里斯多弗·皮尔森：《现代性——吉登斯访谈录》，尹宏毅译，新华出版社 2001 年版。

包亚明：《现代性的地平线：哈贝马斯访谈录》，李安东、段怀清译，上海人民出版社 1997 年版。

曹卫东：《曹卫东讲哈贝马斯》，北京大学出版社 2005 年版。

曹祖耀：《"何谓体育社会学"与"体育社会学何为"——布迪厄社会实践理论的运用与启示》，《体育学刊》2010 年第 10 期。

陈桂生：《马克思关于体育的见解》，《体育文史》1986 年第 6 期。

陈璐、张强、陈帅：《从身体规训到生存美学：福柯身体观的转变及对体育实践的启示》，《体育与科学》2013 年第 2 期。

陈勋武：《哈贝马斯：当代新思潮的引领者》，九州出版社 2014 年版。

陈越：《领导权与"高级文化"——再读葛兰西》，《文艺理论与批评》2009 年第 5 期。

［美］戴维·斯沃茨：《文化与权力：布尔迪厄的社会学》，陶东风译，上海译文出版社 2006 年版。

［英］戴维·英格利斯：《文化与日常生活》，张秋月、周雷亚译，中央编译出版社 2010 年版。

［英］丹尼斯·史密斯：《埃利亚斯与现代社会理论》，李康译，北京大学出版社 2011 年版。

［德］德特勒夫·霍斯特：《哈贝马斯》，鲁路译，中国人民大学出版社 2010 年版。

董传升：《论中国体育发展方式的公共转向：从国家体育到公共体育》，《北京体育大学学报》2013 年第 1 期。

董传升：《公共需求与体育演进》，《沈阳体育学院学报》2010 年第 2 期。

董众鸣：《马克思的体育观》，《理论探索》1997 年第 2 期。

杜峰、周红兵：《基于"交往行为理论"的现代体育交往》，《搏击》（体育论坛）2013 年第 4 期。

［美］厄文·高夫曼：《精神病院：论精神病患与其他被收容者的社会处境》，群学翻译工作室译，群学出版有限公司 2012 年版。

高丽、方艳：《马克思主义哲学与体育大学生素质培养》，《哈尔滨体育学院学报》2001 年第 1 期。

高强：《布迪厄体育社会学思想研究》，知识产权出版社 2014 年版。

高强：《体育与城市：一个哲学人类学的考察》，《体育科学》2014 年第 1 期。

高强：《论现代体育之"超越"品格——从身体整体论到身体个人主义》，《成都体育学院学报》2014 年第 1 期。

高强：《欧洲中世纪体育之辩——从身体实体论到身体关系论》，《体育与科学》2013 年第 1 期。

高强：《西方体育社会学新马克思主义流派述评》，《体育学刊》2011 年第 1 期。

高强：《场域论与体育社会学研究》，《体育学刊》2010 年第 1 期。

高强：《体育社会学溯源——评析皮埃尔·布迪厄〈体育社会学计划〉》，《体育学刊》2008 年第 11 期。

高强、韩飞、季浏：《从"人的全面发展"到"完整的人"——重释马克思主义体育观的理论基础》，《体育学刊》2013 年第 1 期。

高宣扬：《德国哲学概观》，北京大学出版社 2011 年版。

高宣扬：《当代法国思想五十年》，中国人民大学出版社 2005 年版。

高宣扬：《当代社会理论》，中国人民大学出版社 2005 年版。

高宣扬：《布迪厄的社会理论》，同济大学出版社 2004 年版。

［德］格尔哈特·施威蓬豪依塞尔：《阿多诺》，鲁路译，中国人民大学出版社 2008 年版。

［美］戈夫曼：《日常接触：社会学交往方面的两个研究》，徐江敏等译，华夏出版社 1990 年版。

耿永华：《哈贝马斯的交往行为理论对体育与健康教学改革的启示》，《上海教育科研》2007 年第 4 期。

龚发超、王晓东：《论马克思主义科学技术观对现代中国竞技体育的影响》，《河北体育学院学报》2007 年第 4 期。

郭振：《埃利亚斯的过程社会学对体育社会学研究的启示》，《体育学刊》2010 年第 1 期。

郭振、［日］友添秀则、刘波：《埃利亚斯视野下竞技体育的情感研究》，《体育学刊》2012 年第 6 期。

［德］哈贝马斯：《在事实与规范之间：关于法律和民主法治国的商谈理论》，童世骏译，生活·读书·新知三联书店 2003 年版。

［德］哈贝马斯：《认识与兴趣》，郭官义、李黎译，学林出版社 1999 年版。

［德］哈贝马斯：《作为"意识形态"的技术与科学》，李黎、郭官义译，学林出版社 1999 年版。

［德］哈贝马斯等：《社会主义：后冷战时代的思索》，牛津大学出

版社 1995 年版。

［德］哈贝马斯：《交往与社会进化》，张博树译，重庆出版社 1989
年版。

［德］哈贝马斯等：《全球化与政治》，王学东、柴方国等译，中央
编译出版社 2000 年版。

［德］哈贝马斯：《论社会科学的逻辑》，杜奉贤、陈龙森译，结构
群文化事业有限公司 1991 年版。

韩欲立：《马克思主义政治经济学批判的哲学意义：鲍德里亚的批
判及其回应》，复旦大学出版社 2013 年版。

和磊：《葛兰西与文化研究》，中国社会科学出版社 2011 年版。

侯迎锋：《对体育社会学理论的重新思考：布迪厄和体育社会学》，
《体育科学》2015 年第 3 期。

胡晓风：《以马克思主义为指导进一步提高对体育的认识》，《体育
科学》1982 年第 4 期。

黄滨、杨巍：《马克思休闲思想与现代休闲体育》，《体育科技文献
通报》2008 年第 7 期。

黄聚云：《竞技体育领域迷信现象的社会学探析》，《第九届全国体
育科学大会论文摘要汇编 3》，2011 年。

黄娟娟：《哈贝马斯的交往行为理论对幼儿园体育教育改革的启
示》，《家庭与家教》2007 年第 7 期。

黄奇玮：《以虎扑体育为例：看体育网络的社区营销》，《新闻界》
2010 年第 2 期。

蒋国权：《体育实践中的身体资本——基于布迪厄社会理论的探
讨》，《浙江体育科学》2014 年第 4 期。

姜磊磊：《论体育文化的全球化与民族化》，《江西金融职工大学学

报》2008 年第 3 期。

杰华、潘西华:《葛兰西"文化领导权"思想及其对马克思主义大众化的启示》,《理论视野》2008 年第 5 期。

John Fiske, John Hartley:《解读电视》,郑明椿译,远流出版公司 1993 年版。

［德］卡尔·马克思:《路易·波拿巴的雾月十八日》,冯适译,江苏人民出版社 2011 年版。

［德］卡尔·马克思:《剩余价值理论》,郭大力译,人民日报出版社 2010 年版。

［德］卡尔·马克思:《1844 年经济学哲学手稿》,刘丕坤译,人民出版社 1979 年版。

［德］卡尔·马克思等:《资本论:政治经济学批判》,郭大力、王亚南译,读书生活出版社 1938 年版。

［美］克利福德·格尔茨:《文化的解释》,韩莉译,译林出版社 2014 年版。

［英］克里斯托夫·霍克洛斯:《鲍德里亚与千禧年》,王文华译,北京大学出版社 2005 年版。

［美］科瑟:《社会学思想名家:历史背景和社会背景下的思想》,石人译,中国社会科学出版社 1990 年版。

孔明安:《物·象征·仿真:鲍德里亚哲学思想研究》,安徽师范大学出版社 2010 年版。

［美］莱斯利·豪:《哈贝马斯》,陈志刚译,中华书局 2002 年版。

李琛:《布迪厄体育思想研探》,《山东体育科技》2012 年第 5 期。

李晓智、王永:《福柯身体思想对体育社会学研究启示》,《体育与科学》2012 年第 1 期。

李艳群：《中小学体育教学中交往问题研究》，《中国教育学刊》2011年第7期。

梁晓龙、鲍明晓、张林：《举国体制》，人民体育出版社2006年版。

刘晖：《自我、体育与社会：论符号互动理论在体育研究中的应用》，《武汉体育学院学报》2011年第3期。

刘佳：《福柯：现代体育世界的"异托邦"表征》，《晋中学院学报》2014年第5期。

刘亚斌：《葛兰西文化霸权理论与萨义德东方主义之比较》，《安徽大学学报》（哲学社会科学版）2005年第4期。

刘彦龙：《福柯微观权力论对体育教育的启示》，《运动》2012年第53期。

刘拥华：《布迪厄的终生问题》，上海三联书店2009年版。

刘志民、丁燕华：《对英格兰足球流氓暴力行为产生原因的研究》，《中国体育科技》2002年第2期。

陆道夫：《葛兰西的霸权理论与大众文化研究》，《河南社会科学》2002年第3期。

陆小聪、曹祖耀、陈静：《体育实践空间的社会学研究——理论假设与中国的经验分析》，《体育科学》2010年第8期。

陆小聪、曹祖耀、张修枫：《体育社会学研究视域的构筑》，《体育科学》2010年第11期。

［法］路易-让·卡尔维：《结构与符号：罗兰·巴尔特传》，车槿山译，北京大学出版社1997年版。

［加］罗布·比莱什：《卡尔·马克思留给体育社会学的不朽遗产》，载［英］约瑟夫·马奎尔、凯文·扬编《理解诠释：体育与社会》，陆小聪译，重庆大学出版社2012年版。

［德］罗尔夫·魏格豪斯：《法兰克福学派：历史、理论及政治影响》，孟登迎、刘凯译，上海人民出版社 2010 年版。

［法］罗兰·巴尔特：《萨德 傅立叶 罗犹拉》，李幼蒸译，中国人民大学出版社 2011 年版。

［法］罗兰·巴尔特：《如何共同生活——法兰西学院课程和研究班讲义（1976—1977）》，怀宇译，中国人民大学出版社 2010 年版。

［法］罗兰·巴尔特：《文艺批评文集》，怀宇译，中国人民大学出版社 2010 年版。

［法］罗兰·巴尔特：《中性——法兰西学院课程讲义（1977—1978）》，张组建译，中国人民大学出版社 2010 年版。

［法］罗兰·巴尔特：《罗兰·巴尔特自述》，怀宇译，中国人民大学出版社 2010 年版。

［法］罗兰·巴尔特：《文艺批评文集》，怀宇译，中国人民大学出版社 2010 年版。

［法］罗兰·巴尔特：《小说的准备——法兰西学院课程和研究班讲义（1978—1979，1979—1980）》，李幼蒸译，中国人民大学出版社 2010 年版。

［法］罗兰·巴尔特：《符号学历险》，李幼蒸译，中国人民大学出版社 2008 年版。

［法］罗兰·巴尔特：《符号学原理》，李幼蒸译，中国人民大学出版社 2008 年版。

［法］罗兰·巴尔特：《米什莱》，李幼蒸译，中国人民大学出版社 2008 年版。

［法］罗兰·巴尔特：《写作的零度》，李幼蒸译，中国人民大学出版社 2008 年版。

〔法〕罗兰·巴尔特：《显义与晦义——批评文集之三》，怀宇译，百花文艺出版社 2005 年版。

〔法〕罗兰·巴尔特：《符号帝国》，孙乃修译，商务印书馆 1994 年版。

〔法〕罗兰·巴尔特、安德莱·马尔丁：《埃菲尔铁塔》，李幼蒸译，中国人民大学出版社 2008 年版。

〔法〕罗兰·巴特：《哀悼日记》，刘俐译，商周文化事业股份有限公司 2011 年版。

〔法〕罗兰·巴特：《神话修辞术》，屠友祥、温晋仪译，上海人民出版社 2009 年版。

〔法〕罗兰·巴特：《恋人絮语：一个解构主义的文本》，汪耀进、武佩荣译，上海人民出版社 2009 年版。

〔法〕罗兰·巴特：《批评与真实》，屠友祥、温晋仪译，上海人民出版社 2009 年版。

〔法〕罗兰·巴特：《文之悦》，屠友祥译，上海人民出版社 2009 年版。

〔法〕罗兰·巴特：《物体世界》，陈志敏译，桂冠图书股份有限公司 2008 年版。

〔法〕罗兰·巴特：《偶发事件》，莫渝译，桂冠图书股份有限公司 2004 年版。

〔法〕罗兰·巴特：《明室：摄影纵横谈》，赵克非译，文化艺术出版社 2003 年版。

〔法〕罗兰·巴特：《S/Z》，屠友祥译，上海人民出版社 2000 年版。

〔法〕罗兰·巴特：《流行体系——符号学与服饰符码》，敖军译，上海人民出版社 2000 年版。

马德浩、季浏：《体育：一种福柯哲学视域下的生存美学》，《上海体育学院学报》2011 年第 6 期。

《马克思恩格斯全集》第三卷，中共中央马克思恩格斯列宁斯大林著作编译局译，人民出版社 1974 年版。

［美］马丁·杰：《法兰克福学派的宗师——阿道尔诺》，胡湘译，湖南人民出版社 1988 年版。

［德］马克斯·霍克海默、西奥多·阿道尔诺：《启蒙辩证法——哲学断片》，渠敬东、曹卫东译，上海人民出版社 2006 年版。

［德］马克斯·韦伯：《音乐社会学：音乐的理性基础与社会学基础》，李彦频译，西南师范大学出版社 2014 年版。

［德］马克斯·韦伯：《城市：非正当性支配》，阎克文译，江苏凤凰教育出版社 2014 年版。

［德］马克斯·韦伯：《社会科学方法论》（修订译本），韩水法、莫茜译，商务印书馆 2013 年版。

［德］马克斯·韦伯：《新教伦理与资本主义精神》，马奇炎、陈婧译，北京大学出版社 2012 年版。

［德］马克斯·韦伯：《批判施塔姆勒》，李荣山译，上海人民出版社 2011 年版。

［德］马克斯·韦伯：《马克斯·韦伯社会学文集》，阎克文译，人民出版社 2010 年版。

［德］马克斯·韦伯：《论俄国革命》，潘建雷、何雯雯译，生活·读书·新知三联书店 2010 年版。

［德］马克斯·韦伯：《经济与社会》（第一卷），阎克文译，上海人民出版社 2010 年版。

［德］马克斯·韦伯：《经济与社会》（第二卷），阎克文译，上海人民出版社 2010 年版。

［德］马克斯·韦伯：《支配社会学》，康乐、简惠美译，广西师范大学出版社 2010 年版。

［德］马克斯·韦伯：《法律社会学》，康乐、简惠美译，广西师范大学出版社 2010 年版。

［德］马克斯·韦伯：《中国的宗教：儒教与道教》，康乐、简惠美译，广西师范大学出版社 2010 年版。

［德］马克斯·韦伯：《古犹太教》，康乐、简惠美译，广西师范大学出版社 2010 年版。

［德］马克斯·韦伯：《印度的宗教：印度教与佛教》，康乐、简惠美译，广西师范大学出版社 2010 年版。

［德］马克斯·韦伯：《社会学的基本概念》，顾忠华译，广西师范大学出版社 2011 年版。

［德］马克斯·韦伯：《宗教与世界》，康乐、简惠美译，广西师范大学出版社 2010 年版。

［德］马克斯·韦伯：《经济行动与社会团体》，康乐、简惠美译，广西师范大学出版社 2010 年版。

［德］马克斯·韦伯：《学术与政治》，钱永祥等译，广西师范大学出版社 2010 年版。

［德］马克斯·韦伯：《罗雪儿与克尼斯：历史经济学的逻辑问题》，李荣山译，上海人民出版社 2009 年版。

［德］马克斯·韦伯：《民族国家与经济政策》，甘阳等译，生活·读书·新知三联书店 1997 年版。

［德］马克斯·韦伯：《文明的历史脚步：韦伯文集》，黄宪起、张晓琳译，上海三联书店 1997 年版。

毛韵泽：《葛兰西：政治家、囚徒和理论家》，求实出版社 1987 年版。

孟献峰:《体育社会学的身体维度探析》, 《武汉体育学院学报》2011 年第 9 期。

孟献峰:《体育社会学理论视野下的福柯哲学思想及其反思意义》, 《沈阳体育学院学报》2011 年第 5 期。

[法] 米歇尔·福柯:《声名狼藉者的生活》, 汪民安编, 北京大学出版社 2016 年版。

[法] 米歇尔·福柯:《什么是批判》, 汪民安编, 北京大学出版社 2016 年版。

[法] 米歇尔·福柯:《自我技术》, 汪民安编, 北京大学出版社 2016 年版。

[法] 米歇尔·福柯:《精神疾病与心理学》, 王杨译, 上海译文出版社 2014 年版。

[法] 米歇尔·福柯:《宽忍的灰色黎明:法国哲学家论电影》, 李洋等译, 河南大学出版社 2014 年版。

[法] 米歇尔·福柯:《知识考古学》, 谢强、马月译, 生活·读书·新知三联书店 2013 年版。

[法] 米歇尔·福柯:《这不是一只烟斗》, 邢克超译, 漓江出版社 2012 年版。

[法] 米歇尔·福柯:《疯癫与文明:理性时代的疯癫史》, 刘北成、杨远婴译, 生活·读书·新知三联书店 2012 年版。

[法] 米歇尔·福柯:《生命政治的诞生》, 莫伟民、赵伟译, 上海人民出版社 2011 年版。

[法] 米歇尔·福柯:《临床医学的诞生》, 刘北成译, 译林出版社 2011 年版。

[法] 米歇尔·福柯:《必须保卫社会》, 钱瀚译, 上海人民出版社

2010 年版。

〔法〕米歇尔·福柯：《主体解释学》，佘碧平译，上海人民出版社 2010 年版。

〔法〕米歇尔·福柯：《安全、领土与人口》，钱瀚、陈晓径译，上海人民出版社 2010 年版。

〔法〕米歇尔·福柯：《不正常的人》，钱瀚译，上海人民出版社 2010 年版。

〔法〕米歇尔·福柯：《福柯读本》，汪民安编，北京大学出版社 2010 年版。

〔法〕米歇尔·福柯：《古典时代疯狂史》，林志明译，生活·读书·新知三联书店 2005 年版。

〔法〕米歇尔·福柯：《福柯集》，杜小真编，上海远东出版社 2003 年版。

〔法〕米歇尔·福柯：《外边思维》，洪维信译，行人出版社 2003 年版。

〔法〕米歇尔·福柯：《性经验史》（增订版），佘碧平译，上海人民出版社 2002 年版。

〔法〕米歇尔·福柯：《词与物：人文科学考古学》，莫伟民译，上海三联书店 2001 年版。

〔法〕米歇尔·福柯：《规训与惩罚：监狱的诞生》，刘北成、杨远婴译，生活·读书·新知三联书店 1999 年版。

〔法〕米歇尔·福柯：《权力的眼睛：福柯访谈录》，严锋译，上海人民出版社 1997 年版。

〔美〕纳迪娅·乌尔比诺蒂：《葛兰西的从属和霸权理论》，李世书译，《马克思主义与现实》2005 年第 5 期。

　　［德］诺贝特·埃利亚斯：《个体的社会》，翟三江、陆兴华译，译林出版社 2008 年版。

　　［德］诺贝特·埃利亚斯：《古代体育的起源》，载［德］斯蒂芬·门内尔、约翰·古德斯布洛姆编《论文明、权力与知识——诺贝特·埃利亚斯文选》，刘佳林译，南京大学出版社 2005 年版。

　　［德］诺贝特·埃利亚斯：《游戏模型》，载［德］斯蒂芬·门内尔，约翰·古德斯布洛姆编《论文明、权力与知识——诺贝特·埃利亚斯文选》，刘佳林译，南京大学出版社 2005 年版。

　　［德］诺贝特·埃利亚斯：《文明的进程：文明的社会起源和心理起源的研究》第一卷《西方国家世俗上层行为的变化》，王佩莉译，生活·读书·新知三联书店 1998 年版。

　　［德］诺贝特·埃利亚斯：《文明的进程：文明的社会起源和心理起源的研究》第二卷《社会变迁 文明论纲》，袁志英译，生活·读书·新知三联书店 1999 年版。

　　［美］欧文·戈夫曼：《污名——受损身份管理札记》，宋立宏译，商务印书馆 2009 年版。

　　［美］欧文·戈夫曼：《日常生活中的自我呈现》，冯钢译，北京大学出版社 2008 年版。

　　潘西华：《葛兰西文化领导权思想研究》，社会科学文献出版社 2012 年版。

　　［法］皮埃尔·布尔迪厄：《区分：判断力的社会批判》，刘晖译，商务印书馆 2015 年版。

　　［法］皮埃尔·布尔迪厄：《自我分析纲要》，刘晖译，中国人民大学出版社 2012 年版。

　　［法］皮埃尔·布尔迪厄：《男性统治》，刘晖译，中国人民大学出

版社 2012 年版。

　　［法］皮埃尔·布尔迪厄：《艺术的法则：文学场的生成与结构》，刘晖译，中央编译出版社 2011 年版。

　　［法］皮埃尔·布尔迪厄：《关于电视》，许钧译，南京大学出版社 2011 年版。

　　［法］皮埃尔·布尔迪厄：《帕斯卡尔式的沉思》，刘晖译，生活·读书·新知三联书店 2009 年版。

　　［法］皮埃尔·布迪厄：《单身者舞会》，姜志辉译，上海译文出版社 2009 年版。

　　［法］皮埃尔·布尔迪厄：《实践理性：关于行为理论》，谭立德译，生活·读书·新知三联书店 2007 年版。

　　［法］皮埃尔·布迪厄：《遏止野火》，河清译，广西师范大学出版社 2007 年版。

　　［法］皮埃尔·布尔迪厄：《科学之科学与反观性：法兰西学院专题讲座（2000—2001 学年)》，陈圣生等译，广西师范大学出版社 2006 年版。

　　［法］皮埃尔·波丢：《人：学术者》，王作虹译，贵州人民出版社 2006 年版。

　　［法］皮埃尔·布尔迪厄：《言语意味着什么——语言交换的经济》，褚思真、刘晖译，商务印书馆 2005 年版。

　　［法］皮埃尔·布尔迪厄：《国家精英——名牌大学与群体精神》，杨亚平译，商务印书馆 2005 年版。

　　［法］皮埃尔·布尔迪厄：《科学的社会用途——写给科学场的临床社会学》，刘成富、张艳译，南京大学出版社 2005 年版。

　　［法］皮埃尔·布尔迪约等：《再生产——一种教育系统理论的要

点》，邢克超译，商务印书馆 2004 年版。

［法］皮埃尔·布尔迪约等：《继承人——大学生与文化》，邢克超译，商务印书馆 2004 年版。

［法］皮埃尔·布迪厄：《实践感》，蒋梓骅译，译林出版社 2003 年版。

［法］皮埃尔·布尔迪厄：《布尔迪厄访谈录：文化资本与社会炼金术》，包亚明译，上海人民出版社 1997 年版。

［法］皮耶·布赫迪厄：《所述之言：布赫迪厄反思社会学文集》，陈逸淳译，麦田出版公司 2012 年版。

［法］皮埃尔·布迪厄、［美］汉斯·哈克：《自由交流》，桂裕芳译，生活·读书·新知三联书店 1996 年版。

［法］皮埃尔·布尔迪厄、［美］华康德：《实践与反思：反思社会学导引》，李猛、李康译，中央编译出版社 2004 年版。

［法］皮埃尔·布尔迪厄、罗杰·夏蒂埃：《社会学家与历史学家：布尔迪厄与夏蒂埃对话录》，马胜利译，北京大学出版社 2012 年版。

［美］乔纳森·特纳：《社会学理论的结构》，邱泽奇、张茂元等译，华夏出版社 2006 年版。

秦文宏：《命题与方法：社会转型期中国竞技体育风险研究》，《体育科研》2006 年第 6 期。

仇军：《西方体育社会学：理论、视点、方法》，清华大学出版社 2010 年版。

仇军、钟建伟：《社会学与体育社会学：视域开启与理论溯源》，《体育科学》2007 年第 2 期。

［法］让·波德里亚：《致命的策略》，刘翔、戴阿宝译，南京大学出版社 2015 年版。

［法］让·波德里亚：《艺术的共谋》，张新木、杨全强、戴阿宝译，南京大学出版社 2015 年版。

［法］让·博德里亚尔：《完美的罪行》，王为民译，商务印书馆 2000 年版。

［法］让·波德里亚：《游戏与警察》，张新木、孟婕译，南京大学出版社 2013 年版。

［法］让·波德里亚：《美国》，张生译，南京大学出版社 2011 年版。

［法］让·波德里亚：《论诱惑》，张新木译，南京大学出版社 2011 年版。

［法］让·波德里亚：《冷记忆 1》，张新木、李万文译，南京大学出版社 2009 年版。

［法］让·波德里亚：《冷记忆 2》，张新木、王晶译，南京大学出版社 2009 年版。

［法］让·波德里亚：《冷记忆 3：断片集》，张新木、陈旻乐、李露露译，南京大学出版社 2009 年版。

［法］让·波德里亚：《冷记忆 4》，张新木、陈凌娟译，南京大学出版社 2009 年版。

［法］让·波德里亚：《冷记忆 5》，张新木、姜海佳译，南京大学出版社 2009 年版。

［法］让·波德里亚：《象征交换与死亡》，车槿山译，译林出版社 2009 年版。

［法］让·波德里亚：《符号政治经济学批判》，夏莹译，南京大学出版社 2009 年版。

［法］让·波德里亚：《消费社会》，刘成富、全志钢译，译林出版

社 2000 年版。

［法］让·波德里亚：《生产之镜》，仰海峰译，中央编译出版社 2005 年版。

任文、魏伟：《奇观体育与体育奇观：罗兰·巴尔特的符号学体育赛事观》，《体育科学》2011 年第 11 期。

任懿：《浅析葛兰西之文化霸权理论》，《社科纵横》2012 年第 3 期。

沙红兵：《文明化·体育化·净化》，《读书》2008 年第 8 期。

沙红兵：《不为美味 为体育：埃利亚斯笔论英国近代猎狐活动与体育起源》，《博览群书》2008 年第 2 期。

［法］尚·布希亚：《波湾战争不曾发生》，邱德亮、黄建宏译，麦田出版公司 2003 年版。

［法］尚·布希亚：《物体系》，林志明译，上海人民出版社 2001 年版。

［法］尚·布希亚：《拟仿物与拟像》，洪凌译，时报文化出版企业公司 1998 年版。

［英］斯蒂夫·琼斯：《导读葛兰西》，相明译，重庆大学出版社 2014 年版。

［加］苏珊娜·拉伯奇、乔安妮·凯伊：《皮埃尔·布迪厄的社会文化理论和体育实践》，载约瑟夫·马奎尔、凯文·扬编《理论诠释：体育与社会》，陆小聪译，重庆大学出版社 2012 年版。

睢强、马英利、刘少华：《当代体育与"公共空间"》，《北京体育大学学报》2007 年第 3 期。

孙晶：《葛兰西的文化霸权理论及其质疑》，《马克思主义与现实》2001 年第 1 期。

孙宜晓：《葛兰西历史主义思想研究》，合肥工业大学出版社 2013 年版。

孙迎光：《马克思"完整的人"的思想对当代教育的启示》，《南京社会科学》2011 年第 5 期。

唐建：《马克思关于人的全面发展学说中的体育思想初探》，《淮阴师专学报》（哲学社会科学版）1988 年第 3 期。

［意］陶里亚蒂：《陶里亚蒂论葛兰西》，袁华清译，人民出版社 1983 年版。

［德］特奥多尔·阿多诺：《主体与客体》，张明译，载上海社会科学院哲学研究所外国哲学研究室《法兰克福学派论著选辑》上卷，商务印书馆 1998 年版。

［美］托马斯·贝茨：《葛兰西与霸权理论》，吕增奎译，《马克思主义与现实》2005 年第 5 期。

宛丽、罗林：《体育社团的合法性分类及发展对策》，《北京体育大学学报》2001 年第 2 期。

王程、王治东：《竞技体育不端行为的人性探究——以马克思生存论解读竞技体育技术化与功利化》，《南京体育学院学报》（社会科学版）2010 年第 6 期。

王军：《大众文化：何来狂欢——谈约翰·菲斯克对狂欢理论的运用》，《江淮论坛》2007 年第 4 期。

汪民安：《谁是罗兰·巴特》，江苏人民出版社 2005 年版。

王树生：《权力的迷宫——埃利亚斯、布迪厄与福柯的比较研究》，中国社会科学出版社 2014 年版。

王颖吉：《媒介共谋与足球神话的诞生——对一项当代大众媒介文化的批判性解读》，《新闻与传播研究》2004 年第 1 期。

魏伟：《叙述公正与叙述惊喜：竞赛型演示叙述研究》，《符号与传媒》2015 年第 1 期。

魏伟：《重访电视与体育的"天作之合"：从布尔迪厄说起》，《成都体育学院学报》2015 年第 2 期。

魏伟：《葛兰西的文化霸权理论对西方体育思想的影响》，《成都体育学院学报》2014 年第 4 期。

魏伟：《马克思主义体育观对体育学研究的影响》，《首都体育学院学报》2014 年第 6 期。

魏伟：《体育解说的符号学审视》，《青年记者》2014 年第 9 期。

魏伟：《西方体育文化的流派辨析》，《成都体育学院学报》2014 年第 1 期。

魏伟：《体育解说论》，中国广播电视出版社 2013 年版。

魏伟：《体育符号研究的发展述评》，《成都体育学院学报》2012 年第 8 期。

魏伟：《体育赛事电视转播的受众收视动机分析》，《北京体育大学学报》2011 年第 5 期。

魏伟：《解读神话：南非世界杯电视转播的符号学研究》，《中国体育科技》2011 年第 2 期。

魏伟：《2011 年亚洲杯足球赛电视转播的图像叙述研究》，《电视研究》2011 年第 5 期。

魏伟：《3D 技术对电视体育转播的影响研究》，《电视研究》2010 年第 6 期。

魏伟：《网络体育传播的符号学透视》，载张玉田编《新媒体时代的体育新闻传播与教育》，北京体育大学出版社 2010 年版。

魏文一：《涂尔干社会理论中的国家观》，载渠敬东编《涂尔干：社会与国家》，商务印书馆2014年版。

［意］翁贝托·埃科：《埃科谈文学》，翁德明译，上海译文出版社2015年版。

［意］翁贝托·艾柯：《植物的记忆与藏书乐》，王建全译，译林出版社2014年版。

［意］翁贝托·艾柯：《无限的清单》，彭淮栋译，中央编译出版社2013年版。

［意］翁贝托·艾柯：《丑的历史》，彭淮栋译，中央编译出版社2012年版。

［意］翁贝托·艾柯：《美的历史》，彭淮栋译，中央编译出版社2011年版。

［意］乌蒙勃托·艾柯：《符号学理论》，卢德平译，中国人民大学出版社1990年版。

吴友军、郑冬晓：《论葛兰西"文化霸权"理论的局限性》，《当代世界与社会主义》2010年第4期。

吴月红、陈明珠、王慧娟：《我国传播媒介体育价值观框架变迁讨论》，《安徽科技学院学报》2014年第3期。

［德］西奥多·阿多诺：《论流行音乐》，周欢译，《当代电影》1993年第5期。

熊欢：《身体、社会与体育——西方社会学理论视角下的体育》，当代中国出版社2011年版。

熊欢：《论体育现代化》，《体育文化导刊》2011年第11期。

闫静：《福柯哲学思想的体育解读——关于统治技术、自我技术和治理术的诠释》，《体育研究与教育》2014年第1期。

仰海峰：《葛兰西的霸权概念研究》，《山东社会科学》2005年第 11 期。

仰海峰：《实践哲学与霸权：当代语境中的葛兰西哲学》，北京大学出版社 2009 年版。

杨黎明：《体育民族主义与全球化文献综述》，《当代小说》2010 年第 3 期。

杨楠：《试论马克思主义的体育观——从个人全面发展学说看马克思体育思想的若干问题》，《体育文史》1994 年第 2 期。

杨霆：《初论马克思体育思想的形成》，《体育文史》1990 年第 1 期。

姚星亮、黄盈盈、潘绥铭：《国外污名理论研究综述》，《国外社会科学》2014 年第 3 期。

［德］于尔根·哈贝马斯：《重建历史唯物主义》（修订版），郭官义译，社会科学文献出版社 2013 年版。

［德］于尔根·哈贝马斯：《关于欧洲宪法的思考》，伍慧萍、朱苗苗译，上海人民出版社 2013 年版。

［德］尤尔根·哈贝马斯：《在自然主义与宗教之间》，郁喆隽译，上海人民出版社 2013 年版。

［德］尤尔根·哈贝马斯：《理论与实践》，郭官义、李黎译，社会科学文献出版社 2010 年版。

［德］尤尔根·哈贝马斯：《合法化危机》，刘北成、曹卫东译，上海人民出版社 2009 年版。

［德］尤尔根·哈贝马斯：《哈贝马斯精粹》，曹卫东译，南京大学出版社 2009 年版。

［德］尤尔根·哈贝马斯：《对话伦理学与真理的问题》，沈清楷译，中国人民大学出版社 2005 年版。

［德］尤尔根·哈贝马斯：《交往行为理论：行为合理性与社会合理化》，曹卫东译，上海人民出版社2004年版。

［德］尤尔根·哈贝马斯：《包容他者》，曹卫东译，上海人民出版社2002年版。

［德］尤尔根·哈贝马斯：《后民族结构》，曹卫东译，上海人民出版社2002年版。

［德］尤尔根·哈贝马斯：《公共领域的结构转型》，曹卫东、王晓珏、刘北成等译，学林出版社1999年版。

［德］尤尔根·哈贝马斯：《论功能主义理性批判》，洪佩郁、蔺青译，重庆出版社1994年版。

［德］尤尔根·哈贝马斯等：《对于缺失的意识——一场与哈贝马斯的讨论》，郁喆隽译，商务印书馆2013年版。

［德］尤尔根·哈贝马斯等：《旧欧洲　新欧洲　核心欧洲》，邓伯宸译，中央编译出版社2010年版。

［德］尤尔根·哈贝马斯、米夏埃尔·哈勒：《作为未来的过去——与著名哲学家哈贝马斯的对话》，章国锋译，浙江人民出版社2001年版。

尤战生：《流行的代价——法兰克福学派大众文化批判理论研究》，山东大学出版社2006年版。

［德］于尔根·哈贝马斯：《后形而上学思想》，曹卫东、付德根译，译林出版社2012年版。

［德］于尔根·哈贝马斯：《现代性的哲学话语》，曹卫东译，译林出版社2011年版。

［英］约翰·费斯克：《传播研究导论：过程与符号》，许静译，北京大学出版社2008年版。

［英］约翰·菲斯克：《解读大众文化》，杨全强译，南京大学出版社 2006 年版。

［英］约翰·费斯克：《电视文化》，祁阿红、张鲲译，商务印书馆 2005 年版。

［英］约翰·费斯克：《理解大众文化》，王晓珏、宋伟杰译，中央编译出版社 2001 年版。

［英］约翰·费斯克：《英国文化研究与电视》，载［美］罗伯特·艾伦编《重组话语频道》，麦永雄、柏敬泽等译，中国社会科学出版社 2000 年版。

［荷］约翰·赫伊津哈：《游戏的人：文化的游戏要素研究》，傅存良译，北京大学出版社 2014 年版。

［美］约翰·洛伊、道格拉斯·布斯：《埃米尔·涂尔干，结构功能主义和体育社会学》，载［英］约瑟夫·马奎尔、凯文·扬编《理论诠释：体育与社会》，重庆大学出版社 2012 年版。

［英］约瑟夫·马奎尔、凯文·扬：《理解诠释：体育与社会》，陆小聪译，重庆大学出版社 2012 年版。

［英］詹姆斯·芬利森：《牛津通识读本：哈贝马斯》，邵志军译，译林出版社 2010 年版。

［英］詹·约尔：《"西方马克思主义"的鼻祖——葛兰西》，郝其睿译，湖南人民出版社 1988 年版。

张道荣、沈雪峰：《后殖民语境下中国乒乓球运动开展的殖民现代性研究》，载《中国大学生田径协会 2012 国际体育科学与学校体育学术会议论文集》。

章国锋：《关于一个公正世界的"乌托邦"构想：解读哈贝马斯〈交往行为理论〉》，山东人民出版社 2001 年版。

章辉：《身体是权力斗争的据点——约翰·菲斯克的身体观述略》，《文化研究》2013 年第 2 期。

张劲松：《娱神与竞技：体育与宗教关系的文化阐释》，《中国宗教》2014 年第 9 期。

张劲松：《重释与批判：鲍德里亚的后现代理论研究》，上海人民出版社 2013 年版。

张天勇：《社会符号化：马克思主义视阈中的鲍德里亚后期思想研究》，人民出版社 2008 年版。

张亚平、邵伟德、武超等：《福柯理论对中国学校体育改革的启示》，《河北体育学院学报》2014 年第 1 期。

张一兵：《反鲍德里亚：一个后现代学术神话的祛序》，商务印书馆 2009 年版。

中国社会科学院哲学研究所：《哈贝马斯在华讲演集》，人民出版社 2002 年版。

赵毅衡：《广义叙述学》，四川大学出版社 2013 年版。

周凡：《葛兰西与"后马克思主义"的生成》，《现代哲学》2008 年第 6 期。

周兴杰：《批判的位移：葛兰西与文化研究转向》，中国社会科学出版社 2011 年版。

朱波涛：《福柯自我构建理论对高校体育教学改革的启示》，《南京体育学院学报》（自然科学版）2013 年第 5 期。

朱大梅：《福柯身体思想：体育学术研究的一种新视角》，《搏击·武术科学》2014 年第 12 期。

［法］朱利安·弗洛因德：《导论三：韦伯的学术》，载马克斯·韦伯《学术与政治》，钱永祥等译，广西师范大学出版社 2010 年版。

朱立宏:《译后小记》,载〔美〕欧文·戈夫曼《污名——受损身份管理札记》,宋立宏译,商务印书馆 2009 年版。

〔意〕朱塞佩·费奥里:《葛兰西传》,吴高译,人民出版社 1983 年版。

朱欣华:《从哈贝马斯理论看体育活动在高校素质教育中的作用》,《体育科技文献通报》2014 年第 7 期。

庄严:《葛兰西的文化霸权理论及时代意义》,《北方论丛》2003 年第 6 期。

卓汉容、何文洪:《马克思恩格斯体育思想初探》,《华南师范大学学报》(社会科学版) 1984 年第 3 期。

曾宪刚:《体育美学思考——关于马克思"人的本质力量对象化"哲学思辨》,《湖北美术学院学报》2002 年第 4 期。

外文参考文献

Theodore Abel, *The Foundation of Sociological Theory*, New York: Random House, 1970.

Daryl Adair, David Rowe, "Beyond Boundaries? 'Race', Ethnicity and Identity in Sport", *International Review for the Sociology of Sport*, Vol. 45, No. 3, August 2010.

Mary Adams, "Response to Helstein's 'Seeing Your Sporting Body: Identity, Subjectivity, and Misrecognition'", *Sociology of Sport Journal*, Vol. 24, No. 1, March 2007.

Patricia Adler, Peter Adler, *Blackboards and Blackboards: College Athletes and Role Engulfment*, New York: Columbia University Press, 1991.

Theodor Adorno, *The Culture Industry: Selected Essays on Mass Culture*,

London: Routledge, 2005.

Theodor Adorno, *Minima Moralia: Reflections on a Damaged Life*, Translated by E. F. NJephcott, London: Verso, 2005.

Theodor Adorno, *Kulturkritik und Gesellschaft II*, Frankfurt: Suhrkamp, 2003.

Theodor Adorno, *Aesthetic Theory*, Translated by Robert Hullot-Kentor, London: Continuum, 2002.

Theodor Adorno, *Prisms*, Translated by Samuel Weber, Shierry Weber, Cambridge: MIT Press, 1983.

Theodor Adorno, "Transparencies on Film", *New German Critique*, Vol. 24 – 25, 1981 – 1982.

Theodor Adorno, *Introduction to the Sociology of Music*, Translated by E. B. Ashtone, New York: Seabury Press, 1976.

Theodor Adorno, "Ideology", Frankfurt Institute of Social Research (eds), *Aspects of Sociology*, Translated by John Viertel, Boston: Beacon Press, 1972.

Kenneth Aggerholm, "Express Yourself: The Value of Theatricality in Soccer", *Journal of the Philosophy of Sport*, Vol. 40, No. 2, October 2013.

Graham Allen, *Roland Barthes*, London: Routledge, 2003.

Eric Anderson, *Sport Theory and Social Problems: A Critical Introduction*, London: Routledge, 2010.

Denise Anderson, "Adolescent Girls' Involvement in Disability Sport: Implications for Identity Development", *Journal of Sport & Social Issues*, Vol. 33, No. 4, November 2009.

Jervis Anderson, "Cricket and beyond: The Career of C. L. R. James",

The American Scholar, Vol. 54, No. 3, July 1985.

David Andrews, "Response to Bairner's ' Back to Basics: Class, Social Theory, and Sport ' ", *Sociology of Sport Journal*, Vol. 24, No. 1, March 2007.

David Andrews, "Coming to Terms with Cultural Studies", *Journal of Sport & Social Issues*, Vol. 26, No. 1, February 2002.

David Andrews, "Feminizing Olympic Reality: Preliminary Dispatches from Baudrillard's Atlanta", *International Review for the Sociology of Sport*, Vol. 33, No. 1, March 1998.

David Andrews, "Desperately Seeking Michel: Foucault's Genealogy, the Body, and Critical Sport Sociology", *Sociology of Sport Journal*, Vol. 10, No. 2, June 1993.

David Andrews, John Loy, "British Cultural Studies and Sport: Past Encounters and Future Possibilities", *Quest*, Vol. 45, No. 2, May 1993.

Eric Anderson, *Sport Theory and Social Problems: A Critical Introduction*, London: Routledge, 2010.

Iam Andrews, "From a Club to a Corporate Game: The Changing Face of Australian Football, 1960 – 1999", *The International Journal of the History of Sport*, Vol. 17, No. 2 – 3, February 2000.

Nick Anstead, Ben O'Loughlin, "Twenty20 as Media Event", *Sport in Society*, Vol. 14, No. 10, December 2011.

Gary Armstrong, *Football Hooligans: Knowing the Score*, Oxford: Berg, 1998.

Gary Armstrong, Malcolm Young, "Fanatical Football Chants: Creating and Controlling the Carnival", *Culture*, *Sport*, *Society*, Vol. 2, No. 3,

September 1999.

David Ashley, *History without a Subject: The Postmodern Condition*, Boulder: Westview Press, 1997.

Michael Atkingson, Kevin Young, "Shadowed by the Corpse of War: Sport Spectacles and the Spirit of Terrorism", *International Review for the Sociology of Sport*, Vol. 47, No. 3, June 2012.

Homi Bhabha, *The Location of Culture*, Abinton: Routledge, 2005.

Homi Bhabha, "Life at the Border: Hybrid Identities of the Present", *New Perspective Quarterly*, Vol. 14, No. 1, January 1997.

Homi Bhabha, "Art and National Identity: A Critics Symposium", *Art in America*, Vol. 79, No. 9, September 1991.

Alan Bairner, "Re-appropriating Gramsci: Marxism, Hegemony and Sport", Ben Carrington, Ian McDonald, *Marxism, Cultural Studies and Sport*, London: Routledge, 2009.

Alan Bairner, "Back to Basics: Class, Social Theory, and Sport", *Sociology of Sport Journal*, Vol. 24, No. 1, March 2007.

John Bale, *Landscapes of Modern Sport*, London: Leicester University Press, 1994.

John Bale, Mike Cronin, "Introduction: Sport and postcolonialism", John Bale, Mike Cronin (eds), *Sport and Postcolonialism*, Oxford: Berg, 2003.

Natalie Barker-Ruchti, Richard Tinning, "Foucault in Leotards: Corporeal Discipline in Women's Artistic Gymnastics", *Sociology of Sport Journal*, Vol. 27, No. 3, September 2010.

Roland Barthes, *The Grain of the Voice: Interviews*, 1962 – 1980, Translated by Linda Coverdale, Evanston: Northwestern University Press, 2009.

Roland Barthes, *What is Sport*? Translated by Richard Howard, New Haven: Yale University Press, 2007.

Roland Barthes, *The Language of Fashion*, Translated by Andrews Stafford, Oxford: Berg, 2005.

Roland Barthes, *The Eiffel Tower and Other Mythologies*, Translated by Richard Howard, Berkeley: University of California Press, 1997.

Roland Barthes, *On Racine*, Translated by Richard Howard, Berkeley: University of California Press, 1992.

Roland Barthes, *The Rustle of Language*, Translated by Richard Howard, Berkeley: University of California Press, 1989.

Roland Barthes, *The Responsibility of Forms*: *Critical Essays on Music*, *Art*, *and Representation*, Translated by Richard Howard, Berkeley: University of California Press, 1985.

Roland Barthes, *Image-Music-Text*, Translated by Stephen Heath, New York: Hill and Wang, 1977.

Roland Barthes, *Mythologies*, Paris: Seuil, 1957.

Jean Baudrillard, *Carnival and Cannibal*, *or the Play of Global Antagonism*, Translated by Chris Turner, London: Seagull Books, 2010.

Jean Baudrillard, *Why Hasn' t Everything Already Disappeared*, Translated by Chris Turner, London: Seagull Books, 2009.

Jean Baudrillard, *Radical Alterity*, Translated by Ames Hodges, New York: Semiotext (e), 2008.

Jean Baudrillard, *Fatal Strategies*, Translated by Philip Beitchman, Los Angeles: Semiotext (e), 2008.

Jean Baudrillard, *Forget Foucault*, Translated by Nicole Dufresne, Cambridge: MIT Press, 2007.

Jean Baudrillard, *In the Shadow of the Majority*, *or*, *the End of the Social*, Translated by Paul Foss, Los Angeles: Semiotext (e): 2007.

Jean Baudrillard, *Exiles from Dialogue*, Translated by Chris Turner, New York: Polity, 2007.

Jean Baudrillard, *Utopia Deferred*: *Writings from Utopie* (1967 – 1978), Translated by Stuart Kendall, New York: Semiotext (e), 2006.

Jean Baudrillard, *The Intelligence of Evil or the Lucidity Pact*, Translated by Chris Turner, New York: Berg, 2005.

Jean Baudrillard, *Conspiracy of Art*: *Manifestos*, *Interviews*, *Essays*, Translated by Ames Hodges, New York: Semiotext (e), 2005.

Jean Baudrillard, *The Spirit of Terrorism and Other Essay*, Translated by Chris Turner, New York: Verso, 2003.

Jean Baudrillard, *Passwords*, New York: Verso, 2003.

Jean Baudrillard, *The Transparency of Evil*: *Essays on Extreme Phenomena*, Translated by James Benedict, London: Verso, 2002.

Jean Baudrillard, *Screened out*, Translated by Chris Turner, London: Verso, 2002.

Jean Baudrillard, *Impossible Exchange*, Translated by Chris Turner, London: Verso, 2001.

Jean Baudrillard, *The Vital Illusion*, Edited by Julia Witwer, New York: Columbia University Press, 2000.

Jean Baudrillard, *Paroxysm*: *Interview with Philippe Petit*, Translated by Chris Turner, London: Verso, 1998.

Jean Baudrillard, *Art and Artefact*, Translated by Nicolas Zurbrugg, London: Sage, 1997.

Jean Baudrillard, "The Virtual Illusion: Or the Automatic Writing of the World", *Theory, Culture & Society*, Vol. 12, No. 4, November 1995.

Jean Baudrillard, *The Illusion of the End*, Translated by Chris Turner, Stanford: Stanford University Press, 1994.

Jean Baudrillard, *Baudrillard Live: Selected Interviews* (1982 – 1993), Mike Gane (ed), London: Routledge, 1993.

Jean Baudrillard, *Revenge of the Crystal: Selected Writings on the Modern Object and its Destiny*: 1968 – 1983, Translated by Paul Foss, Julian Pefanis, Sydney: Power Institute, 1990.

Jean Baudrillard, *The Ecstasy of Communication*, Translated by Bernard Schutze, Carolin Schutze, New York: Semiotext (e), 1988.

Jean Baudrillard, *Simulations*, Translated by Paul Foss, New York: Columbia University Press, 1983.

Rob Beamish, "Marxism, Alienation and Coubertin's Olympic Project", Ben Carrington and Ian McDonald (eds), *Marxism, Cultural Studies and Sport*, London: Routledge, 2009, pp. 88 – 105.

Rob Beamish, "Understanding Labor as a Concept for the Study of Sport", *Sociology of Sport Journal*, Vol. 2, No. 4, December 1985.

Ulrich Beck, *Risk Society: Toward a New Modernity*, London: Sage Publications, 1992.

Anouk Bélanger, "The Urban Sport Spectacle: Towards a Critical Political Economy of Sports", Ben Carrington and Ian McDonald (eds), *Marxism, Cultural Studies and Sport*, London: Routledge, 2009.

Raymond Belliotti, *Watching Baseball*, *Seeing Philosophy*: *The Great Thinkers at Play on the Diamond*, Jefferson: McFarland & Company, Inc, 2008.

Amir Ben-Porat, "Overseas Sweetheart: Israelis Fans of English Football", *Journal of Sport & Social Issues*, Vol. 24, No. 4, November 2000.

Shaun Best, "Liquid Fandom: Neo-tribes and Fandom in the Context of Liquid Modernity", *Soccer & Society*, Vol. 14, No. 1, February 2013.

Steven Best, Douglas Kellner, *Postmodern Theory*: *Critical Interrogations*, New York: Guilford Press, 1991.

Susan Birrell, "Feminist Theories for Sport", Jay Coakley, Eric Dunning (eds), *Handbook of Sports Studies*, London: Sage, 2000.

Susan Birrell, Peter Donnelly, "Reclaiming Goffman: Erving Goffman's Influence on the Sociology of Sport", Richard Giulianotti, *Sport and Modern Social Theorists*, New York: Palgrave MacMillan, 2004.

Neil Blain, Hugh O'Donnell, "Current Developments in Media Sport, and the Politics of Local Identities: A 'Postmodern' Debate?" *Culture*, *Sport*, *Society*, Vol. 3, No. 2, June 2000.

Tony Blair, *The Third Way*, London: Fabian Society, 1998.

Franz Bocklath, Elk Franke, "Is There any Value in Sports? About the Ethical Significance of Sport Activities", *International Review for the Sociology of Sport*, Vol. 30, No. 3 – 4, September 1995.

Jac-Olaf Böhme, *Sport im Spaötkapitalismus*: *zur Kritik dgesellschaftl-Funktionen dSports in dBRD*, Frankfurt: Limpert, 1974.

Peter Bondanella, "Preface", Peter Bondanella (ed), *Umberto Eco and the Open Text*: *Semiotics*, *Fiction*, *Popular Culture*, New York: Cambridge University Press, 1997.

Hans Bonde, "Between Tightness and Looseness: The Politics of London Games in the Light of the Beijing Games", *Sport in Society*, Vol. 17, No. 5, March 2014.

Hans Bonde, "Projection of Male Fantasies: The Creation of 'Scientific' Female Gymnastics", *The International Journal of the History of Sport*, Vol. 29, No. 2, February 2012.

Hans Bonde, "The Gymnastics 'Sexual Revolution': Niels Bukh, Male Aethetics, and Homophilea", *The International Journal of the History of Sport*, Vol. 29, No. 10, August 2009.

Hans Bonde, "Farmer's Gymnastics in Danmark in the Late nineteenth and early Twentieth Centuries: A Semiotic Analysis of Exercise on Moral Action", *The International Journal of History of Sport*, Vol. 10, No. 2, March 1993.

Maarten van Bottenborg, *Global Games*, Translated by Beverley Jackson, Urbana: University of Illinois Press, 2001.

Aomar Boum, "Shoot-outs for the Nation: Football and Politics in Postcolonial Moroccan-Algerian Relations", *Soccer & Society*, Vol. 14, No. 4, August 2013.

Pierre Bourdieu. "The State, Economics and Sport", Translated by Hugh Dauncey, Geoff Hare, *Culture*, *Sport*, *Society*, Vol. 1, No. 2, December 1998.

Pierre Bourdieu, "How can one be a Sportsman?" Pierre Bourdieu, *Sociology in Question*, London: Sage, 1993.

Pierre Bourdieu, "Programme pour une Sociologie du Sport", Pierre

Bourdieu, *Chose Dites*, Paris: de Munuit, 1987.

Pierre Bourdieu, *Distinction: A Social Critique of the Judgement of Taste*, Translated by Richard Nice, Tony Bennett, London: Routledge, 2010.

Pierre Bourdieu, "Sport and Social Class", *Social Science Information*, Vol. 17, No. 6, December 1978.

Gunnar Breivik, "Trends in Adventure Sports in a Post-modern Society", *Sport in Society*, Vol. 13, No. 2, March 2010.

Jean-Marie Brohm, *Sport, A Prison of Measured Time*: Essays, Translated by Ian Fraser, London: Ink Links, 1978.

Christian Bromberger, "Football as world-view and as Ritual", *French Cultural Studies*, Vol. 6, No. 18, October 1995.

Susan Brownell, "The Olympic Public Sphere: The London and Beijing Opening Ceremonies as Representative of Political Systems", *The International Journal of the History of Sport*, Vol. 30, No. 11, November 2013.

Toni Bruce, "Marking the Boundaries of the 'Normal' in Televised Sports: The Play-by-play of Race", *Media, Culture & Society*, Vol. 26, No. 6, November 2004.

Christopher Bryant, David Jary, "Anthony Giddens", George Ritzer (ed), *The Blackwell Companion to Major Social Theorists*, Malder: Blackwell, 2000.

Susan Buck-Morss, *The Origin of Negative Dialectics: Theodor WAdorno, Walter Benjamin and the Frankfurt Institute*, New York: Free Press, 1977.

Paul Buhle, *C. L. R. James: The Artist as Revolutionary*, London: Verso, 1988.

Klaus Cachay, *Sportspiel und Sozialisation*, Schorndorf: Hofmann, 1978.

Roger Caillois, *Man*, *Play*, *and Games*, Translated by Meyer Barash, Urbana: University of Illinois Press, 2001.

Roger Caillois, *Jeux et Sports* (*Encyclopédie de la Pléiade*), Paris: Gallimard, 1967.

Tom Campbell, *Seven Theories of Human Society*, Oxford: Clarendon Press, 1984.

Hart Cantelon, Alan Ingham, "Max Weber and the Sociology of Sport", Joseph Maguire, Kevin Young, *Theory*, *Sport* & *Society*, Amsterdam: Elsevier Science, 2002.

Rocco Capozzi, "An Introduction to Umberto Eco", Rocco Capozzi (ed), *Reading Eco*: *An Anthology*, Bloomington: Indiana University Press, 1997.

Yoram Carmeli, Ronit Grossman, " 'It's a Game between Jews and Arabs': Soccer Journalism, Otherness and Abjection in the Israeli Context", *Culture*, *Sport*, *Society*, Vol. 3, No. 2, June 2000.

Ben Carrington, "Sport Without Final Guarantees: Cultural Studies/Marxism/Sport", Ben Carrington and Ian McDonald (eds), *Marxism*, *Cultural Studies and Sport*, London: Routledge, 2009.

Ben Carrington and Ian McDonald, *Marxism*, *Cultural Studies and Sport*, London: Routledge, 2009.

Ben Carrington, "Sport Without Final Guarantees: Cultural Studies/Marxism/Sport", Ben Carrington and Ian McDonald (eds), *Marxism*, *Cultural Studies and Sport*, London: Routledge, 2009.

Ben Carrington, "Merely Identity: Cultural Identity and the Politics of

Sport", *Sociology of Sport Journal*, Vol. 24, No. 1, March 2007.

R. Carroll, "Football Hooliganism in England", *International Review of Sport Sociology*, Vol. 15, No. 2, June 1980.

Manuel Castells, *The Rise of the Network Society*, Malden: Blackwell Publishers, 1996.

Ben Carrington, Ian McDonald (eds), *Marxism, Cultural Studies and Sport*, London: Routledge, 2009.

David Chaney, *Lifestyles*, London: Routledge, 1996.

Laura Chase, "(un) Disciplined Bodies: A Foucauldian Analysis of Women's Rugby", *Sociology of Sport Journal*, Vol. 23, No. 3, September 2006.

Liu Chen-Li, Lee Ping Chao, J. A. Mangan, "Guangzhou 2010: Eastern Orwellian Echoes-Yang Shu-chun and a Taiwanese Patriot Media Offensive", *The International Journal of the History of Sport*, Vol. 30, No. 10, October 2013.

Mark Cladis, "Durkheim's Communitarian Defense of Liberalism", Peter Hamilton (ed), *Emile Durkheim Critical Assessments Volume Six*, Lodon: Routledge, 1995.

Jill Le Clair, "Transformed Identity: From Disabled Person to Global Paralympian", *Sport in Society*, Vol. 14, No. 9, November 2011.

John Clarke, C Critcher, *The Devil Makes Work: Leisure in Capitalist Britain*, London: MacMillan, 1985.

Jay Coakley, Eric Dunning (eds), *Handbook of Sports Studies*, London: Sage, 2000.

Ira Cohen, "Structuration Theory", Williams Outhwaite, T. B. Bottomore (eds), *Blackwell Dictionary of Twentieth Century Social Thought*, Oxford: Blackwell, 1994.

Cheryl Cole, "Resisting the Canon: Feminist Cultural Studies, Sport, and Technologies of the Body", *Journal of Sport & Social Issues*, Vol. 17, No. 2, August 1993.

Cheryl Cole, Michael Giardina, David Andrews, "Michel Foucault: Studies of Power and Sport", Richard Giulianotti (ed), *Sport and Modern Social Theorists*, New York: Palgrave MacMillan, 2004.

Claire Colebrook, *Irony: The New Critical Idiom*, London: Routledge, 2004.

Robert Coles, "Football as a Surrogate Religion?" Michael Hill (ed), *A Sociological Yearbook of Religion in Britain*, London: SCM Press, 1974.

Cheryl Cooky, "Getting Girls in the Game: Negotiation of Structure and Agency in a Girl's Recreational Sport Program", Earl Smith (ed), *Sociology of Sport and Social Theory*, Champaign: Human Kinetics, 2010.

Cheryl Cooky, Ranissa Dycus, Shari Dworkin, "What Makes a Woman a Woman?" Versus "Our First Lady of Sport": A Comparative Analysis of the United States and the South African Media Coverage of Caster Semenya, *Journal of Sport and Social Issues*, Vol. 37, No. 1, February 2013.

Lewis Coser, "Durkheim's Conservatism and its Implication for His Sociological Theory", Kurt Wolff (ed), *Emile Durkheim*, 1858 – 1917, *a Collection of Essays*, New York: Arno Press, 1979.

Kate Crehan, *Gramsci, Culture and Anthropology*, Berkeley: University of California Press, 2002.

Chas Critcher, "Radical Theorists of Sport: The State of Play", *Sociol-*

ogy of Sport Journal, Vol. 3, No. 4, December 1986.

Hamish Crocket, " 'This is Men's Ultimate': (Re) creating Multiple Masculinities in Elite Open Ultimate Frisbee", *International Journal for the Sociology of Sport*, Vol. 48, No. 3, June 2013.

James Curtis, John Loy, Wally Karnilowicz, "A Comparison of Suicide-dip Effects of Major Sports Events and Civil Holidays", *Sociology of Sport Journal*, Vol. 3, No. 1, March 1986.

A. Davidson, "Archaeology, Genealogy, Ethics", David Couzens-Hoy (ed), *Foucault: A Critical Reader*, Oxford: Basil Blackwell, 1986.

Mitchell Dean, *Governmentality: Power and Rule in Modern Society 2nd Edition*, London: Sage Publications, 2010.

Mary Deegan, Michael Stein, "American Drama and Ritual: Nebraska Football", *International Review for the Sociology of Sport*, Vol. 13, No. 3, September 1978.

Tim Delaney, Tim Madigan, *The Sociology of Sports: An Introduction*, Jefferson: McFarland & Company, 2009.

Peter Dews, *Antonomy & Solidarity: Interview with Jürgen Habermas Revised Version*, London: Verso, 1992.

Kevin Dixon, "A 'Third Way' for Football Fandom Research: Anthony Giddens and Structuration Theory", *Soccer & Society*, Vol. 12, No. 2, May 2011.

Dong-jhy Hwang, Grant Jarvie, "Sport, Postcolonialism and Modern China: Some Preliminary Thoughts", John Bale, Mike Cronin (eds), *Sport and Postcolonialism*, Oxford: Berg, 2003.

Peter Donnelly, "Interpretive Approaches to the Sociology of Sport",

Jay Coakley, Eric Dunning (eds), *Handbook of Sport Studies*, London: Sage, 2000.

Margaret Duncun, "Response to Carrington's 'Merely Identity: Cultural Identity and the Politics of Sport'", *Sociology of Sport Journal*, Vol. 24, No. 1, March 2007.

Margaret Duncan, "The Politics of Women's Body Images an Practices: Foucault, the Panopticon, and Shape Magazine", *Journal of Sport & Social Issues*, Vol. 18, No. 1, February 1994.

Margaret Duncan, "Sports Photographs and Sexual Difference: Images of Women and Men in the 1984 and 1988 Olympic Games", *Sociology of Sport Journal*, Vol. 7, No. 1, March 1990.

Eric Dunning, "Sociology of Sport in the Balance: Critical Reflections on Some Recent and More Enduring Trends", *Sport in Society: Cultures, Commerce, Media, Politics*, Vol. 7, No. 2, February 2004.

Eric Dunning, "Figurational Contributions to the Sociology Study of Sport", Joseph Maguire, Kevin Young, *Theory, Sport & Society*, Amsterdam: Elsevier Science, 2002.

Eric Dunning (ed), *Sport Matter: Sociology Studies of Sport, Violence and Civilization*, London: Routledge, 1999.

Eric Dunning, "Figurational Sociology and the Sociology of Sport: Some Concluding Remarks", Eric Dunning, Chris Rojek (eds), *Sport and Leisure in the Civilizing Process: Critique and Counter-Critique*, Basingstoke: Palgrave Macmillan, 1992.

Eric Dunning, "Social Bonding and Violence in Sport", Norbert Elias, Eric Dunning (eds), *Quest for Excitement: Sport and Leisure in the Civilizing*

Process, Oxford: Basil Blackwell, 1986.

Eric Dunning, Industrialisation and the Incipient Modernisation of Football, *Stadion*, Vol. 1, No. 1, March 1975.

Eric Dunning, *Sport: Reading from a Sociological Perspective*, London: Frank Cass and Company Limited, 1971.

Eric Dunning, Dominic Malcolm, Ian Waddington, "Introduction: History, Sociology and the Sociology of Sport: the Work of Norbert Elias", Eric Dunning, Dominic Malcolm, Ian Waddington (eds), *Sport Histories: Figurational Studies of the Development of Modern Sports*, London: Routledge, 2004.

Eric Dunning, Dominic Malcolm, Ian Waddington, "Conclusion: Figurational Sociology and the Development of Modern Sport", Eric Dunning, Dominic Malcolm, Ian Waddington (eds), *Sport Histories: Figurational Studies of the Development of Modern Sports*, London: Routledge, 2004.

Eric Dunning, Patrick Murphy, John Williams, *The Roots of Football Hooliganism*, London: Routledge, 1988.

Eric Dunning, Patrick Murphy, John Williams, "Spectator Violence at Football Matches: Towards a Sociological Explanation", Norbert Elias, Eric Dunning (eds), *Quest for Excitement: Sport and Leisure in the Civilizing Process*, Oxford: Basil Blackwell, 1986.

Eric Dunning, Kenneth Sheard, *Barbarians, Gentlemen and Players: A Sociological Study of the Development of Rugby Football*, Oxford: Martin Robertson, 1979.

Emile Durkheim, *Sociology and Philosophy*, Translated by D. F. Pocock, Abington: Routledge, 2010.

Noel Dyck, "Games, Bodies, Celebrations and Boundaries: Anthropological Perspectives on Sport", Noel Dyck, *Games, Sports and Cultures*, Oxford: Berg, 2000.

Umberto Eco, *From the tree to the labyrinth: historical studies on the sign and interpretation*, Translated by Anthony Oldcorn, Cambridge: Harvard University Press, 2014.

Umberto Eco, *The book of legendary lands*, New York: Rizzoli Ex Libris, 2013.

Umberto Eco, "Illuminismo e Senso Comune", Umberto Eco, *A Passo di Gambero: Guerre Calde e Populismo Mediatico*, Milano: Pombiani, 2006.

Umberto Eco, "Towards a Semiotic Inquiry into the Television Message", Toby Miller (ed), *Television: Critical Concepts in Media and Cultural Studies, Volume* 2, London: Routledge, 2003.

Umberto Eco, *Five Moral Pieces*, Translated by Alastair McEwen, New York: Harcourt, 2001.

Umberto Eco, *Kant and the platypus: essays on language and cognition*, Translated by Alastair McEwen, London: Secker & Warburg, 1999.

Umberto Eco, *Apocalypse postponed*, Robert Lumley (ed), London: Flamingo, 1995.

Umberto Eco, "Come non Parlare di Calcio", Umberto Eco, *Il Secondo Diario Minimo*, Milano: Pombiani, 1992.

Umberto Eco, *Travels in Hyperreality: Essays*, Translated by William Weaver, New York: Mariner Books, 1990.

Umberto Eco, "Il Mundial e le Sue Pompe", Umberto Eco, *Sette Anni di Desiderio*, Milano: Bompiani, 1983.

Umberto Eco, *A Theory of Semiotics*, Bloomington: Indiana University Press, 1979.

Umberto Eco, "La Chiacchiera Sportiva", Umberto Eco, *Il Costume di Casa: Evidenze e Misteri dell' ideologia Italiana negli anni Sessanta*, Milano: Bompiani, 1973.

Umberto Eco, "Volari Senza Campioni", Umberto Eco, *Il Costume di Casa: Evidenze e Misteri dell' ideologia Italiana negli anni Sessanta*, Milano: Bompiani, 1973.

Andrew Edgar, "Sport and Art: an Essay in the Hermeneutics of Sport", *Sport, Ethics and Philosophy*, Vol. 7, No. 1, February 2013.

Andrew Edgar, "The Aesthetics of the Olympic Art Competition", *Journal of the Philosophy of Sport*, Vol. 39, No. 2, October 2012.

Andrew Edgar, "Sport as Strategic Action: A Habermasian Perspective", *Sport, Ethics and Philosophy*, Vol. 1, No. 1, March 2007.

John Efron, "Critique of Pure Football", *Sport in History*, Vol. 28, No. 1, February 2008.

Stanley Eitzen, "Conflict Theory and Deviance in Sport", *International Review for the Sociology of Sport*, Vol. 23, No. 3, September 1988.

Norbert Elias, *The Genesis of the Naval Profession*, Dublin: University College Dublin Press, 2007.

Norbert Elias, *Involvement and Detachment*, Translated by Edmund Jephcott, Dublin: University College Dublin Press, 2007.

Norbert Elias, *Early Writings*, Translated by Edmund Jephcott, Dublin: University College Dublin Press, 2006.

Norbert Elias, *The Symbol Theory*, London: Sage, 1991.

Norbert Elias, "Introduction", Norbert Elias, Eric Dunning (eds), *Quest for Excitement: Sport and Leisure in the Civilizing Process*, Oxford: Basil Blackwell, 1986.

Norbert Elias, "An Essay on Sport and Violence", Norbert Elias, Eric Dunning (eds), *Quest for Excitement: Sport and Leisure in the Civilizing Process*, Oxford: Basil Blackwell, 1986.

Norbert Elias, "The Genesis of Sport as a Sociological Problem", Norbert Elias, Eric Dunning (eds), *Quest for Excitement: Sport and Leisure in the Civilizing Process*, Oxford: Basil Blackwell, 1986.

Norbert Elias, *The Court Society*, Translated by Edmund Jephcott, Oxford: Basil Blackwell Publisher, 1983.

Norbert Elias, "Adorno-RedeRespekt und Kritik", Norbert Elias, Wolf Lepenies (eds), *Zwei Reden Anläßlich der Verleihung des Theodor Adorno-Preises*, Frankfurt: Suhrkamp, 1977.

Norbert Elias, "Foreword", Eric Dunning (ed), *Sport: Reading from a Sociological Perspective*, London: Frank Cass and Company Limited, 1971.

Norbert Elias, Eric Dunning (eds), *Quest for Excitement: Sport and Leisure in the Civilizing Process*, Oxford: Basil Blackwell, 1986.

Norbert Elias, Eric Dunning, "Leisure in the Spare-time Spectrum", Norbert Elias, Eric Dunning (eds), *Quest for Excitement: Sport and Leisure in the Civilizing Process*, Oxford: Basil Blackwell, 1986.

Norbert Elias, Eric Dunning, "The Quest for Excitement in Leisure", Norbert Elias, Eric Dunning (eds), *Quest for Excitement: Sport and Leisure in the Civilizing Process*, Oxford: Basil Blackwell, 1986.

Norbert Elias, Eric Dunning, "Folk Football in Medieval and Early

Modern Britain", Norbert Elias, Eric Dunning (eds), *Quest for Excitement: Sport and Leisure in the Civilizing Process*, Oxford: Basil Blackwell, 1986.

Norbert Elias, Eric Dunning, "Dynamics of Sport Groups with Special Reference to Football", Norbert Elias, Eric Dunning (eds), *Quest for Excitement: Sport and Leisure in the Civilizing Process*, Oxford: Basil Blackwell, 1986.

Norbert Elias, John Scotson, *The Established and the Outsiders*, Revised Version Dublin: University College Dublin Press, 2008.

David Faflik, "A Noble Sport: The Racial Football Rhetoric of Mandela, Obama, and Martin Luther King Jr. ", *Journal of Sport & Social Issues*, Vol. 36, No. 4, November 2012.

Grant Farred, "Socratic Solitude: The Scouser two-as-one", Ben Carrington and Ian McDonald (eds), *Marxism, Cultural Studies and Sport*; London: Routledge, 2009.

Grant Farred, "The Double Temporality of Lagaan: Cultural Struggle and Postcolonialism", *Journal of Sport & Social Issues*, Vol. 28, No. 2, May 2004.

Grant Farred, "The Maple Man: How Cricket Made a Postcolonial Intellectual", Grant Farred (ed), *Rethinking C. L. R. James*, Oxford: Blackwell Publishers, 1996.

John Fiske, "Surveilling the City: Whiteness, the Black Man and Democratic Totalitarianism", *Theory, Culture and Society*, Vol. 15, No. 2, May 1998.

John Fiske, "Hybrid Vigor: Popular Culture in a Multicultural, Post-

Fordist World", *Studies in Latin American Popular Culture*, Vol. 15, No. 1, February 1996.

John Fiske, *Power Plays*, *Power Works*, London: Verson, 1993.

John Fiske, "The Cultural Economy of Fandom", Lisa Lewis (ed), *The Adoring Audience: Fan Culture and Popular Media*, London: Routledge, 1992.

John Fiske, "Cultural Studies and the Culture of Everyday Life", Lawrence Grossberg, Cary Nelson, Paula Treichler (eds), *Cultural Studies*, New York: Routledge, 1992.

John Fiske, "For Cultural Interpretation: A Study of the Culture of Homelessness", *Critical Studies in Mass Communication*, Vol. 8, No. 4, December 1991.

John Fiske, "Writing Ethnographies: Contribution to a Dialogue", *Quarterly Journal of Speech*, Vol. 77, No. 3, August 1991.

John Fiske, "Popular Narrative and Commercial Television", *Camera Obscura: Feminism, Culture, and Media Studies*, Vol. 8, No. 2, May 1990.

John Fiske, "Ethnosemiotics: Some Personal and Theoretical Reflections", *Cultural Studies*, Vol. 4, No. 1, January 1990.

John Fiske, "Moments of Television: Neither the Text nor the Audience", Allen Seiter, etc (eds), *Remote Control: Television, Audiences, and Cultural Power*, London: Routledge, 1989.

John Fiske, "TV: Re-situating the Popular in the People", *Continuum: Journal of Media & Cultural Studies*, Vol. 1, No. 2, June 1988.

John Fiske, "Critical Response: Meaningful Moments", *Critical Studies in Mass Communication*, Vol. 5, No. 3, September 1988.

John Fiske, "Miami Vice, Miami Pleasure", *Cultural Studies*, Vol. 1, No. 1, January 1987.

John Fiske, "Television: Polysemy and Popularity", *Critical Studies in Mass Communication*, Vol. 3, No. 4, December 1986.

John Fiske, "Television and Popular Culture: Reflections on British and Australian Critical Practice", *Critical Studies in Mass Communication*, Vol. 3, No. 2, June 1986.

John Fiske, "MTV: Post-Structural Post-Modern", *Journal of Communication Inquiry*, Vol. 10, No. 1, January 1986.

John Fiske, "The Semiotics of Television", *Critical Studies in Mass Communication*, Vol. 2, No. 2, June 1985.

John Fiske, "Popularity and Ideology: A Structuralist Reading of DrWho", Willard Rowland, Bruce Watkins (eds), *Interpreting Television: Current Research Perspectives*, Beverly Hills: Sage, 1984.

John Fiske, "The Discourses of TV Quiz Show, or, School + Luck = Success + Sex", *Central States Speech Journal*, Vol. 34, No. 3, September 1983.

John Fiske, "Roland Barthes and the Hidden Curriculum of ETV", *Journal of Educational Television*, Vol. 5, No. 3, September 1979.

John Fiske, Robert Dawson, "Audiencing Violence: Watching Homeless Men Watch Die Hard", James Hay, Lawrence Grossberg, Ellen Wartella (eds), *The Audience and its Landscape*, Boulder: Westview Press, 1996.

John Fiske, Kevin Glynn, "Trials of the Postmodern", *Cultural Studies*, Vol. 9, No. 3, June 1995.

John Fiske, John Hartley, *Reading Television*, London: Routledge, 2003.

Thomas Fletcher, "Why do 'They' heer for?" Cricket, Diaspora, Hybridity and Divided Loyalties amongst British Asians, *International Review for the Sociology of Sport*, Vol. 47, No. 5, October 2012.

Douglas Foley, "The Great American Football Ritual: Reproducing Race, Class and Gender Inequality", *Sociology of Sport Journal*, Vol. 7, No. 2, June 1990.

Michel Foucault, *Dits et Écrits* (1954 – 1958), Paris: Gallimard, 1994.

Michel Foucault, "The Ethic of Care for the Self as a Practice of Freedom", James Bernauer, David Rasmussen (eds), *The Final Foucault*, Cambridge: MIT Press, 1987.

Michel Foucault, "The Subject and Power", Hubert Dreyfus, Paul Rainbow (eds), *Michel Foucault: Beyond Structuralism and Hermeneutics*, *2nd Edition*, Chicago: University of Chicago Press, 1983.

Michel Foucault, Colin Gordon (ed), *Power/Knowledge: Selected Interviews and Other Writings* 1972 – 1977, New York: Harvester Press, 1980.

Michel Foucault, "Prison Talk", Colin Gordon (ed), *Power/Knowledge: Selected Interviews and Other Writings* 1972 – 1977, New York: Harvester Press, 1980.

Michel Foucault, *The History of Sexuality: Volume* 1: *An Introduction*, Translated by Hurley R. New York: Vintage Books, 1978.

Elk Franke, *Theorie und Bedeutung sportlicher Handlungen: Voraussetzungen uMoöglichkeiten eSporttheorie aus handlungstheoret*, Schorndor: Hofmann, 1978.

Mike Gane, *Baudrillard Live: Selected Interviews*, London: Routledge, 1993.

Mike Gane, *Roland Barthes*, London: Sage, 2004.

Gary Genosko (ed), *Baudrillard and Signs: Signification Ablaze*, London: Routledge, 1994.

Anthony Giddens, "Book Review", *The Guardian*, 1998 – 06 – 13.

Anthony Giddens, "Gazza's Goal Slump", *Times Higher Education Supplement*, 1990 – 12 – 21.

Anthony Giddens, "Notes on Concepts of Play and Leisure", *Sociological Review*, Vol. 12, No. 1, March 1964.

Anthony Giddens, "Sport and Society in Contemporary England", MA Thesis of London School of Economics, 1961.

Debra Gimlin, "Uncivil Attention and the Public Runner", *Sociology of Sport Journal*, Vol. 27, No. 3, September 2010.

Richard Giulianotti, "Civilizing Games: Norbert Elias and the Sociology of Sport", Richard Giulianotti (ed), *Sport and Modern Social Theorists*, New York: Palgrave Macmillan, 2004.

Richard Giulianotti, "The Fate of Hyperreality: Jean Baudrillard and the Sociology of Sport", Richard Giulianotti (ed), *Sport and Modern Social Theorist*, New York: Palgrave Macmillan, 2004.

Richard Giulianotti, *Football: The Sociology of the Global Game*, Cambridge: Blackwell Publishers, 1999.

Richard Giulianotti, "Football and the Politics of Carnival: An Ethnographic Study of Scottish Fans in Sweden", *International Review for the Sociology of Sport*, Vol. 30, No. 2, June 1995.

Richard Giulianotti, Francisco Klauser, "Sport Mega-event and 'Terrorism': A Critical Analysis", *International Review for the Sociology of Sport*, Vol. 47, No. 3, June 2012.

Richard Giulianotti, Roland Robertson, *Globalization & Football*, London: Sage Publications, 2009.

Richard Giulianotti, Roland Robertson, "Recovering the Social: Globalization, Football and Transnationalism", Richard Giulianotti, Roland Robertson (eds), *Globalization and Sport*, Malden: Blackwell Publishing, 2007.

George Gmelsh, "Magic in Professional Baseball", George Stone (ed), *Games, Sports and Power*, New Brunswick: Dutton, 1971.

Erving Goffman, "Interaction Order", *American Sociological Review*, Vol. 48, No. 1, March 1983.

Erving Goffman, *Forms of Talk*, Oxford: Basil Blackwell Publisher, 1981.

Erving Goffman, "A Reply to Denzin and Kellner", *Contemporary Sociology*, Vol. 10, No. 1, March 1981.

Erving Goffman, *Gender Advertisements*, Cambridge: Harvard University Press, 1979.

Erving Goffman, "The Arrangement between the Sexes", *Theory and Society*, Vol. 4, No. 3, September 1977.

Erving Goffman, *Frame Analysis: An Essay on the Organization of Experience*, Boston: Northeastern University Press, 1974.

Erving Goffman, *Relations in Public: Microstudies of the Public Order*, New York: Harper Colophon Books, 1971.

Erving Goffman, *Strategic Interaction*, Philadelphia: University of

Pennsylvania Press, 1969.

Erving Goffman, *Interaction Ritual: Essays on Face-to-face Behavior*, New York: Anchor Books, 1967.

Erving Goffman, "Neglected Situation", *American Anthropologist*, Vol. 66, May 1964.

Erving Goffman, *Behavior in Public Places: Notes on the Social Organization of Gatherings*, New York: The Free Press, 1963.

Erving Goffman, *Stigma: Notes on the Management of Spoiled Identity*, Englewood Cliffs: Prentice-Hall, 1963.

Erving Goffman, *Asylums: Essays on the Social Situation of Mental Patients and Other Inmates*, New York: Anchor Books, 1961.

Erving Goffman, *Encounters: Two Studies in the Sociology of Interaction*, Indianapolis: Bobbs-Merrill Educational Publishing, 1961.

Erving Goffman, *The Presentation of Self in Everyday Life*, London: Penguin Books, 1959.

Erving Goffman, "The Nature of Deference and Demeanor", *American Anthropologist*, Vol. 58, No. 3, June 1958.

B. C. Goodger, J. M. Goodger, "Organisational and Cultural Change in Post-war British Judo", *International Review for the Sociology of Sport*, Vol. 15, No. 1, March 1980.

Colin Gordon, "Governmental Rationality: An Introduction", Graham Burchell, Colin Gordon, Peter Miller (eds), *The Foucault Effect: Studies in Governmentality: with two Lectures by and an Interview with Michel Foucault*, Chicago: The University of Chicago Press, 1991.

Antonio Gramsci, *Selections from the Prison Notebooks of Antonio Grams-*

ci, Translated by Quintin Hoare, Geoffrey Nowell-Smith, New York: International Publishers, 1971.

Kjell Granström, "Cheering as an Indicator of Social Identity and Self-regulation in Swedish Ice Hockey Supporter Group", *International Review for the Sociology of Sport*, Vol. 47, No. 2, April 2012.

Gerald Griggs, "Calypso to Collapso: The Decline of the West Indies as a Cricketing Super Power", *Journal of Sport & Social Issues*, Vol. 30, No. 3, August 2006.

Richard Gruneau, *Class, Sports, and Social Development*, Champaign: Human Kinetics, 1999.

Richard Gruneau, Hart Cantelon, "Capitalism, Commercialism and the Olympics", Jeffery Segrave, Donald Chu (eds), *The Olympic Games in Transition*, Urbana: Human Kinetics, 1987.

Carine Guélandel, Christine Mennesson, "Gender Construction in Judo Interaction", *International Review of Sport Sociology*, Vol. 42, No. 2, June 2007.

Sven Güldenpfennig, *Grenzen buörgerlicher Sportpaödagogik 1 Zum Gesellschaftsbegriff in Didaktik der Leibeserziehung und Sportcurriculum*, Koöln: Pahl-Rugenstein, 1973.

Allen Guttmann, *Games and Empires: Modern Sports and Cultural Imperialism*, New York: Columbia University Press, 1994.

Allen Guttmann, Lee Thompson, *Japanese Sports: A History*, Honolulu: University of Hawaii Press, 2001.

Jürgen Habermas, *Religion and Rationality: Essays on Reason, God, and Modernity*, Eduardo Mendieta (ed), Cambridge: Polity Press, 2002.

Jürgen Habermas, *The Liberating Power of Symbols*: *Philosophical Essays*, *Translated by Peter Dews*, *Cambridge*: *MIT Press*, 2001.

Jürgen Habermas, *On the Pragmatics of Communication*, Maeve Cooke (ed), Cambridge: MIT Press, 1998.

Jürgen Habermas, *Vom Sinnlichen Eindruck Zum Symbolischen Ausdruck*: *philosophische Essays*, Frankfurt: Suhrkamp, 1997.

Jürgen Habermas, *Justification and Application*: *Remarks on Discourse Ethics*, Translated by Ciaran Cronin, Cambridge: MIT Press, 1993.

Jürgen Habermas, "Further Reflections on the Public Sphere", Translated by Thomas Burger, Craig Cahoun (ed), *Habermas and the Public Sphere*, Cambridge: MIT Press, 1992.

Jürgen Habermas, *Moral Consciousness and Communicative Action*, Translated by Christian Lenhardt, Shierry Nicholsen, Cambridge: MIT Press, 1990.

Jürgen Habermas, *On the Logic of the Social Sciences*, Translated by Shierry Nicholsen, Jerry Stark, Cambridge: MIT Press, 1988.

Jürgen Habermas, Taking Aim at the Heart of the Present, David Hoy (ed), *Foucault*: *A Critical Reader*, Oxford: Basil Blackwell, 1986.

Jürgen Habermas, "Öffentlichkeit", *Kultur und Kritik*, Frankfurt: Suhrkamp Verlag, 1973.

Jürgen Habermas, "Soziologische Notizen zum Verhältnis von Albeit und Freizeit", G. Funke (ed), *Konkrete Vernuft*: *Festschrift Für ERothacker*, Bonn: Bouvier, 1958.

Jürgen Habermas, "Die Dialektik der Rationalisierung: Von Pauperismus im Produktion und Konsum", *Merkur*, Vol. 8, No. 6, June 1954.

Joannie Halas, L. L. Hanson, "Pathologizing Billy: Enabling and Constraining the Body of the Condemned", *Sociology of Sport Journal*, Vol. 18, No. 1, March 2001.

Stuart Hall, Cultural Studies: Two Paradigms, Tony Bennett, etc (eds), *Culture, Ideology and Social Process: A Reader*, London: Batsford/Oup, 1981.

Jennifer Hanis-Martin, "Embodying Contradictions: The Case of Professional Women's Basketball", *Journal of Sport & Social Issues*, Vol. 30, No. 3, August 2006.

John Hargreaves, "Revisiting the Hegemony Thesis", John Sudgen, C. Knox, *Leisure in the 1990s: Rolling Back the Welfare State*, Eastbourne: Leisure Studies Association, 1992.

John Hargreaves, *Sport, Power and Culture: A Social and Historical Analysis of Popular Sports in Britain*, Cambridge: Polity, 1986.

John Hargreaves, Ian McDonald, "Cultural Studies and the Sociology of Sport", Jay Coakley, Eric Dunning (eds), *Handbook of Sports Studies*, London: Sage, 2000.

Mabel Hart, "Stigma and Prestige", Mabel Hart (ed), *Sport in the Socio-cultural Process*, Dubuque: W. C. Brown, 1976.

Douglas Hartmann, "What can we Learn from Sport if we Take Sport Seriously as a Racial Force? Lessons from C. L. R. James'Beyond a Boundary", *Ethnic and Racial Studies*, Vol. 26, No. 3, March 2003.

Jean Harvey, Geneviéve Rail, Lucie Thibault, "Globalization and Sport: Sketching a Theoretical Model for Empirical Analyses", *Journal of Sport & Social Issues*, Vol. 20, No. 3, August 1996.

Juha Heikkala, "Modernity, Morality, and the Logic of Competing", *International Review for the Sociology of Sport*, Vol. 28, No. 4, December 1993.

Michelle Helstein, "Seeing Your Sporting Body: Identity, Subjectivity, and Misrecognition", *Sociology of Sport Journal*, Vol. 24, No. 1, March 2007.

Dennis Hemphill, "Sport, Political Ideology and Freedom", *Journal of Sport & Social Issues*, Vol. 16, No. 1, March 1992.

John Hoberman, *Sport and Political Ideology*, London: Heinemann Educational Books Ltd. , 1984.

John Hoberman, "Sport and Political Ideology: Relating Sport and Ideology", *Journal of Sport & Social Issues*, Vol. 1, No. 2, June 1977.

Arlie Hochschild, "Gender Codes in Women's Advice Books", Stephen Riggins (ed), *Beyond Goffman: Studies on Communication, Institution, and Social Interaction*, Berlin: Mouton de Gruyter, 1990.

David Holand-Smith, Steve Olivier, " ' You don ' t Understand us!' An Inside Perspective on Adventure Climbing", *Sport in Society*, Vol. 16, No. 9, November 2013.

Fan Hong, Lu Zhouxiang, *The Politicisation of Sport in Modern China: Communists and Champions*, London: Routledge, 2013.

Max Horkheimer, "New Patterns in Social Relations", William Morgan, Klaus Meier (eds), *Philosophic Inquiry in Sport*, Champaign: Human Kinetics Press, 1987.

John Horne, David Jary, "Anthony Giddens: Structuration Theory, and Sport and Leisure", Richard Giulianotti (ed), *Sport and Modern Social*

Theorists, New York: Palgrave MacMillan, 2004.

John Horne, David Jary, "The Figurational Sociology of Sport and Leisure of Elias and Dunning: An Exposition and Critique", John Horne, David Jary, Alan Tomlinson (eds), *Sport, Leisure and Social Relations*, London: Routledge, 1987.

John Horne, Alan Tomlinson, Garry Whannel, Kath Woodward, *Understanding Sport: A Socio-Cultural Analysis 2nd edition*, London: Routledge, 2013.

Robert Hughes, Jay Coakley, "Positive Deviance Among Athletes: The Implications of Overconformity to the Sport Ethic", *Sociology of Sport Journal*, Vol. 8, No. 4, December 1991.

Stuart Hughes, *Consciousness and Society: The Reorientation of European Social Thought*, 1890 – 1930, New York: Alfred Knopf, 1958.

John Hughson, "Cultural History and the Study of Sport", *Sport in Society: Cultures, Commerce, Media, Politics*, Vol. 12, No. 1, January 2009.

John Hughson, "The Middle Class, Colonialism, and the Making of Sport", *Sport in Society: Cultures, Commerce, Media, Politics*, Vol. 12, No. 1, January 2009.

John Hughson, "Soccer Support and Social Identity: Finding the 'Thirdspace'", *International Review for the Sociology of Sport*, Vol. 34, No. 4, December 1998.

Tom Huhn, "Introduction: Thoughts beside Themselves", Tom Huhn (ed), *The Cambridge Companion to Adorno*, Cambridge: Cambridge University Press, 2004.

Jayne Ifekwunigwe, "Venus and Serena are 'doing it' for Themselves:

Theorizing Sporting Celebrity, Class and Black Feminism for the Hip-Hop Generation", Ben Carrington and Ian McDonald (eds), *Marxism*, *Cultural Studies and Sport*; London: Routledge, 2009.

Alan Ingham, "The Sportification Process: A Biographical Analysis Framed by the Work of Marx, Weber, Durkheim and Freud", Richard Giulianotti (ed), *Sport and Modern Social Theorists*, New York: Palgrave MacMillan, 2004.

Alan Ingham, "Occupational Subcultures in the Work World of Sport", Donald Ball, John Loy (eds), *Sport and Social Order: Contributions to the Sociology of Sport*, Reading: Addison-Wesley, 1975.

Alan Ingham, Jeremy Howard, Todd Schilperoot, "A Rickety Bridge Between Abstract and Social Space: The American Sport Franchise", Keynote Speak on the 8th Commonwealth and International Conference on Sport, Physical Education, Dance, Recreation, and Health, Glasgow, 1986.

Alan Ingham, Jeremy Howard, Todd Schilperoot, "Professional Sports and Community: A Review and Exegesis", *Exercises & Sport Sciences Reviews*, Vol. 15, No. 1, February 1987.

Alan Ingham, John Loy, "The Structure of Ludic Action", *International Review of Sport Sociology*, Vol. 9, No. 1, March 1974.

David Inglis, "Theodor Adorno on Sport: The Jeu D' Esprit of Despair", Richard Giulianotti (ed), *Sport and Modern Social Theorists*, New York: Palgrave Macmillan, 2004.

Steven Jackson, Brendan Hokowhitu, "Sport, Tribes, and Technology: The New Zealand All Blacks Haka and the Politics of Identity", *Journal of Sport & Social Issues*, Vol. 26, No. 2, May 2002.

Cyril James, *Beyond a Boundary*, Durham: Duke University Press, 1993.

Cyril James, *Cricket*, London: Allison & Busby, 1989.

Cyril James, *Black Jacobins: Toussaint L'ouverture and the San Domingo Revolution*, Haiti: Dual Press, 1938.

Cyril James, *A History of the Negro Revolt*, London: Fact Ltd. , 1938.

Cyril James, *The Case for West Indian Self Government*, London: Hogarth Press, 1933.

Grant Jarvie, *Sport, Culture and Society: An Introduction*, 2nd Edition, Abingdon: Routledge, 2012.

Grant Jarvie, Joseph Maguire, *Sport and Leisure in Social Thought*, London: Routledge, 1994.

Grant Jarvie, Dong-jhy Hwang, Mel Brennan, *Sport, Revolution and Beijing Olympics*, Oxford: Berg, 2008.

Simon Jarvis, *Adorno: A Critical Introduction*, New York: Routledge, 1998.

David Jary, "The McDonaldization of Sport and Leisire", Barry Smart (ed), *Revisiting McDonalization*, London: Routledge, 1991.

David Jary, John Horne, Tom Bucke, "Football 'Fanzines' and Football Culture: A Case of Successful 'Cultural Contestation'", *Sociological Review*, Vol. 39, No. 3, August 1991.

Robert Jones, *Emile Durkheim: An Introduction to Four Major Works*, London: Sage, 1981.

Wally Karnilowicz, *An Analysis of the Effects of Ceremonial Occasions on Frequency of Suicides in the United States*, 1972 – 1978, Master's Thesis of

University of Illinois, Urbama-Champaign, 1982.

Dirt Käsler, *Max Weber: An Introduction to his Life and Work*, Translated by Philippa Hurd, Chicago: The University of Chicago Press, 1988.

Peter Kayfman, Eli Wolff, "Playing and Protesting: Sport as a Vehicle for Social Change", *Journal of Sport & Social Issues*, Vol. 34, No. 2, May 2010.

Douglas Kellner, *Jean Baudrillard: From Marxism to Postmodernism and Beyond*, Stanford: Stanford University Press, 1989.

Seamus Kelly, Ivan Waddington, "Abuse, Intimidation and Violence as Aspects of Managerial Control in Professional Soccer in Britain and Ireland", *International Review for the Sociology of Sport*, Vol. 41, No. 2, June 2006.

David Kennedy, "Football Stadium Relocation and the Commodification of Football: The Case of Everton Supporters and Their Adoption of the Language of Commerce", *Soccer & Society*, Vol. 13, No. 3, June 2012.

Eileen Kennedy, Laura Hills, *Sport, Media and Society*, Oxford: Berg, 2009.

Peter Kennedy, David Kennedy, "Football Supporters and the Commercialisation of Football: Comparative Responses across Europe", *Soccer & Society*, Vol. 13, No. 3, June 2012.

Kerstin Kersch, *Zeitgenössische Sportphilosophie als Kritische Sporttheorie der Neuen Linken: Ansaötze zu einer Kritik der Kritik*, Frankfurt: Peter Lang, 1986.

Francis Kew, "Contested Rules: An Explanation of How Games Change", *International Review for the Sociology of Sport*, Vol. 22, No. 2, June 1987.

Anthony King, "The Naked Female Athlete: The Case of Rebecca Romero", *International Review for the Sociology of Sport*, Vol. 48, No. 5, October 2013.

Nicole King, *C. L. R. James and Creolization: Circles of Influence*, Jackson: University Press of Mississippi, 2011.

Samantha King, "Doing Good by Running Well: Breast Cancer, the Race for the Cure, the New Technologies of Ethical Citizenship", Jack Bratich, Jeremy Packer, Cameron McCarthy (eds), *Foucault, Cultural Studies, and Governmentality*, Albany: State University of New York Press, 2003.

Samantha King, Mary McDonald, "(Post) Identity and Sporting Cultures: An Introduction and Overview", *Sociology of Sport Journal*, Vol. 24, No. 1, March 2007.

Alan Klein, *Little Big Man: Bodybuilding Subculture and Gender Construction*, Albany: State University of New York Press, 1993.

Alan Klein, *Sugarball: The American Game, the Dominican Dream*, New Haven: Yale University Press, 1991.

Alan Klein, "Muscle Manor: The Use of Sport Metaphor and History in Sport Sociology", *Journal of Sport & Social Issues*, Vol. 9, No. 1, March 1985.

Bobbi Knapp, "Smash Mouth Football: Identity Development and Maintenance on a Women's Tackle Football Team", *Journal of Sport & Social Issues*, Vol. 38, No. 1, February 2014.

Zoe Knowles, David Gilbourne, "Aspiration, Inspiration and Illustration: Initiating Debate on Reflective Practice Writing", *The Sport Psycholo-*

gist, Vol. 24, No. 4, December 2010.

Eugen König, "Criticism of Doping: The Nihilistic Side of Technological Sport and the Antiquated View of Sport Ethics", *International Review for the Sociology of Sport*, Vol. 30, No. 3 –4, September 1995.

Charles Korr, *West Ham United: The Making of a Football Club*, Urbana: University of Illinois Press, 1986.

Zbigniew Krawczyk, "Physical Culture: Past and Present", *International Review for the Sociology of Sport*, Vol. 13, No. 2, June 1978.

Zbigniew Krawczyk, "Theory and Empiricism in the Social Sciences Regarding Physical Culture", *International Review for the Sociology of Sport*, Vol. 12, No. 1, March 1977.

Michael Krüger, "Adorno, der Sport und die Kritische Sporttheorie", *Sportwissenschaft*, Vol. 34, No. 1, February 2004.

Teresa Lacerda, "Education for the Aesthetics of Sport in Higher Education in the Sports Sciences – The Particular Case of the Portuguese-Speaking Countries", *Journal of the Philosophy of Sport*, Vol. 39, No. 2, October 2012.

Philippe Lacombe, "The Breton Body in Culture and Religion", *Culture, Sport, Society*, Vol. 4, No. 3, September 2001.

Arja Latinen, Arto Tiihonen, "Narratives of Men's Experiences in Sport", *International Review for the Sociology of Sport*, Vol. 25, No. 3, September 1990.

Richard Lane, *Jean Baudrillard*, London: Routledge, 2000.

Edmund Leach, *Social Anthropology*, Oxford: Oxford University Press, 1982.

Jessica Lee, Doune Macdonald, and Jan Wright, "Young Men's Physical Activity Choices: The Impact of Capital, Masculinities, and Location", *Journal of Sport & Social Issues*, Vol. 33, No. 1, February 2009.

Charles Lemert, *Sociology after the Crisis*, Boulder: West View Press, 1999.

Charles Levin, *Jean Baudrillard: A Study of Cultural Metaphysics*, London: Prentice-Hall, 1996.

David Levin, "Soccer Discourse and Daily Life of Adolescents in a Small Israeli Town", *Soccer & Society*, Vol. 13, No. 1, February 2012.

Claude Levi-Strauss, "French Sociology", Peter Hamilton (ed), *Emile Durkheim Critical Assessments Volume Six*, Lon8don: Routledge, 1995.

Richard Light, "From the Profane to the Sacred: Pre-game Ritual in Japanese High School Rugby", *International Review for the Sociology of Sport*, Vol. 35, No. 4, December 2000.

Richard Lipsky, "The Athleticization of Politics: the Political Implication of Sports Symbolism", *Journal of Sport & Social Issues*, Vol. 3, No. 2, September 1979.

S. Loland, "Fair Play", Mike MacNamee, Jim Parry (eds), *Ethics and Sports*, New York: E & F Spon, 1998.

Brett Louis, "The Vocation of Sport Sociology", *Sociology of Sport Journal*, Vol. 24, No. 1, March 2007.

John Loy, Douglas Booth, "Functionalism, Sport and Society", Jay Coakley, Eric Dunning (eds), *Handbook of Sport Studies*, London: Sage, 2000.

Brett St. Louis, "Post-Marxism, Black Marxism and the Politics of

Sport", Ben Carrington and Ian McDonald (eds), *Marxism*, *Cultural Studies and Sport*, London: Routledge, 2009.

Günther Lüschen, "Towards a new Structural Analysis: The Present State and the Prospects of the International Sociology of Sport", *International Review for the Sociology of Sport*, Vol. 23, No. 4, December 1988.

Günther Lüschen, "The Independence of Sport and Culture", *International Review of Sport Sociology*, Vol. 2, No. 1, March 1967.

Steph MacKay, Christine Dellaire, "Skateboarders. com: Skateboarding Women and Self-formation as Ethical Subjects", *Sociology of Sport Journal*, Vol. 30, No. 2, June 2013.

Steph MacKay, Christine Dellaire, "Skirtboarder net-a-narratives: Young Women Creating Their own Skateboarding (re) presentations", *International Review for the Sociology of Sport*, Vol. 48, No. 2, April 2013.

Scott MacKenzie, "The Missing Mythology: Barthes in Québec", *Canadian Journal of Film Studies*, Vol. 6, No. 2, June 1997.

Malcolm Maclean, "Ambiguity within the Boundary: Re-reading C. L. R. James's Beyond a Boundary", *Journal of Sport History*, Vol. 37, No. 1, March 2010.

Joseph Maguire, "Welcome to the Pleasure Dome? Emotions, Leisure and Society", *Sport in Society: Cultures, Commerce, Media, Politics*, Vol. 14, No. 7 – 8, September 2011.

Joseph Maguire, "Introduction: Power and Global Sport", Joseph Maguire (ed), *Power and Global Sport: Zones of Prestige, Emulation and Resistance*, Abington: Routledge, 2005.

Joseph Maguire, *Global Sport: Identities, Societies, Civilisations*, Cambridge: Polity, 1999.

Joseph Maguire, "Michel Foucault: Sport, Power, Technologies and Governmentality", Joseph Maguire, Kevi Young (eds), *Theory, Sport & Society*, Oxford: Elsevier, 2002.

Joseph Maguire, *The Limits of Decent Patisanship: A Sociogenetic Investigation of the Emergence of Football Spectating as a Social Problem*, Ph. D Dissertation for University of Leicester, 1985.

Joseph Maguire, Mike Murrows, " 'Not the Germans Again': Soccer, Identity Politics and the Media", Joseph Maguire (ed), *Power and Global Sport: Zones of Prestige, Emulation and Resistance*, Abington: Routledge, 2005.

Joseph Maguire, David Stead, "Far Pavilions? Cricket Migrants, Foreign Sojourns and Contested Identities", *International Review for the Sociology of Sport*, Vol. 31, No. 1, March 1996.

Ed Mainwaring, Tom Clark, " 'We' re Shit and we Know we are': Identity, Place and Ontological Security in Lower League Football in England", *Soccer & Society*, Vol. 13, No. 1, February 2012.

Jim MaKay, "Marxism as a Way of Seeing: Beyond the Limits of 'Critical' Approaches to Sport", *Sociology of Sport Journal*, Vol. 3, No. 3, September 1986.

Dominic Malcolm, *Sport and Sociology*, London: Routledge, 2012.

Marho, *Vision of History I*, Manchester: Manchester University Press, 1983.

Pirrko Markula, "Turning into One's Self: Foucault's Technologies of the Self and Mindful Fitness", *Sociology of Sport Journal*, Vol. 21, No. 3,

September 2004.

Pirrko Markula, "The Technologies of the Self: Sport, Feminism, and Foucault", *Sociology of Sport Journal*, Vol. 20, No. 2, June 2003.

Pirrko Markula, Richard Pringle, *Foucault, Sport and Exercise: Power, Knowledge and Transforming the Self*, London: Routledge, 2006.

Karl Marx. "Economic and Philosophic Manuscripts of 1844", Karl Marx and Frederick Engles, *Karl Marx, Frederick Engels Collected Works*, Vol. 3, Translated by Martin Milligan, New York: International Publishers, 1975.

Ian McDonald. "One-Dimensional Sport: Revolutionary Marxism and the Critique of Sport", Ben Carrington and Ian McDonald (eds), *Marxism, Cultural Studies and Sport*; London: Routledge, 2009.

Jim McKay, Philip Smith, "Exonerating the Hero: Frames and Narratives in Media Coverage of the O. J. Simpon Story", *Media Information Australia*, Vol. 75, No. 1, February 1995.

Gavin Mellor, "'The Janus-faced Sport': English Football, Community and the Legacy of the 'Third Way'", *Soccer & Society*, Vol. 9, No. 3, July 2008.

Michael Messner, *Taking the Field: Women, Men, and Sports*, Minneapolis: University of Minnesota Press, 2002.

Michael Messner, *Power at Play: Sports and the Problem of Masculinity*, Boston: Beacon Press, 1992.

Stjepan Meštrovic, *Anthony Giddens: The Last Modernist*, London: Routledge, 1998.

Alan Metcalfe, "C. L. R. James's Contributions to the History of Sport",

Canadian Journal of History of Sport, Vol. 8, No. 2, December 1987.

Marion Mitchell, "Emile Durkheim and the Philosophy of Nationalism", *Political Science Quarterly*, Vol. 46, No. 1, March 1931.

David Miller, J. Branson, "Pierre Bourdieu: Culture and Praxis", Diane Austin-Broos (ed), *Creating Culture: Profiles in the Study of Culture*, Boston: Allen and Unwin, 1987.

James Miller, *The Passion of Michel Foucault*, New York: Simon & Schuster, 1993.

Toby Miller, Geoffrey Lawrence, Jim McKay, David Rowe, *Globalization and Sport: Playing the World*, London: Sage Publications, 2001.

Sara Mills, *Michel Foucault: Routledge Critical Thinkers*, London: Routledge, 2003.

Marion Mitchell, "Emile Durkheim and the Philosophy of Nationalism", *Political Science Quarterly*, Vol. 46, No. 1, March 1931.

Gyözö Molnár, John Kelly, *Sport, Exercise and Social Theory: An Introduction*, London: Routledge, 2013.

William Morgan, "Habermas on Sports: Social Theory from a Moral Perspective", Richard Giulianotti, *Sport and Modern Social Theorists*, New York: Palgrave Macmillan, 2004.

William Morgan, "Social Criticism as Moral Criticism: A Habermasian Take on Sports", *Journal of Sport & Social Issues*, Vol. 26, No. 3, August 2002.

William Morgan, " 'Incredulity toward Metanarratives' and Normative Suicide: A Critique of Postmodernist Drift in Critical Sport Theory", *International Review for the Sociology of Sport*, Vol. 30, No. 1, March 1995.

William Morgan *Leftist Theories of Sport*：*A Critique and Reconstruction*, Urbana：University of Illinois Press, 1994.

William Morgan, "Adorno on Sport：The Case of the Fractured Dialectic", *Theory and Society*, Vol. 17, No. 6, November 1988.

William Morgan, "Labor, Sport and Critical Theory：A Response to Beamish", *Sociology of Sport Journal*, Vol. 3, No. 1, March 1986.

William Morgan, "Toward a Critical Theory of Sport", *Journal of Sport & Social Issues*, Vol. 7, No. 1, February 1983.

Michael Moriarty, *Roland Barthes*, Stanford：Stanford University Press, 1991.

Sadao Morikawa, "Fundamental Problems in Studies on Amateur Sport：Introduction to Theories on 'Sport Labour'", *International Review for the Sociology of Sport*, Vol. 14, No. 1, March 1979.

Sadao Morikawa, John Rogers, "Sports Sociology in Japan", *International Review for the Sociology of Sport*, Vol. 22, No. 1, March 1987.

Margaret Morse, "Sport on Television：Replay and Display", Toby Miller (ed), *Television：Critical Concepts in Media and Cultural Studies*, Vol. 2, London：Routledge, 2003.

Michael Mullan, "Sport as Institutionalized Charisma", *Journal of Sport & Social Issues*, Vol. 19, No. 3, August 1995.

John Nauright, "African Women and Sport：The State of Play", *Sport in Society：Cultures, Commerce, Media, Politics*, Vol. 17, No. 4, April 2014.

Jan Nielson, "The Forbidden Zone：Intimacy, Sexual Relations and Misconduct in the Relationship between Coaches and Athletes", *International*

Review for the Sociology of Sport, Vol. 36, No. 2, June 2001.

Robert Nisbet, "Conservatism and Sociology", *The American Journal of Sociology*, Vol. 58, No. 2, September 1952.

Christopher Norris, *Uncritical Theory: Postmodernism, Intellectuals & the Gulf War*, Amherst: University of Massachusetts Press, 1992.

Micheal Novak, *The Joy of Sports: end Zones, Bases, Baskets, Balls, and the Consecration of the American Spirit*, New York: Basic Books, 1976.

David Ogden, "Major League Baseball and Myth Making: Roland Barthes's Semiology and the Maintenance of Image", *Nine: A Journal of Baseball History and Culture*, Vol. 15, No. 2, May 2007.

Karl Palmås, "From Criminality to Creativity: How Studies of Surfer Subcultures Reinvented Invention", *Sport in Society*, Vol. 17, No. 10, December 2014.

Talcott Parsons, *The Structure of Social Action: A Study in Social Theory with Special Reference to a Group of Recent European Writers*, Vol. 2, New York: McGraw-Hill Book Company, 1968.

Birger Peitersen, "Supporter Culture in Danmark: the Legacy of the 'World's Best Supporters'", *Soccer & Society*, Vol. 10, No. 3 – 4, September 2009.

Elizabeth Pike, "Aquatic Antiques: Swimming off This Mortal Coil?" *International Review of Sport Sociology*, Vol. 47, No. 4, August 2012.

Elizabeth Pike, "Doctor Just Say 'Rest and Take Ibuprofen'": A Critical Examination of the Role of 'Non-orthodox' Health Care in Women's Sport, *International Review of Sport Sociology*, Vol. 40, No. 2, June 2005.

Robert Pitter, "Finding the Kieran Way: Recreational Sport, Health, and Environmental Policy in Nova Scotia", *Journal of Sport & Social Issues*, Vol. 33, No. 3, August 2009.

IN. Ponomarev, "About System Analysis of Sport", *International Review for the Sociology of Sport*, Vol. 13, No. 1, March 1978.

IN. Ponomarev, "The Social Phenomenon of Game and Sports", *International Review for the Sociology of Sport*, Vol. 9, No. 1, March 1974.

Paul Potrac, Robyn Jones, "Micropolitical Workings in Semi-professional Football", *Sociology of Sport Journal*, Vol. 26, No. 4, December 2009.

Richard Pringle, "Masculinities, Sport, and Power: A Critical Comparison of Gramscian and Foucauldian Inspired Theoretical Tools", *Journal of Sport & Social Issues*, Vol. 29, No. 3, August 2005.

Ulrike Prokop, *Soziologie der Olympischen Spiele: Sport und Kapitalismus*, Muönchen: Hanser, 1971.

Geneviéve Rail, "Seismography of the Postmodern Condition: Three Theses on the Implosion of Sport", Geneviéve Rail (ed), *Sport and Postmodern Times*, New York: State University of New York Press, 1998.

Geneviéve Rail (ed), *Sport and Postmodern Times*, New York: State University of New York Press, 1998.

Geneviéve Rail, Jean Harvey, "Body at Work: Michel Foucault and the Sociology of Sport", *Sociology of Sport Journal*, Vol. 12, No. 2, June 1995.

Svend Ranulf, "Scholarly Forerunners of Facism", *Ethics*, Vol. 50, No. 1, October 1939.

Preben Raunsbjerg, "TV Sport and Aesthetics: The Mediated Event", Gunhild Agger, Jens Jensen (eds), *The Aesthetics of Television*, Aalborg:

Aalborg University Press, 2001.

Steve Redhead, "Media Culture and the World Cup: The Last World Cup", John Sudgen, Alan Tomlinson (eds), *Hosts and Champions: Soccer Cultures, National Identities and the USA World Cup*, Aldershot: Arena, 1994.

Deborah Reed-Donahay, *Locating Bourdieu*, Bloomington: Indiana University Press, 2005.

Dave Renton, *C. L. R. James: Cricket Philosopher King*, London: Hope Road Publishing, 2013.

Report on Death of C. L. R. James, *Sunday Sun(Barbados)*, 1989 – 06 – 04, p. 3.

John Rex, "Emile Durkheim", Timothy Ralson, Paul Barker (eds), *The Founding Fathers of Social Science: A Series from New Society*, Harmondsworth: Penguin Books, 1969.

John Rickard, "The Spectacle of Excess": The Emergence of Modern Professional Wrestling in the United States and Australia, *Journal of Popular Culture*, Vol. 33, No. 1, June 1999.

Bero Rigauer, "Marxist Theories", Jay Coakley and Eric Dunning (eds), *Handbook of Sports Studies*, London: Sage Publications, 2000.

Bero Rigauer, *Sportsoziologie: Grundlagen, Methoden, Analysen*, Hamburg: Rowohlt, 1982.

Bero Rigauer, *Sport and Work*, translated by Allen Guttmann, New York: Columbia University Press, 1981.

Bero Rigauer, *Warenstrukturelle Bedingungen Leistungssportlichen Handelns: Ein Beitrag zur sportsoziologischen Theoriebildung*, Lollar: Achenbach, 1979.

Robert Rinehart, *Players All: Performances in Contemporary Sport*, Bloomington: Indiana University Press, 1998.

Jim Riordan. "Soviet Muscular Socialism: A Durkheimian Analysis", *Sociology of Sport Journal*, Vol. 4, No. 4, December 1987.

Heinz Risse, *Soziologie des Sports*, Berlin: Reher, 1921.

Karin Rittner, *Sport und Arbeitsteilung: Zur Sozailen Funktion und Bedeutung des Sports*, Bad Homberg: Limpert, 1976.

Chris Rojek, "Sports Celebrity and the Civilizing Process", *Sport in Society*, Vol. 9, No. 4, September 2006.

Chris Rojek, *Capitalism and Leisure Theory*, London: Tavistock Pub, 1985.

David Rose, "A Critique of Non-normative Sport Sociology in the United States", *International Review for the Sociology of Sport*, Vol. 17, No. 4, December 1982.

Gillian Rose, *The Melancholy Science: An Introduction to the Thought of Theodor W. Adorno*, New York: Columbia University Press, 1978.

Nicolas Rose, *Powers of Freedom: Reframing Political Thoughts*, Cambridge: Cambridge University Press, 1999.

Guenther Roth, "Introduction to the new Edition", Reinhard Bendix, *Max Weber: An Intellectual Portrait*, Berkeley: University of California Press, 1977.

David Rowe, "Stages of the Global: Media, Sport, Racialization and the Last Temptation of Zinedine Zidane", *International Review for the Sociology of Sport*, Vol. 45, No. 3, September 2010.

David Rowe, "Antonio Gramsci: Sport, Hegemony and the National - Popular", Richard Giulianotti, *Sport and Modern Social Theorists*, New York: Palgrave Mac Millan, 2004.

David Rowe, *Popular Culture: Rock Music, Sport and the Politics of Pleasure*, London: Sage, 1995.

David Rowe, "Accommodating Bodies: Celebrity, Sexuality, and 'Tragic Magic'", *Journal of Sport & Social Issues*, Vol. 18, No. 1, February 1994.

Chris Rumford, "Twenty20, Global Disembedding, and the Rise of the 'Portfolio Player'", *Sport in Society*, Vol. 14, No. 10, December 2011.

Don Sabo, Kathleen Miller, Merrill Melnick, Michael Farrell, Grace Barnes, High School Athletic Participation and Adolescent Suicide: A Nationwide US Study, *International Review of Sport Sociology*, Vol. 40, No. 1, March 2005.

Edward Said, "C. L. R. James: The Artist as Revolutionary", *New Left Review*, Vol. 175, July 1989.

Carlos Sandoval-García, "Football: Forging Nationhood and Masculinities in Costa Rica", *The International Journal of the History of Sport*, Vol. 22, No. 2, February 2005.

Cornel Sandvoss, *A Game of Two Halves: Football, Television and Globalization*, London: Routledge, 2003.

Darrow Schecter, "Two Views of the Revolution: Gramsci and Sorel, 1916 - 1920", James Martin (ed), *Antonio Gramsci: Critical Assessments of Leading Political Philosophers*, London: Routledge, 2002.

Emanuel Schegloff, "Goffman and the Analysis of Conversation", Paul

Drew, Anthony Wootton (eds), *Erving Goffman: Exploring the Interaction Order*, Boston: *Northeastern University Press*, 1988.

Kimberly Schimmel, Lee Harrington, Denise Beilby, "Keep your Fans to Yourself: The Disjuncture between Sports Studies and Pop Culture Studies Perspectives on Fandom", *Sport in Society: Cultures, Commerce, Media, Politics*, Vol. 10, No. 4, July 2007.

Raymond Schmitt, "Enhancing Frame Analysis: Five Laminating Functions in the 1987 NFL Strike", *Sociology of Sport Journal*, Vol. 10, No. 2, June 1993.

Tony Schirato, Geoff Danaher, Jen Webb, *Understanding Foucault: A Critical Introduction*, *2nd Edition*, Sydney: Allen & Unwin, 2012.

Chris Searle, "Pitch of Life: Re-reading C. L. R. James' Beyond a Boundary", Ben Carrington, Ian McDonald (eds), *Race, Sport and British Society*, London: Routledge, 2001.

Jeffrey Segrave, "'All Men Will Become Brothers': Ludwig van Beethoven's Ninth Symphony and Olympic Games Ideology", *Sport in Society*, Vol. 17, No. 3, March 2014.

Jeffrey Segrave, "The (Neo) Modern Olympic Games: The Revolutions in Europe and the Resurgence of Universalism", *International Review for the Sociology of Sport*, Vol. 35, No. 3, September 2000.

Paavo Seppänen, "Olympic Success: A Cross-national Perspective", Günther Lüschen, George Sage (eds), *Handbook of Social Science of Sport*, Champaign: Stipes, 1981.

Michael Serazio, "The Elementary Forms of Sports Fandom: A Durkheimian Exploration of Team Myths, Kinship, and Totemic Rituals", *Commu-

nication & Sport, Vol. 1, No. 4, November 2013.

John Sewart, "The Commodification of Sport", *International Review for the Sociology of Sport*, Vol. 22, No. 3, September 1987.

Leila Sfeir, "The Status of Muslim Women in Sport: Conflict between Cultural Tradition and Modernization", *International Review for the Sociology of Sport*, Vol. 20, No. 4, December 1985.

Chris Shilling, Philip Mellor, "Re-conceptualizing Sport as a Sacred Phenomenon", *Sociology of Sport Journal*, Vol. 31, No. 3, September 2014.

Alan Sica, *Max Weber: A Comprehensive Bibliography*, New Brunswick: Transaction Publishers, 2004.

Esa Sironen, "On Memory-Work in the Theory of Body Culture", *International Review for the Sociology of Sport*, Vol. 29, No. 1, March 1994.

Trevor Slack, "The Bureaucratization of a Voluntary Sport Organization", *International Review for the Sociology of Sport*, Vol. 20, No. 3, September 1985.

Synthia Slowikowski, "Cultural Performance and Sport Mascots", *Journal of Sport & Social Issues*, Vol. 17, No. 1, April 1993.

Neil Smelser, Robert Warner, *Sociological Theory: Historical and Formal*, Morristown: General Learning Press, 1976.

Garry Smith, "The Noble Sports Fan Redux", *Journal of Sport & Social Issues*, Vol. 13, No. 2, September 1989.

Richard Smith, *The Baudrillard Dictionary*, Edinburgh: Edinburgh University Press, 2010.

Randall Smith, "The Home Advantage Revisited: Winning and Crowd

Support in an Era of National Publics", *Journal of Sport & Social Issues*, Vol. 27, No. 4, November 2003.

Eldon Snyder, "Athletic Dressing Room Slogans as Folklore: A Means of Socialization", *International Review of Sport Sociology*, Vol. 7, No. 1, March 1972.

"Spectacle" *Wikipedia*, http: //en. wikipedia. org/wiki/Spectacle.

Brian Stoddart, "Sport, Colonialism and Struggle: C. L. R. James and Cricket", Richard Giulianotti (ed), *Sport and Modern Social Theorists*, New York: Palgrave MacMillan, 2004.

Brian Stoddart, "C. L. R. James: A Remembrance", *Sociology of Sport Journal*, Vol. 7, No. 1, March 1990.

Ruud Stokvis, "Social Stratification and Sports in Amsterdam in the 20th Century", *International Review for the Sociology of Sport*, Vol. 47, No. 4, August 2012.

Chris Stone, "The Role of Football in Everyday Life", *Soccer & Society*, Vol. 8, No. 2 – 3, May 2007.

Gregory Stone, " Sport as a Community Representation ", Günther Lüschen, George Sage (eds), *Handbook of Social Science of Sport*, Champaign: Stipes, 1981.

Nancy Struna, "Social History and Sport", Jay Coakley, Eric Dunning (eds), *Handbook of Sports Studies*, London: Sage, 2000.

John Sudgen, Alan Tomlinson, "Theorizing Sport, Social Class and Status", Jay Coakley, Eric Dunning, *Handbook of Sport Studies*, London: Sage, 2000.

Sumei Wang, "Taiwanese Baseball: A Story of Entangled Colonialism,

Class, Ethnicity, and Nationalism", *Journal of Sport & Social Issues*, Vol. 33, No. 4, November 2009.

Alan Swingewood, *A Short History of Sociological Thought*, New York: St. Martin's Press, 1984.

Philippe Terral, Cécile Collinet, Matthieu Delalandre, "A Sociological Analysis of the Controversy over Electric Stimulation to Increase Muscle Strength in the Field of French Sport Science in the 1990s", *International Review for the Sociology of Sport*, Vol. 44, No. 4, December 2009.

Philip Thody, Ann Course (eds), *Introducing Barthes*, New York: Totem Books, 1997.

Kenneth Thompson, *Emile Durkheim*, London: Tavistock Publications, 1982.

Holly Thorpe, "Foucault, Technologies of Self, and the Media: Discourses of Femininity in Snowboarding Culture", *Journal of Sport & Social Issues*, Vol. 32, No. 2, May 2008.

Alan Tomlinson, "Lord, Don't Stop the Carnival: Trinidad and Tobago at the 2006 FIFA World Cup", *Journal of Sport & Social Issues*, Vol. 31, No. 3, August 2007.

Alan Tomlinson, "Pierre Bourdieu and the Sociological Study of Sport: Habitus, Capital and Field", Richard Giulianotti (ed), *Sport and Modern Social Theorists*, Hampshire: Macmillan, 2004.

Alan Tomlinson, "Domination, Negotiation, and Resistance in Sports Cultures", *Journal of Sport & Social Issues*, Vol. 22, No. 3, August 1998.

Jean-Philippe Toussaint, "Zidane's Melancholy", *New Formations*, Vol. 62, No. 1, January 2007.

Patrick Trabal, "Resistance to Technological Innovation in Elite Sport", *International Review for the Sociology of Sport*, Vol. 43, No. 3, September 2008.

Maxime Travert, Nicolas Mascret, *La Culture Sportive*, Paris: Editions EP & S, 2011.

Peter Trifonas, *Umberto Eco and Football*, Cambridge: Icon Books Ltd. , 2001.

Jonathan Turner, Leonard Beeghle, *The Emergence of Sociological Theory*, Homewood: Dorsey Press, 1981.

Jonathan Turner, AlexandraMaryanski, *Functionalism*, Menlo Park: Benjamin Cummings, 1979.

Goolam Vahed, " 'What do They Know of Cricket who only Cricket Know?' Transformation in South Africa Cricket, 1990 – 2000", *International Review for the Sociology of Sport*, Vol. 36, No. 3, September 2001.

A. JVeal, "Lifestyle and Leisure Theory", Tony Blackshaw (ed), *Routledge Handbook of Leisure Studies*, London: Routledge, 2013.

Errki Vettenniemi, "Why did the 'Flying Finns' Walk? A Footnote to the History of Athletics Training", *The International Journal of the History of Sport*, Vol. 29, No. 7, May 2012.

Paul Veyne, *Foucault: His Thought His Character*, Translated by Janet Lloyd, Cambridge: Polity Press, 2010.

Miguel Villamón, David Brown, Julián Espartero, Carlos Gutiérrez, "Reflective Modernization and the Disembedding of Judo from 1946 to the 2000 Sydney Olympics", *International Review for the Sociology of Sport*, Vol. 39, No. 2, June 2004.

Gerhard Vinnai, *Fußballsport als Ideologie*, Frankfurt: Europaöische Verlagsanstelt, 1970.

Sebastião Votre, "On Athleticism in the Victorian and Edwardian Public School: A Semiotic Analysis of J. A. Mangan's Approach to Historical Knowledge", *Culture*, *Sport*, *Society*, Vol. 3, No. 3, September 2000.

Russell Ward Jr. , "First Impressions, and the Opening Day Home Advantage", *Sociology of Sport Journal*, Vol. 15, No. 3, September 1998.

Stanley Weardon, Pamela Creedon, " 'We Got Next': Images of Women in Television Commercials during the Inaugural WNBA Season", *Culture*, *Sport*, *Society*, Vol. 5, No. 3, September 2002.

Max Weber, *Methodology of Social Sciences. New Edition*, Translated by Edward Shils, Henry Finch, New Brunswick: Transaction Publishers, 2011.

Max Weber, "Class, Status and Power", Kenneth Thompson, Jeremy Tunstall (eds), *Sociological Perspectives: Selected Readings*, Harmondsworth: Penguin, 1971.

Otmar Weiss, "Media Sports as a Social Substitution: Pseudosocial Relations with Sports Figures", *International Review for the Sociology of Sport*, Vol. 31, No. 1, March 1996.

Rose Weitz (ed), *The Politics of Women's Bodies: Sexuality, Appearance, and Behavior 3rd Edition*, New York: Oxford University Press, 2010.

Sara Welsh, " (Un) belonging Citizens, Unmapped Territory: Black Immigration and British Identity in the Post-1945 Period", Stuart Murray (ed), *Not on any Map: Essays on Postcoloniality and Cultural Nationalism*, Exeter: University of Exeter Press, 1997.

Lawrence Wenner, "In Search of the Sports Bars: Masculinity, Alco-

hol, Sports and the Mediation of Public Space ", Geneviéve Rail (ed),
Sport and Postmodern Times, New York: State University of New York Press,
1998.

Garry Whannel, " Between Culture and Economy: Understanding the
Politics of Media Sport ", Ben Carrington and Ian McDonald (eds), *Marx-
ism*, *Cultural Studies and Sport*, London: Routledge, 2009.

Garry Whannel, *Media Sport Stars: Masculinities and Moralities*, Lon-
don: Routledge, 2002.

Garry Whannel, " Sport and Popular Culture: The Temporary Triumph of
Process over Product ", *Innovation in Social Sciences Research*, Vol. 6,
No. 3, September 1993.

Garry Whannel, *Fields in Vision: Television Sport and Cultural Transfor-
mation*, London: Routledge, 1992.

David Whitson, " Discourse of Critique in Sport Sociology: A Response
to Deem and Sparks ", *Sociology of Sport Journal*, Vol. 6, No. 1,
March 1989.

Rolf Wiggershaus, *The Frankfurt School: Its History, Theories, and
Political Significance*, Translated by Michael Robertson, Cambridge: MIT
Press, 1994.

Jack Williams, *Cricket and Race*, Oxford: Berg, 2001.

Paul Willis, *Common Culture: Symbolic Work at Play in the Everyday
Cultures of the Young*, Milton Keynes: Open University Press, 1990.

Ross Wilson, *Theodor Adorno*, Abingdon: Routledge, 2007.

Boris Wiseman, Judy Groves, Richard Appignanesi, *Lévi-Strauss for
Beginners*, Cambridge: Icon, 1997.

Rob van Wynsberghe, Ian Ritchie, "(Ir) relevant Ring: The Symbolic Consumption of the Olympic Logo in Postmodern Media Culture", Geneviéve Rail (ed), *Sport and Postmodern Times*, New York: State University of New York Press, 1998.

Kathleen Yep, "Intellectual Praxes and the Politics of Analyzing Sport", *Sociology of Sport Journal*, Vol. 24, No. 1, March 2007.

TR. Young, "The Sociology of Sporta: Structural Marxist and Cultural Marxist Approaches", *Sociological Perspectives*, Vol. 29, No. 1, January 1986.

Bi Yuan, "Integration or Resistance: The Influx of Foreign Capital in British Football in the Transnational Age", *Soccer & Society*, Vol. 16, No. 1, February 2015.

Dwight Zakus, "Production, Consumption, and Sport: Use of the Body in Women's Elite Sport", *International Review for the Sociology of Sport*, Vol. 30, No. 1, March 1995.

Lu Zhouxiang, Fan Hong, *Sport and Nationalism in China*, New York: Routledge, 2014.

后　　记

　　《近现代西方思想家的体育观》是我承担的第一项国家社科基金项目。从 2010 年年底开始设计并撰写这一课题的提纲，到 2015 年 9 月底完成初稿，前后持续了将近 5 年。在这 5 年中，我辗转成都、北京、美国塔城、比利时根特、斯洛文尼亚卢布尔雅那等地，所借阅的书籍和资料数以千计。我尤其要感谢我在美国从事博士后研究期间，佛罗里达州立大学图书馆给我的巨大帮助。整个研究中 70% 的资料收集工作是在这里完成的。学校的图书馆容量有限，但管理员们为我免费从全世界 40 多个大学和公立图书馆借到百余本书籍，有些甚至是珍贵的手稿和善本。这些资料对于这个课题的意义是决定性的。到离开时他们都已经熟悉我的名字，甚至经常拿我开玩笑要收取加班费。

　　课题申请到以后，我曾经认为只要把一些英文书籍和资料进行梳理就可以完成。但在撰写本书的过程中我发现，很多西方思想家的重要理论，尤其是有关体育的理论是极其零散和碎片式的，有些甚至还没有翻译为英文。例如当代意大利著名学者艾柯的不少有关体育的理论，都只有意大利语原文的材料；埃利亚斯的一些有关体育的观点也只见德语原文材料。虽然我曾辅修过法语、西班牙语、意大利语和德语等语言，但距离阅读大师们的作品还有相当的距离。因此我请教了一些相关国家和地区的老师，有时也通过强大的语言翻译系统来试图解决这个问题，但感觉依然有大量可以提升的空间。我曾经在想，每一位思想家的体育观都可以提炼为一篇博士论文。那么这个课题抛砖引玉的作用就更加明显。我期待有更多的体育社会学博士生、博士后和青年学者沿着这条道路继续前行，因为思想家们的理论体系博大精深，需要我们更多地理解和运用，才能够指导体育研究向着纵深的方向持续发展。

同不少从事类似研究的学者不同的是，我对绝大多数西方思想家的研究不是从一些相关论文集上的概述开始的，而是直接进入文本本身。我相信，只有进入大师的原著和理论体系，而不是从二手资料和三手教材中撷取一些片段，才是真正理解这些可以被称为理论家的先贤思想的渠道。购买和借阅书籍以及查阅资料的经费大大超出计划，让我不得不从自己的其他课题中支取经费。为此我得到了成都体育学院图书馆、中国国家图书馆、比利时根特大学图书馆的大力支持。我昔日的学生们也为部分资料的查找提供了帮助，需要特别提到的是曾在英国莱斯特大学就读的刘劲翼同学，为了帮我寻找曾经在该校任教的安东尼·吉登斯教授的一份有关体育的作品，他几乎翻遍了学校图书馆的馆藏。我的同事梅林老师，主动承担了绪论部分复杂的谱系图的制作，这一工作令整个研究的逻辑性更加清晰。我的研究生夷博玮、陈昌杰、王静妍、文韵蕾、王星晨、吴妍慧、郑明宸等以各种形式帮助我完成这一研究，谢谢大家的付出。

我要特别感谢四川大学文学与新闻学院的赵毅衡教授、冯宪光教授和王晓路教授。他们都是蜚声世界的国际知名学者。他们参加了这个课题的开题报告会，并对整个课题的谋篇布局和写作提出了非常多的建议。事实证明，他们的建议对于课题后期的写作具有极其重大的意义。尤其是赵毅衡教授，他不仅是我在符号学和叙事学方面的领路人，更是我整个学术生涯的重要指引者，他的治学态度和渊博的学识令人肃然起敬。

成都体育学院的郝勤教授不仅是我的授业恩师，同时也是指引我进入学术领域的关键人物。从本课题的立项到最后完成，他都倾注了大量心血，提出了一些非常宝贵的建议，令我受益匪浅。他给本书撰写的序当然是本书的一大亮点。四川大学欧阳宏生教授是我的博士研究生导师，他对我的关怀和指导是很难用言语来形容的。本课题进行期间，他对我也进行了多次提点，让我非常感动。美国佛罗里达州立大学传播学院阿瑟·雷尼教授是我的博士后合作导师，他为我在美期间的工作和生活提供了许多帮助，更为我的学术计划提出了大量要求和指导，我特别享受每周一次跟他的学术探讨。他对我的帮助令我终生难忘。此外，成都体育学院的程林林教授和王广虎教授在初稿完成时也提出了大量宝贵的修改意见，令我颇有茅塞顿开之感。

在这里我还要感谢成都体育学院科研处的各位老师，他们为本课题的顺利实施提供了大量帮助，尤其是课题中期的人员调动和延期等重要事宜，他们都竭尽所能为我提供便利。感谢本书的责任编辑郭晓鸿、特约编辑席建海和责任校对王龙，中国社会科学出版社对待学术著作认真负责的态度着实令人肃然起敬。

感谢本课题的参与人员，尤其是我的妻子任文教授。课题中的不少内容是我们热烈讨论甚至是激烈争辩后的结果。感谢我的家人，他们的理解和宽容是这个课题得以完成的必要前提。

截止到2017年5月，本课题一共在中文核心期刊上发表阶段性成果

13篇，其中发表于权威核心期刊2篇，被人大复印报刊资料（体育）全文检索3篇，索引检索1篇，圆满地完成了课题申请书和开题报告中的计划。

这个课题见证了我从一名普通教师到成为新闻系副主任，从一个学术的边缘人逐渐到多家国内外学术期刊编委、编审，发表数十篇国内外学术期刊论文，出版多本专著；从一名大学讲师到教授的过程。我感恩这个过程，并享受这个过程，尽管其中的苦只有自己知道。我感谢这些西方思想家们带给我的学术震撼，思想和知识的力量将支撑我继续在学术之路上前行！

笔者2017年7月于川大花园